本丛书由澳门基金会策划并资助出版

澳门特别行政区法律丛书

澳门特别行政区法律丛书

澳门民事诉讼法概论

宣告之诉

Introduction to
the Civil Procedural Law of Macau:
Declarative Proceedings

邱庭彪 / 著

社会科学文献出版社
SOCIAL SCIENCES ACADEMIC PRESS (CHINA)

澳門基金會
FUNDAÇÃO MACAU

总　序

　　自 1995 年澳门基金会开始编辑出版第一套《澳门法律丛书》至今，整整 17 年过去了。在历史的长河中，17 年或许只是昙花一现，但对澳门来说，这 17 年却具有非同凡响的时代意义；它不仅跨越了两个世纪，更重要的是，它开创了"一国两制"的新纪元，首创性地成功实践了"澳人治澳、高度自治"的政治理念。如果说，17 年前我们编辑出版《澳门法律丛书》还仅仅是澳门历史上首次用中文对澳门法律作初步研究的尝试，以配合过渡期澳门法律本地化政策的开展，那么，17 年后我们再组织编写这套更为详细、更有深度的《澳门特别行政区法律丛书》，便是完全受回归后当家做主的使命感所驱使，旨在让广大澳门居民更全面、更准确、更深刻地认识和了解澳门法律，以适应澳门法律改革的需要。

　　目前，在澳门实行的法律包括三个部分，即《澳门基本法》、被保留下来的澳门原有法律和澳门特别行政区立法机关新制定的法律；其中，《澳门基本法》在整个澳门本地法律体系中具有宪制性法律的地位，而被保留下来的以《刑法典》、《民法典》、《刑事诉讼法典》、《民事诉讼法典》和《商法典》为核心的澳门原有法律，则继续作为澳门现行法律中最主要的组成部分。正因为如此，澳门回归后虽然在政治和经济领域发生了巨大的变化，但法律领域相对来说变化不大。这种法制现状一方面表明澳门法律就其特征而言，仍然保留了回归前受葡萄牙法律影响而形成的大陆法系成文法特色，另一方面也表明澳门法律就其内容而言，"老化"程度比较明显，不少原有法律已经跟不上澳门社会发展的步伐。近几年来，澳门居民要求切实加强法律改革措施的呼声之所以越来越强烈，其道理就在于此。从这一意义上说，组织编写《澳门特别行政区法律丛书》，既是为了向澳门地区内外的广大中文读者介绍澳门特别行政区的法律，同时也是为了对澳门法律作更系统、更深入的研究，并通过对澳门法律的全面梳理，激浊扬清，承前启后，以此来推动澳门法律改革的深化与发展。

与回归前出版的《澳门法律丛书》相比，《澳门特别行政区法律丛书》除了具有特殊的政治意义之外，其本身还折射出很多亮点，尤其是在作者阵容、选题范围与内容涵盖方面，更具特色。

在作者阵容方面，《澳门特别行政区法律丛书》最显著的特点就是所有的作者都是本地的法律专家、学者及法律实务工作者，其中尤以本地的中青年法律人才为主。众所周知，由于历史的原因，澳门本地法律人才的培养起步很晚，可以说，在 1992 年之前，澳门基本上还没有本地华人法律人才。今天，这一状况得到了极大的改善，由澳门居民组成的本地法律人才队伍已经初步形成并不断扩大，其中多数本地法律人才为澳门本地大学法学院自己培养的毕业生；他们年轻，却充满朝气，求知欲旺盛；他们羽翼未丰，却敢于思索，敢于挑起时代的重任。正是有了这样一支本地法律人才队伍，《澳门特别行政区法律丛书》的编辑出版才会今非昔比。特别应当指出的是，参与撰写本套法律丛书的作者分别来自不同的工作部门，他们有的是大学教师，有的是法官或检察官，有的是政府法律顾问，有的是律师；但无论是来自哪一个工作部门，这些作者都对其负责介绍和研究的法律领域具有全面、深刻的认识；通过长期的法律教学或法律实务工作经验的积累，通过自身孜孜不倦的钻研和探索，他们在相应部门法领域中的专业水平得到了公认。毋庸置疑，作者阵容的本地化和专业性，不仅充分展示了十多年来澳门本地法律人才的崛起与成熟，而且也使本套法律丛书的权威性得到了切实的保证。

在选题范围方面，《澳门特别行政区法律丛书》最显著的特点就是范围广、分工细。如上所述，澳门法律具有典型的大陆法系成文法特色，各种社会管理活动都必须以法律为依据；然而，由于澳门是一个享有高度自治权的特别行政区，除少数涉及国家主权且列于《澳门基本法》附件三的全国性法律之外，其他的全国性法律并不在澳门生效和实施；因此，在法律领域，用"麻雀虽小，五脏俱全"来形容澳门法律是再合适不过了。正是考虑到澳门法律的全面性和多样性，我们在组织编写《澳门特别行政区法律丛书》时，采用了比较规范的法律分类法，将所有的法律分为两大类：第一类为重要的部门法领域，包括基本法、刑法、民法、商法、行政法、各种诉讼法、国际公法与私法、法制史等理论界一致公认的部门法；第二类为特定的法律制度，包括与选举、教育、税务、金融、博彩、劳资关系、居留权、个人身份资料保护、环境保护等社会管理制度直接相关的各种专项法律。按此分类，本套法律丛书共计 34 本（且不排除增加的可能性），将分批出版，其规模之大、选题之全、分类之细、论述之新，实为澳门开埠以来之首创。由此可见，本套法律丛书的出版，必将为世人认识和研究澳门法律，提供一个最权威、最丰富、最完整的资料平台。

在内容涵盖方面，《澳门特别行政区法律丛书》最显著的特点就是既有具体法律条款的解释与介绍，又有作者从理论研究的角度出发所作之评析与批判。在大陆法系国家或地区，法律本身与法学理论是息息相关、不可分割的，法学理论不仅催生了各种法律，而且也是推动法律不断完善、不断发展的源泉。澳门法律同样如此，它所赖以生存的理论基础正是来自大陆法系的各种学说和理念，一言以蔽之，要真正懂得并了解澳门法律，就必须全面掌握大陆法系的法学理论。遗憾的是，受制于种种原因，法学理论研究长期以来在澳门受到了不应有的"冷落"；法学理论研究的匮乏，客观上成为澳门法律改革步履维艰、进展缓慢的重要原因之一。基于此，为了营造一个百家争鸣、百花齐放的法学理论研究氛围，进一步深化对澳门法律的认识和研究，提升本套法律丛书的学术价值，我们鼓励每一位作者在介绍、解释现行法律条款的同时，加强理论探索，大胆提出质疑，将大陆法系的法学理论融入对法律条款的解释之中。可以预见，在本套法律丛书的带动下，澳门的法学理论研究一定会逐步得到重视，而由此取得的各种理论研究成果，一定会生生不息，成为推动澳门法律改革发展的强大动力。

编辑出版《澳门特别行政区法律丛书》无疑也是时代赋予我们的重任。在《澳门基本法》所确立的"一国两制"框架下，澳门法律虽是中国法律的一个组成部分，但又具有相对的独立性，从而在中国境内形成了一个独特的大陆法系法域。我们希望通过本套法律丛书在中国大陆的出版，可以让所有的中国大陆居民都能更深刻、更全面地了解澳门、熟悉澳门，因为

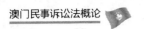

澳门也是祖国大家庭的一个成员；我们也希望通过本套法律丛书在中国大陆的出版，为澳门和中国大陆法律界之间的交流架起一座更宽阔、更紧密的桥梁，因为只有沟通，才能在法律领域真正作到相互尊重、相互理解、相互支持。

编辑出版《澳门特别行政区法律丛书》显然还是一项浩瀚的文字工程。值此丛书出版之际，我们谨对社会科学文献出版社为此付出的艰辛努力和劳动表示最诚挚的谢意。

《澳门特别行政区法律丛书》

编委会

2012 年 3 月

自　序

　　笔者在学习澳门民事诉讼法的过程中，发觉从来没有一本以中文选写的、完整的澳门民事诉讼法教程，故一直希望能有一套宣告之诉的民事诉讼法教程，惜力有不及，及教学、社会事务繁重，不能按原来的编写日程完成。

　　还好在教学过程中，研究生李金狮、周婷婷、陆颖琳，本科生梁咏欣及林嘉倩帮助整理、校对、打字，效率得到提升，终于在本年度完成了稿件。

　　选写方向：笔者并不是以大理论方向进行写作，而是从初学者，甚至从不太懂法律的读者的角度考虑，以希望大家都能看得明白的方向选写，所以在行文上尽量普及、通俗并结合现实的社会状况。

　　希望拙作能够成为广大读者认识澳门民事诉讼法的一本参考书。

2017 年 6 月

目 录

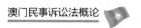

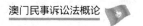

前　言

　　诉讼法的功能是使实体法确实地得到实施。如果实体法中并无规范如何实践诉讼程序又或者缺少诉讼法时，将会出现何种结果？在从前的社会中，当欠缺实体法/程序法时，人们的生活采用森林法则，即当纠纷出现时，由有实力的掌权者/暴力者决定，这被称为私人的公正。现在的社会则慢慢发展为通过公权力去解决这些问题，按照社会契约论所述，每个人虽然都具有自己的权利，但重点是每个人要交出自己的部分权利，这部分权利慢慢组织成公权力，当条件足够时便会成就一个国家。故此，成立国家的三个条件（又称国家的三要素）为土地、人民和政权。公权力的出现就是为了维护社会的稳定，透过公权力去行使公正，正因为所有人都交出部分权利而形成公权力，因此这部分公权力需要通过实体法和诉讼规则去约束。

　　当有人违反实体法的规定时，人们就会对法律失去信心。此时，法院作为拥有公权力的机关（读者们请留意，法院、法庭及法官在澳门《民事诉讼法典》中经常混合使用），在有人提出告诉之后对有关违反情况作出审理，并为此作出判决，最终的目的是透过处罚或对违反人士作出非难又或以宣告行为宣示某一当事人应负的责任，继而透过公权力的介入，强制执

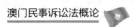

行法院的判决，弥补社会大众对法律失去的信心，续而让所有人知悉法律是能够保护他们的，人们从此自觉地遵守自定法律，此为诉讼规则存在的目的。

举一个简单的例子说明：现在澳门许多大厦的屋顶部分存在僭建物，尽管澳门法律制度并不允许僭建物的存在，但碍于有关法律无人执行，故此，社会大众对有关法律失去了信心，甚至认为法律没有对有关情况作出规范；然而，当后来有公权人确实执行有关法律规定时，违反人士则要为此付出代价——须自费拆除违法的潜建物，如果当事人不自行拆除，则行政机关将前往拆除，有关费用再向该等违反人士追讨。在此情况下，所有人都知道要遵循法律，否则会有不利的后果或处罚，借此弥补社会大众对法律所失去的信心。

在澳门法律制度中，主要有四种诉讼（民事诉讼、刑事诉讼、行政诉讼和劳动诉讼）；法律体制，分为实体法和程序法，实体法主要规范各种权利及义务，如行政法、刑法、债法、商法、亲属法等。

民事诉讼程序流程简图①

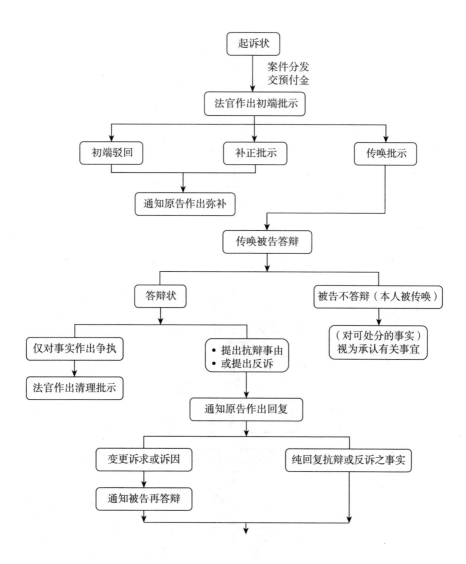

① 冯文庄：《澳门特别行政区法院司法年度年报（2005～2006）》，澳门特别行政区终审法院院长办公室，2007，第190~191页，但经适当修改。

民事诉讼程序流程简图（续）

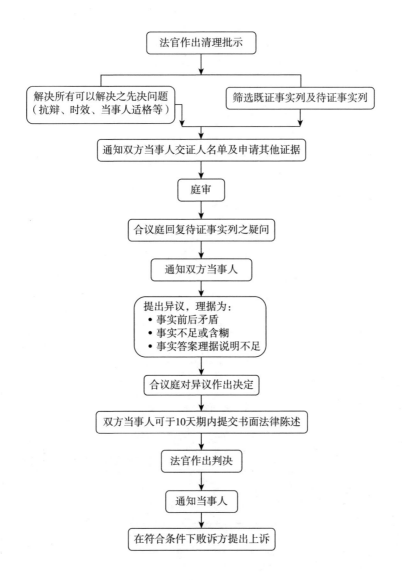

法官作出清理批示

解决所有可以解决之先决问题（抗辩、时效、当事人适格等）

筛选既证事实列及待证事实列

通知双方当事人交证人名单及申请其他证据

庭审

合议庭回复待证事实列之疑问

通知双方当事人

提出异议，理据为：
- 事实前后矛盾
- 事实不足或含糊
- 事实答案理据说明不足

合议庭对异议作出决定

双方当事人可于10天期内提交书面法律陈述

法官作出判决

通知当事人

在符合条件下败诉方提出上诉

第一章
澳门民事诉讼程序流程简述

　　从前述民事诉讼流程简图中可以看到，民事诉讼程序始于提交诉辩书状的阶段，即当事人为提出其针对被告的主张及有关依据而向法院递交起诉状的时间。一旦原告提出其针对被告的主张，并请求法院判处被告时，诉讼程序开始。[①] 递交起诉状作为民事诉讼程序的开端，起诉状必须具备澳门《民事诉讼法典》第 389 条规范的全部要件。[②]

　　民事诉讼的程序始于递交起诉状，续后，法院会对有关案件进行分发，分发之目的在于平均及随机分配法院之工作，而负责审理某一诉讼程序之法官、法庭或担任裁判书制作人职务之法官系透过分发指定。有关分发的内容见澳门《民事诉讼法典》第 155 条及随后数条。在民事诉讼中，基于自然法官的原则，提出案件的当事人将案件提交至法院审理时，并不是由

---

① 澳门《民事诉讼法典》第 211 条：二、然而，提起诉讼之行为仅自传唤时起诉方对被告产生效力，但法律另有规定者除外。

② 澳门《民事诉讼法典》第 389 条（起诉状之要件）：一、在提起诉讼之书状中，原告应：a）指出向何法院提起诉讼及有关当事人之身分资料，为此须指明其姓名、居所，如属可能，亦须指明其职业及工作地方；b）指明诉讼形式；c）载明作为诉讼依据之事实及法律理由；d）提出请求；e）声明有关案件之利益值。二、原告于起诉状之结尾部分即可提出证人名单及声请采取其他证明措施。

该当事人去决定谁来进行审判。这与仲裁制度相反，在采用仲裁时，双方当事人可以选择负责审理的仲裁员。目前，澳门法院对于所有案件的分发是采用抽签的形式，目的就是体现公正及为法官平均分配工作。

完全由计算机（电脑）操作的分发程序如下：首先对案件类别进行分类，再对案件中的文件进行分类并注明编号，续后再对有关的案件进行抽签。

在案件被分发后，提出民事诉讼的当事人首先须要支付诉讼费用，有关费用包括司法费及其他负担。以一民事案件为例：一般而言，当原告以某人对他造成损害为由提出起诉时，原告须在递交起诉状之日起计 10 日内，缴交司法费的 25% 作为“最初预付金”；其后，法院会传唤被告，此时被告可以答辩，而在被告提交答辩状之日起计 10 日内，不论答辩与否被告同样要缴交司法费的 25% 作为“最初预付金”；接着，法院会安排审判听证的日期（即俗称“开庭”），在通知诉讼双方当事人开庭的日期起计 10 日内，原告及被告必须再缴交司法费的 25% 作为“审判预付金”。

预付金应给予法院指定的地方（现为邮政储金局），从 2019 年起初级法院民事法庭亦设立了收费窗口。随后，当法庭办事处收到预付金后，民事诉讼才会继续进行下去。起诉状的预付金是由原告一方先行缴交的，而被告由于在此阶段仍然未知被他方起诉，故此，在原告递交起诉状时，被告不用缴交预付金，而被告被传唤后，亦要缴交预付金。

法官在收到原告的起诉状且作出初步审理后，会作出初端批示。必须注意的是：当案件获分发后，决定了由哪位法官进行审理时，基于案件禁止移转原则，原则上该名负责的法官不会再改变，除非出现法律规定容许的情况。①

法官的初端批示可能作出以下三种决定：

（1）初端驳回：当法官收到起诉状后，如认为起诉之内容理据不足，原告不应当起诉被告的，又或按照澳门《民事诉讼法典》的规定，② 法官在这些情况下必须作出驳回决定时，法官就会依法作出驳回原告起诉的批示，称为初端驳回。

---

① 请参阅澳门《民事诉讼法典》第 13 条及随后数条、《司法组织纲要法》第 14 - C 条。
② 请参阅澳门《民事诉讼法典》第 394 条。

（2）补正批示：[1] 如原告在起诉状中遗漏提及一些内容或遗漏提交一些必需的文件，则法官可要求原告在指定期间内补充相关内容，又或是原告在起诉状中的表述有少许瑕疵，而有关情况属于可以补正时，法官就会作出补正批示。

（3）传唤批示：[2] 如果没有出现以上两种情况，法官则会作出传唤批示，传唤批示的目的是保证原告提出的诉讼所针对的人——被告知悉有一个针对他的诉讼，让被告有为此进行防御的机会。因此，澳门《民事诉讼法典》对于传唤规范得非常细致及完整。

笔者曾经遇到一个案件：一名被告已离开澳门很多年，基本上法院可以透过查询治安警察局的出入境事务厅，知悉其是否身处澳门，但受理案件的法官依然非常细致地进行整套传唤程序，非常严格地遵守澳门《民事诉讼法典》的规定，虽然这样需要花费很长时间，但是为了保障程序的合法性及公正性，仍然有必要如此作出。

续后，被告本人被传唤后会作出答辩。如被告不作出答辩，则按照澳门《民事诉讼法典》第405条之规定，将一些被告可处分事宜[3]的事实视为其承认有关事实。

在法院传唤被告后，被告就可以作出答辩了，而被告答辩的方式可分为争执和抗辩。除此以外，被告在符合澳门《民事诉讼法典》之规定情况下，[4] 可以对原告提出反诉，而原告也可以就被告陈述的内容作出倘有的反

---

[1] 澳门《民事诉讼法典》第397条（补正批示）：一、第三百九十四条第一款所指之任一情况虽无出现，但因起诉状欠缺法定要件或未附具必需之文件，以致不能继续获处理，又或在阐述所指称之事实事宜方面有不足或不准确之处者，得请原告更正或补充起诉状之内容，或提交欠缺之文件，并为此定出限期。二、如新起诉状或欠缺之文件于所定之期间内提交，则适用上条第二款之规定；如主持分发工作之法官拒绝接纳起诉状，只要原告提交另一起诉状，而该起诉状在随后第一次分发中获接纳者，亦适用上述制度。三、对第一款所指之批示不得提起上诉。

[2] 澳门《民事诉讼法典》第398条（传唤批示）：一、如无初端驳回起诉状之理由，且起诉状具条件继续获处理，则命令传唤被告。二、如不应作出公示传唤，而原告声请于案件分发前作出传唤，且法官经考虑所提出之理由，认为分发前作传唤属合理者，则于分发前作传唤；在此情况下，须立即将起诉状提交法官作批示；如命令先作传唤，则于传唤后进行分发。

[3] 有关可处分及不可处分的权利的分类，可参阅〔葡〕Orlando de Carvalho 著，《民法总论》，黄显辉译，澳门大学法学院，2004，第67页及继后数页。

[4] 请参阅澳门《民事诉讼法典》第217、218、419、420条之规定。

驳；然后，被告还有机会对原告的反驳作出再答辩。

答辩阶段过后，法官会作出清理批示，因此，清理批示的内容是很重要的，清理批示是决定诉讼胜负的关键，如对案件当事人有利的事实在清理批示中没有被列入，基本上可以预料到该当事人会在这个诉讼中败诉。而被列入清理批示的事实，上述事实中的待证事实双方当事人仍有机会进行辩论，因为民事诉讼中十分注重一个原则——当事人辩论原则，保障双方当事人均有机会在清理批示中对案件情节作出回应。

然后，如果案件利益值超过初级法院法定上诉利益限额，[①] 则由三名法官组成的合议庭就会在清理批示之后的诉讼程序中进行对事实之审判，进入调查及审判阶段。双方当事人在此阶段需要递交证据方法，包括证人名单，[②] 这时可以要求法官进行鉴定或者要求到现场观察等等。例如，A 新买的房产的上层单位出现漏水的情况，此时，A 可以要求法官到该单位进行现场观察，但法官不一定会批准，需要看是否情况紧急。按照澳门《民事诉讼法典》之规定，清理批示作出后，当事人有 15 日的时间提出证据方法，之后，法官就会进行对证据之调查，然后进行听证，在事实审判之后，由合议庭主席作出法律之审判，在作出判决书后，一审程序中一般的民事诉讼就算完结。

一个民事诉讼程序看似很快便能完结，但在司法实践中并非如此，因为每一个诉讼行为所需要的时间长短不同，例如，传唤程序所需要的时间是最长的，传唤当事人最快一般也要 3~4 个月。公示传唤，一般刊登于报章上的法院公告栏中，其内容一般由原告的诉讼代理人（一般为律师）撰写，再交予法官签名。而根据澳门《民事诉讼法典》之规定，公示传唤必须刊登于本地区阅读率最高的两份刊物之其中一份上，按现时情况，本地区阅读率最多的两份中文报纸为《澳门日报》以及《华侨报》。法院公告会详细列明案件编号、被传唤人的住址等，而且公告会公布两次，期间在最后一次公布的当天不作计算，由公布后第二日起算，当中还有 30 日的中间期间等。公告中也可能会显示签署日期并指出刊登日期，当事人必须要注意刊登公告的次数，因为这会影响续后答辩期间的计算，并且在计算期间时，必须考虑到计算期间的规则。例如，按照第 9/1999 号法律《司法组织

---

① 详见第 9/1999 号法律《司法组织纲要法》第 18 条。
② 虽然在起诉状中，已经提及证人名单，但这样比较有保障。

纲要法》第 12 条,① 司法假期不计算在期间内,若最后一日为星期六或星期日,又或非办公日,也会顺延到下一个工作日。有关传唤的部分将会于本文的其他章节详述。

在递交预付金方面,按照第 63/99/M 号法令《法院诉讼费用制度》之规定,当事人需要自行前往法院办事处领取凭单,再前往澳门邮政储金局或在初级法院民事法庭设置的收款窗口缴纳有关费用。

在澳门的民事诉讼中,在法律规定的情况下,如法院无法传唤到被告,又或诉讼中涉及未成年人,检察院就会在有关诉讼中代理他们,为他们作出防御而答辩。

有关民事案件管辖权方面,很少情况下案件的第一审会在中级法院进行,即使请求的金额是澳门元数以千万计。民事诉讼的第一审,一般不会由中级法院进行审理,所以,绝大部分案件的第一审会在初级法院进行,起诉状的上款一般不会表明呈交予中级法院的法官,除非属于第 9/1999号《司法组织纲要法》第 36 条所规定的第一审在中级法院进行审理之情况。

民事诉讼中的流程总是向着司法判决方向前进,所有的诉讼行为也是一个接着一个,目的是最终由审理案件的法官作出司法判决。诉讼是一个向前进行的程序,所有的诉讼行为都是依法的、有逻辑的,一个紧接着一个进行的。

原则上,诉讼程序不可回到前一诉讼行为,但是如中间的行为出错、有瑕疵,则会导致行为无效,在这一导致无效的瑕疵行为出现之后作出的诉讼行为也会无效,须要重新依顺序作出诉讼行为。例如,对诉讼当事人作出传唤,如果在传唤的过程中出现错误导致传唤无效,那么在传唤之后至司法判决前所作的诉讼行为都会被要求由传唤开始重新作出。

简单而言,诉讼程序就是如此,这些诉讼行为原则上在民事诉讼法典中都可以找到相关规定。

新的澳门《民事诉讼法典》改变了一些原有的民事诉讼法理论,在以前的民事诉讼程序中,诉讼程序在很大程度上是由当事人主动去推动,如果双方当事人不去申请,法官不会主动去推动。例如,在从前的民事诉讼

---

① 第 9/1999 号法律《司法组织纲要法》第 12 条（司法假期）：十二月二十二日至一月三日、农历年最后一日至农历新年第六日、复活节前的星期日至复活节后的星期一,以及八月一日至八月三十一日为司法假期。

制度下，当事人不申请递交案件的预付金，分庭办事处就不会为其计算预付金，且不会发出缴付凭单，原告没有缴付凭单，则无法缴交预付金。同时，原告若不申请传唤被告，法官也不会主动传唤被告，大部分的诉讼行为完全基于当事人的推动、申请及请求。但是，现在民事诉讼法在当事人主义的原则中，加入了法院依职权主义，即法官依职权作出一些行为，使诉讼程序加快进行。

现在的处分原则，或者被纳入为当事人推动原则，仍然占民事诉讼的主导地位，然而，职权主义也慢慢增加，两者互助配合。所有诉讼行为原则上都是按着法律规定进行的，但按照澳门《民事诉讼法典》第7条之规定，容许法官在听取双方当事人意见后，订定一些新规则，使一些无意义的诉讼行为简化，甚至订立一些新的诉讼行为适用在诉讼中，只要法官通知双方后即可使用，这也可以使诉讼程序加快，但是，这种方法在澳门的实际操作中较少使用。

在一份起诉状中，起诉状要递交到哪个法院，属于管辖权事宜。以勒迁之诉为例，勒迁之诉属于特别诉讼程序，起诉状的上款署：致澳门特别行政区初级法院民事法庭，而法院的办事处设有一个中心科，还有个分庭办事处，起诉状的序号表明什么时候提起勒迁诉讼，并交予民事法庭。但此时仍未知道分发去哪个法庭，因此不会有第一民事法庭、第二民事法庭或第三民事法庭，这时只会有序号、日期、时间和在法庭办事的收件人签名。

在表述时为了表示尊重，一般会在称呼法官时加上"尊敬的"，例如：尊敬的法官阁下。

当事人的资料方面，要列出婚姻状况，是否已成年，原因是：

（1）确定其行为能力；①

（2）查明其采用的婚姻财产制度。

在民事诉讼中有时会涉及婚姻财产制度，要解决当事人可否就某物提起诉讼或该向谁提起诉讼的问题，首先就要知道此物是否属其所有，如果属于夫妻双方所有，则须由夫妇两人共同行使这项权利，并以此为基础提出针对标的物的诉讼。在诉辩书状中若显示当事人未婚，即表明财产只是

---

① 按照澳门《民法典》第111条之规定，18岁为成年人具有完全的行为能力，未成年人无行为能力，但如果已满16岁的未成年人在符合澳门《民法典》规定的情况下缔结婚姻，也会解除亲权，从而具有行为能力。

当事人本人的，不需要考虑其他人，例如勒迁之诉。①

另外，要在起诉状中指明诉讼的类型及形式，② 表示提起哪种诉讼。

起诉状接下来的部分就会开始描述事实，但请注意：起诉状中所述的"事实"只是原告所陈述的版本。在澳门的法律制度中，"事实"与"证据"是两个不同的概念，证据是用以证明事实真伪的。例如，如何证明一个人昨日前往香港？以出入境记录证明。

这个出入境记录就是证据，至于所证明之事实即"昨日前往了香港"。请谨记"事实"与"证据"之间的关系。有时当事人提出的事实明明如此，但于法庭上却被判败诉，原因何在？全因缺乏证据以证明有关事实存在。

在澳门，实际社会中即使存在书面订立的租约，但如碰到欠租的情况，要求该名租客离开是十分困难的，必须向法院提出勒迁之诉。而在命令进行勒迁的判决获确定后，若于指定日期内承租人仍不交还有关房屋，出租人便可向法院声请发出勒迁命令状以执行勒迁（澳门《民事诉讼法典》第935条第1款），否则，即使承租人潜逃离开澳门，出租人亦无法进入屋内。例如：一名香港租客来澳谋生，租住一屋，半年后搬走离开澳门，但仍欠拖租金半年；出租人见租客已离开，便进入屋内清走旧物再租予他人；及后，港客回澳见此状况便报警，这样房东、中介可能需要负上刑事责任。③至于是否可以入罪实属后话，但起码在这时算是惹上不少麻烦了，此为意料之外。正常解决争端的方法需要通过勒迁之诉，但拖延的时间甚长；另一种方法为，在实务中，基于效率考虑，业主/中介人通常会赔偿租客两个月的租金以解除租赁合同。后者虽有欠公正但有实际意义。

对于诉讼，不同情况有不同考虑，并非各方当事人都希望诉讼尽快结束，在司法实践中，也有不少故意拖延诉讼之人，可能出于各种意图。例如，某间有限公司与员工的纠纷案件，发生在2000年，当年立即以100万赔偿，与现在才以100万赔偿，有着巨大差别。

作为在诉讼中提出的证据须预先准备，例如作为证据的文件需要连同

---

① 勒迁之诉是一个特别诉讼程序，目的是终止双方的租赁关系。但是在澳门提出勒迁之诉是非常麻烦的，因为要找出当事人收取挂号信。

② 请参阅澳门《民事诉讼法典》第11条及第369条之规定，有关内容将于适当章节讲述。如提起勒迁之诉，须按照澳门《民事诉讼法典》第929条为之。在这个特别诉讼程序中必须聘请律师，因为可能会上诉至中级法院。

③ 请参阅澳门《刑法典》第184条第1款。

起诉状一同提交，否则可能会被罚款。如此案的这种情形，需要证明该单位属其所有，有何方法？需要物业登记局出具的物业证明，请注意，并非指物业的书面报告（即俗称查屋纸）。

接下来便会到陈述请求，A 起诉 B 是否有理由、A 可否起诉 B、是否需要聘请律师等，这些都要视请求而决定是否可以提起平常上诉、[①] 当事人双方是谁、目标为何、须采用什么诉讼形式等。

按照澳门《民事诉讼法典》第 934 条之规定，[②] "勒迁之诉" 无论案件利益值为多少皆可提起平常上诉。由于此案件可以提起平常上诉，故按照澳门《民事诉讼法典》第 74 条第 1 款 a 项，双方在诉讼中必须聘请律师。为此，当事人的成本又要增加，如提出一个 "勒迁之诉" 则需要将此经济原因考虑在内。因为即使最终诉讼胜诉，也经常会出现 "表面上赢了官司，但实际上输了钱" 的情况。与香港地区不同，澳门胜诉后可获判之律师费用不多，还要考虑可能出现上诉的情形。

---

① 澳门《民事诉讼法典》第 74 条（律师之强制委托）：一、在下列案件中，必须委托律师：a）可提起平常上诉之案件。

② 澳门《民事诉讼法典》第 934 条（平常上诉）：一、关于作居住、经营商业企业或从事自由职业用途之不动产租赁之勒迁之诉，以及就性质相同之房地产之租赁合同是否有效或存在进行审理之诉讼，不论案件利益值为何，均得向中级法院提起平常上诉。二、如命令作出勒迁系以欠缴租金为依据，则向中级法院提起之平常上诉是否获赋予中止效力取决于提供担保，而其金额须足以支付欠缴之租金及损害赔偿。

第二章
诉讼前提中的请求

　　为什么先谈请求？原因是诉讼前提中的许多规定，都依赖请求而作出规范，因此，先学习请求，是有利于读者学习民事诉讼的。

　　关于民事诉讼中的请求规范于澳门《民事诉讼法典》第 390 条①及后续数条。请求是指，原告在起诉中要求获得司法保护措施的范围，请求的特征通常是具体、确定以及到期的。然而，请求的特征也有例外情形，在某些情况下，请求可以为选择性的、不具体的（概括的）。例如，买卖一群羊，或者买卖"一手"白鸽②，等等。

　　请求具有"到期"的特征，但亦有例外，一般发生在租赁关系中。原告提出追讨租金的诉讼中，在入禀法院的时候，除了追讨已到期之租金外，也可以提出一并追讨"将会到期的租金"。

---

① 澳门《民事诉讼法典》第 390 条（择一请求及补充请求）：一、准许提出择一请求及补充请求。二、如应由债务人选择所作之给付，则有关请求即使非为择一请求，亦不妨碍作出可供选择之判处。三、请求之间有所抵触并不妨碍提出之其中一请求作为该等请求中另一请求之补充请求；然而，如出现妨碍原告联合及被告联合之情况，则不得提出上述补充请求。

② "一手"白鸽即一群白鸽，不论白鸽的只数、每只的健康状况，而是以整体进行交易。此为请求的"概括性"。

在司法实务中，这会在最终裁判后的结算中一并处理。为了节省司法资源、① 时间，无须再度就将到期租金再提出一个诉讼，所以法律容许当事人在同一诉讼中追讨有关费用。

比如，在一个债的关系上，原则上要求对方偿还债务的请求是在有关债务可被请求的时候提出的，因此在有关债务到期后，方能请求对方偿还。在有些情况下，也可以在债务到期前要求对方偿还，或者请求法院先行作出判决，待执行时，才计算债务到期的真正数额，此时才明确对方具体偿还多少，因为在某些情况下，这样做反而可以节省司法资源。例如，在勒迁之诉中，出租人可以在诉讼中请求租客支付将会产生的拖欠租金，此时，尽管有关租金尚未产生，仍可以在诉讼中先行请求。因为，通常欠租的情况是持续的。

请求的提出取决于当事人，主要是原告针对被告，就原告所陈述事实及主张，要求法官作出一个决定，以维护其民事权益，这是基于民法的私法自治原则，也是民事诉讼处分原则的体现。所以一个民事诉讼取决于当事人是否提出请求，若当事人并没有提出，法官便不会主动审理，也不会进行审判。除非在一些例外情况下，即属于处分原则的例外情况时，法官才会依职权审判。原则上，所有请求都是由原告作出的，而原告所提出的事实用作支持他的请求。这些事实实际上就是法律三段论②内的小前提，当小前提通过证据证实后符合了大前提（有关的法律规定），就能够得到相应的效果（即原告作出的请求）。小前提是由原告提出且由其证实的；请求也是由原告提出的，如原告不提出请求，诉讼就没有进行的意义。

民事诉讼与刑事诉讼不同，在民事诉讼中，事实及证据均由当事人提出，在刑事诉讼中，法官、检察院、警察等会主动作出调查。值得留意的是，有关诉讼期间、证据（用以证明事实存在）等因素均会影响诉讼的输赢。

原则上请求是单一的（原则上，一个诉讼中只存在一个请求），但是，为了节省司法资源，法律容许当事人提出择一请求、补充请求和概括请求。

---

① 在澳门，诉讼费用是相当便宜的，不足以支付法院运作的基本费用，与国内某些富裕地区的情况相差甚远。

② 法律三段论为：法律规范由前提和效果组成。大前提——法律的规定，小前提——各种生活事实，效果——法律规定之效果。

通常这些请求的提出是为着要求一个司法保护，目的是承认或实现某一法律状况。在法律规定的情况下，也可以将多个请求合并。原则上，诉讼也是单一的，但在法律规定容许的情况下，当出现多个诉讼时，亦可将这些有关联的诉讼合并。

第一节　择一请求与补充请求

一　择一请求

在法律规定的某些情况下，原告可以在起诉状中，提出两项或多项请求供法院在判决时选择，但原告只要求满足其中一个即可，这个就是择一请求，比如在要求履行选择之债的诉讼中就可能会出现择一请求。

选择之债规范于澳门《民法典》第 536 ~ 542 条。债的标的（给付）的选择可以由债权人、债务人或第三人作出。如果由债权人进行选择，便不会存在择一请求，因为债权人在诉讼一开始便已经在行使选择权。如果由债务人作出选择，其可以于答辩中作出，届时法院应依其选择而作出判决。如果不提出择一请求，即使法院作出可供选择的判处亦不足够，因为在执行之诉中必须预先作出选择。

执行诉讼程序（执行之诉）亦即法院在宣告之诉中作出判决后，若对方不自愿履行，便得再提起的另一个诉讼，以便相对方确实履行判决内容。在澳门，宣告之诉与执行之诉为两个独立的诉讼。

如果是由第三人作出选择，根据澳门《民法典》第 542 条，并不存在提出择一请求的可能性，原告须按澳门《民事诉讼法典》第 208 条之规定通知第三人，以便后者作出选择。作出这种通知后，续后的程序以澳门《民事诉讼法典》第 390 条第 2 款及第 687 条类推适用之。

二　补充请求

倘若原告在起诉状中提出一个请求的同时再提出另一个请求，但两个请求之间不存在选择关系，只存在主次关系，则属于补充请求。当法官认为原告提出的第一个请求（主请求）不成立时，法官才会考虑另一个请求。① 当法官判处主请求成立时，亦即等同于不需要审理补充请求。因为请求与请求之间存在补充关系，所以主请求与补充请求之间是可以有所抵触的。当然亦可以出现两个请求都被驳回的情况。

原则上在诉讼中，所有程序、诉讼行为应沿主线而走，在同一逻辑中运作。在补充请求的情况下，容许主请求与补充请求相违背，这规范于澳门《民事诉讼法典》第 390 条第 3 款前部分。然而，按照澳门《民事诉讼法典》第 390 条第 3 款后部分之规定，当请求间出现同一法典第 64、65 条的情况时，则不容许提出补充请求，在此所述的是一个妨碍联合的情况。例如，A 与不动产 C 的租客 B 签订预约买卖合同。由于 B 无意愿继续签订正式买卖合同，租赁合同又到期，A 提出诉讼，一个请求为要求 B 迁离原告所出租的房屋，另一个请求却是要求解除针对同一房屋的预约买卖合同。在此情况下，因为这两个请求的诉讼形式不同，不能一同提出。因勒迁之诉是一个特别诉讼程序，而要求解除针对同一房屋的预约买卖合同是一个普通通常诉讼程序，澳门《民事诉讼法典》第 65 条中已经说明基于诉讼形式的不同而不可联合，因此，在此情况下，基于两个请求间的诉讼形式不同而不能作出补充请求。

对澳门《民法典》第 790、807 条的规定进行分析，若债务人因其过错而不履行双务合同的债务，债权人可以提出如下请求。至于债权人想以哪个请求作为主请求，则可以视实际情况作出选择：

（1）解除自己本身的债务并要求赔偿消极合同利益；

（2）从司法途径要求债务人履行该债务和要求损害赔偿；

（3）要求赔偿积极合同利益（赔偿债权人至假设债务人在完整履行债务的情况下债权人应处于的财产法律状况）。

债的给付可以是金钱上的给付，也可以是积极或消极的事实给付。针对可代替的积极事实的给付，债务人不履行时，债权人有权选择由第三人替代债务人作出给付，而开支则由债务人承担，或债权人可要求损害赔偿。

例如，A 和 B 签订合同，要求 B 到 A 家修理门锁，但 B 并没有遵守该合同，于是 A 便请了 C，当 C 修理完，亦即 C（作为合同的第三人）作

---

① 但须注意的是，补充请求必须在起诉状中已经指出才可以被接纳。请参阅澳门《民事诉讼法典》第 390 条第 3 款。

出了一个事实给付，那么 C 的一些开支，如收费的差额、对 A 因此造成的损失（例如请 C 乘坐的士前往 A 家）等的费用，均要由 B（债务人）去承担。

有些父母害怕子女长大后不照顾他们，因此，他们在购买房屋予子女时，会同时设立该楼宇的用益权予自己，该用益权直至父母死亡后才会消灭，这样父母便可以一直居住下去。虽然在澳门较少出现这种情况，但仍然可能存在，因此，如在诉讼中，作为原告的父母请求取得单位之所有权或同时提出取得用益权时，则可提出一补充请求，如前者不成立则请求取得单位的用益权。

又例如，A 透过遗嘱将一房屋遗赠予 B，但遗赠条款写得较含糊，没有清楚指明遗赠之标的是该房屋的完全所有权或仅是房屋的用益权。接受遗赠人提起诉讼以实现其权利，要求法院确认其通过遗赠取得房屋的所有权。接受遗赠人的主请求是希望取得房屋的所有权，所有权是物权当中最大的权利。但当接受遗赠人担心主请求不成立（担心该等事实不足以支持法官判处其取得房屋的所有权），而有关事实又足以支持法院判予接受遗赠人可以取得房屋的用益权时，那么他便可以提出补充请求，要求法院给予其用益权。

因此，一个律师编写一份起诉状是十分耗时的，因为要考虑的东西很多，需要把目前已知的所有事实都一并列入起诉状内，当某些事实不成立时，法官才有机会去考虑其他事实。在诉讼的起诉状阶段原则上只能陈述一次事实，以确保诉讼的公平性与稳定性，否则，在诉讼期间不断提出新的事实，不但会使诉讼的相对方感到束手无策，还会使法官难以裁决，因为事实的改变也会改变适用的程序。但是，证据可分多次提出，而事实却不可以，[1] 除非某些事实在后来才发生，才可以在后来阶段补交。

第二节　概括性请求

概括性请求，是指原告提出一个不确定的请求。请求原则上必须为确

---

[1]　在某些例外情况下，法律允许当事人嗣后变更诉因（请求所依据的事实及法律依据），此内容将在适当的章节讲述。

定、具体的，但现行澳门《民事诉讼法典》第 392 条第 1 款规定：遇有下列情况，得提出概括性请求：诉讼之间接标的为一集合物；仍未能确定指出不法事实之后果，或受害人欲行使澳门《民法典》第 563 条赋予其之权力；数额的订定取决于账目之提交或其它应由被告作出的行为。即取决于将来一个的行为使这个请求确定下来，即使在提出诉讼的时候请求的内容并未确定及具体。

一　集合物

集合物的定义载于澳门《民法典》第 203 条，[①] 如一群羊、一堆书等，一群羊为什么属于集合物？因为一群羊中有时会出现当中有一只怀孕了，后来就会多一只羊，又或有些羊死了，又会少一只，难以预计，所以甚少会个别地贩卖。

但在澳门现状中，这一种集合物比较少见，较常出现的为在拍卖旧物中，以一批二手货物为交易对象，当中有多少，则难以计算。

二　未确定不法事实的后果

即某些不能被确定的后果，例如撞车，被撞伤的人的伤势不清楚，所以赔偿还不能确定。

三　账目的提交或者其他应由被告作出的行为

这就涉及商法的规定，按照澳门《商法典》的规定，股东可要求管理公司账目的人交出账目；若不交出，则要承担部分责任。由于提出的股东不知道将提交之账目的数额为多少，所以法律容许当事人作概括性请求。例如，一间公司由行政管理机关成员管理，账目在其手中，作为另一股东并没有办法知道该账目，只能通过法院要求其交出账目来查看。又如，要求其赔偿，因还未看到账目，故无法知道应赔偿数额为多少，但是仍可提

---

① 澳门《民法典》第 203 条（集合物）：一、属同一人及只有单一用途，且实际上为独立之多个动产，视为集合物。二、组成集合物之单独物，得各自成为法律关系之标的。

出诉讼，这个诉讼的请求便会是一概括请求，数额待交出账目结算后才知道。

根据澳门《民事诉讼法典》第 308～310 条之规定，原告可于判决之前，透过结算之附随事项而结算请求，因为在诉讼开始之时尚不清楚应得之赔偿数额，有关数额可能还没有确定下来，待后期确定后再告知法官。结算程序是一个附随事项，用另一个独立的卷宗去处理，但又不是完全独立的一个卷宗，需要附随在主案卷宗上。

第三节　将来到期给付的请求

原则上，所有债务应该在到期之后方可以向法院请求，但一个诉讼由提出直到执行①所需的时间至少两年，而轻微民事案件也需要半年。例如，有一租客拖欠出租人租金 3 个月，在入禀法院后，最快也要一年才可以执行，当有确定判决后，当事人仍需要另行提起一个执行之诉。在这段期间出租人的房屋长期处于空档期，当然没有租金收入的，如果没有这将来到期给付请求的规定，需要再提起另一诉讼，当事人会因此浪费金钱和时间，而法院则因为当事人提出诉讼而需要启动一个司法程序，并作出公正的裁决，在运作上也需要成本。基于诉讼经济原则，多次提起诉讼会浪费人力和物力，诉讼法也容许当事人在提出请求时，要求仍未到期的租金，到执行程序时再做一个结算，一次性支付需要交付的租金。这样就不会出现每当承租人拖欠租金，就要到法院请求承租人支付租金的情况。也让诉讼程序变得快捷。

另一种情况是，如果拖欠租金的承租人在欠租后或欠租之后几个月内偷偷搬迁，那么便不能追讨仍未产生的租金。这也涉及提交证据的问题，如何证明该人于何时搬离该承租物。同时，可能会出现其他的问题。例如，承租人就这样离开，并没有作出交付承租物之手续，出租人亦不能私自进入所出租的不动产内，这样可能会构成犯罪。② 而在勒迁之诉中，可请求勒令承租人迁出租赁物，并且要求给付将要到期的租金。

---

① 首先经过宣告之诉的判决，待宣告之诉有了确定判决后，才有条件提起执行程序。
② 请参阅澳门《刑法典》第 184 条的侵犯住所罪。

第四节　请求之合并

在澳门的法律制度中，新的民事诉讼法修改后，和从前的有所不同。从前的法院要应当事人请求才能作出有关的诉讼行为（如传唤），但现在加入了依职权原则，司法机关需要节约成本，由原则上一个原告（Autor）只可以告一个被告（Réu），演变为可以由两个原告告一个被告或一个原告告两个被告，法律容许可以更多。而且一个原告针对一个被告，原则上是基于一些事实，提出一个请求，但为了节省成本和时间，法律容许有多个请求（即两个以上也可以），但亦有条件限制。按照澳门《民事诉讼法典》第 391 条之规定，明确表明容许提出多个请求，只要有关请求之间是相容的，而且不出现第 65 条①所述之障碍。以上规定为进行联合的限制，如诉讼形式不同可能会使程序适用也不同，最终有可能导致结果更复杂和与法律期望的快捷简单原则相违背。

然而，按照澳门《民事诉讼法典》第 65 条第 2、3 款之规定，当出现基于案件的利益值而导致需要采用不同的诉讼形式时，法律容许联合或请求之合并。

案例：

原告在诉讼中陈述，被告向其借了澳门币 5000 元，并在两年前需要归还，但至今仍不肯还款，请求法官判决被告需要返还有关款项及迟延利息给原告。

另一个请求是被告向原告购买了一台电视机，但至今仍未支付价金，而电视机价值澳门币 12 万元。

---

① 澳门《民事诉讼法典》第 65 条（联合之障碍）：一、如有关法院无管辖权审理所提出之任一请求，则不得联合。二、如所提出之请求须以不同之诉讼形式审理，亦不得联合，但因请求之利益值不同而导致须采用不同诉讼形式者除外。三、如有关请求须以不同诉讼形式审理，但各诉讼形式并非采用明显不相容之步骤，则法官得许可将各请求合并，只要此合并有重要利益或一并审理各请求对合理解决争议属必需者。四、在上款所规定之情况下，法官须在有关之程序步骤方面作出调整，以配合获许可之合并。五、如法官依职权或应任一被告声请，认定虽符合联合之要件，但对各案件一并作出调查、辩论或审判属明显不宜者，法官须以附理由说明之批示，命令通知原告，以便其于指定期间内指明在该诉讼程序中须予审理之请求；如原告在指定期间内并未指明，则驳回就所有针对被告之请求而作之起诉；如有多名原告或已指明在该诉讼程序中须予审理之请求，则适用第六十六条第二款及第三款之规定。六、在上款所规定之情况下，如在法官命令将各案件分开审理之批示确定后三十日内提起新诉讼，则提起诉讼及传唤被告之民事效果追溯至第一次诉讼中作出起诉及传唤之日。

（1）按照澳门《民事诉讼法典》第1285条之规定，由于首个请求的利益值在10万澳门元以下，故可以采用轻微案件诉讼程序。

（2）而由于第二个请求的利益值高于初级法院法定上诉利益限额，[①] 按照澳门《民事诉讼法典》第371条之规定，须采用一个普通宣告诉讼程序之通常诉讼形式进行，于初级法院民事法庭审理。

原则上，两个不同诉讼形式的请求，不能作出请求之合并，而需要采用不同宣告诉讼程序处理。但在上述案例中会被容许用同一形式处理，因为其诉讼形式的不同是案件利益值不同引致的。此时，此案的案件利益值会因两个请求合并而增加为澳门币12.5万元，并以普通宣告诉讼程序之简易诉讼形式进行。

故此，请求之合并应有以下特征：

（1）在同一案件中（是在一个诉讼程序中要求不同的请求）；

（2）同一原告针对同一被告（又或多个原告针对多个被告）；

（3）具有两个或以上的请求（多个请求之间的关系并不属上节所述的择一请求、概括请求及补充请求）。

在请求之合并中，还需要区分出主请求及附加请求。主请求为原告想透过诉讼达致目的的最主要部分。而附加请求（又被称为附从请求）为主请求的延续或附属于主请求的请求。对于提出请求的原告而言，附加请求与主请求之间并不具有相同之等级关系。

假设在同一诉讼中，债权人A向债务人B请求本金及利息，或请求宣告一合同无效及返还已作出之给付，又或请求交付一房地产及其收益，则其中一个请求是附加请求，是另一请求之延续。主请求为要求交付本金，请求宣告无效，请求交付一房地产；而附加请求则为要求支付利息，[②] 或因买卖房地产合同无效而返还已作出之给付，交付该段期间房地产之收益。

请求之合并，可以为主请求之间的合并，也可以为主请求与附加请求之间的合并。

---

① 根据第9/1999号法律《司法组织纲要法》第18条之规定，初级法院的法定上诉利益限额为澳门币10万元。

② 在澳门，如无指定的利率，则根据第29/2006号行政命令《订定法定利率以及在无指定利率或金额的利率》适用法定利率9.75厘，而指定的利率不可高于法定利率的3倍；亦可定延迟罚则，但不可高于法定利率的5倍，否则会构成澳门《刑法典》第219条之暴利罪。对于暴利之认定，可参照澳门《民法典》第1073条之规定。

第三章

诉讼前提（续）

　　诉讼前提是诉讼程序存在的要件，具备了诉讼前提，法院才会对双方当事人提出的实体（质）问题（由他们提供的事实依据及法律依据）进行审理。

　　例如，当事人是否具有正当性、所采用的诉讼形式是否恰当，这是提出诉讼的前提要件，故称为"诉讼前提"。诉讼前提是法官在审理案件实体（质）问题之前，审理当事人的请求成立或驳回其请求前需要符合的前提要件，这是为了避免浪费司法资源，以及避免无用、不必要或无意义的裁判。

　　例如，在起诉状上陈述一事实：原告 A 表示被告 B 欠其 100 万元，但被告栏误写成了 C。假如诉讼如常进行，这个诉讼的裁判对 A 所提出的请求根本毫无意义，因为 A 根本不打算亦不可以要求 C 向其偿还 100 万元。所以，法院须审理诉讼前提，以决定诉讼是否可以继续进行。

　　故此，在现实情况中，法官作出初端驳回，或补正批示，大部分是针对诉讼前提作出的（有关的内容请参阅民事诉讼流程简图），如不符合诉讼前提，则原告的起诉状就会被驳回。

第一节　当事人能力

民事诉讼中的当事人是指诉讼法律关系中的主体，这是形式上的概念。当中可分为主当事人和辅助当事人。主当事人是指以自主方式参与诉讼程序，以自己名义独立地维护自己利益的人。辅助当事人是指尽管其参加诉讼亦是维护一利益，但该利益只与其中一方主当事人之利益相联系及协调的人，其利益与主诉讼没有直接关系，而是附属于主诉讼。

一　当事人能力的概念

根据澳门《民事诉讼法典》第 39 条①之规定，当事人能力是指可成为当事人的资格能力。

故此，原则上，当事人能力以是否具有法律人格为标准，有法律人格的人则可以作为诉讼法律关系之主体。例如，自然人、公司、社团等。

二　自然人与法人（社团、财团、合营组织）

法律上的人可分为自然人和法人。按照澳门《民法典》第 63 条之规定，自然人自出生与母体分离且有生命迹象时起，便具有法律人格。即胎儿与母体分离这一概念，澳门采用"剪脐带说"，亦即表示，当一个婴儿与母体相连时，其作为其母亲身体的一部分，此时并不具有法律人格，当其与母亲分离时（在剪去脐带后）而且在分离后仍具有生命的迹象，如呼吸时，则该婴儿就具有法律人格。而自然人死亡时，也会导致其法律人格的消灭。

法人须经法定手续成立。法人分为公法人和私法人。私法人又可分为社团、财团和合营组织。社团②是以社员为主要要素且不是以社员的经济利

---

① 澳门《民事诉讼法典》第 39 条（概念及范围）：一、当事人能力系指可成为当事人之资格。二、具法律人格者，亦具当事人能力。
② 请参阅澳门《民法典》第 154 条。

益为宗旨的法人。财团①为以财产为基础而且以社会利益为宗旨的法人，如澳门××基金会。合营组织②以财产为基础，以共同从事某种非单纯收益为内容的经济活动，最终达致分配该活动所获得的利润的目标，主要是指公司等。

不论是自然人，还是法人，两者均具备法律人格，自然人的法律人格自出生起具有，而法人（不论是公法人还是私法人）只要其按照法律规定的手续成立并登记后，就具备法律人格。

申请成立社团法人之人，须先行前往身份证明局，检查该待成立之法人的名字是否已被登记，待身份证明局对该名字作出批准后，须再由公证员作出成立的行为，并将有关资料刊登于《澳门特别行政区公报》。公布后才对第三人产生效力。

合营组织的设立（例如公司）需要到商业及动产登记局查询，查询是否已存在相同名字的公司，之后再作出一系列手续，才可由公证员或找律师进行设立程序，之后再到财政局交 M1 开业表格，最后刊登于特区公报。除此以外，经营某些特定业务③的公司则需要获批准经营之牌照后，才可以进行经营。

在民事诉讼中，如澳门合营组织要作为原告或被告，亦须得到由商业及动产登记局发出的证明书以示其存在。

正如澳门《民事诉讼法典》第 39 条第 2 款之规定，只要具有法律人格就具备当事人能力，故此无论自然人或法人都被赋予了成为"诉讼当事人"的资格，原则上其没有办法透过司法途径实现其权利义务，特别是提起诉讼的权利。

三　当事人能力的延伸

尽管按照澳门《民事诉讼法典》第 39 条之规定，作为民事诉讼当事人的能力是以法律人格为基础的，但是澳门《民事诉讼法典》同时规范了一些情况，赋予一些没有法律人格的实体及财产具有当事人能力，以实现其利益，作为当事人能力的例外情况。例如：待继承的遗产、类似独立财产、

---

① 请参阅澳门《民法典》第 173 条。
② 请参阅澳门《民法典》第 184 条。
③ 例如，经营旅行社或地产公司，须要先取得牌照才可以经营。

澳门《民法典》内的特别委员会、分支机构、不符合规范的法人等，有关内容规范于澳门《民事诉讼法典》第40～42条。

（一）待继承的遗产

一个人死后，其遗产便成为待继承遗产，其卑亲属、配偶、尊亲属等有资格的继承人须经过一定程序才可取得该待继承遗产的所有权，这种制度存在的其中一个目的也是为了保护未成年人的利益。例如，一家三口中，丈夫去世后，避免其妻子因此将儿子应获分配的遗产据为己有。

按照澳门《民事诉讼法典》第39条之规定，虽然待继承的遗产并不具有法律人格，没有作为当事人的能力，但法律例外地容许这种情况，作为死者法律人格的延伸。根据澳门《民事诉讼法典》第40条之规定，待继承的遗产具有当事人能力，故若有人想侵害这个财产，也可以以这笔财产的名义控告该侵害人，作为当事人（死者）能力延伸的其中一种。尽管这个遗产没有法律人格，但法律也容许这种情况，从而保护该笔财产。遗产管理人可以以遗产的名义，作为原告提起诉讼；除此以外，这笔遗产也可以作为一被告。例如，作为遗产一部分的一间古老房屋因日久失修，屋内的窗户脱落后，压到了A的车子，此遗产便需要为此向A作出赔偿。

与从前的制度相比，现在遗产的处理方式比较方便，因为已经不用再支付遗产税，在从前的制度下，继承人要先缴纳遗产税，之后才可以分配遗产。这段期间，当事人接受遗产要透过一个司法程序，作出非限定接受①也需要作出一定程序，两者均十分耗时。继承人也可以选择暂时不分割财产，令该遗产原封不动。

（二）独立财产

澳门《民事诉讼法典》第40条同时规定，不具法律人格的类似独立财产，也具有当事人能力。类似独立的财产，是指经过法律作自主化处理的一系列财产与一个负债，由谁拥有并不明确，这些财产由独立的财产区分出来，以承担特定的债务及权利义务。

例如，按照澳门《民法典》第1873条之规定，可以对未出生之人作出遗赠。以赠予遗产的方式把财产利益给予胎儿，在澳门的法律制度中是容许的。

---

① 请参阅澳门《民法典》第1890条及续后数条之规定。

虽然未出生的胎儿仍未具有法律人格，但其仍有接收有关遗赠的能力，待其出生后便可以进行继承。在胎儿出生前，这笔财产便属于独立财产。

又例如，赠予胎儿一间房屋或一幅土地，但由于该胎儿仍不具有法律人格，而法律人格取决于其是否出生。当有人在其未出生时侵犯这些财产，就可以这些财产的名义去提出诉讼或将此财产作为被告。这些财产可作为一整体，而且法律承认其有当事人能力。

（三）特别委员会

有关特别委员会是按照澳门《民法典》第190条之规定而设立：为进行任何救援或慈善活动计划，或为促成公共工程或纪念物之施工，或为促成喜庆节目、展览、庆典及类同行为之进行而设立之委员会，如并无以具法律人格之社团之方式成立，则须受以下各条规定约束，但法律另有规定者除外。

特别委员会是一个为了一特定目的而临时设立的委员会。其可以作为一个法律关系的主体，例如，澳门大学法学院三年级的学生为庆祝国庆及中秋节成立一庆祝委员会。

特别委员会与合营组织中的公司不同。请留意，某人作为公司的股东，这人并非公司的法人，而有关公司才是法人。当公司聘用雇员时，与雇员建立劳动法律关系的主体是公司本身。在对外的关系上，股东非为公司的主体，即使其称谓是董事长/总经理，但他们与相关公司的关系可能属于劳动关系，可经法定方法或委任的公司的代表构成关系。公司是具有法律人格的，可以自行承担权利及义务，但是特别委员会是没有法律人格的，尽管如此，法律容许其享受或承担权利义务，如特别委员会成立期间侵犯了别人的权利，可以作为被告，当然，如特别委员会在运作时遭受到损害，也可以作为原告提出诉讼。

（四）分支机构

按照澳门《民事诉讼法典》第41条的有关当事人能力的规定："一、分支机构、代办处、子机构、代理处或代表处①得起诉或被诉，只要诉讼因

---

① 有关分支机构、代办处、子机构、代理处或代表处的概念，可参阅澳门商法、金融法律制度的规定。

其作出之事实而引致。二、主要行政管理机关之总部或住所在澳门以外地方，而有关债务系与一名澳门居民或与在澳门有住所之一名非澳门居民设定者，即使诉讼因主要行政管理机关作出之事实而引致，在澳门之分支机构、代办处、子机构、代理处或代表处亦得起诉或被诉。三、分支机构、代办处、子机构、代理处或代表处欠缺当事人能力，得透过主要行政管理机关参与诉讼且追认或重新作出先前在诉讼中作出之行为予以补正。"

作为主机构一部分的分支机构，本身并不具备独立法律人格（亦即不具备当事人能力）和行为能力。但是，法律仍然容许这些分支机构、代办处、子机构、代理处或代表处可以提出诉讼或被起诉，成为诉讼法律关系中积极或消极的主体，而并不理会其主要的行政管理机关设于何处、是否设于澳门等。按照澳门《民事诉讼法典》第41条第2、3款之规定，只要该分支机构的管理机关有作出有关行为，就视为有诉讼的正当性，此等规定目的就是使有关机构的管理更加灵活。

例如，中国银行澳门分行在澳门有许多业务，如果不给予其提起诉讼或被起诉的能力，每一个案件都须要中国银行在北京的总行批准及许可，就会阻碍银行业务的发展，拖慢整个商业社会的运作。

而上述条文第3款所规范的情况，是指即使该分公司在此案中并没有当事人的能力，而且已经作出一定行为时，其总公司的代表处可以透过追认有关行为予以补正，或者分公司做得不完善时，总公司可以透过重新作出先前在诉讼中作出之行为予以补正。

（五）不合规范之法人

对于不合规范之法人的当事人能力，规范于澳门《民事诉讼法典》第42条：一、非依法设立但一如依法设立而行事之法人被诉时，不得提出其并非依法设立；然而，得仅针对该非依法设立法人或仅针对就起诉所依据之事实负民事责任之人提起诉讼，又或同时针对两者提起诉讼。二、不合规范之法人被诉时得提出反诉。三、不合规范设立之法人欠缺当事人能力，得透过消除导致其设立属不合规范之不当情事予以补正。

法人作为法律关系的主体，具有独立于自然人的法律人格及财产，然而，如果一个法人（如公司）对外宣称是自己为XYZ公司，而且已与很多公司及私人有业务往来，但原来这间XYZ公司并未作登记，或未完成设立的法定手续，当交易出现瑕疵时，该公司不可以向对方主动提出诉讼。然而，该公司不能以其未登记、未成立为由而不被起诉。此时，原告是可以针对这些不规则的公司提起诉讼的。虽然这些公司不可主动提出诉讼，但当其作为被告时，其可以提出反诉，在澳门《民事诉讼法典》中有一个"反诉"的机制。例如，A 提出诉讼针对 B 时，B 在符合特定条件下，[①] 可以在同一诉讼上要求 A 履行一定的行为，只限在特定条件下才可作出反诉，这个限制是为了避免民事诉讼被无限地延伸。

（六）当事人能力欠缺的弥补

根据澳门《民事诉讼法典》第 394 条（初端驳回）第 1 款 c 项之规定（原告或被告明显无当事人能力或不具正当性，又或明显无诉之利益），欠缺当事人能力可以导致法官初端驳回起诉状。

正如前节所述，在民事诉讼中，在递交起诉状并分发给法官后，审理的法官就会对起诉状作出检视，当发现当事人缺乏当事人能力时，法官就会作出初端驳回。若当时法官没有驳回，直到被告答辩时才发现，甚至到判决阶段才发现这个问题，法官会基于原告无当事人能力而驳回原告对被告之起诉。然而，按照澳门《民事诉讼法典》第 6 条 2 款，[②] 欠缺当事人能力可以作出弥补。

故此，原则上欠缺当事人能力时，法官会作出初端驳回，但在某些情况下，法官亦可要求原告弥补。法官发现原告缺乏当事人能力后，会依职权作出补正批示，要求原告去更正或补正该有瑕疵的行为，如一间不规则公司未成立，给予其时间成立为公司。例如，XYZ 公司未完成法律手续的成立，命令其立即以紧急程序成立公司并作出登记，便可以补正当事人能力。若没办法补正当事人能力，便须要驳回起诉，被驳回起诉后，原告可

---

① 特定条件规范于澳门《民事诉讼法典》第 218 条，在后面的章节会详述之。例子：A 是不合规范的法人，B 是债权人，债权金额为 20 万澳门元，同时，A 也是 B 的债权人，债权金额为 10 万澳门元。A 不能起诉 B 要求 B 偿还 10 万澳门元，但如果 A 被 B 起诉，A 就可要求 B 返还 10 万澳门元，因为 A 可以提出反诉（符合第 218 条 2 款 1 项条件容许其作出反诉）。若 A 被 B 起诉要求他返还 20 万澳门元，那么 A 可在反诉里要求 B 返还 10 万澳门元，进行债务抵销。

② 澳门《民事诉讼法典》第 6 条（诉讼程序之领导权及调查原则）：一、法官应作出安排，使诉讼程序能依规则迅速进行，因而应命令采取必要措施，使诉讼正常进行，并拒绝作出任何无关或纯属拖延程序进行之行为；但此并不影响当事人主动为行为之责任。二、如所欠缺之诉讼前提系可弥补者，法官须依职权采取措施予以弥补，因而应命令作出使诉讼程序符合规范所需之行为，或在诉讼程序中出现主体变更时，请当事人作出该等行为。

于 10 日内重新再做一份起诉状并交到法院。

第二节　诉讼能力

在实体法中，作为法律关系的主体作出法律行为时，应当具有相应的行为能力，所谓的行为能力是指行为人仅以本身行为或其意定代理人或受权人行使权利、履行义务、取得权利、承担义务的能力。简单而言，即为调动本人的权利义务范围，借着本身活动在其拥有的权利、义务总和中产生法律后果的能力。[①] 自然人的行为能力，在澳门《民法典》第 118 条已经有所规定。而法人在依法成立后，未必具备完全的行为能力，其行为能力范围只限于对实现其宗旨所必需的部分。[②] 诉讼亦同，要提出诉讼，首先需要了解其是否具有能力。而诉讼能力以行为能力为基础，即诉讼能力与行为能力一样，是一种能够行使权利、承担义务之能力，换言之，诉讼能力是指当事人能够在法庭以自己的名义独立行使权利和履行义务的能力。例如，当事人可自愿选定诉讼代理人，又或自行参与诉讼。

一　诉讼能力的概念及范围

根据澳门《民事诉讼法典》第 43 条：一、诉讼能力系指可独立进行诉讼之能力。二、诉讼能力以行为能力为基础，且以其范围为准。

按照此规定可知，如一方当事人按照实体法的规定具有完全行为能力，程序上亦会具有完全的诉讼能力，但是有行为能力并不代表必然能够独立地进行诉讼，如法人，在诉讼方面的能力也是以实体法规范之范围为准。

在很多情况下，人们常常把当事人能力与诉讼能力混淆。当事人能力是指能够成为当事人的资格，以是否具有法律人格来判断。而诉讼能力是指当事人能够独立进行诉讼的能力，以当事人是否具有行为能力来判断。

---

① 有关行为能力的内容请参阅〔葡〕Carlos Alberto da Mota Pinto《民法总论（中译本）》，法务局、澳门大学法学院，2001，第 101 页及续后数页。

② 澳门《民法典》第 144 条（能力）：一、法人之能力范围包括对实现其宗旨属必要或适宜之一切权利及义务。二、上述范围不包括法律禁止或不能与自然人之人格分割之权利及义务。

当事人能力与诉讼能力的区分方法，将透过以下两个例子说明两者的关系。

（1）一个 1 岁小孩，是否具有当事人能力？因为小孩作为一个自然人，其法律人格由出生时起已经具备，按照澳门《民事诉讼法典》第 39 条之规定，其具有当事人能力。然而，由于其没有行为能力，[①] 故没有诉讼能力。

（2）一个 16 岁小孩是否具有诉讼能力？原则上不具有，因为 16 岁的小孩作为一个未成年人，并没有行为能力，然而，按照实体法的规定，有部分情况是具有行为能力的。如 16 岁的未成年人在一定的条件下，可以缔结婚姻，在缔结婚姻后取得行为能力。[②] 所以，在起诉状中，原告和被告均需要表示其婚姻情况，目的就是看其是否已经成年或已经结婚，以便了解法律行为的有效性及当事人的诉讼能力。

二 诉讼能力欠缺的弥补

如上所述，在一般情况下，当事人无行为能力时，亦无诉讼能力，不能自主独立地进行诉讼，但并不代表其不能够行使提出诉讼的权利。按照澳门《民法典》的相关规定，无行为能力人一般会以法定代理或辅助为其弥补之。而诉讼能力亦同样，原则上是以代理或辅助来弥补，在某些情况下，特定的人士会透过特别保佐人或检察院代理来弥补所欠缺之诉讼能力。

无行为能力的情况一般分为两种：法律上无行为能力和事实上无行为能力。

法律上无行为能力指按照法律规定不具有行为能力之人，例如未成年人，须由亲生父母或监护人代理（即透过亲权和监护权弥补之）；禁治产人、准禁治产人，[③] 如无监护人代理或保佐人的辅助也不可自主地提出诉讼。

事实上无行为能力，如明显精神失常或当时处于偶然无行为能力的人。[④]

尽管按照澳门《民事诉讼法典》第 44 条之规定，无诉讼能力之人可以透过代理人或辅助人代其进行诉讼，但是在第 44 条的后半部分也规定了例外情况。该例外情况是指在实体法的规定下，该无诉讼能力人能亲身作出

---

① 按照澳门《民法典》第 118 条之规定，自然人在 18 岁后取得行为能力。
② 有关规定请参阅澳门《民法典》第 121、152、1521 条。
③ 禁治产和准禁治产须经法院宣告，请参阅澳门《民法典》第 130 条及第 139 条。
④ 有关规定请参阅澳门《民法典》第 250 条。

之行为，此时，就不用其代理人或辅助人协助，也可以进行诉讼。例如，按照澳门《民法典》第116条之规定，^① 尽管未成年人无行为能力，但是法律规定的例外情况者除外。

　　例如，一个未成年人，使用其零用钱买了一支原子笔，但与店铺产生争议，他是否可以提起诉讼？由于有关案件利益值低于初级法院法定上诉利益限额，故属于小额开支的诉讼吗？按照澳门《民法典》第116条第1款a、c项，由于此时构成未成年人无行为能力的例外，所以他可以以具有诉讼能力为由提出宣告之诉。另一情况，按照现行《劳动法》^② 的相关规定，原则上，只有16岁以上的人才可工作，但例外情况下16岁以下也可以工作。而且，按照澳门《民法典》第116条第1款a项之规定，容许其对工作收入所得进行财产管理或处分，所以在这种情况下，按照澳门《民事诉讼法典》第44条第1款之规定，由于构成例外情况，故在针对这些事宜的诉讼上，其具有诉讼能力。

三　代理及辅助

　　与代理有关的规定规范于澳门《民事诉讼法典》第44条1款。^③ 此外，这里还需要区分，法律规定的由律师或检察院作为在法院之（诉讼）代理人的情形。在澳门《民事诉讼法典》第74条^④规定的情况下，必须由律师

---

① 澳门《民法典》第116条（未成年人无行为能力之例外情况）：一、除法律规定之其他行为外，下列行为亦例外有效：a）十六岁以上之未成年人对因其工作而取得之财产所作之管理或处分行为；b）未成年人在日常生活中所作之属其自然能力所及，且仅涉及小额支出或财产处分之法律行为；c）未成年人所作、与其获法定代理人许可从事之职业、工艺或工作有关之法律行为，或在从事该职业、工艺或工作时所作之法律行为。二、对于因与未成年人之职业、工艺或工作有关之行为而生之责任，以及因在从事该职业、工艺或工作时所作之行为而生之责任，仅以未成年人可自由处分之财产承担。

② 即第7/2008号法律《劳动关系法》。

③ 澳门《民事诉讼法典》第44条（代理或辅助之需要）：一、无诉讼能力之人透过其代理人或在保佐人辅助下，方得进行诉讼，但可由无诉讼能力之人亲身自由作出之行为除外。

④ 澳门《民事诉讼法典》第74条（律师之强制委托）：一、在下列案件中，必须委托律师：a）可提起平常上诉之案件；b）上诉案件及向上级法院提起诉讼之案件；c）利益值高于中级法院法定上诉利益限额之执行程序；d）利益值高于初级法院法定上诉利益限额之执行程序，只要有人提出异议或按宣告诉讼程序之步骤进行其他程序。二、即使属必须委托律师之情况，实习律师及当事人本人亦得提出不涉及法律问题之声请。三、在财产清册程序中，不论其性质或利益值为何，仅当为提出或辩论法律问题时，方须由律师参与。四、在非讼事件之程序中，并非必须委托律师，但上诉阶段除外。五、在以附文方式进行之审定债权程序中，仅当被要求清偿之某一债权之数额高于初级法院之法定上诉利益限额，且纯粹为审定该债权时，方须由律师代理。

进行诉讼代理。

如果在上述法律规定必须由律师参与的情况下无律师参与、经通知仍未在法定期限内作出补正行为聘请律师参与，可引致起诉不予受理并不得上诉，或引致辩护无效。在某些情况下，检察院可以作为无行为能力人、失踪人、未确定之人士以及特区的代表人参与民事诉讼，以保护相应人的合法利益。

这部分内容关注的是对当事人能力的代理，并非指律师的代理。

如前所述，澳门《民事诉讼法典》第44条第1款之后半部分规定了除外情况，例如澳门《民法典》第116条所指之情况。

第44条第2款，如亲权由父母双方行使，则未成年人由父母双方代理进行诉讼，但提起诉讼须父母双方取得一致意见。

原则上，若不是重要的法律行为，不需要父母双方共同行使，只要其中一方行使即可，但当涉及提起诉讼时，民事诉讼法就此作出特别规定，当一个小孩的亲权由父母共同行使时，提起诉讼要父母双方一致同意，小孩应该由其父母代理。如果父母意见不一致，由于此行为属于重要的法律行为，根据澳门《民事诉讼法典》第46条，此时要再提起另一个独立的诉讼，以解决父母双方意见不一的情况。

第44条第3款，如被告为未成年人，而亲权由父母双方行使，应传唤父母双方应诉。

当被告为未成年人时，在针对其的诉讼中，如亲权由双方行使，应当按照澳门《民事诉讼法典》第44条第3款，及第176条第1款传唤其父母（即亲权拥有人）应诉，以便其为未成年人作出防御。反之，如亲权仅由父或母其中一方行使，则按照澳门《民事诉讼法典》第44条第1款之规定，由亲权之拥有人应诉。

如前所述，如未成年人欠缺诉讼能力，则以亲权弥补之。在该未成年人作为被告时，需要传唤其亲权拥有人应诉，为该未成年人作出防御。然而，针对提出诉讼的部分，澳门《民事诉讼法典》第44条第2款规定，如亲权由父母双方行使，提起诉讼须取得父母双方的一致意见。如亲权只有父或母一方拥有，只需取得亲权一方同意即可以代理该未成年人提起诉讼。问题是，如亲权由父母双方行使，而双方就是否提出诉讼有不同的意见，应当如何处理？

有关的规定规范于澳门《民事诉讼法典》第 46 条。[①] 如上所述，当父母双方就是否提起诉讼意见不一时，可由双方又或其中一方向法院声请解决有关的分歧，法院会在听取父母双方及检察院的意见后，为着该未成年人之利益作出判决，法官可判予由父或母其中一方在涉及的案件中代理未成年人提出诉讼。

原则上，在任何人的出生证明中会指明其父亲或母亲的身份，若没有父亲或母亲的资料，则在民事登记中该栏目会显示为三颗星，即没有父亲或母亲的登记。

然而，澳门民事登记局虽然有登记资料可检视，但仍有一不足之处，就是现行澳门民事登记局的功能未能得到发挥，因为澳门约有 2/3 或 1/2 人口在澳门没有出生记录，因其不在澳门出生。澳门作为一个容纳多国籍和多种族的亚洲城市，近年多有人莅澳旅游及投资移民，相距澳门在百多年前只有数千人，现时本澳居民连同移动人口已逾 64 万。大多数人出生在我国内地，而当时移居来澳门并不需要身份证。即使有些人在澳门工作，也不一定在澳门出生和结婚。如只根据澳门之登记制度及法律制度，不能完全了解有关人士的资料。

亲权行使之推定。按照澳门《民法典》第 1756 条之规定，原则上，未成年人的亲权除父母有约定或法定（包括司法判决）外，由父母双方共同行使。然而，若有些父母已经登记为子女的父亲或母亲，未缔结婚姻关系，[②] 亲权由谁行使？原则上都是共同行使，但现行澳门《民法典》又推定在父母没有缔结婚姻时，由母亲行使亲权。在司法实践中，谁与该名子女居住就由谁来行使亲权。如果在出生登记上没有明确指出，按照澳

---

① 澳门《民事诉讼法典》第 46 条（父母间在代理未成年人时意见不一）：一、如未成年人由父母双方代理，而父母间就是否适宜提起诉讼意见不一，则父母任一方得向具管辖权之法院声请解决有关分歧。二、在未成年人参与之诉讼程序进行期间，如父母双方就如何进行诉讼意见不一，则于作出受此影响之首个行为之限期内，父母任一方得向审理有关案件之法官声请就无诉讼能力之人在该案件中之代理形式作出规定，而有关诉讼程序中止进行。三、如仅父母一方提出声请，则法官在听取另一方及检察院之意见后，按未成年人之利益作出裁判，得规定仅由父母其中一方代理、指定特别保佐人或规定由检察院代理；对该裁判得提起平常上诉，但上诉仅具移审效力。四、依据第二款规定中止进行之期间于向被指定之代理人或特别保佐人通知有关裁判时重新计算。五、如需要未成年人参与一待决案件，而父母双方就此未取得一致意见，则任何一方得声请中止有关诉讼，直至具管辖权之法院解决有关分歧为止。

② 在澳门，父母间没有婚姻关系不影响亲子关系的建立。在 1999 年《民法典》的制度内，对非婚生子女是不存在歧视的。例如：A 与 B 结婚，但 B 与 D 生了 E，B 仍是 E 的父亲。

门《民法典》第 1765 条①推定由母亲行使，此推定只有司法判决才可推翻。

而按照澳门《民法典》第 1757、1758 条之规定，若一方不能行使亲权，则由另一方行使。例如，A 和 B 有一子女 C，B 因犯罪被判刑而在澳门监狱执行刑罚中，没有办法行使亲权，故此时应由 A 单独行使；又或是 B 失踪，变成了植物人时亦然。在澳门母亲或父亲失踪的情况也十分常见，因为过往的澳门经济比内地经济发展好，不少人因经济问题来澳与澳门居民结婚。但现今内地经济发展比澳门优胜，故该人便抛下子女独自回内地生活。

四　对禁治产人及准禁治产人之辅助

有关禁治产之规定，规范于澳门《民法典》第 122 条及续后数条。禁治产是指精神失常（包括智力、言行或意志上的缺陷）、聋哑或双目失明严重到使其不能管理其人身及财产之人。当出现尽管是精神失常（包括智力、言行或意志上的缺陷）、聋哑或双目失明的情况，但该人分辨能力的障碍程度未至于完全使其不能管理自己之利益，则为准禁治产人。②

对于禁治产人的诉讼能力，正如澳门《民事诉讼法典》第 44 条之规定，须透过代理及辅助弥补才能进行诉讼。然而，对于准禁治产人，澳门《民事诉讼法典》第 47 条规定，③由于准禁治产人士并没有完全丧失其行为能力，故此，其应当参与到和其相关的诉讼中，如其为被告，也应该传

---

① 澳门《民法典》第 1765 条（子女与无婚姻关系之父母确立亲子关系）：一、如与未成年子女已确立亲子关系之父母在该子女出生后仍未结婚，则由照顾子女之父亲或母亲行使亲权。二、为着上款规定之效力，推定由母亲照顾子女；此推定仅可透过司法途径予以推翻。三、如父母在事实婚状况下共同生活，且在负责民事登记之公务员面前声明愿意共同行使亲权，则由双方共同行使亲权；在此情况下，适用经作出必要配合之第一千七百五十六条至第一千七百五十九条之规定。四、上款所指制度之适用，不取决于事实婚关系存续期之长短，亦不受父母中任一方尚有未解销之先前婚姻或父母系未成年人所影响，但仍适用第一千七百六十七条第二款之规定。

② 有关对禁治产、准禁治产的内容请参阅〔葡〕Carlos Alberto da Mota Pinto《民法总论（中译本）》，法务局、澳门大学法学院，2001，第 121 页及续后数页。

③ 澳门《民事诉讼法典》第 47 条（对准禁治产人之辅助）：一、准禁治产人得参与其为当事人之诉讼；如其为被告，应传唤之，否则，导致因未作传唤而生之无效，即使已传唤其保佐人亦然。二、准禁治产人之参与须在保佐人之引导下进行；如两人间有分歧，则以保佐人之意见为准。

唤该准禁治产人及其保佐人一同参与诉讼，否则，视为未传唤被告，导致
续后的诉讼行为无效，即使已经传唤了其保佐人亦然。由于准禁治产人并
不具有完全的行为能力，故其保佐人需要引导其进行诉讼，但是，如果保
佐人与该准禁治产人的意见有所出入，应当以保佐人的意见为准。

五 对不能接收传唤之人之代理

对于不能接收传唤之人的代理规范于澳门《民事诉讼法典》第48条。

所谓不能接收传唤之人是指因为精神失常又或其他事实上无能力的情
况而不能接收传唤的人，并且该人并未被宣告为禁治产人或准禁治产人，
只有在其被传唤时才能发现原来其为无能力者。此时，法官须为其指定一
个特别保佐人，因为按照澳门《民法典》的规定，如一自然人因无能力成
为禁治产人与准禁治产人，其必须透过法院宣告之。否则，尽管其处于事
实上无能力的状况，其仍不属于禁治产人或准禁治产人。对于这些没有被
宣告的无能力参与诉讼的人士，澳门《民事诉讼法典》第48条规定，法院
须要为其任命一特别保佐人以代理其参与诉讼，如其在案件待决期间被宣
告为禁治产人或准禁治产人，则由其保佐人代替特别保佐人的工作，在诉
讼上代理该无能力人士。

然而，如果被保佐之人认为自己无需再由保佐人或特别保佐人在诉
讼中代理自己，则要自行提出证据并作出声请，并由法院判断是否
属实。

除了上述规定外，对于无诉讼能力之人在诉讼中无代理人的情况，应
当按照澳门《民事诉讼法典》第45条之规定①处理，其中作出了为无诉讼
能力之人指定代理人或特别保佐人的规范。

---

① 澳门《民事诉讼法典》第45条（为无诉讼能力之人指定代理人或特别保佐人）：一、如无
诉讼能力之人无代理人，应向具管辖权之法院声请指定代理人，但不妨碍在紧急情况下由
审理有关案件之法官立即指定一特别保佐人。二、不论在诉讼过程中或在执行判决时，特
别保佐人均得作出代理人有权作出之行为；在指定之代理人取代其在诉讼中之位置后，其
职务立即终止。三、在不属第一款所规定之情况下，如无诉讼能力之人应由特别保佐人代
理，则亦由审理有关案件之法官指定特别保佐人，并适用上款第一部分之规定。四、如无
诉讼能力之人应为原告，则检察院应要求为其指定代理人或特别保佐人，而任何可继承该
人遗产之血亲亦得提出声请；如无诉讼能力之人应为被告，则由原告声请。五、如代理人
或特别保佐人之指定非由检察院声请，须听取检察院之意见。

如该无能力人应为原告，则检察院应要求为其指定一代理人或特别保佐人，如指定代理人或特别保佐人之声请非由检察院作出时，则须听取检察院的意见。

如该无能力人为被告，按照上述规定，应由原告为其声请一代理人又或由法院依职权为其指定一特别保佐人。

六　检察院之代理

按照第 9/1999 号法律《司法组织纲要法》第 55 条第 1 款之规定，检察院为唯一行使法律赋予的检察职能的司法机关；相对于其他权力机关，检察院是自治的，独立行使其职责及权限，不受任何干涉。并且，按照上述法律第 56 条第 2 款之规定，检察院在法律规定的情况下，要维持集体利益或大众利益。以上规定，更加明确显示出检察院在法律上的角色。

在诉讼中同样，检察院也要按照法律的规定，在诉讼中维护特定人士的利益，主要是为失踪人、无行为能力人或不能作出行为之人作出防御；为无行为能力人或失踪人提起诉讼；并为其代理针对不确定人提起之诉讼。

（一）为失踪人、无行为能力人或不能作出行为之人作出防御

有关的内容规范于澳门《民事诉讼法典》第 49 条，① 如果无行为能力的人、不能作出行为之人有代理人，但是在针对这些人的诉讼中，其代理人不为该等人士作出防御（如提出答辩），也没有委托律师，检察院就会为他们的利益而为其作出防御，而且，在遵守诉讼平等原则的情况下，检察院答辩的期间也会在接到传唤后重新进行计算，以便其为答辩行为作出准备；又或是失踪或下落不明之人，检察院也会在诉讼中为其作出防御。当

---

① 澳门《民事诉讼法典》第 49 条（检察院为失踪人、无行为能力人或不能作出行为之人作出防御）：一、如无行为能力人或失踪人又或其代理人在作出防御之限期内，不作申辩亦无委托诉讼代理人，则由检察院为其作出防御；为此，须传唤检察院，而答辩之期间将重新进行。二、如检察院代理原告一方，则须为失踪或无行为能力人指定一公设代理人。三、失踪人或其受权人到场时，或经委托失踪人或无行为能力人之诉讼代理人后，检察院或公设代理人之代理方终止。四、以上各款之规定，经作出适当配合后，适用于不能作出行为之人之保佐人在作出防御之限期内，不作申辩亦无委托诉讼代理人之情况。

然，如果在诉讼中其中一方已由检察院代理，而他方亦为失踪或下落不明之人，则检察院/法院也会为失踪人士或无行为能力之人士指定一公设代理人替该等人进行答辩，通常会为这些人指定一位律师。

（二） 为无行为能力人或失踪人提起诉讼

有关规定规范于澳门《民事诉讼法典》第 50 条。[①] 检察院作为维护大众利益的代表，除了需要为无行为能力人、失踪人作出防御外，还需要提起对维护该等人士的权利及利益所必需的诉讼。但当经委托此等人士的诉讼代理人，又或此等人士的法定代理人就检察院的参加提出反对时，法院审理，可以使检察院在此案中的代理权立即终止。

（三） 针对不确定人提起之诉讼

针对不确定人提起之诉讼规范于澳门《民事诉讼法典》第 51 条，[②] 与澳门《民事诉讼法典》第 49 条之规定相似，对于不确定之人，由检察院进行代理，如检察院已经代理原告一方，则须为不确定的另一方指定一公设代理人。最后，当具有正当性的不确定人被传唤到场参与诉讼时，检察院之代理就会被终止。

（四） 对本地区之代理

如前所述，检察院之功能，除了作为公共利益之代表外，其在民事诉讼中也代表澳门特别行政区。若提起诉讼一方，或他方已经由检察院代理，按照澳门《民事诉讼法典》第 49 条第 2 款之规定，则须指定一个公设代理人。通常为了方便以后的诉讼进行，多在律师公会中找一注册律师代表其中一方，因为检察院作为一个整体，独立行使职权，不能由两个检

---

① 澳门《民事诉讼法典》第 50 条（无行为能力人或失踪人提起之诉讼——由检察院代理）：一、检察院代理无行为能力人及失踪人提起对维护该等人之权利及利益属必需之任何诉讼。二、一经委托无行为能力人或失踪人之诉讼代理人，或有关之法定代理人就检察院之主参加提出反对，且法官经考虑被代理人之利益后认为反对理由成立者，检察院之代理立即终止。

② 澳门《民事诉讼法典》第 51 条（对不确定人之代理）：一、如针对不确定人提起诉讼，则该不确定人由检察院代理。二、如检察院代理原告一方，则须为不确定人指定一公设代理人。三、作为不确定人而被传唤之人到场参与诉讼，且其作为被告之正当性获适当确认时，检察院或公设代理人之代理方终止。

察官代表双方。

检察院与自治实体指定之律师之间意见存在分歧时,根据澳门《民事诉讼法典》第 52 条,① 以检察院之指引为准。

另一方面,当检察院代表澳门特别行政区时,行政长官具有一定权限,按照第 10/1999 号法律《司法官通则》第 9 条之规定,② 当检察院在民事诉讼中代表澳门特别行政区时,行政长官可以向检察院发出指引,或授权检察院在上述诉讼中作出认诺、和解、撤诉和舍弃请求③的决定。

除此之外,检察院的权限亦体现在第 9/1999 号法律《司法组织纲要法》第 56 条第 2 款。④

七 对于欠缺诉讼能力之弥补

如在诉讼中出现无诉讼能力或代理不当,按照澳门《民事诉讼法典》

---

① 澳门《民事诉讼法典》第 52 条(对本地区之代理):一、本地区由检察院代理。二、如案件之标的为本地区之财产或权利,而其正由自治实体管理或就其取得收益,则该等自治实体得委托律师与检察院共同参与诉讼;如本地区为被告,须传唤该等自治实体参与诉讼。三、检察院与自治实体之律师间意见分歧时,以检察院之指引为准。

② 《司法官通则》第 9 条(行政长官的权限):(一)在检察院于民事诉讼上代表澳门特别行政区或本地区公库时,向检察院发出指示;(二)许可检察院在上项所指的诉讼中认诺、和解、撤回诉讼或舍弃请求;(三)许可检察院在澳门特别行政区为被害人,且追诉取决于举报或自诉的刑事诉讼程序中,撤回诉讼;(四)要求检察长提供一般性的报告书、报告或解释。

③ 有关认诺、和解、撤诉和舍弃请求之规定,请参阅澳门《民事诉讼法典》第 235 条及续后数条。

④ 《司法组织纲要法》第 56 条(职责及权限):一、检察院的职责为在法庭上代表澳门特别行政区,实行刑事诉讼,维护合法性及法律所规定的利益;诉讼法律规定检察院在何种情况下行使监察《澳门特别行政区基本法》实施的权限。二、检察院尤其有权:(一)代表澳门特别行政区、澳门特别行政区公库、市政机构或临时市政机构、无行为能力人、不确定人及失踪人;(二)在法律规定的情况下,维护集体利益或大众利益;(三)实行刑事诉讼;(四)依据诉讼法律的规定领导刑事调查;(五)监察刑事警察机关在程序上的行为;(六)促进及合作进行预防犯罪的活动;(七)在其职责范围内,维护法院的独立性,并关注法院的职责是否依法履行;(八)在具有正当性的情况下,促进法院裁判的执行;(九)依职权在法院代理劳工及其家属,以维护彼等在社会方面的权利;(十)在履行职责时要求其他有权当局提供协助;(十一)参与破产或无偿还能力的程序以及所有涉及公共利益的程序;(十二)对因当事人为对法律作出欺诈而互相勾结所导致的裁判提起上诉;(十三)在法律规定的情况下,或应行政长官或立法会主席的请求,行使咨询职能;(十四)行使法律赋予的其他权限。

第 55 条之规定，① 可以由无诉讼能力人的正当代理人或保佐人参与诉讼予以补正，若正当代理人或保佐人追认在其参与前已经作出的诉讼行为，则视为诉讼无瑕疵，继续进行，反之，如其没有作出追认，则在该名正当代理人未参与前作出且未被追认的诉讼行为不产生效力，而不获追认的行为在此阶段可以重新作出。

按照澳门《民事诉讼法典》第 56 条②之规定，如果法官知悉以上所述的所有欠缺诉讼能力的情况，应当依职权采取措施使有关情况得到弥补。例如，为无能力之人指定一特别保佐人、传唤无能力人士之代理人或保佐人参与诉讼。

如果出现原告无人代理的情况，或原告虽有代理人，但是该名代理人的代理出现了问题，法官应该命令通知在此案中代理原告之人，由其在指定期间内追认事前在程序中已经作出的行为。

如果被告无代理人，法官须传唤在此案中应代理被告之人参与诉讼，如无该等人士，应当按照澳门《民事诉讼法典》第 45 条之规定，由被告向法院声请为其指定一个代理人，又或在紧急情况下，法院为被告指定一个特别保佐人。

第三节　正当性之概念

正当性是指原告或被告与诉讼标的之间的一种关系，即原告或被告可

---

① 澳门《民事诉讼法典》第 55 条（对无诉讼能力及代理不当之弥补）：一、无诉讼能力及代理不当，透过无诉讼能力之人之正当代理人或其保佐人参与诉讼或传唤该等人参与诉讼予以补正。二、如上述代理人或保佐人追认先前作出之行为，则视诉讼程序不具瑕疵而继续进行，反之，于代理人无参与诉讼或代理不当之情况出现后在诉讼中作出之所有行为均不产生效力，而所有不获追认但可重新作出之行为之作出期间重新进行。三、如代理不当系因未使未成年人父母其中一方参与代理所引致，而未参与代理之父或母获适当通知后，在指定期间内无任何表示，则先前在诉讼中作出之行为视为获追认；父母之间就重新提起诉讼或重新作出有关行为意见不一时，适用第四十六条之规定。四、无诉讼能力之人为原告，且诉讼程序自始已被撤销时，如时效期间或除斥期间已届满，或在诉讼程序撤销后两个月内届满，则有关之时效期间或除斥期间在诉讼程序撤销后满两个月前不视为完成。

② 澳门《民事诉讼法典》第 56 条（法官主动作出弥补）：一、法官一旦得悉上条所述之任何瑕疵，不论何时，均应依职权采取措施，使诉讼程序符合规范。二、法官须命令向应代理被告之人作出对被告之传唤；如原告一方出现代理人无参与诉讼或代理不当之情况，则法官命令通知应在案件中代理原告之人，以便其在指定期间内全部或部分追认或撤回先前在诉讼中作出之行为，而有关诉讼程序中止进行。

以在法庭上与诉讼标的发生诉讼法律关系的一种资格。① 简单而言，正当性即为可以作为被告之能力（作为被告的正当性），以及作为原告之能力（作为原告的正当性），当事人是否具有正当性取决于起诉状。在起诉状中，如事实事宜上的陈述为，A 告 B，表示 B 欠其 100 万元，但在起诉状中却写上，原告为 A，被告为 C，则在此案中 C 不具有被告正当性。起诉状应清楚指明原告和被告的身份，以及事发日期和说明有关的事实，然而，原告所述的这些事实不一定是真正获得证实的事实，因为原告所陈述之事实版本需要在后来的阶段中以证据证实。若当事人完全虚构有关事实，以至于不合理提出诉讼，可能被控恶意诉讼。

此内容规范于澳门《民事诉讼法典》第 58 条（正当性之概念）：在原告所提出出现争议之实体关系中之主体具有正当性，但法律另外指明者除外。

原则上，只有当事人才具有正当性，才能提起诉讼，与案件无关之第三人不可提起，除非属于债权于诉讼提起前转让予第三人的情况，该名新债权人将具有正当性；若债权在诉讼提起后方被转让，则新债权人须透过确认资格的附随事项方可有正当性参与到诉讼当中。但是法律另有规定者除外，例如维护大众利益的诉讼。

有关维护大众利益的诉讼正当性，规范于澳门《民事诉讼法典》第 59 条。② 维护大众利益的诉讼是指有关诉讼是为着公共利益而提起，与提起此诉讼之人不一定有关系。按照澳门《民事诉讼法典》第 59 条之规定，提起这个诉讼可与本人没有直接的关系，而是为维护大众利益而提起。例如，提起一个维护公共卫生、环境、生活质素、文化财产及公产的诉讼，如一人在山上非法建立一别墅，此时可由与该山无关系之第三人提起。除此之外，消委会、金融管理局、检察院均依法享有正当性，可以提起诉讼。③

---

① 请参阅〔葡〕Viriato Manuel Pinheiro de Lima《民事诉讼法教程》，叶迅生、卢映霞译，法律及司法培训中心，2012，第 128 页。

② 澳门《民事诉讼法典》第 59 条（维护大众利益之诉讼）：对于尤其旨在维护公共卫生、环境、生活质素、文化财产及公产，以及保障财货及劳务消费之诉讼或保全程序，任何享有公民权利及政治权利之居民，宗旨涉及有关利益之社团或财团，市政厅以及检察院，均有提起以及参与之正当性。

③ 请参阅第 17/92/M 号法律《合约的一般条款》第 18 条第 1 款。

第四节　共同诉讼与联合

在上节所述的诉讼前提中，诉讼都是一个原告针对一个被告提出的，尽管可能出现数个请求。[①] 但是在实际的民事诉讼中，有可能出现诉讼一方涉及几个当事人（出现复数的诉讼当事人）的情况，即一方当事人有两个或以上，因为有些法律关系中，如果某些当事人不参与，会影响到受争议法律关系的判决，而且会令判决在将来无法实际执行，因为涉及这个受争议的法律关系的人士未参与这个诉讼。所以按照澳门《民事诉讼法典》的规定，有些情况下必须要有相关当事人参与。除此以外，基于诉讼经济原则，容许当事人一起参与诉讼，以节省司法资源之运用。

在出现共同诉讼或是联合的情况下，原告和被告均可能为众数，只要任一方出现众数，就会出现共同诉讼或联合，这是一个前提。可能出现的情况是，一方当事人是一个，而另一方当事人是众数，也可能相反。复数当事人的积极主体，是指原告一方有一个以上的主体。复数当事人的消极主体，是指被告一方有一个以上的主体。当然，也有可能是指两者都是一个以上，叫复数正当性，即有一个以上当事人。

当出现复数当事人时，如果只有一个利害关系人参与诉讼程序，可能会导致欠缺当事人正当性，因此时法律关系的处分权是属于全体利害关系人的，要让诉讼主体一方的所有当事人均平等地参与到诉讼当中。

例如：

（1）在母亲身份争议的诉讼中，澳门《民法典》第1666条（被告之正当性）规定：一、在母亲身份之争议之诉中，如所涉及在声明中被指为母亲之人、子女或被推定为父亲之人非为原告，则提起该诉讼应以该等人为被告。二、提起诉讼或继续进行诉讼时，应以下列的人作为被告：a）在声明中被指为母亲之人或被推定为父亲之人已死亡者，其配偶、直系血亲卑亲属及直系血亲尊亲属。

（2）非财产之损害就是所谓的精神损害赔偿，按照澳门《民法典》第

[①] 澳门《民事诉讼法典》第391条（请求之合并）：一、原告得于同一诉讼程序中，针对同一被告一并提出数个请求，只要各请求系相容者，且无出现第六十五条所指之障碍。二、在诉讼离婚之诉讼程序中，得提出订定扶养权利之请求。

489 条（非财产之损害）之规定：二、因受害人死亡，就非财产之损害之赔偿请求权，由其未分居的配偶及子女、或由其未事实分居之配偶及其他直系血亲卑亲属共同享有。

所以，当提起澳门《民法典》第 1666 条这个诉讼时，如果该等人士不是作为原告，这个诉讼就要以他们为被告，就要针对他们一同提起。

而针对澳门《民法典》第 489 条所指的非财产之损害赔偿，当中有关受害人生命权的赔偿部分，如果该条第 2 款提及的享有优先顺位的死者亲属不一同提起这个诉讼，就没有正当性。

复数正当性可以因为共同诉讼或联合而出现，共同诉讼又可以分为必要共同诉讼和普通共同诉讼。上述两个例子均为必要共同诉讼的例子。

一 必要共同诉讼

必要共同诉讼是指法律或者法律行为中要求特定主体参与该等诉讼。例如，双方当事人在合同中约定，如果出现争议，需要对一个以上的人士提出诉讼（约定的必要共同诉讼），又或基于法律关系的性质，所有涉及的主体均需要参与诉讼才能令判决产生有用的效果，均属于必要共同诉讼。

依据澳门《民法典》第 1548 条，涉及不动产之转让或在不动产上设定负担，基于法律要求，[①] 必然需要夫妻双方均参与。例如，家庭居所或夫妻共同财产，当事人要处分夫妻共同财产一定要夫妻双方同意。在澳门法律制度中，即使夫妻间采用分别财产制或取得财产分享制，如果对于家庭居所作出处分行为或设定负担，须夫妻双方同意才可以。[②] 按照澳门民事登记制度的规定，原则上，每个在澳门出生的人，澳门民事登记局均有其登记的资料，当中可包括婚姻状况及夫妻所采用的婚姻财产制度。

---

① 请参阅澳门《民事诉讼法典》第 62 条。
② 案例：A 在内地跟配偶 B 结婚，但没有主动向澳门民事登记局作出婚姻登记（透过转录方式），因此 A 在登记局的登记中仍为单身。A 在婚前购买一楼宇，婚后将该楼宇售予一名香港人，但是 A 和其配偶将该楼宇用作家庭居所。该名香港人付款并完成公证书，并且在物业登记局进行了登记。后来 A 收到款项后潜逃了，A 的配偶 B（内地居民）向澳门法院提起诉讼要求撤销（或宣告无效）A 作出的买卖，最终法院判 B 胜诉，由于 A 未经其配偶 B 同意就处分了家庭居所。在上述个案中，由于 A 在澳门民事登记局中的资料为单身，作为买家的香港人也是善意的，但是最终仍不能取得该楼宇。在司法实务中，如果 A 已婚，其想要处分有关楼宇，则必须声明该楼宇不是家庭居所，而且声明 A 有另一居所给予其配偶居住，或在签公证书时，附上其配偶的同意书。

如出租人出租一屋予一对夫妻居住，业主或所有权人想提起诉讼也应该要针对该夫妻双方提出，或者针对业主或所有权人提出诉讼时也应该要由夫妻双方一起提出。

必要共同诉讼还可以基于法律行为而产生，比如在订立租赁合同时，双方如有争议产生，全体承租人必须共同向出租人提起诉讼或出租人必须针对全体承租人提起诉讼。

在法律规定的情况下，有的情况只需要对其中一人提出诉讼，如第57/94/M号法令《修正汽车民事责任之强制性保险制度》。关于强制保险的法令规定有关汽车对第三人的责任保险的最高赔偿额是每起事故150万澳门元，50cc以上的电单车责任保险的最高赔偿额为每起事故150万澳门元，50cc的电单车的保险最高赔偿额为每起事故75万澳门元。①

依据第57/94/M号法令《修正汽车民事责任之强制性保险制度》第45条，当有关事故为汽车引致时，交通意外的受害人若要求车主作出赔偿，由于有一个强制第三者民事责任保险，如果所请求的赔偿少于150万澳门元，只要向保险公司提告即可。但是，如果请求赔偿超过150万澳门元，便需要驾驶者一同参与诉讼，因为此案件的赔偿额超过了保险公司承保的最高限额，除非车主有投保更高保额，但是，一般的汽车是不会被接受投保更高的保额的，因为有违常理，但商用车辆（例如旅游巴士）则可被接受。

由于案件的赔偿额可能超过保险公司承保的最高限额，因此法律也要求驾驶者参与诉讼。倘若将来判决要求驾驶者赔偿，但没有对其作出传唤，则判决不会对他产生效力（基于保障当事人辩论原则）。同时，如果汽车之所有权人没有购买保险，对于受害人也会有一个保障机制，按照上述法令第23条的规定，此时会由汽车保障基金（Fundo de Garantia Automóvel，葡文简称：FGA）先行对受害人作出赔偿，然后再向有关人士要求偿还相关费用。

按照第57/94/M号法令《修正汽车民事责任之强制性保险制度》第45条之规定，当出现超过保险公司承保的最高限额时，需要驾驶者参与诉讼，这是一个必要共同诉讼。如果少于最低保险限额，则只可要求保险公司赔偿，但是保险公司也可基于法律赋予的权利要求汽车车主或驾驶者参与诉讼，使之成为被告，这属于普通共同诉讼。

---

① 请参阅第57/94/M号法令《修正汽车民事责任之强制性保险制度》第6条及附件I之表内规定。

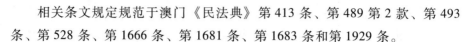

相关条文规定规范于澳门《民法典》第 413 条、第 489 第 2 款、第 493 条、第 528 条、第 1666 条、第 1681 条、第 1683 条和第 1929 条。

以上规定是由于有关法律行为、法律的规定而产生的共同诉讼，这些都是必要共同诉讼。此外，澳门《民事诉讼法典》第 61、62 条也规定，须由配偶双方提起的诉讼或针对配偶双方提起的诉讼，也属于必要共同诉讼。例如，提出针对家庭居所之诉讼。

按照澳门《民法典》第 1548 、1558 条及续后数条之规定，在现行的澳门法律制度中，夫妻的共同财产及共同债务要共同去处理。在澳门特别行政区回归以前，当缔结婚姻时没有选择财产制度，就会适用当时的候补制度——取得共同财产制，所以当时商人在从事商业活动时进度缓慢是由于要夫妻双方一同签名，除非当时选择了分别财产制，故此，在澳门大多数商人也采用分别财产制。

在澳门回归以后，候补财产制度已经更改为取得财产分享制。在这种财产制度的存续期间，原则上夫妻可以独立处分各自的个人财产，但不包括家庭居所在内，这是基于对家庭的保障。

故此，共同诉讼的特点是，只有一个受争议的实体法律关系，正如一次交通意外，受害人必须要告保险公司，保险公司也可按照第 57/94/M 号法令第 45 条之规定，要求被保人参与诉讼；但如果赔偿请求金额超过 150 万元，受害人就必须要一并起诉驾驶者。这时候只有一个受争议的实体法律关系。

而在请求中可以有请求之合并，原告针对同一被告可以提出多个请求，按照澳门《民事诉讼法典》第 391 条之规定："一、原告得于同一诉讼程序中，针对同一被告一并提出数个请求……"

例如，一辆汽车毁坏了要恢复原状，恢复原状就要进行修理，这里有一个费用；除此以外，受害人在这个交通事故中，还可能存在其他的损害，如维修或重购眼镜、手机、医治费用等，所以各个交通意外的请求都不尽相同。一宗交通意外可以有数个请求，但受争议的实体法律关系只有一个，即交通意外引致的损失。

如果出现了复数当事人，而当事人之间存在共同依赖性，若其中一人不参加诉讼则司法判决不产生作用，这就属于必要共同诉讼，这就属于"欠缺当事人正当性"的情况。此时，法官可以将之补正，但是法官也可以选择驳回起诉。

二 任意共同诉讼/普通共同诉讼

另一种共同诉讼为"普通共同诉讼"或"任意共同诉讼"，各当事人在这种共同诉讼当中的参与是任意的。例如，A、B、C 向 X 银行订立同一借贷合同共 90 万元，但已经声明各负担 30 万元的债务；X 银行可单独追讨 A 之款项 30 万元，因属于可分之债；亦可同时追讨三人之款项。

另外一种情况是连带责任，如 Y、Z 共同欠 X 君 10 万元，约定 X 君可向任一人或所有人追讨全部债款，这属于连带之债，但当 X 君向 Z 追讨全部款项时，Z 有权向 Y 追回其应负担之部分。在 X 君追讨 Z 这个诉讼中，Y 并不是必然需要参与。当然，其也可以主动参与，此时就是一任意的共同诉讼。

假设发生车辆碰撞，导致一辆值价 500 万元的汽车完全毁损请求全额赔偿，而保险公司只负责赔偿当中的 150 万元；剩余 350 万元，原则上由驾驶者负责。此情况属于必要共同诉讼。但当原告知悉驾驶者驾驶的车辆属于他人，其仅仅是借用来驾驶，又或驾驶者仅作为他人之司机，则在此情况下，汽车车主或其雇主可以成为被告，针对汽车车主或其雇主的部分属于普通共同诉讼。

以上内容为必要共同诉讼及普通共同诉讼，两种情况均只存在一个受争议的实体法律关系。

三 联合

联合，规范于澳门《民事诉讼法典》第 64 条，[①] 当涉及的当事人数目是复数，但受争议的法律关系超过一个时，便可能出现为原告方进行联合，又或是所针对多个被告的联合。但在实际操作中有困难，因为人数增加往

---

① 澳门《民事诉讼法典》第 64 条（原告或被告之联合）：一、如有同一诉因，或各请求之间在审理方面存有先决或依赖关系，则两名或两名以上之原告得联合以不同请求针对一名或数名被告，而原告亦得以不同之请求一并起诉数名被告。二、诉因虽不同，但主请求理由是否成立根本上取决于对相同事实之认定，或根本上取决于对相同法律规则或完全类似之合同条款之解释及适用时，亦得联合。三、如针对数名被告提出之数个请求，一部分系基于债权证券之债务，而另一部分系基于产生该债务之根本关系，则亦得联合。

往会拖慢诉讼进度。

以下将通过不同的例子说明何谓联合。

例1：A、B 签订合同，但 A 实际是在第三人 C 用枪械胁逼下签署的,[①] 因此 A 可以此为由提出撤销合同，同时亦可要求 C 提出损害赔偿。两个请求针对的被告为 B 与 C，但是受争议的法律关系有两个，此时便属于联合。

例2：一大厦发生火灾，15 楼、16 楼、17 楼的所有单位均烧毁，不同当事人向同一保险公司请求赔偿，此时可能各自因不同情况而出现不同诉因，但都是基于对同一事实关系，即火灾，则可考虑联合。联合与必要共同诉讼的区别在于，联合属于任意性的，法律并不强制要求联合，各个当事人也可分别起诉，而且在联合当中，受争议的法律关系超过一个。

例3：澳门电讯同时向其 10 名客户追讨拖欠的电话费，每人 1.6 万元，共计 16 万元。由于超过初级法院的上诉利益限额，此时，须进行普通诉讼程序而非轻微民事诉讼程序，故此，在应诉时也必须聘请律师。

四 联合之障碍

法律采纳联合的理由是基于节省司法资源，但是若过度使用联合，反而会导致程序复杂化，所以进行联合时也设置了一些限制，规范于澳门《民事诉讼法典》第 65 条。[②] 按照该条第 1 款之规定，法院须对审理各个请求都具有管辖权。例如，涉及针对司法官造成的损害赔偿的诉讼，按照第 9/1999 号法律《司法组织纲要法》第 36 条之规定，属于中级法院之管辖权，不可与属其他人造成的普通损害赔偿（按照第 9/1999 号法律《司法组织纲要法》第 28 条属于初级法院管辖）的诉讼联合。

按照澳门《民事诉讼法典》第 65 条第 2 款之规定，如要同时提起亲子确认之诉和损害赔偿之诉，因诉讼形式不同故原则上不能联合。

五 欠缺正当性的后果及弥补

尽管按照澳门《民事诉讼法典》的规定，并不强制要求在起诉状中清

---

① 使用枪械要挟他人作出一定行为属于胁迫中的精神胁逼，请参阅〔葡〕Carlos Alberto da Mota Pinto《民法总论（中译本）》，法务局、澳门大学法学院，2001，第 309 页及续后数页。

② 见本书第 16 页注释①。

楚表明区分共同诉讼和联合，但是仍有区分两者的必要，尤其在判断正当性的时候。

当出现欠缺正当性的情况时，若出现"明显不具正当性"的情形，则法官会驳回诉讼，不予审理。但是现在的民事诉讼法中也加入了一些法官可主动要求当事人弥补缺陷的情况，因为在某些驳回诉讼的情况中，可以通过当事人加以补正，若通过一个批示即能够使诉讼得以继续进行，则会比简单地驳回诉讼更符合诉讼经济原则之考虑。但是该批示属于法官的自由裁量，即取决于法官的决定。故此，按照澳门《民事诉讼法典》第413条 f 项之规定，没有符合联合的要件而进行联合时，则会构成延诉抗辩之理由。

对于违法联合的弥补规范于澳门《民事诉讼法典》第 66 条。[①]

所谓违法联合是指不符合法律规定的条件而进行之联合，有关的条件也规范于澳门《民事诉讼法典》第 64 条。[②] 主要条件有两个：①有关案件具有同一诉因，又或是各请求之间在审理方面有先决或依赖关系的，可以进行联合；②虽然各个案件之间具有不同的诉因，但是诉讼的主要请求取决于对相同的事实的认定，又或是对相同法律规则或合同条款进行解释及适用，也可以进行联合。

六　因补充关系而生之复数主体

除了共同诉讼和联合外，按照澳门《民事诉讼法典》第 67 条之规定，[③]还有一种基于补充关系而产生复数主体的情况。以下将通过例子说明之。例如，在一场交通意外中，三辆汽车连环相撞，三位汽车的车主 A、B、C

---

① 澳门《民事诉讼法典》第 66 条（违法联合之弥补）：一、如出现联合情况，而各请求间无第六十四条要求之联系，法官须命令通知原告于指定期间内指明在该诉讼程序中须予审理之请求；如原告在指定期间内并未指明，则驳回就所有针对被告之请求而作之起诉。二、如有多名原告，须依据上款规定通知各人，以便其透过协议，指明在该诉讼程序中须予审理之请求。三、依据以上两款指明在诉讼程序中须予审理之请求后，法官须驳回就其他针对被告之请求而作之起诉。

② 见本书第 41 页注释①。

③ 澳门《民事诉讼法典》第 67 条（因补充关系而生之复数主体）：如有理由对出现争议之实体关系中之主体存有疑问，提起诉讼之主原告得针对被诉之主被告以外之另一被告，补充提出同一请求或提出一补充请求；提起诉讼之主原告以外之另一原告，亦得针对被诉之主被告，补充提出同一请求或提出一补充请求。

均不清楚到底责任谁属，此时，如果 A 向法院提出诉讼，除了对 B 提出损害赔偿的请求外，还可以对主被告 B 之外的人，即 C 提出同一请求或提出补充请求；又或是，当出现 D、E 所驾驶的汽车被 F 驾驶的汽车撞至损毁，除了 D 可以向 F 请求赔偿外，E 也可以对 F 提出同一请求。

第四章
诉讼前提的相关概念

第一节　案件利益值

案件利益值[①]是指在民事案件中须定出一个价值，这个利益值体现为整个民事诉讼请求的直接经济利益。

每一个民事案件均会被设定一个利益值。澳门商业市场较为独特，商场上运作多以港元结算，也会使用美元以及人民币。反之，作为法定货币的澳门元在商业市场上的使用率相对较少，即使买卖不动产也会以港元结算，但因澳门现行法律[②]的规定，一般会同时标示出澳门元的价值。而在诉讼中，在计算案件利益值时只会使用澳门流通的货币澳门元。

在一般情况下，案件利益值代表了诉讼请求的直接经济利益。然而，

---

① 与司法费用单位（即 UC）不同。在错误使用诉讼形式时，法官用以处罚当事人，而非用以处罚律师。一个 UC 为公务员的 10 个薪酬点的工资，与公务员的薪俸点挂钩。公务员薪俸上涨时司法费用单位亦会增加。

② 请参见第 16/95/M 号法令第 1 条（对本地货币之拒绝）：一、不得以任何理由或借口拒绝以本地货币作为在澳门地区之清算债务或结算交易之方式，而不论该债务及交易之性质或标的为何。

对于一些特殊关系的诉讼，如亲子关系，会有一些特别的标准。基于亲子关系的不可处分性，不能够以金钱衡量之，所以，在澳门《民事诉讼法典》中给其拟制出一个案件利益值。例如，《民事诉讼法典》第254条。①

以上规范适用于关于人的身份的诉讼，如亲子身份关系的确认或推翻、诉讼离婚等，又或关于非物质利益的诉讼，如工业产权、知识产权、②姓名权和亲属会议权等，此等诉讼的案件利益值是上诉至中级法院的法定上诉利益限额③加上澳门币一元。即这类案件的利益值为一百万零一元。

一　订定案件利益值的一般标准

订定案件利益值的一般标准规范于澳门《民事诉讼法典》第248条。④简单而言，案件的利益值等于另一方当事人在诉讼中被请求赔偿的额度，而不考虑对金额所提出的争执或定出了不同金额的协议。如属于为获得其他利益而提出的诉讼，其案件利益值为相等于该利益之金额。例如，一方当事人提起诉讼请求得到某间价值600万澳门元的房屋，则其案件利益值就等于600万澳门元。

在一个民事诉讼中可以有多个请求，当有多个诉讼请求时，原则上案件利益值是所有请求的利益值的总和。例如，在一场交通意外中，在澳门处理交通意外的程序，一般是以刑事⑤附带民事诉讼方式进行，但亦可以独立提出民事诉讼。如果提出一个民事诉讼程序，在上述例子

---

① 澳门《民事诉讼法典》第254条（关于人之身分或非物质利益之案件利益值）：关于人之身分或非物质利益之诉讼，中级法院之法定上诉利益限额加澳门币一元视为其利益值。

② 知识产权分两种性质，一为人身性质，一为财产性质。比如，A写一篇文章并将其版权转给澳门大学，那么A对该文章有署名权，但因文章的版权属于澳门大学，故财产权的部分属于澳门大学，而知识产权的部分就是A的署名权，亦即澳门大学不可将A的文章出版而不写上A的名字，尽管因其产生的收益归澳门大学所有。

③ 请参阅第9/1999号法律《司法组织纲要法》第18条第1款。

④ 澳门《民事诉讼法典》第248条（订定案件利益值之一般标准）：一、对于欲获得一定金额而提起之诉讼，以该金额作为案件利益值，而不考虑就该金额提出之争执或定出不同金额之协议；对于欲获得其他利益而提起之诉讼，其案件利益值为相等于该利益之金额。二、同一诉讼中有数个请求时，案件利益值等于所有请求之利益值总和；然而，如作为主请求之附加请求，要求给予已到期及在案件待决期间将到期之利息、定期金及收益，则在订定案件利益值时仅考虑已到期之利益。三、如属择一请求，则仅考虑利益值最高之请求；如属补充请求，则仅考虑主请求。

⑤ 请参阅《刑法典》第142条（过失伤害他人身体完整性罪）。

中，请求以金钱赔偿有关物品的损失、医疗费等费用，这些费用的总和假设为 105 万澳门元，则这个案件的利益值就是 105 万澳门元。由于这个案件的利益值超过了第 9/1999 号法律《司法组织纲要法》第 18 条第 1 款规定的中级法院的法定上诉利益限额 100 万澳门元，此案具有部分条件上诉至终审法院。至于能否上诉至中级法院及终审法院，将于稍后的章节论述。

另外，如有主请求和另一附加请求，比如在诉讼中要求给予已到期或案件待决期间将到期的利息、定期金或收益，在订定案件利益值时，只会考虑已到期的利益。①

例如，出租人向承租人追讨拖欠的租金，可在勒迁之诉中，请求仍未到期的租金，但在计算案件利益值时仅计算已到期的部分。

如果在提出择一请求的情况下，则应考虑各个请求的案件利益值中最高的那一个利益值将其作为案件利益值，如果是补充请求，就只考虑主请求的案件利益值。

二　订定案件利益值的特别标准

除以上所述的计算标准外，澳门《民事诉讼法典》也规范了一些特别标准（例外的情况）：②

（1）提交账目的诉讼。有关提交账目的案件利益值是提交毛收入或开支的金额，以金额较高者为准。例如，一间有限公司有数个股东 A、B、C、D，股东 A 负责管理公司，并且负责作出公司账目，然而，作为公司的股东具有信息权，他们可以要求 A 拿出公司账目。③

（2）勒迁之诉。勒迁之诉的案件利益值为年租金额，加上倘有拖欠租金的金额以及请求赔偿的金额的总和。

但大家要留意如承租人迟延缴交租金且已经超过 8 日，就需要赔偿相当于租金一半的金额；如迟延的情况超过 30 日，则要赔偿相当于租金双倍的

---

① 请参阅澳门《民事诉讼法典》第 248 条第 2 款。
② 请参阅澳门《民事诉讼法典》第 249 条。
③ 按照澳门《商法典》的规定，公司账目需要保管 5 年，有关规定请参阅澳门《商法典》第 49 条。

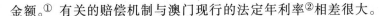

金额。① 有关的赔偿机制与澳门现行的法定年利率②相差很大。

（3）确定扶养之诉及家庭负担之诉。确定扶养之诉及家庭负担之诉的案件利益值等于原告所请求金额的年数额之 5 倍。

（4）对于为债权人利益清算财产的诉讼。这类案件利益值按照债务人的资产负债表所载的资产确定，当无资产负债表时，就以起诉状内所确定的财产为准。但是当发现案件利益值与实际利益值不相符时，可以进行更正。

三　确定案件利益值的时刻

（一）案件利益值的确定

民事诉讼程序中的案件利益值应当于何时确定？根据澳门《民事诉讼法典》第 250 条，③ 在一般情况下，案件利益值是在原告提起诉讼时确定。但是当出现反诉时，④ 或者出现主参加者与其他人参加诉讼，⑤ 而被告人或参加人所作的请求与原告所提出的请求不同时，那么案件利益值就是两个利益值相加。反之，如果双方提出的请求相同，就不会相加。将两个案件的利益值相加会对提出反诉或出现主诉讼之后的行为产生效力。

例如诉讼离婚时，原告请求离婚，理由为被告有过错，而被告提出反诉，请求离婚，理由为原告有过错。这时他们的目的或请求均是要求解销双方的婚姻，所以利益值仍然为中级法院法定上诉利益限额加一元，即一百万零一澳门元。

---

① 请参阅澳门《民法典》第 996 条及续后数条。

② 按照第 29/2006 号行政命令《订定法定利率以及在无指定利率或金额的利率》之规定，法定年利率最高为 9.75%。

③ 澳门《民事诉讼法典》第 250 条（确定案件利益值之时刻）：一、确定案件利益值，应以提起诉讼之时为准。二、如被告提出反诉或出现主参加，而被告或参加人之请求与原告所提出之请求不同，则将前者之请求利益值与原告提出请求之利益值相加。三、上款规定所引致之利益值增加，对提出反诉或出现主参加后之行为产生效力；但有关诉讼系以简易诉讼程序形式进行，且被告或参加人提出请求之利益值等于或低于初级法院之法定上诉利益限额者除外。四、如属在诉讼后方能确定请求之经济利益之诉讼程序，一旦在诉讼程序中具备必需之资料，则须更正开始时接纳之利益值。

④ 有关反诉的机制，请参阅澳门《民事诉讼法典》第 218 条。简单而言，反诉是指诉讼的相对方（即被告）可以在同一诉讼中提出一个诉讼反告原告。

⑤ 请参阅澳门《民事诉讼法典》第 262 条。

案件利益值的作用，除了能够体现民事诉讼案件的直接经济利益外，还会影响到采用何种民事诉讼的诉讼形式。能够体现上述规定的情况为原告提出采用简易程序①进行诉讼时。

如有关诉讼以简易程序进行，而被告提出反诉时请求的利益值小于初级法院的法定上诉利益限额，此时案件利益值相加后，即使超过初级法院法定上诉利益限额，②诉讼仍然会采用简易程序。换言之，提起诉讼时适用简易程序，在对方提起反诉的情况下，提出反诉者原本就应该适用简易诉讼程序。例如，原告请求的利益值低于10万澳门元，但出现反诉时，案件利益值常会因为两个请求的相加而有机会超过初级法院法定上诉限额。原则上，对于这种情况应该改用普通诉讼程序，但是澳门《民事诉讼法典》另有规定，在此情况下例外，③即仍然采用简易程序。

但在法律规定的某些特别的情况下，确定案件利益值的时刻并不只考虑提起诉讼的一刻，还有其他特别的标准。例如，根据澳门《民事诉讼法典》第251条（涉及将到期之给付之案件利益值），如在诉讼中依据第393条之规定，④请求作出已到期及将到期之给付，则须考虑两者之利益值。

再者，根据澳门《民事诉讼法典》第252条之规定，⑤在民事诉讼中，

---

① 须注意的是，当原告一开始采用轻微民事案件时不会出现澳门《民事诉讼法典》第250条的情况。此时，反诉请求的金额不可以超过第一审法院的法定上诉限额，且诉讼形式必须维持轻微民事案件程序。详情请参阅澳门《民事诉讼法典》第1289条第3款。

② 根据第9/1999号法律《司法组织纲要法》第18条，第一审法院的法定上诉利益限额为5万澳门元。

③ 例如，原告在提出诉讼时，要求被告赔偿4万元，而被告反诉时也要求原告赔偿8万元；此时案件利益值应相加，合计12万元。这高于初级法院法定利益上诉限额，本应以普通诉讼形式审理，然而，按照澳门《民事诉讼法典》第250条之规定，此时属于例外情况。即使该案件的案件利益值为8万元，仍继续以简易诉讼程序审理。

④ 澳门《民事诉讼法典》第393条（请求作出将到期之给付）：一、如属定期作出之给付，而债务人不履行，则请求中得包括已到期之给付，以及债务维持期间将到期之给付。二、如欲在租赁结束时即能勒令承租人迁出一房地产，以及遇有在给付到期之日不具执行名义将会对债权人造成严重损失此等类似情况，亦得请求就将来之给付作出判处。

⑤ 澳门《民事诉讼法典》第252条（以法律上之行为之利益值确定之案件利益值）：一、如诉讼之目的为确认一法律上之行为是否存在、有效、已履行、变更或解除，则案件利益值以透过价金订定或由各当事人订定之行为利益值为准。二、如无价金及订定之利益值，则行为之利益值按一般规则确定。三、如诉讼之目的为以作出价金方面之虚伪表示为依据撤销合同，则案件利益值为当事人之间出现争议之两个利益值中较高者。

49

当诉讼的目的在于确认法律上之行为是否存在、有效、已履行、变更或解除时，则案件利益值以价金的订定或各当事人订定的利益值为准，如无则按一般规定进行。如因价金虚伪而要撤销合同，案件利益值则会在受争议的案件中取利益值较高的一个。

对此，经常出现诉讼双方当事人要求协议一个金额为案件利益值的情况，但是按照澳门《民事诉讼法典》的规定，原则上，案件利益值须以法律规定为准，不容许双方当事人另外透过协议定出，因为即使双方当事人顺利协议定出案件利益值，而案件利益值与实际情况差距太远时，法官有权订定其认为适当之利益值。[①] 另外，若提起诉讼的原告在起诉状中指出的利益值与现实不符，被告可以行使澳门《民事诉讼法典》第256条之规定，对有关的利益值提起争执。

双方当事人为什么会意图影响案件利益值？因为案件利益值愈高，对诉讼双方当事人愈不利。例如，受争议的物是一块价值10亿的土地；在诉讼期间双方都要先行缴纳预付金，除此以外，败诉的一方还要支付司法费用。故双方当事人常会私下协议将其价值调低，借此将司法费用降低。但是按照澳门《民事诉讼法典》的规定，一旦被法官发现，法官就可以根据客观标准把案件利益值合理地调高。在司法实务中，法官一般会以财政局对该不动产的估价作为参考标准，并听取财政局的意见。因为不动产的纳税、评估等数据都记录于财政局中，相关税务的订定（如房屋税、转移印花税等），均由财政局的评税委员会负责。

（二）关于特定物价值确定的案件利益值

在澳门《民事诉讼法典》中规定，每一民事案件都必须设定一个"利益值"，它的主要作用是用来确定采用的诉讼程序，以及确定有关案件涉及上诉时法定上诉利益限额的问题。

一般来说，如果原告是因为要求从被告身上得到一笔金钱而提起诉讼，那么，案件利益值之计算原则上就是该笔金额的数目。相对地，如是要求获得其他利益而提起诉讼，案件利益值一般就相当于该利益的金额。简单来说，原告甲向被告乙追讨100万元贷款，此时，100万元款项便为案件利益值（当然甲还可以追讨有关利息及倘有的损害赔偿等）。

---

① 请参阅澳门《民事诉讼法典》第257条第1款。

（三）关于人之身份或非物质利益之案件利益值

假如在案件中，双方所争议的是标的的所有权，而不是金钱，比如确定谁是楼宇的业主或汽车船只的拥有人，那么，就应以所争议标的的价值[①]作为案件的利益值。然而，有些案件所争议的既非金额亦非具体的物，而是关于人的身份或非物质利益，比如诉讼离婚案件，利益值的计算则是以中级法院的法定上诉利益限额[②]加一元作为其利益值，即一百万零一元。

（四）附随事项及保全程序之利益值

对于附随事项的利益值，澳门《民事诉讼法典》第255、258条有所规范。[③] 附随事项是一种因主诉讼而引起的其他诉讼程序。例如，因当事人是否有权提出诉讼、该案件的利益值为多少等所引发的争议，[④] 都会作为附随事项而提起，有关内容会以附文的方式附于主诉讼中。

按照澳门《民事诉讼法典》第261条之规定，[⑤] 对案件利益值的附随事项作出的裁判可能会导致案件的诉讼形式改变。如果该案中没有相关的附随事项，则不需要作出裁判。

至于保全措施，[⑥] 又称保全程序，是指在民事诉讼进行期间，当有理由

[①] 澳门《民事诉讼法典》第253条（以物之价值确定之案件利益值）："一、如诉讼之目的为行使关于一物之所有权，则以该物之价值为案件利益值；二、如属其他物权，则考虑其内容及可能存续之期间。"以物的价值订定是指诉讼目的是为了行使物的所有权的话，案件利益值会以该物的价值去订定，如属其他物权则考虑其内容或存续期间。

[②] 澳门《司法组织纲要法》第18条（法定上诉利益限额）：一、在民事及劳动法上的民事方面，第一审法院及中级法院的法定上诉利益限额分别为澳门币五万元及一百万元。

[③] 澳门《民事诉讼法典》第255条（附随事项及保全程序之利益值）：一、附随事项之利益值为其所附属之案件之利益值，但附随事项事实上具有与该案件不同之利益值者除外；在此情况下，利益值按以上数条确定。二、担保之附随事项之利益值依被担保之金额确定。第258条（附随事项利益值之订定）：一、如提出附随事项之当事人无指明该附随事项之利益值，则视其接纳以对案件所定之利益值作为该附随事项之利益值；然而，他方当事人得以附随事项之利益值与案件利益值不同为由，就该附随事项之利益值提出争执，在此情况下，第二百五十七条、第二百五十九条及第二百六十条之规定，经作出必要配合后适用之。二、如所指明之附随事项利益值与有关案件之利益值不同，而他方当事人不接纳该利益值者，亦得提出争执。

[④] 与附随事项有关的规定载于澳门《民事诉讼法典》第244~325条。

[⑤] 澳门《民事诉讼法典》第261条（对附随事项之裁判结果）：就案件利益值之附随事项所作之裁判导致诉讼须以另一诉讼形式进行时，须命令按适当形式进行诉讼，但无须撤销之前在诉讼中已作出之行为，并须在有需要时更改已作之分发。

[⑥] 在澳门的司法实务中，最常见的保全程序为假扣押。

恐防他人对自己的权利造成严重且难以弥补的侵害，而在"特定保全程序"中所规定的任何措施均不适用于有关情况时，当事人可以向法院声请采取具体适当的保存或预防措施，以确保正受到威胁的权利得以保存下来。因民事诉讼的程序花费时间很长，如待司法判决作出后再执行，可能有关当事人已经将财产转移，所以需要实质去执行一些程序，才可确保相对当事人的财产不能转移或使用。保全程序的提起，在任何情况下均具有紧急性，有关的行为较任何非紧急的司法工作，可获得优先处理。

其主要的功用，是为了解决在宣告或执行之诉进行期间，对有理据的当事人所造成的并由其承担的损害，且该损害不为其他实体法或类似目的的程序机制所保障。故此，保全程序的目的就是要保存诉讼标的原有的状况。①

然而，保全程序不只限于由法律明文所规定的措施。例如，A银行借钱给B作为购买C物业的首期，B可以另一栋物业D作为抵押，若B不偿还债务，物业D的价值不足以抵押债务，A银行可向法院提起保全措施，就可先假扣押B名下的其他物业，B就暂时不能出售之，即使之后出售亦会因败诉须要返还，只要有关保全措施已经被登记在买卖之前。在澳门的法律制度中，不一定要预先设定抵押权才能达致上述效果，如没有抵押权的存在，也可以针对债务方的财产提起保全措施。保全措施的相关内容，将会在下文详细讨论。

保全程序的利益值规定于澳门《民事诉讼法典》第255条。② 在计算保全程序利益值方面，若有担保的情况，则按照担保的价值计算。若为保全措施的话，不同的保全程序有各自的计算方法。

例如，根据澳门《民事诉讼法典》第255条第3款a项，对于临时扶养及扶养弥补的利益值为所请求之月金额之12倍。临时扶养是亲属法中的一

① 请参阅〔葡〕Viriato Manuel Pinheiro de Lima《民事诉讼法教程》，叶迅生、卢映霞译，法律及司法培训中心，2012，第369页。
② 澳门《民事诉讼法典》第255条（附随事项及保全程序之利益值）：二、担保之附随事项之利益值依被担保之金额确定。三、保全程序之利益值依下列各项规则确定：a）如属临时扶养及裁定给予临时弥补之情况，则利益值为所请求之月金额之十二倍；b）如属占有之临时返还，则利益值为被侵夺物之价值；c）如属法人决议之中止执行，则利益值为损害之金额；d）如属禁制新工程及进行非特定之保全措施，则利益值为欲避免损失之金额；e）如属假扣押，则利益值为欲保障之债权金额；f）如属制作清单，则利益值为列表所列财产之价值。

种制度，在澳门，并没有扶养或赡养的区分。在澳门的制度当中，扶养不一定是由男方提供，女方扶养男方的情况也有可能出现。在扶养给付的诉讼中，临时扶养作为附属于该诉讼中的一项保全措施，利害关系人可于获支付首次确定扶养金之前，声请以临时扶养的名义，订定他应收取的月金额。当法院收到临时扶养的请求书后，便会立即指定审判日期，法官会尽量透过双方协议，在答辩中订定扶养金额，并立即以判决认可。若任一方当事人缺席或试行调解失败，法官须命令调查证据，随后以口头作出判决。扶养给付应自提出有关请求之日翌月首日起履行。虽然华人很难接受女方扶养男方的概念，但这是基于法律规定和男女平等原则之体现。

（五）当事人在指出利益值方面之权利

除此之外，有关案件利益值方面，当事人的权利规范于澳门《民事诉讼法典》第 256 条。①

如前所述，原告在起诉状上所订定利益值的金额，被告在答辩时可以提出争执。如原告在起诉状没指明利益值，法官就会告诫原告，若其不作出补正、声明，诉讼程序就会消灭。因为案件利益值确定了诉讼的形式、律师代理、司法费用，以及是否可以上诉等各方面问题。在司法实务中，上述情况很少出现，因为当起诉状呈交到法院时，法院的书记员会先检查起诉状中是否有标明案件的利益值，续后才会看所采用的诉讼形式是否正确，是否需要法院的代理，如何分发②该案件予法官。所以，当案件交到书记员时，便会发现有关的遗漏，甚少到法官处理时才发现。

提交诉辩书状阶段结束后，被告得就原告之声明提起争执，因为被告觉得利益值太高，所以会提起争执，如没有提起，利益值就确定下来。

---

① 澳门《民事诉讼法典》第 256 条（当事人在指出利益值方面之权力）：一、被告在作出其防御之诉辩书状中，得就起诉状中所指之案件利益值提出争执，但须提出另一利益值以作代替；在其后之诉辩书状中，当事人得透过协议订定任何数额之利益值。二、如诉讼程序中仅容许两份诉辩书状，则原告得于其后作出声明，接纳被告提出之利益值。三、起诉状中虽无指明利益值，但起诉状已被接收者，应在发现无指明利益值之情况后立即请原告声明利益值，并告诫原告如其不作声明，诉讼程序将消灭；如原告声明利益值，须将该声明知会被告；即使提交诉辩书状之阶段已结束，被告亦得就原告声明之利益值提出争执。四、被告无提出争执视为同意原告就案件所定之利益值。

② 有关案件分发的规定，请参阅澳门《民事诉讼法典》第 155 条及续后数条。

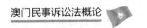

（六）当事人之意愿及法官之权力不足时的利益值

根据澳门《民事诉讼法典》第259条之规定，如果双方当事人未达成协议或法官不接纳有关协议（可能由于协议与实际情况差距太大），而法官并没有行使第257条所赋予之权限时，则案件利益值按卷宗内之资料确定。

当资料不足，则透过采取当事人声请或法官命令采取之必要措施确定，例如澳门《民事诉讼法典》第260条所规定的鉴定。

例如，对一个不动产的价值进行物业估值。在司法实务中，会送往财政局的物业评估委员会进行评估。又例如，具有明显特别价值的物品，如A提起诉讼要求B返还由A借予B的一颗百年长白山野生人参，那么案件的利益值为多少？此时，最清楚了解该物价值的应为药店中的掌柜。

按照澳门《民事诉讼法典》第260条，[①] 在上述例子中，药店中的掌柜便是鉴定人。透过鉴定百年人参的价值从而定出案件利益值。

四 法定上诉利益限额

与案件利益值相关的概念中，还有法定上诉利益限额。这是基于司法资源有限，所以要设定法定上诉利益限额限制案件的上诉机会，当案件的利益值超过了法定上诉利益限额及澳门《民事诉讼法典》中所规定的其他条件时，才可以对一个审级内的终局司法判决提出上诉。但一些情况下可以在终局判决之前提出上诉，这些内容待有机会再谈。

目前在澳门的制度中，按照第9/1999号法律《司法组织纲要法》第18条之规定，[②] 法定上诉利益限额暂时只有两种，分别为：①第一审法院的上诉利益限额10万澳门元；②中级法院的上诉利益限额100万澳门元。

上诉，亦可以分为"平常上诉"和"非常上诉"。一般来说，就法院所作的裁判提起的上诉多属于"平常上诉"，若一方当事人对一审的裁判不服，必须在该裁判尚未确定（未超过十天的法定上诉期限）时提起。此外，涉案的金额亦为关键，法律规定，假如案件的利益值低于法定上诉利益限额，便不可以提出平常上诉。根据《司法组织纲要法》第18条之规定，涉

---

① 根据澳门《民事诉讼法典》第260条，透过鉴定订定利益值如有需要进行鉴定，则由法官指定一鉴定人为之；在此情况下，不作第二次鉴定。

② 见本书第51页注释②。

及民事及劳动法上的诉讼，第一审法院及中级法院的法定上诉利益限额分别为澳门币 10 万元及 100 万元。原则上，在上诉时，利益值超过第一审法院法定上诉利益限额的案件，由中级法院审理，而利益值超过中级法院法定上诉利益限额的案件，在符合其他条件下由终审法院审理。

审理的负责法院以审级区分：有第一审法院（包括初级法院和行政法院）、中级法院和终审法院，前者处理案件第一审程序，后两者处理第一审案件的上诉程序（中级法院和终审法院按照《司法组织纲要法》第 36、44 条之规定，在某些情况下会作为第一审法院审理特定案件）。

另外，须要注意的一点是，在澳门民事诉讼所使用的概念中，第一审与第一审法院的区别。第一审法院并不必然属于第一次审理的法院，因为部分民事诉讼案件第一审（第一次审理的法院）可能在中级法院，也可能在终审法院，有关判断的标准规范于第 9/1999 号法律《司法组织纲要法》第 36、44 条。

然而，与上述概念不同，第一审法院之定义载于《司法组织纲要法》第 27 条①中。

第一审法院包括初级法院和行政法院。初级法院有：刑事起诉法庭、刑事法庭、轻微民事案件法庭、民事法庭、劳动法庭、家庭及未成年人法庭。劳动法庭以及家庭及未成年人法庭已开始运作。②

例如，某一民事案件利益值为 12 万元，法院只判被告赔偿 3 万元予原告。这个诉讼的第一审会于初级法院的民事法庭进行，而原告对这个判决不服时，可以上诉至中级法院，因为符合了澳门《民事诉讼法典》第 583 条及其他有关上诉的规定。③

根据上述规定，上诉需符合以下条件：

（1）案件利益值超过了第一审法院的初级法院的法定上诉利益限额，即超过了 10 万澳门元；

---

① 《司法组织纲要法》第 27 条（列举）：一、下列者属第一审法院：（一）初级法院；（二）行政法院。二、初级法院由民事法庭、刑事起诉法庭、轻微民事案件法庭、刑事法庭、劳动法庭、家庭及未成年人法庭组成。
② 请参阅第 23/2013 号行政法规《初级法院设立劳动法庭和家庭及未成年人法庭》。
③ 澳门《民事诉讼法典》第 583 条（可提起平常上诉之裁判）：一、除非另有规定，仅当案件之利益值高于作出上诉所针对裁判之法院之法定上诉利益限额，且上诉所针对之裁判不利于上诉人之主张，而该裁判对其不利之利益值高于该法院之法定上诉利益限额一半者，方可提起平常上诉；然而，如在因所作之裁判而丧失之利益值方面存有合理疑问，则仅考虑案件之利益值。

（2）当事人不能被满足的价值/将要付出的价值为法定上诉利益限额的一半。此条件只有在作出司法判决后才能判断是否符合，即当原告请求获判得的金额少于或被告要赔偿的金额超过了初级法院法定上诉利益限额的一半（5 万澳门元）。

以上条件均成就后，原告或被告才有权提起上诉。

另外，确定案件利益值即可确定在普通诉讼程序中应使用的诉讼形式，以及审理有关案件的法院与法定上诉利益限额之间的关系。

按照澳门《民事诉讼法典》第 371 条之规定，[①] 案件利益值决定诉讼形式，但在司法实务中，由于澳门《民事诉讼法典》第 1285 条的轻微民事案件法庭的轻微民事案件诉讼程序的适用范围扩大了（按照中级法院的司法解释），所以很少案件会使用简易诉讼程序，即使是普通的民事侵权案件，只要要求的民事损害赔偿低于 10 万澳门元，就会以轻微民事案件诉讼程序进行，而非简易诉讼程序。

再者，为了确定诉讼费用及其他法定司法费用，与案件利益值相关的法例还有第 63/99/M 号法令《法院诉讼费用制度》。

第二节　在法院之代理

一　强制律师的委托

在民事诉讼中，基于一些民事案件的复杂程度，需要拥有专业资格的律师介入，以保障双方当事人的利益。需要律师介入，主要是因为人类是一种较主观的生物，一般会以诉讼胜算的高低来选择是否提起诉讼，但当人类将强烈的主观意愿代入诉讼时，便会产生很多问题，又或会考虑得不够周全。故此，最好的做法是找一个有专业知识，并且最合适的是与案件无关的人去代理该案件，才能有客观、全面、具法律专业的能力去分析案中各式各样的事实问题与法律问题，作为一个专业的律师必须要客观分析问题，有时候亦应向当事人说明案件，告知当事人有关诉讼的胜诉或败诉的风险。

----

① 澳门《民事诉讼法典》第 371 条（通常诉讼程序及简易诉讼程序之范围）：对于须按普通诉讼程序进行之宣告之诉，如其利益值不超过初级法院之法定上诉利益限额，则以简易形式进行；在其他情况下，以通常形式进行。

然而，考虑到司法资源分配的问题，有些案件并不需要聘请律师，例如，一些非讼事件、案件利益值低于一定额的轻微民事案件，轻微民事诉讼程序、简易诉讼程序案件。

另外，法院代理原则上是指要聘请律师。而澳门的律师行业中只有律师，并没有大律师的分类，但仍有实习律师和法律代办。① 律师及实习律师由律师公会进行注册管理；而对于律师的纪律责任方面则由律师高等委员会负责。

关于强制律师代理规范于澳门《民事诉讼法典》第74条。

第74条（律师之强制委托）

一、在下列案件中，必须委托律师代理：

a）可提起平常上诉之案件；

有人认为采用简易诉讼程序绝对不需要律师代理，但当遇上澳门《民事诉讼法典》第250条3款②所指的情况时，便要委托律师代理。因为当案件利益值高过初级法院上诉的限额（即10万澳门元）时，可以提出上诉，故必须要聘请律师代理。另外，法律规定针对某些案件，不管其利益值为何，均可以提出平常上诉，如勒迁之诉。③

b）上诉案件及向上级法院提起诉讼之案件；

这部分包括中级法院作为第一审级法院的情况。④

c）利益值高于中级法院法定上诉利益限额之执行程序；

按照澳门《民事诉讼法典》第74条第1款的c项及d项提出执行程序，需要有第677条⑤所指的执行名义。执行程序（又或称执行之诉）一般是指由权利受到损害的一方为得到确切弥补而提起的诉讼。例如，A借5000澳门元予B，B在到期后仍不履行有关债务，A不可以直接执行B的财产（如自行到

---

① 澳门回归以前，执业律师比较少，因此在一些不需要律师代理的情况下，例如，处理一些法律文件、申请文件等，市民会找法律代办帮忙处理这类工作。但是，目前澳门不会再发法律代办的牌照，故此，澳门只剩下三至四个法律代办，他们由一个独立委员会节制。法律代办在第55/99/M号法律核准的《民事诉讼法典》第5条中有规定。

② 澳门《民事诉讼法典》第250条（确定案件利益值之时刻）：三、上款规定所引致之利益值增加，对提出反诉或出现主参加后之行为产生效力；但有关诉讼系以简易诉讼程序形式进行，且被告或参加人提出请求之利益值等于或低于初级法院之法定上诉利益限额者除外。

③ 请参阅澳门《民事诉讼法典》第934条。

④ 请参阅第9/1999号法律《司法组织纲要法》第30条。

⑤ 澳门《民事诉讼法典》第677条（执行名义之类别）：仅下列者方可作为执行依据：a）给付判决；b）经公证员作成或认证且导致设定或确认任何债之文件；c）经债务人签名，导致设定或确认按第六百八十九条确定或按该条可确定其金额之金钱债务之私文书，又或导致设定或确认属交付动产之债或作出事实之债之私文书；d）按特别规定获赋予执行力之文件。

A 的家中取走值钱的物件），其需要通过一个名为宣告之诉的判决，要求法院判处 B 还钱予 A（A 要取得法院的判决书方可执行）。当然，如果 A 具有《民事诉讼法典》第 677 条规定的文件，可以直接提出执行之诉，执行 B 的财产。简单而言，可以直接提起执行之诉的文件，包括法院判决、公文书或经认证的文书、符合一定条件的私文书，以及特别法赋予执行力的文件。当中，如果执行名义属于给付判决，可以采用简易执行程序。①

d）利益值高于初级法院法定上诉利益限额之执行程序，只要有人提出异议或按宣告诉讼程序之步骤进行其他程序。

当执行之诉中的案件利益值高于初级法院法定上诉利益限额时，在续后的程序中，如果被执行人（执行之诉所针对之人）提出异议，则有关当事人必须聘请律师。

二、即使属必须委托律师之情况，实习律师及当事人本人亦得提出不涉及法律问题之声请。

例如，法院的司法判决作出后，案中的当事人可以自行申请司法判决的证明书，这就不需要聘请律师，因为这不涉及法律问题的声请，所以不需聘请律师。

三、在财产清册程序中，不论其性质或利益值为何，仅当为提出或辩论法律问题时，方须由律师参与。

四、在非讼事件之程序中，并非必须委托律师，但上诉阶段除外。

非讼事件与争议事件相对，是指对利益的不规则情况作出规范。在争议事件中，是法官对于法律作出解释并将之适用于有关的事实，而非讼事件中，法官的职责就是管理有关的利益，简单而言，法官在处理非讼事件时，并不是在行使司法权，而是行使一个行政权，有关立法意向是由法官负责的管理工作。②

例如，由诉讼离婚转换至两愿离婚这类的非讼事件。③ 在澳门，离婚的方式有两种，一种为两愿离婚。如果夫妻双方均表示愿意离婚，而且他们没有 18 岁以下的未成年子女则可以采用，只要到民事登记局召开两次会议后仍表示要离婚则可达致相关的效果。若有意离婚的双方有未成年子女，则要考虑未成年人的亲权的行使，而须向有管辖权的法院声请离婚，法官最主要考

---

① 请参阅澳门《民事诉讼法典》第 374 条。

② 详情请参阅由〔葡〕Viriato Manuel Pinheiro de Lima《民事诉讼法教程》，叶迅生、卢映霞译，法律及司法培训中心，2012，第 25 页及续后。

③ 请参阅澳门《民法典》第 1629 条、澳门《民事诉讼法典》第 1242 及后续数条。

虑的是未成年人亲权的行使部分，这部分就不强制要聘请律师。另一种为诉讼离婚。也会有调解过程，起初法官会进行调解，如果双方愿意离婚就会将诉讼离婚转为两愿离婚，若调解不成，诉讼离婚就会继续进行。

若无委托律师，法院就会依职权通知当事人要委托律师。当然在司法实务中，递交起诉状时，法院办事处亦会负责通知当事人。除了法院外，如果原告或被告发现对方没有律师代理，而且属于必须律师代理的情况，法院就会应当事人的声请或依职权通知该方在限时之内找律师。

当出现必须委托律师没有委托律师的情况，此时可以分为：

（1）原告应当委托律师而没有委托时，会导致法官驳回起诉，又或进行不了上诉。

（2）被告应当委托律师而没有委托时，被告作出的所有防御行为不产生效力，而其所自行提交的答辩状亦会被抽离卷宗。

二　非强制律师的委托

除了澳门《民事诉讼法典》第 74 条规定的强制律师代理的案件外，其他情况下，诉讼双方可以选择是否委托律师，例如轻微民事案件、非讼事件、以简易诉讼程序形式进行的诉讼。

按照澳门《民事诉讼法典》第 77 条之规定，可以下列方式作出委托行为：

（1）私文书；

（2）公文书；

（3）口头声明。

以上都须提交一定的费用。

三　律师委托之范围

关于律师委托之范围规范于澳门《民事诉讼法典》第 78 条。①

---

① 澳门《民事诉讼法典》第 78 条（诉讼委任之范围）：一、透过诉讼委任，诉讼代理人获赋予权力在主诉讼程序中进行之所有行为、程序及有关之附随事项内代理当事人，包括在上级法院代理当事人，但不影响要求委任人赋予特别权力之规定之适用。二、法律推定诉讼代理人获赋予之权力包括复委任权。三、作出毫无保留之复委任导致排除原诉讼代理人。四、委任仅在诉讼代理人接受委任时方产生效力；接受委任得透过公文书或私文书为之，或透过显示接受委任之行为为之。

澳门《民事诉讼法典》第 1 条规定了居民诉诸法院的保障，当中包括：当事人有权获得法院依法进行审理而作出的确定司法裁判，并有可能请求执行该裁判；对于居民所有的权利，原则上均可通过适当的诉讼向法院请求作出承认，或弥补对有关权利的损害；就所有权利均设有必需的措施，以确保诉讼的效果等。

而透过诉讼的委任，诉讼代理人被赋予在主诉讼中可以作出所有诉讼行为的权利以达到上文所指的目的，包括上诉。因此若要上诉就不需要另作一次委任，但当然要取决于当事人（被代理人）的意愿。

法律规定可以有复授权，即诉讼代理人可再委任其他律师，不须经当事人（被代理人）同意，但除非先前已被当事人禁止了复授权。

此复授权可以分为：

（1）保留权利的复授权，即复授权人日后可继续参与诉讼；

（2）亦可以毫无保留地将权利转授给他人，即排除原诉讼代理人。

委任在诉讼代理人接受委任后方才产生效力。接受委任可通过公文书显示该人愿意接受委任并参与诉讼行为，或在诉讼代理人的起诉状中表现出来，默示接受委托。

故此，只于起诉状上诉讼代理人处写上律师 A 的名字，并不代表 A 同意接受了诉讼委任，律师 A 要以明示/默示表示接受该委任。①

原则上在诉讼中，诉讼代理人只会被赋予一般的权利，特别权利要透过去公证署以公文书的方式授予。② 这类的特别权利如：①在诉讼中的认诺；②对诉讼进行和解；③撤回诉讼；④舍弃请求。③

由于一般诉讼行为只涉及当事人的一般利益，所以会由律师全部代理。而诉讼代理人在诉辩书状中作出明确陈述或自认，会对其代理的当事人有约束力，这种权利就需要当事人特别赋予。

按照澳门《民事诉讼法典》第 81 条之规定，诉讼代理可被废止或放弃。若当事人要求废止代理则必须通知诉讼代理人。

如果属于强制委托律师的情况，当事人在收到代理人放弃代理后须于20 日内委托新的律师继续诉讼，如原告不再委托新的诉讼代理人，诉讼就

---

① 倘若律师作出诉讼行为，即默示表示接受该委任。

② 请参阅澳门《公证法典》第 128 条。

③ 舍弃请求与撤回诉讼不同，撤回诉讼可以再次提起诉讼，但是一旦舍弃请求便不可要求再次提起。请参阅澳门《民事诉讼法典》第 237 条。

会中止；如属被告不再委托新的诉讼代理人，诉讼则会继续，但之前所作出的诉讼行为继续保留。

在被告提出反诉的情况下，如果被告没有委托新的律师，则反诉不发生效力；如是原告没有委托新的律师，则法官于诉讼程序中止 10 日后将仅就反诉继续进行程序。

根据澳门《民事诉讼法典》第 81 条，如在任何情况下，当事人都无法在澳门找到愿意在法院为其代理的诉讼代理，基于辩论原则，可以要求澳门律师公会为其指定一个律师，如该律师在无合理的理由下推辞有关的指定，该名律师将被提起纪律程序。

另外，需要特别指出的是，如果属于与澳门特别行政区有关的诉讼，按照第 10/1999 号法律《司法官通则》第 9 条第 2 款之规定，[①] 行政长官可以许可检察院作出认诺、和解、撤回诉讼或舍弃请求等。

第三节　管辖权

一　管辖权及与管辖权相关之概念

在向法院提出诉讼的时候，往往涉及管辖权的问题。由于澳门地方小，从地域上来说，不存在区域管辖的问题（其他国家或地区，按当地法律可能划分了不同的法区或省份，因而需要划分地域管辖）。而在本澳，主要是以案件性质决定管辖权（例如属行政、海关及税务诉讼等案件，便由第一审法院中的行政法院受理）。

所谓管辖权是指法院在受理案件时的分工，以确定哪一法院/法庭有权对具体案件进行审判。而按照澳门《民事诉讼法典》第 13 条之规定，[②] 管辖权系于提起诉讼时确定，且原则上不能将案件从具有管辖权的法院转移至另一法院。

---

① 见本书第 34 页注释②。
② 澳门《民事诉讼法典》第 13 条（规范管辖权之法律）：一、管辖权于提起诉讼时确定。二、嗣后发生之事实变更或法律变更均无须理会，但另有规定者除外。三、管辖权有重大变更时，法官应依职权命令将待决案件移送具管辖权之法院。

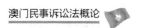

至于审判权则是作为一个整体及唯一个体去考虑赋予行使国家审判权之所有机关进行审判的权力。

审判权这个概念作为一个整体，相对其他权力或公权的职能而言，带出了从外部界定法院活动的一个问题；而在国家主权的地域限制范围内，管辖权这个概念即带出一个由不同法院对审判权作内部分配的问题。也即表示，审判权是从整体考虑法院本身活动的外部界限，而管辖权是各法院之间相对之内部活动的界限。

作为这种管辖权分配的结果，每个法院仅拥有一部分审判权，就是法律所给予每个法庭的审判范围。《澳门特别行政区基本法》只规定了终审权和审判权，没有规定管辖权，但是一般而言，审判权与管辖权两者都是由宪制性法律规定的。但是由于《澳门特别行政区基本法》没有直接规定、清楚订明，所以管辖权只规范于第 9/1999 号法律《司法组织纲要法》和澳门《民事诉讼法典》。

鉴于各种民事案件的复杂性以及法院的专门性，所以把法院区分为多个专门法庭，目的是提升效率以及保持公正。澳门法院的裁判设有上诉制，但这并不等于有无限次的上诉机会。上诉是为了保持司法裁判公正无私、确保市民有请求上级法院改正下级法院的错误或瑕疵判决的机会。

除非有特别意图，否则每个人提起诉讼均希望其诉因成立、其请求能获得支持。须注意的是，原告的诉权（提起诉讼的权利），这个主观权利不需要在提出诉讼时被证实，即不需要以诉讼必然会胜诉为前提而提出诉讼。由于大部分事实在提出诉讼期间都未必能立即获得证实，如果诉权要获得证实才可以提起诉讼的话，那么诉权其实是不能被保障的。所以诉权这个主观权利是不需被证实也可以行使的，只要原告自己认为有机会胜诉，认为通过司法诉讼会使其权利得到保障便可以行使。然而，这种机制在某种情况下，会变成一方拖延时间的方法，即原告提起诉讼不是希望获得胜诉，只是利用诉讼来拖延时间以获得某些利益。

例如，一栋大厦的维修事宜（包括对电梯、消防等事宜）会由一些专业管理公司负责，有时候，管理公司会因未能收取所有用户的管理费而不愿对大厦进行管理，一些小业主便会自行成立一间新的管理公司对大厦进行管理。这时候若原来的管理公司不想放弃对大厦的管理，它有什么办法拖延新的管理公司入驻大厦进行管理？

可以采取民事诉讼法中所规范的措施，例如保全措施，法人决议中止执行，① 把该小业主大会的决议暂停，这就可以将该决议延后，把诉讼时间延长。这是一个保全措施，续后，需要提出一个主诉讼，保全措施作为诉讼中的一种措施/行为，目的是保障某些权利能够得到实现。原来的管理公司可以针对该小业主大会，先提出一个保全措施把其决议中止，这样就会由原来的管理公司继续管理，提出保全措施后 30 天内会提出主诉讼，这样便能够取得时间，待所有的用家均缴纳完管理费后再离开。

每一类法院相对于其他法院而言可以完全独立地审理属其本身之管辖权的案件，即每个法院审理属于其管辖权案件时并非由另一个法院辅助之，如果该法院自身无管辖权，必须依职权将案件移送予有管辖权之法院。这与行政机构处理事宜的方法相似，倘申请人因可有想的错误而将申请书递交到某个没有权限的机关，该机关必须将该申请书送交有权限的机关，② 但是期间则由申请人递交的那天起计算，故确定案件的管辖权有一定的意义，若因错误地将案件交到无管辖权的法院可能会被罚款，最少罚一个 UC（一百个薪俸点的 1/10）。③

原则上，澳门法院可以审理所有的案件，但有两种例外情况。一种是外交，另一种是国防。与外交和国防相关的案件在澳门的法院是不可以审理的，因为这些属于主权行为（亦有人称政治行为），对于主权行为澳门的法院是不可审理的。根据《澳门特别行政区基本法》第 19 条之规定，澳门特别行政区法院对国防、外交等国家行为无管辖权。澳门特别行政区法院在审理案件中遇有涉及国防、外交等国家行为的事实问题，应取得行政长官就该等问题发出的证明文件，上述文件对法院有约束力。行政长官在发出证明文件前，须取得中央人民政府的证明书。

香港曾发生一宗案件，一间公司和一个非洲国家产生纠纷，当事人提出此为外交行为，要国务院发出证明，证明该行为是否属于外交行为，结果国务院确认其为外交行为，故此法院不可审理。事实上针对这些事宜，

---

① 请参阅澳门《民事诉讼法典》第 341 条及续后数条。

② 请参阅澳门《行政程序法典》第 36 条。

③ 第 63/99/M 号法令《法院诉讼费用制度》第 2 条（计算单位）：一、设立计算单位，并于法律体系将之简称为 UC。二、UC 为特定数额之金钱，金额相等于公共行政工作人员薪俸表 100 点之金额之十分之一，且在有需要时，须将该金额凑整至澳门币十位数，零数为 5 以上者，往上凑整，零数为 5 或以下者，往下凑整。

不管其是否涉及多个地区，亦是为了在澳门法院的审判权上设定限制，实际上就类似按照不同事宜划分管辖权的情况。

二　与管辖权相关之规定

根据第 9/1999 号法律《司法组织纲要法》第 1、2 条之规定，[①] 在澳门，法院及检察院为司法机关。另外，根据《澳门特别行政区基本法》第 2 条，中华人民共和国全国人民代表大会授权澳门特别行政区依照本法的规定实行高度自治，享有行政管理权、立法权、独立的司法权和终审权。

而且，按照第 9/1999 号法律《司法组织纲要法》之规定，澳门司法机关只服从法律，独立进行审判。（上述法律第 3 ~ 5 条[②]）

故此，原则上各级法院在审理案件时，不受上级法院影响，独立进行审理，但是属于由终审法院依法作出具有约束力的统一司法见解除外。在以上情况中，上级法院作出的决定，下级法院要遵从之。

而在某些情况下，在同一案件或同一卷宗中，下级亦有遵守上级法院决定的义务，因为一些案件的审理过程较长，有时并不会待作出一审判决后才上诉至上级法院。案件审理过程中，法官会作出很多行为，有些行为会导致当事人权利受到侵犯而于将来没办法弥补，故法律容许当事人将诉讼中的某些行为在第一审判决前上诉至上级法院。[③] 根据澳门《民事诉讼法典》第 601 条第 1 款，这时属于可以立即上呈的上诉。

按照澳门《民事诉讼法典》第 601 条第 2 款之规定，留置上诉将使上

---

① 第 9/1999 号法律《司法组织纲要法》第 1 条（管辖权）：一、澳门特别行政区享有独立的司法权和终审权。二、除《澳门特别行政区基本法》所规定的情况外，澳门特别行政区法院对澳门特别行政区所有的案件均有管辖权。

　　第 2 条：（司法机关）司法机关指法院及检察院。

② 第 9/1999 号法律《司法组织纲要法》第 3 条（定义）：法院为唯一有权限行使审判职能的机关。

　　第 4 条（职责）：法院有职责确保维护权利及受法律保护的利益，遏止对法律的违反，以及解决公、私利益冲突。

　　第 5 条（独立性）：一、法院是独立的，根据法律对属其专属审判权范围的问题作出裁判，不受其他权力干涉，亦不听从任何命令或指示。二、上款规定不包括《澳门特别行政区基本法》所规定的情况及有义务遵守上级法院在上诉中所作裁判的情况。三、法院的独立性按《司法官通则》所作的规定，透过法官的不可移调及无须负责，以及设有一个独立的管理及纪律机关予以保障。

③ 请参阅澳门《民事诉讼法典》第 601 条及续后数条。

诉绝对无用时，有关上诉亦应立即上呈。例如，原则上，听证会在诉讼程序中较后的阶段进行，但若在一审过程中，证人 A 染上末期肺癌只剩三个月的生命，而第一审的听证会最快约需时半年才会作出，这时候，如第一审法官拒绝接纳当事人提出的提早听取该证人证言的声请，而到真正听证会时证人已死亡，之后第一审法官作出判决，这时再上诉，上级法院才让下级法院法官听证的话，已经不可能听到 A 的证言。

因此，当事人可立即向上级法院法官要求原审法官先听 A 的证言，此时案件双方亦会有辩护的机会。据此，当事人可立即向上级法院上呈上诉，经上级法官批准后便可要求原审法院先听取 A 的证言，而原审法院此时要服从上级法院的决定。

如果由一个合议庭作出一个统一司法见解，即由终审法院三名法官，加上中级法院院长以及一名年资最长的中级法院法官组成合议庭，对这些事实产生的法律问题作出解释，那么，所有的下级法院都必须遵循此统一司法见解。如下级法院法官不遵循具有强制性的司法见解，那么，当事人可为此提出上诉，即使当事人不上诉，检察院亦会提出上诉。

下级法院基本只有在两种情况下（在同一案件中有上诉，或先前由终审法院依法作出具有约束力的统一见解）才会听从上级法院的决定，否则不需要跟从上级法院的判决。因为法官是独立的，除非法官认为上级法院的判决比自行作出的判决优秀，但是这并不表示是强制性的。若下级法院法官认为自己的决定、判决或见解是合理合法的，他可以完全坚持，要上诉的当事人可以自行上诉，与作出决定的法官无关。这就是法官独立原则的体现。若其认为上级法官的决定比自己更优秀，也可以自行更改，不具有强制力，上级法官不可命令下级法官跟从他的意见。所以有两种情况，一种是在案件中有上诉，另一种是具有统一司法见解。

另外，根据澳门《基本法》第 84 条，[①] 澳门特别行政区终审权属于澳门特别行政区终审法院。澳门特别行政区法院的组织、职权和运作由法律规定。法院的体制为初级法院、中级法院和终审法院，但注意《司法组织纲要法》把初级法院称作第一审法院，把第一审法院分为行政法院[②]和初级法院。对于以上分类，学理上称之为级别管辖。

---

① 《澳门特别行政区基本法》第 84 条：一、澳门特别行政区设立初级法院、中级法院和终审法院。

② 有关行政法院管辖权的内容，请参阅第 9/1999 号法律《司法组织纲要法》第 30 条。

三 法院的辅助组织

在澳门，分庭纯粹做辅助工作。澳门法院在审理案件的过程中很多行为都需要由法官作出批示，有些会由程序科的职员依职权做，但比较少。

现在终审法院设有一个中心科及一个程序科，中心科负责接收及处理文件，而程序科负责在收到具体卷宗后帮助法官去处理卷宗的文件；中级法院设有一个中心科及两个程序科；初级法院则设有一个中心科及 14 个程序科。

法院的工作很严谨，每样事情均有一定的步骤。

另外，中心科的人员属于司法文员，而每个法院都有自己的书记长。在法院内有一个终审法院院长办公室，是澳门回归后设置的。因为从前法院的运作是独立的，但法院的财政、人事的管理都是由司法事务司负责，例如支付薪金、购买物品等。回归后，法院由终审法院院长办公室负责提供技术、计算机（电脑）设备、行政财政等辅助工作，设置办公室主任、副主任，还有其他辅助厅，现在的设置比回归前更完整，更能体现司法及法官独立原则。

四 司法及法官独立原则的体现

在澳门，法院和法官是独立的。按照《司法官通则》的规定，法官的独立性透过法官的不可移调及无须负责体现，以及设有一个独立的管理及纪律机关予以保障。所谓不可随便调移法官原则，即不可随便令法官停职，如果一件案子分派予某法官，除非因为纪律理由、法官身体出现问题，又或属于法定回避事宜，否则这起案件须要由该名法官进行审理，直至审理完结为止。但在实务中，回归后曾经出现几次将案件重新分发给新法官的情况。

法官设有等级制度，在澳门有三个等级的法官（终审、中级和第一审法院），第一审法院设有合议庭主席、初级法院法官和行政法院法官，尽管如此，法官在审理具体个案时并不受上级法院的影响，独立审理案件。

法官由具有一定条件的人士担任，除了需要通过一个司法官的考试外，还有其他条件要考虑。目前，有关工作由法官推荐委员会负责，法律也设定了担任法官的条件，如为澳门永久性居民，有一定的工作能力，已完成一个法学士课程等。在某些特定情况下可以直接担任法官，即在澳门最少居住 7 年，实际从事法律工作最少 5 年。但澳门法官中没有出现此等情况，只有四名检察官属上述情况。但上述条件不妨碍委任外籍法官。

司法官享有的其他权利包括自由通行，在执行职务时不受限制进入任何公共场所，而且无须牌照便可以持有自卫用的枪械（除了司法官外尚有一些人可合法地持有枪械，如司法警察、治安警察、海关、司法文员、赌场稽查人员等）。司法官可以免费取得枪械，也不需知会任何人，而私人购买枪械及持有枪械需要获得两个特别的批准。司法官可以取得澳门特别行政区公报及立法会公报。司法官亦可以要求治安警察局派出警员作为保镖。司法官还可以查阅政府资料。法官在审理案件时不需要直接负上任何民事责任，但是需要负偿有的纪律及刑事责任。

在审理过程中，法官针对案件的一些意见、司法见解或轻微的过失的行为不需直接负责，但是如果在审理过程中涉及一些刑事或者是重过失则仍然需要负责，法官会因此受到相应的纪律处分。在案件的审理过程中，法官作出任何决定时，任何人均不可以干预法官，这是基于法官独立的性质。在案件审理完毕后，法官委员会每两年会抽查法官所审理的案件，审查该名法官的表现如何，如果表现不好的话，可对其提起纪律程序，或者当中若涉及犯罪，也会向检察院举报。对法官提起的纪律程序的处理方法是比较特别的，有别于公务员制度，基于司法独立原则，不能随便将法官停职。

在公务员制度中，如主管领导认为某公务员做得不好就可以马上撤换。与法官有关的刑事程序也是特别的，一般情况下法官不得因处于现行犯的状态而被拘留或被羁押，但属可被判处三年以上的徒刑的现行犯则除外。故一般不可拘留法官，这是因为要保障案件的顺利审理，如果可随便地将法官以现行犯拘留的话，就会影响到案件的独立性。例如，在一宗交通意外中，法官被指过失伤害他人完整性，[①] 这种情况不可以拘留法官，除非属于可被判处三年以上的徒刑的案件，如警察亲眼看见法官拿着刀去砍人。一经拘留就需要马上对法官作出审理，羁押时亦要与其他犯人分开。另外，

---

① 澳门《刑法典》第 142 条（过失伤害身体完整性）：一、过失伤害他人身体或健康者，处最高二年徒刑，或科最高二百四十日罚金。

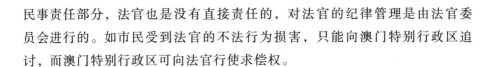

民事责任部分，法官也是没有直接责任的，对法官的纪律管理是由法官委员会进行的。如市民受到法官的不法行为损害，只能向澳门特别行政区追讨，而澳门特别行政区可向法官行使求偿权。

五　初级法院的管辖权

按照第 9/1999 号法律《司法组织纲要法》第 27 条之规定，初级法院又分为刑事起诉法庭、刑事法庭、轻微民事案件法庭、民事法庭、劳动法庭、家庭及未成年人法庭。[①]

根据第 9/1999 号法律《司法组织纲要法》第 23 条，在法院的运作上，第一审法院会以合议庭或独任庭的方式运作。[②]

在澳门，民事方面如果案件利益值少于澳门币 100 万元，就会由独任庭审理，简易诉讼程序、轻微民事案件以及一些非讼事件都是以独任庭方式进行审理的，例如涉及一些未成年子女利益的两愿离婚，就会由独任庭进行审理。因非讼事件并非正式的开庭案件，到法庭时，法官会坐在办公桌，而双方当事人、律师都坐在前面而已，情况就如同一般的会议。

[①] 有关管辖之实际内容，规范于第 9/1999 号法律《司法组织纲要法》第 28、29 条。
《司法组织纲要法》第 27 条（列举）：一、下列者属第一审法院：（一）初级法院；（二）行政法院。二、初级法院由民事法庭、刑事起诉法庭、轻微民事案件法庭、刑事法庭、劳动法庭、家庭及未成年人法庭组成。

[②] 《司法组织纲要法》第 23 条（第一审法院的运作）：一、为审判案件之目的，第一审法院依据诉讼法律的规定以合议庭或独任庭方式运作，除非另有规定，该法官为负责卷宗的法官。二、如法律无规定以合议庭参与，则法院以独任庭运作。三、独任庭由一名法官组成。四、合议庭由下列人士组成：（一）一名合议庭主席，并由其主持；（二）负责卷宗的法官；（三）法官委员会每年预先指定的一名法官。五、在审判开始时已参与的法官，或在须作检阅的情况下，为进行审判而已检阅有关诉讼卷宗的法官，其权限依据《司法官通则》的规定维持至审判终结。六、在不妨碍依据诉讼法律无须合议庭参与的情况下，合议庭有管辖权审判下列诉讼程序及问题：（一）应由合议庭参与的刑事诉讼程序；（二）提出民事损害赔偿请求且其利益值超过中级法院法定上诉利益限额的刑事诉讼程序；（三）在按普通通常诉讼程序进行的民事宣告诉讼程序辩论及审判听证中的事实问题，以及在按普通通常诉讼程序进行的特别程序、附随事项及执行程序的辩论及审判听证中的事实问题，但有关诉讼的利益值须超过中级法院法定上诉利益限额；（四）在按普通诉讼程序进行的劳动宣告诉讼程序辩论及审判听证中的事实问题，以及在按普通诉讼程序进行的特别程序、附随事项及执行程序的辩论及审判听证中的事实问题，但有关诉讼的利益值须超过中级法院法定上诉利益限额；（五）在属行政法院管辖权的诉讼辩论及审判听证中的事实问题，但有关诉讼的利益值须超过中级法院法定上诉利益限额；（六）法律规定的其他诉讼程序及问题。

民事案件中，若案件利益值超过 100 万元，经任一方当事人声请①以合议庭为之。现时有三个合议庭，即合议庭第一庭、合议庭第二庭及合议庭第三庭。

合议庭三位法官中，其中一位负责处理卷宗，此法官于诉讼流程中一直处理有关案件的卷宗直到清理批示阶段，清理批示后的事实审理环节才由三位法官一起审理。在进行听证时，合议庭的主席会坐中间位置，而年资较高的法官则坐在右边。

由于民事诉讼的程序是一步步地进行，故此，除非出现诉讼行为无效或可撤销的情况，否则诉讼程序必定会向前推进，若合议庭主席对处理卷宗法官的某部分行为不满意，亦不能够重新作出有关行为。事实审理后的法律审理及最后裁判书的制作由合议庭主席作出。

在第一审法院的民事法庭的管辖权方面，由于民事法庭负责审理不属于其他法院管辖的民事案件，所以在判断案件管辖权时，首先要判断其他法院是否有管辖权，一般会先判断是否属于终审法院管辖，再到中级法院，最后再看是否属于其他第一审法院管辖，如其他所有的法院/法庭均没有管辖权，就属于民事法庭管辖。② 而第一审法院中有行政法院，行政性质的案件属于行政法院管辖，即使有些案件具有民事性质但属于公法的赔偿范围内的案件亦属行政法院管辖。

六 中级法院的管辖权

中级法院的民事法庭是由法官委员会按中级法院的分工而作出组合的，中级法院以评议会或听证会的方式运作。

关于中级法院的管辖权规范于第 9/1999 号法律《司法组织纲要法》第 36 条。

从上述可以得知，中级法院的管辖权主要是针对第一审法院判决的上诉，以及对具有特殊身份的人士执行其职务期间而引起的诉讼，又或审判上述条文所指司法官作出的犯罪及轻微违反的案件。

---

① 修改后的澳门《民事诉讼法典》第 549 条 1 款。
② 《司法组织纲要法》第 28 条（民事法庭的管辖权）：民事法庭有管辖权审判不属于其他法庭管辖的民事性质的案件，以及有管辖权审判不属于其他法庭或法院管辖的其他性质的案件，包括审判该等案件的所有附随事项及问题。

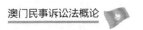

七 终审法院的管辖权

有关终审法院的管辖权规范于第 9/1999 号法律《司法组织纲要法》第 44 条。

八 轻微民事案件法庭、劳动法庭、家庭及未成年人法庭的管辖权

在判断不属于终审法院或中级法院的管辖权后，就要按第 9/1999 号法律《司法组织纲要法》第 29 条的规定，[①] 判断是否属于轻微民事案件法庭的管辖权。

在此需要结合澳门《民事诉讼法典》第 1285 条中提及的适用轻微民事诉讼程序的案件。

根据《司法组织纲要法》第 29 条 C、第 29 条 D，第一审法院还有另外两个法庭，一个是劳动法庭，另一个是家庭及未成年人法庭。2004 年对《司法组织纲要法》进行修改时，虽然增加了劳动法庭与家庭及未成年人法庭管辖权的条文，但当时的行政长官并没有作出批示使这两个法庭运作，所以，在 2004 年以前这两个法庭还未开始运作。这导致初级法院中的民事法庭亦要负责该等案件，因为不属于其他法院管辖的案件都会由民事法庭管辖。然而，按照第 23/2013 号行政法规《初级法院设立劳动法庭和家庭及未成年人法庭》，目前，初级法院已经设立了劳动法庭与家庭及未成年人法庭，有关法庭亦已开始运作，这大大减少了民事法庭的压力。

九 澳门法院的一般管辖权

以上只是指出在澳门的法院中哪个法院对有关案件具有管辖权，而对于澳门法院作为一个整体是否具有管辖权的判断，规范于澳门《民事诉讼法典》第 15 条及续后数条。

----

① 《司法组织纲要法》第 29 条 - A（轻微民事案件法庭的管辖权）：轻微民事案件法庭有管辖权审判应按照轻微案件特别诉讼程序的步骤进行的诉讼，包括审判该等诉讼的所有附随事项及问题，但不影响获法律赋予的其他管辖权。

对于澳门法院是否有管辖权，笔者认为：

（一）澳门法院具管辖权之一般情况（第 15 条）

当出现下列任一情况时，澳门法院具管辖权：

a）作为诉因之事实或任何组成诉因之事实在澳门作出；

诉因是在起诉状中写明的事实以及法律依据，这里是指事实或任何组成诉因的事实在澳门作出，因此与澳门特别行政区有因果关系。即凡构成受争议的实体法律关系的事实是在澳门发生或任何组成诉因的事实（即使只有一部分）是在澳门发生时，澳门法院就具有管辖权。比如，一宗买卖合同交货地在澳门，澳门法院就有管辖权。

b）被告非为澳门居民而原告为澳门居民，只要该被告在其居住地之法院提起相同诉讼时，该原告得在当地被起诉；

这是基于互惠原则，原则上，提出诉讼时一般应遵守原告迁就被告原则，即原告需要到被告的居住地起诉被告，这个原则背后的理念是为了保障被告的权益。试想当一名美国人为原告，一名澳门人为被告，如原告在美国对该澳门人提出诉讼，那么该澳门人便需要到美国应诉，这样对于被告而言，其成本就会很高，即使委托律师代为前往，成本也很高。所以原则上，原告要告被告应该到被告所在的地方进行诉讼。基于互惠原则，只要该被告在其居住地提起同一诉讼，而原告亦可在当地被起诉时，澳门法院对此案也有管辖权。

由于澳门《民事诉讼法典》是以澳门居民为主体而编写的，所以会从澳门居民的角度去描述原告和被告。澳门《民事诉讼法典》第 15 条中一个要件为原告是澳门居民，或者以澳门为常居地的中国永久性居民。

例如，甲非澳门居民，乙是澳门居民。乙能否成功在澳门起诉甲，要视乎甲在其居住地 A 地（澳门以外的地方）能否就相同的事实起诉乙，如果答案是肯定的，乙就能在澳门提出诉讼针对甲。

但是，乙上述做法存在一定风险，因为澳门并不是与所有地方均有司法互助协议，所以，在澳门作出的判决未必能够在别处执行。例如，从前在澳门作出的判决拿到内地并不能得到执行，但现在按照第 12/2006 号行政长官公告《内地与澳门特别行政区关于相互认可和执行民商事判决的安排》，澳门在民事领域的判决可于内地执行，相对地，内地的判决亦可在澳门执行，所以这里有一个执行上的风险。

另外，有一举证上的风险。在一个诉讼中，除了书证还会有证人，如果诉讼的关键证人全部在 A 地，在澳门提起诉讼时，如没有证人来的话，也有可能导致败诉。而且，按照澳门《民事诉讼法典》第 1200 条及续后数条之规定，如果在外地的诉讼比在澳门的诉讼较迟提起，不论在澳门提起的诉讼正在审理还是已经作出判决，澳门法院均将外地作出的判决排除。

c）如不在澳门法院提起诉讼，有关权利将无法实现，且拟提起之诉讼与澳门之间在人或物方面存有任何应予考虑之连结点。

这是基于必要性原则，如果有关的诉讼不在澳门法院提出，有关的权利便不能得到实现。试想，如果有关案件应于某国审理，但是某国发生政变，由于政权非常不稳定，当地法院无法受理有关案件，故此，只要想提起之诉讼和澳门的人或物有连结，且不在澳门法院提出，有关的权利便无法得到实现，澳门法院便有管辖权。

（二）对于某些诉讼具管辖权之情况（第 16 条）

澳门法院具管辖权审理下列诉讼，但不影响因上条规定而具有之管辖权：

a）为要求履行债务、因不履行或有瑕疵履行债务要求赔偿，或因不履行债务要求解除合同而提起之诉讼，只要有关债务应在澳门履行或被告在澳门有住所；

有关债务的履行及要求赔偿所提起的诉讼，如果该债务应于澳门履行又或债务人在澳门有住所，澳门法院也有管辖权。

b）涉及享益债权之诉讼、勒迁之诉、优先权之诉及预约合同特定执行之诉，只要诉讼之标的物为在澳门之不动产；

享益债权就如租赁合同，针对这类诉讼，由于诉讼的标的物与澳门有密切的关系，所以澳门法院有管辖权。

c）加强、代替、减少或消除抵押之诉讼，只要涉及船舶及航空器时，其已在澳门登记，或涉及其他财产时，其系在澳门；

此种情况在澳门较少发生，因澳门航运业并不发达，而在澳门登记的航空器亦不多。航空器是指可以飞上天空的机器或机械，而且是需要登记的，如飞机、直升机、火箭和氢气球等。然而，在澳门，除了飞机和直升机以外的航空器很多时候不会获批准在澳门空中飞行，因为澳门的空域范围太小，这样会阻碍飞机飞行，因此澳门特别行政区民航局一般不会批准。

d）为裁定以无偿或有偿方式取得之船舶不受优先受偿权约束而提起之诉讼，而取得船舶时船舶系停泊在澳门港口；

e）为理算交付或原应交付有关货物至澳门港口之船舶遭受之共同海损而提起之诉讼；

f）基于船舶碰撞而提起之请求损害赔偿之诉讼，而有关意外系在本地区管理之水域发生，澳门为肇事船舶船主之住所地，肇事船舶在澳门登记或在澳门港口被发现，或澳门港口为被撞船舶最先到达之港口；

这里指本地区管理之水域，因为现有一个明确的水域属于澳门特别行政区。

g）为要求给予救助或援助船舶应付之费用而提起之诉讼，而有关救助或援助系在本地区管理之水域作出，澳门为被救助物之物主住所地，或被救助船舶在澳门登记或在澳门港口被发现；

h）分割共有物之诉讼，只要诉讼之标的物系在澳门；

i）离婚诉讼，而原告居于澳门或在澳门有住所；

j）旨在终结遗产共同拥有状况之财产清册诉讼，只要继承系在澳门开始，又或继承已在澳门以外地方开始，但死者在澳门遗下不动产，或虽无不动产，但在澳门遗下其大部分动产；

l）确认一人因他人死亡而具继受人资格之诉讼，只要符合上项所指任一要件，或待确认资格之人在澳门有住所；

m）旨在宣告破产之诉讼，只要有关商业企业主之住所或主要行政管理机关位于澳门，又或以上两者均不位于澳门，但诉讼系因在澳门所负之债务或应在澳门履行之债务而引致，且该商业企业主在澳门设有分支机构、代办处、子机构、代理处或代表处；然而，清算仅限于在澳门之财产。

有关破产的诉讼，只要商业企业主的住所或主要行政管理机关设于澳门，或即使不在澳门，而诉因是因在澳门负债而引致的都可以在澳门提起诉讼，但是债务的清算仅能针对在澳门的财产。

（三）对于其他诉讼具管辖权之情况（第17条）

遇有下列情况，澳门法院具管辖权审理上条或特别规定中无规定之诉讼，但不影响因第15条之规定而具有之管辖权：

a）被告在澳门有住所或居所；

b）被告无常居地、不确定谁为被告或被告下落不明，而原告在澳门有住所或居所；

c）被告为法人，而其住所或主要行政管理机关，又或分支机构、代办处、子机构、代理处或代表处位于澳门。

故此，按照澳门《民事诉讼法典》第 17 条之规定，原则上是以住所作为标准来判断澳门法院是否有管辖权。例如，可以对位于澳门的中国银行提起诉讼，对此澳门法院可以审理。

（四）保全程序及预行措施（第 18 条）

如可向澳门法院提起诉讼，或诉讼正在澳门法院待决，则亦得向澳门法院声请进行保全程序及采取预行调查证据之措施。

（五）诉讼以外之通知（第 19 条）

得声请澳门法院向在澳门有居所或住所之应被通知人作出诉讼以外之通知。

需要注意的是，这个通知并不是基于一个诉讼，只是通过法院将重要的事情通知有关人士，并不是对他们提出诉讼，也不排除将来可能会提起诉讼，但此时只视为一个通知。常采用诉讼之外的通知的情况为：承租人已经有一段时间没有缴交租金，而在租赁合同到期时，出租人想其离开，按照澳门《民法典》的相关规定，一般要提前 90 日或最长 180 日作出通知。① 但是如果出现承租人既不收取信件，又闭门不见的情况，此时当事人可以作出一个诉讼以外的通知，透过法院通知承租人须于什么时候离开，并指出应偿还的租金。有关诉讼以外的通知将于下节详细论述之。

十 澳门法院的专属管辖权

法院的专属管辖权规范于澳门《民事诉讼法典》第 20 条。② 所谓专属

---

① 请参阅澳门《民法典》第 1039 条。

② 澳门《民事诉讼法典》第 20 条（澳门法院之专属管辖权）：澳门法院具专属管辖权审理下列诉讼：a）与在澳门之不动产之物权有关之诉讼；b）旨在宣告住所在澳门之法人破产或无偿还能力之诉讼。

管辖权,是指只要涉及澳门《民事诉讼法典》第 20 条所规范的那一类诉讼,澳门法院就具有专属管辖权,这一类诉讼只能够由澳门法院来审理,因为这类诉讼和澳门特别行政区的关系是密不可分的,所以,任何地方的法院均不能侵犯澳门法院的专属管辖权。澳门《民事诉讼法典》第 20 条 b 项之规定,与澳门《民事诉讼法典》第 16 条 m 项所指破产的情况不同,前者所针对的是住所设于澳门的法人的破产诉讼。另外,破产与无偿还能力不同,前者针对的是不能按时履行债务的商业企业主,[①] 而后者针对的是资不抵债的非商业企业主——自然人。[②]

只要符合澳门《民事诉讼法典》第 20 条的这两种情况,澳门法院就有专属管辖权。即使原告在其他地方的法院审理完毕,想再在澳门进行确认也是不可以的,澳门的法院不会对有关判决进行确认,因为违反了澳门的专属管辖权。

澳门以外法院的判决要在澳门产生效力,需要进行对有关判决的确认,而确定须符合的要件,规范于澳门《民事诉讼法典》第 1200 条及续后数条。[③]

按照澳门《司法组织纲要法》的规定,[④] 中级法院有权审查及确认澳门以外的法院或仲裁员作出的裁判。然而,澳门《民事诉讼法典》第 1200 条 c 项指出,如果裁判涉及澳门法院专属管辖权事宜,就不会加以确认,此时,这个外地的判词便不能在澳门生效。

另外,涉及有关澳门不动产物权的诉讼(比如关于不动产所有权归属

---

① 澳门《民事诉讼法典》第 1043 条(破产状况之定义):不能如期履行债务之商业企业主,视为处于破产状况。

② 澳门《民事诉讼法典》第 1185 条(无偿还能力之定义):一、非为商业企业主之债务人财产内之资产少于负债时,得宣告该债务人处于无偿还能力之状况。二、如债务人已婚且债务亦须由其配偶承担,得在同一程序中宣告两人无偿还能力。三、得宣告合伙处于无偿还能力之状况。

③ 澳门《民事诉讼法典》第 1200 条(作出确认之必需要件):一、为使澳门以外地方之法院所作之裁判获确认,必须符合下列要件:a)对载有有关裁判之文件之真确性及对裁判之理解并无疑问;b)按作出裁判地之法律,裁判已确定;c)作出该裁判之法院并非在法律欺诈之情况下具有管辖权,且裁判不涉及属澳门法院专属管辖权之事宜;d)不能以案件已由澳门法院审理为由提出诉讼已系属之抗辩或案件已有确定裁判之抗辩,但澳门以外地方之法院首先行使审判权者除外;e)根据原审法院地之法律,已依规定传唤被告,且有关之诉讼程序中已遵守辩论原则及当事人平等原则;f)在有关裁判中并无包含一旦获确认将会导致产生明显与公共秩序不相容之结果之决定。

④ 《司法组织纲要法》第 36 条(管辖权):(十三)审查及确认裁判,尤其是澳门以外的法院或仲裁员所作者。

的诉讼等），属澳门法院专属管辖权的范围。亦即是说，对于该等案件，原告只能在澳门法院提起诉讼。

十一　执行事宜上之管辖权

澳门《民事诉讼法典》第 21 条[①]及续后数条，规范了有关执行事宜上的管辖权。

在澳门，即使第一审法院或第二审法院作出了一个对原告有利的判决，原告亦不能拿着判决直接去执行被告的财产，还需要单独提出另一执行程序。执行程序如以本澳的法院所作出的判决为执行依据，由审理该案件的第一审法院管辖，即第一审在哪个法院进行就到该法院申请执行。

在澳门亦有仲裁，但仲裁案件不多，最多的仲裁案件是有关消费争议的仲裁，此类裁决由消费者争议仲裁中心的仲裁员作出。该仲裁员由法官担任，但不是以法官的身份，不是行使司法职能，而是行使仲裁员职能。这种仲裁判决执行时到初级法院提起，以仲裁员的裁决为执行名义。[②]

在第 21 条第 3 款中所指的附文方式是指将法院的卷宗全部以线钉装并放置于同一文件内。这里指卷宗已因上诉上呈，即出现没有确定判决，但当事人已声请进行执行的情况。如在第一审判决完毕后便开始进行执行，由于上级法院的上诉并未有结果，但要进行执行程序又要以该卷宗才能执行，所以法律规定要向法院申请相关文件的法定副本以进行执行。

如属以上级法院所作之裁判为依据之执行，按照澳门《民事诉讼法典》第 22 条之规定：

一、如向上级法院提起诉讼，则有关执行应在初级法院提出。

该规定涉及第 9/1999 号法律《司法组织纲要法》第 36 条中级法院及

[①] 澳门《民事诉讼法典》第 21 条（以判决或仲裁裁决为依据之执行）：一、以澳门法院所作之判决为依据之执行，由审判该案件之第一审法院管辖，但本法典另有规定者除外。二、如属由仲裁员作出之裁判，则其执行由初级法院管辖。三、执行须以附文方式并附于作出有关裁判之诉讼之卷宗进行；如卷宗已因上诉而上呈，则执行须以上述卷宗之副本进行。

[②] 有关执行名义的规定请参阅澳门《民事诉讼法典》第 677 条，而仲裁裁决的执行亦规范于澳门《民事诉讼法典》第 679 条。

第 44 条终审法院的管辖权。这里的向上级法院提起诉讼即第一审已经是在中级法院或终审法院，而到执行的时候要向初级法院提起。

二、执行须以附文方式并附于作出有关裁判之诉讼之卷宗进行，或以该卷宗之副本进行，而该卷宗或其副本系为执行之目的下送予初级法院。

这款规定与第 21 条第 3 款的意义相同，如果没有提出上诉，上级法院直接将卷宗的正本下送到初级法院；如果上诉处于进行中，上级法院就将法定副本下送到初级法院进行执行。

关于诉讼费用、罚款及损害赔偿的执行，按照澳门《民事诉讼法典》第 23 条之规定。[①]

即在案件审理完毕后，法院会制作一个诉讼费用的清单，如当事人没有异议，当事人就要支付有关费用。

而对于澳门以外的地方法院或仲裁员所作之裁判为依据作出的执行，规范于澳门《民事诉讼法典》第 24 条。[②]

该规定前半部分指的"审查该裁判之程序"为按照澳门《民事诉讼法典》第 1200 条及第 9/1999 号法律《司法组织纲要法》第 36 条之规定，于中级法院进行确定外地判词的程序，而有关的执行程序就要附于上述审查外地判词的卷宗中进行，而后半部分则指出执行时该卷宗的副本是为了执行而下送到初级法院进行之。

对于其他的执行情况，规范于澳门《民事诉讼法典》第 25 条。[③]

当出现其他法律没有规定的情况，而有关的债应当在澳门履行时，澳门法院对有关案件也有管辖权。

[①] 澳门《民事诉讼法典》第 23 条（诉讼费用、罚款及损害赔偿之执行）：一、有关在法院所作之行为之诉讼费用、罚款或损害赔偿，其执行应以附文方式并附于发出账目或结算通知之诉讼之卷宗进行。二、如任何卷宗已因上诉而上呈，则执行之卷宗内须附有一份有关账目或结算之证明，以作执行之依据。三、如由上级法院判处给付诉讼费用、罚款或损害赔偿，则其执行在初级法院进行，并以一份有关账目或结算之证明为依据，其内载有卷宗及负有给付责任之人之认别数据。

[②] 澳门《民事诉讼法典》第 24 条（以澳门以外地方之法院或仲裁员所作之裁判为依据之执行）：以澳门以外地方之法院或仲裁员所作之裁判为依据之执行，须以附文方式并附于审查该裁判之程序之卷宗进行，或以该卷宗之副本进行，而该卷宗或其副本系为执行之目的下送予具管辖权之初级法院。

[③] 澳门《民事诉讼法典》第 25 条（其他执行）：一、凡出现未有特别规定之其他情况，而有关债务应在澳门履行者，澳门法院均具执行管辖权。二、如属交付一定物之执行或设有物之担保之债务之执行，而该一定物或附有负担之财产在澳门，则澳门法院具管辖权。

十二　管辖权的延伸及变更

如澳门法院对于该案件有管辖权，则管辖的范围除了该案件本身外，也会包含与案件相关的其他问题（如案件的先决问题、附随事宜等），这属于管辖权延伸的问题。

十三　先决问题

先决问题规范于澳门《民事诉讼法典》第 27 条。[①]

例如：A 取走了 B 的一物（可能是使用借贷、侵占），当 B 要求 A 返还时，可按照民法典的规定，提出占有返还之诉，[②] 但 A 指出这财物不是属于 B 的，是 B 以盗窃 A 的物件而得到的。这时可能会出现刑事案件，要先行审理刑事部分，才能审理民事部分。按照澳门《民事诉讼法典》第 27 条第 2 款之规定，假设有关的刑事诉讼在一个月之内没有进行或没有开展，或因为当事人的过失而停顿满一个月，这个中止就会终结，被中止的民事程序即会重新展开。在此情况下，负责审理民事诉讼的法官，就要先审理该先决问题。在案件里，会先判断该物的归属（即该物到底是 B 偷 A 的还是本来就是属于 B 的）。如果在民事案件中判处该物属于 A，这个判决只在此案中生效，在这个诉讼程序之外不发生效力，对刑事案件之审判不会有约束力。

十四　反诉问题

对于反诉的规定，规范于澳门《民事诉讼法典》第 28 条。[③]

[①] 澳门《民事诉讼法典》第 27 条（审理前之先决问题）：一、如对诉讼标的之审理取决于对某一行政或刑事问题之裁判，而此裁判由澳门另一法院管辖，法官得在该管辖法院作出裁判前，中止诉讼程序，不作出裁判。二、如有关行政或刑事诉讼在一个月内仍未进行，或此诉讼程序因当事人之过失而停止进行达一个月，则该中止即行终结；遇有此情况，负责该民事诉讼之法官须就审理前之先决问题作出裁判，但其裁判在此诉讼程序以外不产生效力。

[②] 请参阅澳门《民法典》第 1203 条。

[③] 澳门《民事诉讼法典》第 28 条（反诉问题）：一、审理诉讼之法院得审理透过反诉所提出之问题，只要其对该等问题具管辖权。二、如因反诉不能在澳门法院提出，或有关反诉原应由仲裁庭审理，以致审理该诉讼之法院不具管辖权审理该反诉，则驳回对原告之反诉。三、如因有别于上款所指之其他理由，以致审理该诉讼之法院不具管辖权审理反诉，则须将有关反诉之诉讼卷宗副本移送具管辖权之法院，而有关诉讼继续在原法院进行。

原告对被告提出诉讼，被告在答辩的时候，能够作出几种防御方法，包括：争执（针对原告所提出的事实作出反对）、抗辩（针对原告起诉状之内容提出暂时或永久阻碍法官审理实体问题的事由）和反诉（被告反告原告）。但在诉讼内不容许无限制地提出事实及请求，这样诉讼将无法正常继续，使之拖长或没有办法进行。故此，针对被告所提出的反诉，法律设定了一定的限制，规范于澳门《民事诉讼法典》第419条和218条。

十五　排除及赋予审判权之协议

基于私法自治原则，在法律容许的限度内，订立法律行为的双方当事人可以自由进行协议，在这种大前提下，澳门《民事诉讼法典》也设有类似的制度，容许双方当事人透过事前或事后的合意，约定当双方出现争议时，哪一个地方的法院具有管辖权受理受争议的诉讼。

澳门《民事诉讼法典》第29条（排除及赋予审判权之协议）

一、如出现争议之实体关系与一个以上之法律秩序有联系，当事人得约定何地之法院具管辖权解决某一争议或某一法律关系可能产生之争议。

二、透过协议，得指定仅某地之法院具管辖权，或指定其他法院与澳门法院具竞合管辖权；如有疑问，则推定属竞合指定。

三、下列要件一并符合时，上述指定方属有效：

a）涉及可处分权利之争议；

b）被指定之法院所在地之法律容许该指定；

c）该指定符合双方当事人之重大利益，或符合一方当事人之重大利益，且不会对另一方引致严重不便；

例如：一个澳门商人和美国人订立一个管辖权的协议，约定美国的内华达州的法院有管辖权，当出现争议的时候就去内华达州，这样做就对当事人造成了严重不便。

d）有关事宜不属澳门法院专属管辖；

专属管辖规范于澳门《民事诉讼法典》第20条，澳门法院专属管辖的事项有两项，即有关物权的争议以及住所位于澳门的自然人及法人破产的诉讼。

e）协议以书面作出或确认，且在协议中明确指出何地之法院具管辖权。

四、为着上款 e 项之效力，载于经双方当事人签署之文件，或在往来书信或其他可作为书面证据之通讯方法中体现之协议，均视为以书面作出之协议，而不论在该等文件中直接载有协议，或该等文件中之条款指明参照载有该协议之某一文件。

在澳门，越来越多外资公司来澳投资，这样就产生了很多受争议的法律关系。因为涉及外地的商户，所以在订定合同时，很多外地的诉讼代理人（即律师）会使用自己惯常使用的法律体系，因而会选择排除澳门法院的管辖权。反之，在澳门的公司又希望在澳门进行审判，可能基于澳门的诉讼费较便宜，又或在澳门举证较为方便。

十六　无管辖权的诉讼后果

接收案件的法院无管辖权时，按照澳门《民事诉讼法典》第30、31条之规定，① 原则上，当澳门法院发现自身并没有管辖权时，会依职权提出，而诉讼双方的当事人也可以基于此案没有管辖权而提出争辩，按照澳门《民事诉讼法典》第32条之规定，法院可以立即审理，又或在作出清理批示阶段时才审理有关管辖权的问题。如果法院在清理批示阶段后才发现有管辖权的问题，应要立即审理之。

按照澳门《民事诉讼法典》第33条之规定，如果接收起诉状的法院不具有管辖权，应将有关的案件卷宗送到有管辖权的法院。如果所有的澳门法院都不具有管辖权，于初端批示阶段发现时，则初端驳回；② 如果在续后

---

① 澳门《民事诉讼法典》第30条（无管辖权之情况）：如不得向澳门法院提起有关诉讼，或出现违反在内部秩序分配管辖权之规则之情况，则法院无管辖权。第31条（争辩之正当性及适时性）：一、在诉讼程序中任何时刻，如就案件之实质仍未有确定判决，当事人得提出争辩，指法院无管辖权，而法院亦应依职权提出其本身无管辖权。二、仅被告得以违反排除审判权之协议或案件原应由自愿仲裁庭审理为由，提出法院无管辖权之争辩，而提出之期间与答辩、反对或答复之期间相同；如无此等步骤，则与就被告可采用之其他防御方法所定之期间相同；提出无管辖权之争辩之诉辩书状中，应指出有关证据。三、在上款所规定之情况下，原告得于诉讼中接着提出之诉辩书状内作出答复；如无接着提出之诉辩书状，原告得于获通知被告递交诉辩书状一事后十日内以专门诉辩书状作出答复；作出答复之诉辩书状中，应指出有关证据。四、如有一名以上之被告，而仅一名或部分被告提出排除审判权之协议被违反或案件原应由自愿仲裁庭审理，则按通知原告之相同方式通知其余被告，以便其得以专门诉辩书状反对提出争辩。

② 澳门《民事诉讼法典》第394条（初端驳回）：一、遇有下列情况，须初端驳回起诉状：b) 依据第十五条及随后数条之规定，有关诉讼明显不得向澳门法院提起。

的阶段才发现，则驳回原告的起诉。[①]

十七　管辖权的冲突

原则上，一个民事诉讼案件只有一个法院具有管辖权，故管辖权的判断标准，一般是以澳门法院具有或不具有对于此案的管辖权，又或是由澳门哪一个法院对此案具有管辖权。然而，可能出现的情况是，两个或两个以上的澳门法院均认为本身具管辖权审理该民事诉讼案件，又或任何澳门的法院均认为自身无管辖权审理该民事案件。前者称为管辖权的积极冲突，后者称为管辖权的消极冲突，合称为管辖权的冲突。[②]

按照澳门《民事诉讼法典》第 36 条之规定，[③] 一方当事人或检察院针对管辖权冲突的问题，可以向具有管辖权解决冲突的法院院长声请对此作出裁判，而当事人或检察院在向法院提出解决冲突之请求的声请书中，必须要列明出现冲突的事实并在声请书中指出有关事实之证人。

十八　管辖权确定的时刻

按照澳门《民事诉讼法典》第 13 条[④]以及第 9/1999 号法律《司法组织纲要法》第 21 条之规定，管辖权在提起诉讼时已经确定，原则上，当案件被分发，法官开始处理该案件后，该名法官应审理此案直到作出判决为止。但当出现例外情况时，该案件会被分发给其他法官，如当法官经过纪律程序后，确定其要停职、因不具有能力而退休或有刑事案件的判处，使其不

---

① 澳门《民事诉讼法典》第 230 条（驳回起诉之判决）：一、法官在下列情况下应拒绝审理有关请求，并驳回对被告之起诉：a）裁定以法院无管辖权提出之抗辩理由成立。

② 澳门《民事诉讼法典》第 35 条（概念）：一、管辖权之积极或消极冲突系指两个或两个以上之澳门法院均认为本身具管辖权或无管辖权审理同一问题。二、就关于管辖权所作之裁判可提起上诉时，不视为出现冲突。

③ 澳门《民事诉讼法典》第 36 条（解决冲突之请求）：一、任一方当事人或检察院得声请法院就管辖权之冲突作出裁判，而在声请书内须详细列明显示出现冲突之事实。二、上述声请书致送予具管辖权解决冲突之法院院长，并连同必需之文件一并交予该法院之办事处；声请书中亦指出有关之证人。

④ 澳门《民事诉讼法典》第 13 条（规范管辖权之法律）：一、管辖权于提起诉讼时确定。二、嗣后发生之事实变更或法律变更均无须理会，但另有规定者除外。三、管辖权有重大变更时，法官应依职权命令将待决案件移送具管辖权之法院。

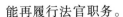

能再履行法官职务。

澳门并没有设立独立的行政法院系统，只有作为第一审法院的行政法院，没有中级行政法院，也没有终审行政法院。而在葡萄牙的司法系统中，有一套独立的行政法院系统。

法院司法人员调动方面，只要一名法官审理一个案件，该名法官无任何特别原因（如法官生病而致其无能力履行其工作、辞职或退休）的情况下，在听证开始后必须完全审理至该案件终结为止。

条文中"另有规定者除外"的情况，如法官生病而致其长期无能力履行其工作。而所谓"重大变更"的情况，如澳门回归前有高等法院（具有终审权）和普通管辖法院，澳门回归后不再有高等法院，只存在中级法院和终审法院。按照上述规定，在这种情况下，要将有关案件按照管辖权的相关规定及第1/1999号法律《回归法》附件4的规定，移送中级法院或终审法院。

澳门现在运行中的第一审法院包括民事法庭、刑事法庭、刑事起诉法庭、轻微民事案件法庭、劳动法庭和家庭及未成年人法庭。原则上，法院每星期一至星期五均要审理案件，然而，第9/1999号法律《司法组织纲要法》第11、12条①对于司法年度及司法假期作出了规定，这属于葡萄牙之司法传统。其目的在于让司法官有休息的时间，该段期间法院只处理紧急案件，故在法院仍有值班法官，因为法院可能会开庭，12月22日至1月3日、农历年最后一日至农历新年第六日、复活节前的星期日至复活节后的星期一，以及8月1日至8月31日为非正常办公时间。当政府部门的公务员被豁免上班时，不对外办理非紧急事宜，此亦构成当事人的合理障碍。

另外，需要注意澳门《民事诉讼法典》第94条关于期间连续进行规则的规定与法院假期之间的关系。②

---

① 《司法组织纲要法》第11条（司法年度）：一、司法年度自每年九月一日开始。二、每一司法年度之始，由行政长官主持庄严仪式昭示之，而行政长官、终审法院院长、检察长及澳门律师的代表得在仪式中致辞。

　　第12条（司法假期）：十二月二十二日至一月三日、农历年最后一日至农历新年第六日、复活节前的星期日至复活节后的星期一，以及八月一日至八月三十一日为司法假期。

② 澳门《民事诉讼法典》第94条（期间连续进行规则）：一、法律所定或法官以批示定出之诉讼期间连续进行；然而，在法院假期期间，诉讼期间中止进行，但有关期间为六个月或六个月以上，或有关行为属法律视为紧急之程序中须作出者除外。二、作出诉讼行为之期间届满之日为法院休息日时，随后第一个工作日为该期间届满之日。三、为着上款规定之效力，遇有全日或部分时间豁免上班之情况，视为法院休息。四、本法典所规定之提起诉讼之期间须遵照以上各款之制度。

在 2004 年对《司法组织纲要法》进行修订前，初级法院并没有区分民事法庭和刑事法庭，只设有第 1~6 法庭。后来，根据第 9/1999 号法律《司法组织纲要法》第 31 条及第 35/2004 号行政法规《初级法院法庭的设立及转换》之规定，将法庭分为九个法庭：三个民事法庭；三个刑事法庭；两个刑事起诉法庭和一个轻微民事案件法庭。当时并将已分派之案件转换成未分派之案件，而重新分派案件予新设之法庭审理。此方法使澳门审判效率提高，该方法亦参考葡萄牙的做法，亦为已故的终审法院法官朱健在授课时所认同。

针对确定案件管辖权及禁止转移管辖权的规定，澳门《民事诉讼法典》第 13、14 条和第 9/1999 号法律《司法组织纲要法》第 21、22 条均有类似规定。

澳门《民事诉讼法典》	第 9/1999 号法律《司法组织纲要法》
第十三条　规范管辖权之法律 一、管辖权于提起诉讼时确定。 二、嗣后发生之事实变更或法律变更均无须理会，但另有规定者除外。 三、管辖权有重大变更时，法官应依职权命令将待决案件移送具管辖权之法院。	第二十一条　规范管辖权的法律 一、管辖权于诉讼程序开始时确定。 二、嗣后发生的事实变更及法律变更均无须理会，但另有规定者除外。 三、管辖权有重大变更时，法官须依职权命令将待决案件移送具管辖权的法院。
第十四条　转移之禁止 不得将案件从具管辖权之法院转移至另一法院，但属法律特别规定之情况除外。	第二十二条　转移的禁止 一、不得将案件从具管辖权的法院转移至另一法院，但属法律特别规定的情况除外。

第四节　诉权

诉权是提起诉讼的权利，当事人要求法院作出审判的主观权利，亦组成当事人的立场，而这是透过司法目的而产生的立场，透过司法途径，希望法院支持自己的立场。

从抽象、概括的角度去表述该权利，对这项权利的保护相当于对某个权利实际拥有人的保护。与此同时，该权利也是一个负担，因为这个权利不是属于司法机关的，当个人的实体权利被他人侵犯时，基于自身的权利而主张，就要自行承担行使权利的责任。而当事人可以自己选择要不要行使诉权，那么其后就要自行承担行使或不行使诉权而引致的后果。例如，A 的电话被 B 破坏了，这是 A 的财产损失，B 可能是过失或故意作出侵权行为，但是否针对 B 提出诉讼，这对于 A 就是一个负担。

诉权也是一公权力，因为法院或法官具有司法权。司法权作为管理国家的公权力，形成一主权机关（法院），由法官主持审理。法院在民事诉讼中对待双方当事人是公平的，即使原告或被告是检察院，其地位与另一方诉讼当事人也是同等的。而法院在此的位置是相对高于双方当事人的，因为案件是由其审判的。诉权在这里是指按照具体情况去适用法律，以法律为依据，要求法院作出宣告，依照法律，要求法院作出公正裁判的权利。法院亦只会依照法律审理案件，除非法律有明文规定的情况下，才会适用衡平原则。

然而，当出现不能透过司法途径主张的权利时，权利人便无法行使上述诉权。

例如自然之债。如与朋友打麻将，打麻将要乐时，以记账形式作为付款依据，若有人不愿履行承诺，有关的债权人不得向法院主张其权利，但受特别法规范的赌博除外。①

有些时候，尽管一债权原本属于可透过司法途径请求的债权，但一经时效完成，即经过一段时间的流逝，债务便会成为自然之债。如 A 在 1980 年借给 B 100 元，其后 B 从来没有归还 100 元予 A，A 就在 2017 年，事隔 30 多年后方入禀法院要求 B 还债。此时，基于时效已经完成，B 可以不还 A 100 元，但该时效的完成根据澳门《民法典》第 296 条②需要 B 自行主张，法官不会依职权主张。

在上述案件中，若 B 不答辩，将视 B 已承认欠 A 100 元，B 必须返还 100 元以及 30 多年来的利息（在催告后方开始计算）。在没有约定利息的情况下，以法定利息计算。

换言之，原则上针对每一权利都可提起诉讼。在澳门，基本上在民事诉讼中能提起任何形式的诉讼，但法律明文规定不会予以保护的权利、行政或刑事诉讼除外。而且，所有诉讼的提起均应诉诸司法机关，不应透过自力救济的方式解决。

一　自力救济

从历史上看，以往确实存在自力救济的情况，一是由于公权力未建立，

---

① 澳门《民法典》第 1171 条（效力）：一、特别法有所规定时，赌博及打赌构成法定债务之渊源；涉及体育竞赛之赌博及打赌，对于参加竞赛之人亦构成法定债务之渊源；如不属上述各情况，则法律容许之赌博及打赌，仅为自然债务之渊源。

② 澳门《民法典》第 296 条（时效之主张）：一、法院不得依职权代为主张时效；时效必须由其受益人或受益人之代理人透过司法或非司法途径主张后，方生效力。二、如属无行为能力人，则时效亦可由检察院主张。

二是由于交通不方便，故很多情况下容许私人以武力解决争端。但是若要建立一个法治社会，社会中不应容许以武力作为解决争端的方法，如出现争议，正常情况下需要诉诸法院，故一般情况下是不容许自力救济的。根据澳门《民事诉讼法典》第2条（自力救济之禁止）：

> 以武力实现或保障权利并不合法，但在法律规定之情况及限制范围内除外。

从条文中可以得出，原则上，民事上禁止自力救济，例如，A私自拿走B的物品后，B不能以武力方式透过伤害他人身体而取回物品。在澳门，动用武力攻击他人是犯罪，更甚者，打人一巴掌也是刑事犯罪;[1] C偷取D的10元也是刑事犯罪。[2] 但在某些情况下法律会容许自力救济，而且自力救济后，若有人仍要求赔偿，只要经过一个司法程序来确认当事人作出之行为属自力救济后，当事人无须作出任何赔偿。

二　正当防卫

关于正当防卫及防卫过当的规定，规范于澳门《民法典》第329条及澳门《刑法典》第31、32条。

澳门《民法典》	澳门《刑法典》
第三百二十九条　（正当防卫）	第三十一条　（正当防卫）
一、为排除行为人或第三人之人身或财产受正进行之违法侵犯而作之行为，只要系在不能以正常方法排除该侵犯之情况下作出，且行为所引致之损失并非明显超越该侵犯可引致之损失者，视为正当。	为击退对行为人本人或第三人受法律保护之利益正在进行之不法侵犯而作出之事实，如其系击退该侵犯之必要方法者，为正当防卫。
二、即使防卫属过当，只要过当系因行为人本身无过错之精神紊乱、恐惧或惊吓而引致者，其行为亦视为正当。	第三十二条　（防卫过当） 一、在正当防卫时采用之方法过当者，该事实为不法，但得特别减轻刑罚。 二、因不可谴责于行为人之精神紊乱、恐惧或惊吓而导致过当者，行为人不予处罚。

在澳门的刑法及民法中，对于是否构成正当防卫，是有相似的判断标准。在刑法中，需要符合一定的要件。第一，前提条件，即必须真实地发生某种侵害合法权益的不法行为；第二，时间条件，即不法侵害必须是正在发生的不法侵害；第三，目的条件，即防卫人必须是出于保护本人或第

---

[1] 构成澳门《刑法典》第137条（普通伤害他人完整性罪）。
[2] 构成澳门《刑法典》第197条（盗窃罪）。

三人的合法权益而进行正当防卫；第四，限度条件，即防卫行为以能够制止、击退不法侵害为限度，但是具体认定防卫限度，应当从案件实际出发，全面衡量。① 只有同时符合以上四个条件，才能构成正当防卫。

然而，对于正当防卫的适用，须于具体情况具体作出判断。例如，一个普通人遭一个懂得武术的人用拳头攻击，该普通人不一定要同样用拳头还击才属于正当防卫，因为大家的拳头力度大有不同，此时，按照具体情况，普通人使用武器还击，仍视为正当防卫。

三 紧急避险

有关紧急避险规范于澳门《民法典》第 331 条及澳门《刑法典》第 33、34 条。

澳门《民法典》	澳门《刑法典》
第三百三十一条 （紧急避险） 一、在同时符合下列要件时，为排除威胁行为人本人或第三人受法律保护之利益之正在发生之危险而作出之行为，如其系排除该危险之适当方法，则为法律所容许： a) 危险情况非因行为人己意造成，但为保护第三人之利益者，不在此限； b) 保全之利益明显大于牺牲之利益； c) 按照受威胁利益之性质或价值，要求受害人牺牲其利益属合理者。	第三十三条 （紧急避险权） 当符合下列要件时，为排除威胁行为人本人或第三人受法律保护之利益之正在发生之危险而作出之事实，如其系排除该危险之适当方法者，非属不法： a) 危险情况非因行为人己意造成，但为保护第三人之利益者，不在此限； b) 保全之利益明显大于牺牲之利益；及 c) 按照受威胁之利益之性质或价值，要求受害人牺牲其利益属合理者。 第三十四条 （阻却罪过之紧急避险） 一、作出可适当排除危险之不法事实者，如该危险属威胁行为人本人或第三人生命、身体完整性、名誉或自由之正在发生而不能以他法避免之危险，且按照案件之情节，期待作出其他行为属不合理者，其行为无罪过。 二、危险所威胁之法律利益与上款所指之法律利益不同，而符合上款所提及之其他前提者，得特别减轻刑罚。

---

① 请参阅刘高龙、赵国强主编《澳门法律新论》（上卷），澳门基金会，2011，第 324 页及续后。

　　与正当防卫的情况相同，对于紧急避险也有相同的要件，但是澳门《刑法典》规范了两种情况下的紧急避险。第一为阻却违法性之紧急避险；第二为阻却罪过之紧急避险。在澳门《民法典》第331条所规范的紧急避险与澳门《刑法典》第33条所规定的阻却违法性之紧急避险的规定基本上完全相同，而澳门《刑法典》第34条所规定的阻却罪过之紧急避险，是一种免除刑事责任的紧急避险，这是基于刑法的期待可能性理论衍生出来的规定。①

　　构成澳门《民法典》第331条与澳门《刑法典》第33条所规定的紧急避险之要件有以下五点。第一，前提条件，即行为人本人或第三人的合法利益受到了正在发生的危险的威胁；第二，行为是针对正在发生中的危险；第三，行为的目的是为了排除这种威胁；第四，所作出的是能够排除有关危险最适当的行为；第五，避险行为所保护的利益明显大于牺牲的利益。② 然而，对于是否构成紧急避险，亦须于具体情况具体判断。

　　例如，父母将婴儿留在车中并将车停在露天停车场曝晒，然后前去购物，路人经过见婴儿已奄奄一息，将车窗打破救出婴儿，此时，路人的行为便构成紧急避险。又如，为保护自己或他人不被属于A的狗咬伤，将狗一脚踢死。

四　自助行为

　　有关自助行为规范于澳门《民法典》第328条。③ 只要行为人之行为不超越避免损失之必要限度，则为法律所容许。

---

①　有关阻却罪过之紧急避险的内容，请参阅赵国强《澳门刑法概说（犯罪通论）》，社会科学文献出版社、澳门基金会，2012，第329页续后的内容。

②　有关构成紧急避险的内容，请参阅刘高龙、赵国强主编《澳门法律新论》（上卷），澳门基金会，2011，第326页；以及赵国强《澳门刑法概说（犯罪通论）》，社会科学文献出版社、澳门基金会，2012，第237～253页。

③　澳门《民法典》第328条（自助行为）：一、为实现或确保自身权利而使用武力，且因不及采用正常之强制方法以避免权利不能实现而有必要采用上述自助行为时，只要行为人之行为不超越避免损失之必要限度，则为法律所容许。二、为消除对行使权利之不当抵抗，自助行为得为将物押收、毁灭或毁损之行为或其他类似之行为。三、如所牺牲之利益大于行为人欲实现或确保之利益，则自助行为属不法。

自助行为是指行为人为了实现或确保自身权利且有关情况来不及使用正常的方法使权利得到实现而作出一定的行为。

例如，A被其不认识的第三人C抢走其手提电话，第二天，A在街上巧遇C，而其手上正使用着A的手提电话，A此时捉着C的行为，便构成自助行为。

又如，A的父亲和母亲离婚，父亲想把A带走，但母亲阻止时不小心弄伤了父亲。此时笔者认为不属于自助行为，因为父亲正在行使亲权，亲权是一种权利，但同时不可限制人身自由，亦不可伤害他人身体完整性。

又如，甲居住在一分层单位内，但甲没有交管理费，然后甲和管理公司发生了争执，管理公司见甲没有交管理费，便把甲居住单位的大门用锁锁起来，禁止甲进入，又或禁止甲把车泊进大厦的停车场内。此时，管理公司的行为并不属于自助行为，其可以透过诉讼向甲追讨管理费。反之，如甲把门锁敲破进入单位，就属于一个自助行为。

须注意的是，只要符合自助行为、紧急避险和正当防卫（要件）时，行为人是无须赔偿的。如消防员为救火而击破单位玻璃，其无须对此作出赔偿。

第五节　诉之利益的概念

当原告需要采用司法途径解决纠纷属于合理时，则具有诉之利益。诉之利益为提起民事诉讼的其中一个诉讼前提。澳门《民事诉讼法典》规定了不同的诉讼类型，不同类型的诉讼对诉之利益的要求亦有所不同。例如，在宣告之诉的确认之诉中，如果原告提起诉讼是为了解决一个客观上不确定或者严重情况，原告便具有诉之利益。

例如，原告向法院提出一个诉讼，在事实中指出原告无须向被告返还100万元，这是一个消极的确认之诉。在诉辩书状中，原告为甲，被告为乙，甲提起一个消极确认之诉，请求法官作出一个确认乙的权利不存在的诉讼，以确认甲并没有欠乙100万元。但在事实陈述方面并没有提及乙有向甲追讨该100万元，那么这个诉讼并没有诉之利益。第一是事实上不存在，第二是债权人并未作出追讨，所以这个诉讼是没有意义的。

必须具有一定客观上的严重性才可以提起这种消极的确认之诉，如债权人乙要求甲还债，债权人的朋友丙又经常说甲欠乙的钱，叫甲还款给乙，甲感到非常厌烦，就可以向法院提起诉讼宣告有关消极状况。

有关诉之利益规范于澳门《民事诉讼法典》第72、73条。[①]

---

① 澳门《民事诉讼法典》第72条（诉之利益之概念）：如原告需要采用司法途径为合理者，则有诉之利益。

第73条（诉之利益与诉讼类型）：一、在确认之诉中，如原告采取行动欲解决一客观上不确定及严重之情况，则有诉之利益。二、在形成之诉中，如不能透过原告作出一般之单方行为获得所欲达致之法律效果，则有诉之利益。三、在给付之诉中，如属下列情况，则有诉之利益：a）债务已到期，但原告拥有明显具执行力之凭证者除外；b）债务仍未到期，但出现第三百九十三条所指之任一情况。

第五章
诉讼类型及诉讼形式

在澳门民事诉讼中,诉讼类型可分为"宣告之诉"和"执行之诉"两大类型。

宣告之诉的目的是原告透过法院宣示一些权利,可分为:确认之诉、给付之诉和形成之诉。确认之诉指纯粹旨在获得就某一权利或事实的存在或不存在的宣告,例如,甲与乙都声称自己拥有某物品的所有权,并入禀法院要求裁断所有权属谁。给付之诉指因权利遭受侵犯或预料一权利遭受侵犯,而要求给付一物或作出一事实,比如,乙入禀法院要求证明自己是甲的债权人,且请求法院作出判决,命令甲还钱。形成之诉指直接创设、变更或消灭一法律状况,如诉讼离婚便属解除夫妻法律关系的形成之诉。

执行之诉是为了确实使当事人遭受到损失的权利得到实际的弥补所适用的诉讼。例如,当债务人不自愿履行债务时,债权人可以请求法院强制执行债务人的财产。如当债务人不自愿履行法院判决(给付判决)时,债权人须提起另一诉讼,以使债务人履行债务。这里所指的另一诉讼就是执行之诉。

第一节　宣告之诉

有关宣告之诉的内容规范于澳门《民事诉讼法典》第 11 条。[①]

一　确认之诉

宣告之诉中的确认之诉，其目的纯粹旨在获得就某一权利或事实存在或不存在之宣告，即原告透过法院提出确认之诉的目的，纯粹是确认一个权利或事实存在与否。

确认之诉，在学理上又称为单纯的宣告之诉，因确认之诉的目的纯粹旨在获得就某一权利或事实存在或不存在的判决。

例如：甲出生时，在出生证明上遗漏了记载甲的父母的资料。第三人丙指称乙为甲的生母，故甲向法院提起关于甲和乙的亲子关系的诉讼。如果法官最后确定了甲乙之间的亲子关系，其在此作出的为一个积极的确认之诉。

倘若终局判决为乙非甲的生母，而原告丙仍然公开对外称乙为甲的生母，从而为乙在家庭和谐或名誉方面增添了麻烦，这时乙就可以提起一个否认亲子关系的诉讼。这是为了终止权利或事实不确定的状况，是一个消极的确认之诉，而且具有诉之利益。

提出确认之诉时，并不一定需要援引原告自身的权利是否受到侵犯，只需要证明有关事实存在或不存在即可。故此，确认之诉可以用积极的形式作出，也可以用消极的形式作出。

积极确认之诉。按照澳门《民法典》第 1655 条以司法途径定出受孕日期证明怀孕期系少于 180 日或多于 300 日，容许提起诉讼，可以借此条文提出怀孕期并不在少于 180 日或多于 300 日这个范围内，从而透过司法判决确

[①]　澳门《民事诉讼法典》第 11 条（诉讼类型）：一、诉讼分为宣告之诉及执行之诉。二、宣告之诉可分为：a）确认之诉，如其纯粹旨在获得就一权利或事实存在或不存在之宣告；b）给付之诉，如其旨在因一权利遭受侵犯或预料一权利遭受侵犯而要求给付一物或作出一事实；c）形成之诉，如其旨在直接创设、变更或消灭一法律状况。三、执行之诉系指原告请求采取适当措施以确实弥补遭受侵害之权利之诉讼。

定具体受孕日期而推定父亲的身份。[①]

确认之诉最终会宣布某些事实或权利是不存在的。对于提出积极或消极的确认之诉的分类,主要考虑原告请求的内容(即应提出什么请求)、原告的声请和具体措施等。

二 给付之诉

给付之诉,是指因某一权利遭受侵犯或预料到某一权利将要遭受侵犯而要求给付一物或作出一事实。例如,A 与 B 签订一合同,要求 B 替 A 画一幅画,而 B 在收取款项后却不画,此时,A 就可以提起给付之诉。

按照澳门《民事诉讼法典》第 11 条之规定,给付之诉的前提是义务主体即被告,需要作出、将会作出或已作出(不完整),甚至可能作出一个行为,当提起这个诉讼时,原告针对其自身权利受到或将会受到侵犯而作出反应,诉讼的目的是使实体法和规范所定出的惩罚性机制运作,以纠正违法行为。

而这个诉讼中亦包含确认之诉的内容,因为法院不可能在未调查原告所援引的事实或权利是否存在的情况下就要求被告履行义务(即作出一定的行为),所以确认之诉和给付之诉是有共通点的。但在这种情况下无须提起两个诉讼,即在提起给付之诉时,无须先行提起另一个确认之诉。给付之诉中会包含一个确认之诉在内。当要求对方作出一项给付时,会同时在给付之诉中先进行一项确认之诉。

在给付之诉中,对于权利被侵犯的确认,仅仅是为获得最终给付判决的一个必经过程,而不同于在确认之诉中,仅以确认一个权利或事实是否存在为目的。

例如:甲要求乙归还 100 万元的欠款,而甲提起诉讼的目的为要求乙作出给付,所以在此之前必须作出一项确认,确认乙欠甲 100 万元。因为不能单凭甲在起诉状中所述的事实就作出一个要求乙归还 100 万元的给付之诉的判决,而是要先证实乙欠甲 100 万元的事实是否存在,故隐藏了确认之诉,但不需要独立作出一个确认之诉。

另外,诉讼不一定会因法官判决被告作出给付而终结,给付之诉中法

---

① 请参阅澳门《民法典》第 1685 条。

官会判被告作出一项给付判决即可，但被告给付与否与给付之诉无关，因为被告不作出给付，原告需要再提出执行程序。

给付之诉是作出一项给付的判决，而不是要求被告作出给付。两者是不同的，一种是法院判决被告应该向原告作出给付，但该判决并没有强制执行力，无法要求被告马上向原告归还欠款。若被告不作出给付，原告只可提起执行之诉，使其利益得到满足。

给付之诉判决中判处被告作出的给付往往不止一项。在任何诉讼中，法院均可判决败诉一方作出一个或多个给付行为，通常为支付司法费用、罚款的给付判决，而并不是取决于原告提起的诉讼的性质。诉讼中包含很多行为，若违反诉讼法的规定，同样需要缴纳罚款。

若符合例外情况，且符合澳门《民事诉讼法典》第 677 条[①]的情况，可直接提起执行程序，而无须提起给付之诉。

基于给付之诉的性质，有关债务的确定不履行是作出给付判决的逻辑前提，法官需全面证明权利存在或权利被侵犯。在某些情况下，虽然债务人不需要履行全部给付，但一旦其欠缺履行某部分的给付，法律即容许债权人请求法院判处债务人作出全部给付，例如当债务人不支付其中一期的定期给付时，原告（债权人）可请求给付已到期或未到期的各期欠款。[②] 债务人不履行其中一期的给付，已足以使债权人相信债务人不会再依时履行续后各期债务，从而要求债务人立即履行全部的给付。

三　形成之诉

根据澳门《民事诉讼法典》第 11 条第 2 款 c 项，"形成之诉是旨在直接创设、变更或消灭一法律状况"。这一类诉讼的标的是审定先前存在的状况，以先前存在的法律状况作为审理基础。透过形成之诉，原告能借着司法当局的判决获得一个新的法律效果，被告与原告之间的权利义务范围产生了变化，被告的意志无须考虑。

虽然形成之诉是应原告请求而产生的，但是是由司法判决直接创设一个新的法律关系，或变更、消灭一个已存在的法律关系。

---

① 见本书第 57 页注释⑤。
② 请参阅澳门《民事诉讼法典》第 393 条第 1 款。

例如：设定地役权之诉。尽管根据《都市建筑总规章》的规定，所有合法建筑物都必定要与公共道路相连，但亦可能有例外。如果我的房子外有其他土地围着，这些土地业主必须同意本人利用他的土地一部分与外界连接，当该业主不同意时，我可以直接向法院申请创设一个地役权。

又如：推翻亲子关系的诉讼、离婚诉讼均属于形成之诉。

基于此，形成之诉可以分为以下三种类型：

（1）狭义的形成之诉，指直接创立一个新的法律关系的形成之诉，例如创设地役权之诉；

（2）变更性的形成之诉，或变更既存的法律关系的形成之诉；

（3）消灭性的形成之诉，终止提起诉讼之日存在的法律状况的形成之诉，例如上述推翻亲子关系的诉讼、离婚诉讼。

形成之诉，和形成权有一定联系，判决仅限于在分析有关诉讼前提后对该权利作出宣示、宣告或许可。判决可以视法律规定或按照当事人的要求，自判决作出之日起，又或于起诉时、法律关系形成时或特定事实发生时起产生效果。

而离婚诉讼通常自司法判决确定时才产生效力，[①] 之前仍属于婚姻关系。这就是婚姻关系存续期间，这个判断是十分重要的，因若婚姻关系存续期间诞下了子女，该丈夫会被推定为父亲，当然这个推定可以被推翻。登记时父亲可作出声明，作出声明后登记局局长便要调查是否属实。[②]

在形成之诉中，虽然司法判决是法律权利主体义务范围内产生变化的原因，但并不表示判决创设了权利或法官造法。上述这种变化必须在符合实体法规定的前提下才会产生，而法官在行使职权时，必须严格按照有关实体法的规定。判决的作出并不取决于被告的意志，也不取决于法官的意志。

由以上所述，各类宣告之诉中都有一个共同的元素，就是对一个既存状况作出司法判决，是宣告的性质。某些情况下，审判权在宣告权利后便会终

---

① 澳门《民法典》第 1644 条（产生离婚效力之日）：一、离婚效力，自有关判决确定或有关决定成为确定性决定之日起产生，但对于夫妻间之财产关系，离婚效力追溯至程序开始之日。二、如在有关程序中证实夫妻已不同居，则任一方均得要求将离婚之效力追溯至完全或主要因他方之过错而造成终止同居之日，而该期日应在判决中确定。三、离婚在财产上之效力，仅自有关判决或决定被登记之日起，方得对抗第三人。

② 澳门《民事登记法典》第 77 条第 1 款 a 项（应作声明之人）：一、下列者为有义务作出生声明之人：a）父母。

止，但在其他情况中，上述宣告仅可以成为采取给付措施或形成措施的方法，例如保全措施会持续到运行时间结束为止。又如在离婚诉讼中，法院宣告撤销婚姻后，执行时需要带有关判决到民事登记局将该婚姻登记撤销。

当法院就宣告之诉作出判决后，债务人若不履行其应负之义务，债权人需要再提起执行之诉，以强制债务人履行其应负之义务。若提起执行程序后仍不依从，法官可命令公共机构强制执行，必要时会由警察采取行动。例如，在勒迁之诉和占有返还之诉中，若甲占有乙的土地，而法院判处甲应该离开该土地但甲没有离开时，乙便可以提起执行程序，并请求警方的帮助，强制乙离开该地。

四　执行之诉

执行之诉的目的是确实弥补遭受侵害之权利，主张时须具有特别权力的文件，即执行名义，当债务没有被履行时，执行人请求法院实际恢复其权利。法院运用法律赋予的权利，按照法律程序，直接从被执行人的财产取走应给付之物、金钱或等值的赔偿，以代替债务的给付。请求人遭受损害的权利要确实得到弥补，需要有法院的给付判决或其他执行名义。

执行名义规范于澳门《民事诉讼法典》第 677 条，[①] 亦即具有执行效力的文件仅可以是下列四种：①给付判决；②经公证员作成或认证，且确认债务的文件（如公证书），例如甲乙双方已签订楼宇买卖公证书（俗称签契），倘若卖家迟迟不肯交楼，则买家可以该公证书向法院申请执行；③其他经债务人签名并注明履行债务方式的私文书，例如写明支付一定金额的贷款合同；④在特别法规范中列明具有执行力的文件，如支付诉讼费的凭单。

执行之诉是有别于宣告之诉的诉讼形式。法律也要求认定某些诉讼前提，但与宣告之诉的前提不同。执行之诉为一个独立诉讼，需要单独提起。在现实中，执行之诉并非宣告之诉的延续。执行之诉不一定以给付判决为基础，但可引用给付判决作为执行的名义，而且执行的程序较为简单，以简易形式进行。

执行之诉不一定紧接着给付之诉提起，若被告自行履行便无须执行。

宣告之诉中，诉讼关系因判决而消灭。执行之诉不会使宣告之诉重新

---

① 见本书第 57 页注释⑤。

进行，相反只会产生一个全新的争议或诉讼法律关系。

例如，基于历史的关系，民事登记本来是很严谨的，但由于澳门本身的情况比较特别，很多人没有到民事登记局进行登记，以各种各样的身份证明文件去订立契约。如甲需要向乙偿还一笔款项，但后来甲没有还款，乙就提起一个执行程序，因为已经有执行名义。在执行程序中，可要求物业登记局出示甲有什么财产。若其后发现甲有一不动产，便可将之拍卖，执行程序完结。但后来发现原来该不动产属丙所有，但丙和甲的真实姓名相同。这是澳门一个真实发生的个案，而且在民事登记、公证法典和登记法典中到现在仍未找到适当的解决方法。

第二节　诉讼形式

诉讼形式与澳门《民事诉讼法典》第 11 条的诉讼类型并不相同。

宣告之诉的诉讼形式规范于澳门《民事诉讼法典》第 369 条。[①] 一般诉讼的形式分为普通诉讼程序和特别诉讼程序。当有关的诉讼有相应的特别程序时，采用特别诉讼程序。如没有相应的诉讼程序，则适用普通诉讼程序。

除了出现受争议的实体法律关系而需要提出诉讼外，也会有非讼事件，即不存在争议的，规范于澳门《民事诉讼法典》第 1206 条及续后数条。一般非讼事件的目的只是要求法院确定某些事实。

特别程序规范于澳门《民事诉讼法典》第五卷中，例如，澳门《民事诉讼法典》第 929 条及续后数条的"勒迁之诉"程序、第 953 条及续后数条的"诉讼离婚"程序，以及规范于第 1285 条及续后数条的"轻微民事案件"程序等均属于特别诉讼程序。简单而言，要判断使用什么诉讼程序，首先要看是否属于特别程序的情形。如有，则适用该特别诉讼程序；如没有则适用普通诉讼程序。

普通诉讼程序，按照澳门《民事诉讼法典》第 370 条及续后的规定，可分为通常诉讼程序和简易诉讼程序。而依据澳门《民事诉讼法典》第 371 条，如一诉讼之案件的利益值不超过 25 万元，则以简易诉讼程序进行，其

---

① 澳门《民事诉讼法典》第 369 条（普通诉讼程序及特别程序）：一、诉讼程序可分为普通诉讼程序及特别程序。二、特别程序适用于法律明文指定之情况；普通诉讼程序适用于所有不采用特别程序之情况。

他情况就要适用通常诉讼程序。

然而，可能出现例外情形。假设原告提起诉讼的案件利益值少于 25 万元，采用简易诉讼程序，而被告提出反诉。按照澳门《民事诉讼法典》第 250 条①之规定，当被告提出反诉时，案件利益值为原告与被告各自请求的利益值之和。如被告在反诉中提出的请求利益值超过 25 万元，则诉讼会由原来的简易程序改为以通常程序进行；相反，如果反诉之利益值少于 25 万元，则即使原告与被告请求利益值相加后超过 25 万元，诉讼仍会以简易程序进行。但大家不能忘记澳门《民事诉讼法典》第 1285 条及随后数条的规定。在轻微案件诉讼程序中，被告提出反诉的利益值不得超过第一审法院之法定上诉利益限额。②

介绍民事诉讼法的过程中，主要以宣告之诉的普通通常诉讼程序作为蓝本进行，对于简易程序及特别程序的规范，可参阅澳门《民事诉讼法典》第 372 条。③

所以在进行教学时一般着重教授宣告之诉的普通通常诉讼程序，因为其是最完整的诉讼程序，而其他程序也可以通用其规定，仅于特别情况下有不同规定。

根据澳门《民事诉讼法典》第 373 条之规定，④ 不论何种诉讼形式，当

---

① 见本书第 48 页注释③。

② 澳门《民事诉讼法典》第 1289 条（反诉）：一、如被告提出之请求符合第一千二百八十五条第一款所规定之要件，反诉得予受理。二、第一千二百八十六条之规定，经作出适当配合后，适用于反诉。三、如反诉仅因所提出之请求之利益值超过第一审法院之法定上诉利益限额以致不能继续获处理，则请被告更正该利益值；如不作更正者，反诉不予受理。

③ 澳门《民事诉讼法典》第 372 条（规范简易诉讼程序及特别程序之规定）：一、简易诉讼程序及特别程序受本身之规定以及一般及共同规定所规范；对于上述规定中并无规范之事宜，须遵守就通常诉讼程序所定之规定。二、在特别程序中尚须遵守下列规定：a) 记录证言须遵守第四百四十七条之规定；对终局裁判可提起平常上诉时，记录证言尚须遵守第四百四十八条之规定；b) 如须变卖财产，则变卖按执行程序所规定之形式进行，且事前须按第七百五十五条第一款之规定命令作出传唤，以及依据经作出必要配合之第七百五十八条及随后数条之规定审定债权。

④ 澳门《民事诉讼法典》第 373 条（诉讼程序制度之简化）：一、不论适用何种诉讼形式，当事人得协议法院之参与仅限于案件之调查、辩论及审判阶段，只要有关起诉状经双方当事人签名，或经原告签名并附同被告同意其内容之声明，且起诉状中载明已确定之事实，但不影响第四百零六条 c 项及 d 项规定之适用；起诉状中亦须载明出现争议之事实，以及双方当事人就所辩论之法律问题各持之立场。二、如双方仅在案件之法律解决办法方面出现分歧，则法院之参与得限于在双方之律师就双方当事人所接纳之事实进行辩论后，对案件作出裁判。

事人得协议法院之参与仅限于案件调查、辩论及审判阶段，只要有关起诉状经双方当事人签署或经原告签名并附被告同意的内容声明。

按照上述规定，在民事诉讼中，不管用何种诉讼形式，双方当事人可以协议法院只介入与案件的调查、辩论、审判有关的阶段。例如，双方当事人对涉及这个案件的事实清楚并确定（注意，有关的事实必须为当事人可以处分的事实），只是双方认为所适用的法律有问题，双方在起诉状中签名并希望法院就适用法律方面作出审理，在这种情况下，起诉状中需要载明受到争议的事实，以及双方当事人就辩论的法律问题各持的立场，而双方仅在案件的法律解决办法方面出现分歧，则法院的参与仅限于双方律师就当事人所设立的事实进行辩论后对案件作出裁判。

第六章

诉因及诉讼法律关系

第一节　诉因

诉因，简单来说，就是支持请求的事实依据及法律依据。由当事人陈述的法律依据，并不作为法官日后作出判决的依据，而事实依据则约束法官的审理范围。

诉因的概念在现行澳门《民事诉讼法典》中只在第 417 条第 4 款①中提及。

第二节　诉讼行为

民事诉讼有法定的程序，该程序作为实行民事审判的工具，用来审理

---

① 澳门《民事诉讼法典》第 417 条（诉讼已系属及案件已有确定裁判之要件）：四、如两诉讼中所提出之主张基于相同之法律事实，则为诉因相同；在物权方面之诉讼中，产生物权之法律事实视为诉因，而在形成之诉及撤销之诉中，当事人为取得欲产生之效果而援引之具体事实或特定之无效视为诉因。

实体法以及维护正义，因此我们需要用这个工具来处理相关诉讼，以解决按照私法建立的实体法律关系中出现的争议。这里的私法包括民法以及商法，因为澳门的实体法在这方面最主要为民商两法。

在澳门的制度中，诉讼主体主要为法院和双方当事人，法院处于公正无私的地位，而当事人会分为两个，一个为原告，另一个为被告。

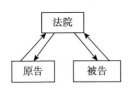

如图，当事人的位置是在法院下方的，因为法院在主体地位位置的架构方面高于两个当事人，但原告及被告的主体地位是相等的。由于原告、被告都分别与法院有联系，所以这种联系就形成了一种"角形关系"。在民事诉讼中，除了规定的情况，原告与被告基本上是不会有所接触的，诉讼代理人亦然，但有时为了和解需要也会作初步的接触，他们并不会互相交换文件，对于需要被放入卷宗的文件，他们必须送往法院，由法院办事处接收后，视需要而由法官决定是否作出批示。若无须作出批示，法院办事处会把有关文件转交被告；同样地，被告要递交的文件亦须先交至法院办事处，由法官决定是否需要作出批示，然后再把文件转交原告。

原则上，双方当事人的诉讼代理人并不会有所接触，除非出现诉讼和解、撤回诉讼或相似的情况，彼此才会洽谈。但是，在尚未达成共识时，即使有任何协议亦不会被放入卷宗内，除非有关促成和解的协议已送交法院，因此，即使双方已达成共识亦无作用。以和解为例，最理想的做法是双方当事人到法院签署一份同意书，又或者自行作出一份和解协议，但最终若想该协议产生效力还是需要通过法院确认。

在诉讼中，诉讼法律关系的标的由诉因和请求组成。

诉讼行为由多个诉讼中的行为组成，而民事诉讼程序正是由这些诉讼行为构成的，故此，民事程序是一个有规则，并且按照法律规定，以及朝着某一目标（希望按照法律规定而产生法律上的结果，亦即判决）而作出的行为。

一　诉讼行为

原告提起诉讼后，法院若要传唤被告，被告不能反对原告透过诉讼解决纠纷。仲裁亦是一种解决纠纷的方法，但与诉讼相反，要进行仲裁，必须双方当事人同意以仲裁方式解决争议。而有关的仲裁协议可以于事前达成，亦可在出现争端后达成。然而，尽管双方可以约定以仲裁方式解决争议，但仍有一定的限制，仲裁只能处理当事人可处分的事宜，而且每个仲裁庭都有一些特别的规定，并不是所有仲裁庭都能处理所有仲裁案件。例如，消费者争议仲裁中心只能处理关于消费方面的仲裁，而且涉及的金额必须在5万元以下；楼宇管理仲裁中心只会处理与房屋有关的问题等。

如上所述，仲裁必须对方同意才能进行，但诉讼并不需要对方同意即可开展。只要原告提起诉讼，法院认为诉讼前提成立，诉因以及请求没有互相矛盾，起诉状没有含糊不清的地方（即只要没有出现需要初端驳回和补正批示的情况），法院就可以向被告作出传唤，而被告在知悉后不可以拒绝诉讼。

若当事人在时效或失效期间结束后仍不行使诉权，在民事诉讼中并不会对之作出处罚或惩戒，这个行为属于当事人的负担，但并不排除在某些民事诉讼以及刑事附带民事诉讼中，不提起诉讼会产生纪律责任的情况。例如，在司法援助中，当事人获批司法援助后，获委任的律师必须要在30日内向法院提起诉讼，若不提起，只要案件的诉讼时效未完成以及失效未成就，之后仍可由其他律师继续进行程序，只是续后会对该名不按时提起诉讼的律师提起纪律程序。

有关时效的规定中，民事诉讼与刑事诉讼不同，民事诉讼的时效中断后并不会有一个完成的时间，因此整个民事诉讼可以延续很长一段时间，但刑事诉讼时效中断后可能会导致程序消灭。[①]

而在民事诉讼方面，并不像刑法典般有规定追诉时效而必须在法定期间内完成，故审理一宗民事案件可以花很长的时间。澳门《民事诉讼法典》中并没有规定最长的中断期间，这也是民事诉讼审理过程冗长的原因。

若成功传唤被告，被告应在30日内作出答辩；若被告不作出答辩，并不会受到处罚，但须承担相应的后果，如在期间过后透过缴纳罚款，仍有三个工作日的机会作出答辩，[②] 或者在提交答辩状时提出出现合理障碍（例如，诉讼代理人晕倒而不能视事）。同时，答辩为一认知的表示，而不是意志的表示，会按照预先的诉讼规范产生一定的效果。

以上曾提及合法性原则。在民事诉讼中，诉讼行为为形式行为，不论

---

① 请参阅《刑法典》第110及续后数条，以及澳门《民事诉讼法典》第95条。
② 请参阅澳门《民事诉讼法典》第95条。

作出行为的主体为当事人、法院或法院办事处的司法人员，均须按法律规定的形式作出行为，此形式被视为达到目的更适当的方法，即达到诉讼目的。实体法中关于形式的规定较少，但程序法则规定须严格遵守形式（如民事诉讼法、刑事诉讼法和司法组织纲要法）。

根据诉讼经济原则，在诉讼中须遵守一定形式，不应作出与诉讼无关或无用的行为，诉讼的经济性体现为行为限制性原则。按照澳门《民事诉讼法典》第 87 条之规定，若当事人或当事人的诉讼代理人作出无用的行为，将可能被视为恶意诉讼，法官会向律师公会反映，律师公会就会通知律师高等委员会，从而针对该代理人展开纪律程序。诉讼行为应以最能符合达到目的之最简单的方式作出，若遇到复杂的司法行为，能否简化则须视法官能否适当运用形式合适原则。① 形式合适原则能将原来复杂的诉讼行为简化。

诉讼期间规范于澳门《民事诉讼法典》第 95 条。②

在诉讼中，期间可分为行为期间与中间期间；中间期间的功能是给予作出诉讼行为的当事人一个较长的作出行为的期间，容许当事人在延迟一段时间后才作出有关行为或方计算行为期间。

与中间期间相关的规定载于澳门《民事诉讼法典》第 199 条。③

故此，原则上中间期间与传唤息息相关，当传唤以第 199 条第 1 款 a 项

---

① 请参阅《澳门民事诉讼法典》第 7 条。有关原则将在适当的章节讲述。

② 澳门《民事诉讼法典》第 95 条（期间之种类）：一、期间分为中间期间及行为期间。二、中间期间使某一行为在延迟一段时间后方可作出，或使另一期间在延迟一段时间后方起算。三、行为期间过后，作出行为之权利即消灭，但出现下条所规定之合理障碍者除外。四、即使无合理障碍，亦得在期间届满后第一个工作日作出行为；然而，须立即缴纳罚款，该行为方方有效，而罚款金额为整个或部分诉讼程序结束时所应支付之司法费之八分之一，但不得高于五个计算单位；此外，尚得在期间届满后第二或第三个工作日作出行为，在此情况下，罚款金额为司法费之四分之一，但不得高于十个计算单位。五、如在期间届满后三个工作日内作出行为，但未立即缴纳应支付之罚款，一经发现此情况，不论是否已有批示，办事处须即通知利害关系人缴纳罚款，金额为上款所定罚款最高金额之两倍，但此罚款金额不得高于二十个计算单位；仍不缴纳者，作出有关行为之权利视为丧失。六、遇有明显缺乏经济能力或罚款金额明显过高之情况，法官得命令减低或免除罚款。

③ 澳门《民事诉讼法典》第 199 条（中间期间）：一、应被传唤人之防御期间须加上一中间期间，而该中间期间之长短如下：a）如依据第一百八十二条第二款及第一百八十六条第二款之规定透过非为应被传唤人之人作出传唤，或依据第一百八十六条第三款之规定张贴传唤通知书以作传唤，则该期间为五日；b）如被告于澳门以外地方被传唤参与诉讼，或有关传唤属公示传唤者，则该期间为三十日。二、上款 b 项规定之中间期间，可再加上 a 项所规定之中间期间。

之方式，即透过非为传唤人本人或透过张贴通知书而作出时，中间期间为 5 日；如透过 b 项之方式，即被告位于澳门地方以外被传唤又或传唤是以公示方式作出时，中间期间为 30 日；如同时符合两款规定，中间期间为 35 日，目的是让他方当事人有可能知悉有一行为。

如果采取所有本人传唤的手段后均无法找到当事人，法院就会采用公示传唤。① 公示传唤会连续两日以公告方式作出两次传唤（如属于轻微民事案件则会作出 1 次②），由刊登之日起计 30 日（正确来说是第二次公告刊登的第二天起计，刊登之日不计算在内），这 30 日就属于中间期间。待这 30 日过后，再计算 30 日的行为期间，后者的 30 日为被告的答辩期间。

如此案中被告不进行答辩，则视为被告就其可处分的事宜承认原告所陈述的事实。行为期间要求当事人必须在指定期间内作出诉讼行为；如果未作出，期间届满后，行为的权利就会消灭，这被称为法律负担。然而，正如之前所述，30 日的答辩期过后，被告仍有机会作出答辩，被告可按照澳门《民事诉讼法典》第 95 条之规定，在三个工作日内缴纳罚款并作出诉讼行为。针对可处分事宜，被告不答辩视为被告自认，会产生澳门《民事诉讼法典》第 400 条、第 405 条和第 406 条所规定之后果。

如果属于公示传唤，按照澳门《民事诉讼法典》第 406 条 b 项之规定，为一例外情况。"被告或其中一名被告无行为能力，而案件涉及无行为能力处理之事宜；又或已向被告或其中一名被告作出公示传唤，而其仍绝对不到庭；又或已向被告或其中一名被告作出公示传唤，而其仍绝对不到庭"，这样不会视被告承认有关事实。此时会由检察院代理。③

在司法方面的期间设定是为了产生特定的诉讼效果，其作用一方面基于审判是为了公共利益，要求诉讼的快速进行；另一方面是保证当事人有足够的时间主张其权利和维护其个人利益。司法期间是由法官指定的诉讼行为的行为期间，有时候法律规定了有关期间的上限，④ 如法律没有规定相关界限，则法官有完全的自由订定期间的上下限⑤，但法官应在 10 日内指

---

① 关于传唤的方式将在适当的章节详述。
② 澳门《民事诉讼法典》第 1287 条（传唤）：二、如须进行公示传唤，公告仅须在第一百九十四条第四款所指报章上刊登一次。
③ 请参阅澳门《民事诉讼法典》第 49 条。
④ 请参阅澳门《民事诉讼法典》第 422 条。
⑤ 请参阅澳门《民事诉讼法典》第 397 条及第 427 条。

定作为行为期间。

关于期间的长短，如没有特别规定就适用一般期间。按照澳门《民事诉讼法典》第103条之规定，① 期间一般为10日。期间的计算可参阅澳门《民法典》第272②、273条。

根据澳门《民法典》第272条，如果以"日"为单位计算期间，则按照有关规定，最后一日之24时期间终止。在司法实务中，诉讼行为一般应于法院办事处对外办公时间作出，但是根据澳门《民事诉讼法典》第100条第2款③而制定的第73/99/M号法令《对以图文传真作出之诉讼行为作出规范》规定，诉讼行为可以透过图文传真作出，故当事人可于行为期间最后一晚12点前透过传真，把与诉讼有关之各种文件（比如诉辩书状）交给法院。

另外，按照澳门《民事诉讼法典》第98条及第99条第1款之规定，④原则上，诉讼行为应当在法院作出，在有合理理由下，可于法院以外的地方作出。除第73/99/M号法令外，澳门没有其他与诉讼行为电子化有关的规定，所以仍要使用纸张进行诉讼行为。原告的起诉状要交给法院办事处，双方当事人可以在法院进行调解，而审判亦要在法院进行。但是，在某些情况下，有些行为不会在法院作出，如缴交罚款，当事人会先在法院拿取凭单，再去邮政储金局缴交罚款。另外一些情况下，为了使行为产生最好的结果，可以不在法院进行有关行为，例如对行政长官进行听证，法院虽然可以指定其到法院听证，但基于对行政长官的尊重，会有特别规定，听证日期由行政长官指定，而听证地点为行政长官办公室。外交人员亦有特

---

① 澳门《民事诉讼法典》第103条（关于期间之一般规则）：一、如无特别规定，当事人声请作出任何行为或采取任何措施、就无效提出争辩、提出附随事项或行使其他诉讼权力之期间均为十日；当事人就他方当事人提出之行为作出答复之期间亦为十日。

② 澳门《民法典》第272条（期限之计算）：确定期限时，遇有疑问，适用下列规则：b）在计算期间时，对用以起算期间之事实之发生日不予计算，而期间于其末日之二十四时终止，以时定期者，对有关事实发生之小时不予计算，而期间于最后之小时之六十分钟终止；c）如由某期日开始以星期、月或年定期间，则期间于最后之星期、月或年中与起算日对应之日之二十四时终止；但于最后之月内无对应之日者，期间于该月之末日终止。

③ 澳门《民事诉讼法典》第100条（向法院递交或邮寄诉讼文书）：二、当事人亦得按制定施行细则之法规之规定，以图文传真或远距离信息传送方法作出诉讼行为。

④ 澳门《民事诉讼法典》第98条（中间期间后紧接行为期间）：如一中间期间后紧接一行为期间，则两者视作一个期间计算。

第99条（作出行为之地方）：一、如并无理由须在其他地方作出行为，则在法院进行有关行为。

权不在法院作出有关行为。又如证人因患上严重疾病而不能前往法院，法官有需要时也可到医院病房内进行听证。

除了以上所述的诉讼行为外，还有部分诉讼行为不在法院进行，例如，案件重演需要法官到现场查看或勘查。在澳门，提起诉讼前就可以要求法官到现场取证，不一定非要在提起诉讼后。[①] 例如，一个单位，楼上正在进行装修工程以致楼下单位漏水，如果待当事人提起诉讼后再请求现场取证，可能已经无法取得有关的证据，故此，可在原告提起诉讼前，请求法官提前到现场取证，但须经过有关法官批准才可。然而，这并不是唯一的取证方法，在现今科技发达的年代，可以采用如红外线机的技术对有关情况作出调查（针对上述装修工程的情况，使用红外线机械察看是否漏水）。

二　司法官之行为

（一）　维持诉讼行为进行时之秩序

根据澳门《民事诉讼法典》第104条（维持诉讼行为进行时之秩序）：

一、司法官在主持诉讼行为时须维持秩序，对扰乱行为进行之人应采取必要措施，尤其是以礼貌的方式警告扰乱者，或在扰乱者不给予法院或其他机构应有之尊重时，禁止其发言，并在记录中详细载明引致该措施之行为；采取上述措施不妨碍对扰乱者提起在有关情况下倘有之刑事或纪律程序。

二、如扰乱者不遵守主持诉讼行为之司法官所作之决定，则该司法官得命其离开进行行为之地方。

三、（但是）容许使用或作出对案件之防御属必要之言词或归责。例如，与诽谤、侮辱案件有关的言词，在庭上是可以引用的。

四、如被禁止发言之人为律师或实习律师，则为纪律之目的，须将此事知会代表律师之机构，负责机构是律师业高等委员会；对于检察院司法官违反秩序之行为，须知会其上级。

五、如当事人或其他人违反秩序，主持诉讼行为之司法官得对其作出

---

① 澳门《民事诉讼法典》第444条（预行调查证据）：如有理由恐防其后将不可能或极难取得某些人之陈述或证言，或不可能或极难透过鉴定或勘验查核某些事实，得预先取得有关陈述或证言，或进行鉴定或勘验，亦得于提起诉讼前为之。

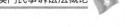

以上处理，以及按违反行为之严重性决定是否判处其缴纳罚款。

六、（如法官）禁止扰乱者发言、命令离场或判处缴纳罚款之裁判，扰乱者可以向上级法院提起上诉，而且此上诉具有中止效力（即停止程序至上诉作出决定）；如对禁止发言或命令离场之裁判提起上诉，则有关行为中止进行，直至就该上诉作出确定性裁判时止，而对该上诉须作紧急处理。

七、法官为维持诉讼秩序，可以在需要时要求警察部队协助；为此目的，该警察部队须由主持该诉讼行为之法官领导。

（二）定出实施措施之日期及措施之押后进行

根据澳门《民事诉讼法典》第 105 条（定出实施措施之日期及措施之押后进行）：司法官为防止诉讼代理人应到场之措施之实施日期出现重叠情况，法官应采取措施，预先与诉讼代理人商议，以定出实施措施之日期及时间；为此，法官得命令办事处负责预先以简便方式作必需之联络。

如定出日期未能依据上款规定为之，而诉讼代理人因另一项已定出日期之法院工作而无法到场，则应于获悉出现此障碍后五日期间内，将该事实通知法院，并与其他有关之诉讼代理人作必需之联络后，向法院建议其他日期以供选择。

法官考虑所提出之理由后，得更改当初所定之日期，并在上款所指期间届满后通知其他参与该行为的人。

法官一旦认为因未可预见之事由，不能于所定之日期及时间实施措施，应立即将此事实知会所有诉讼参与人；为此，须采取措施，立即将押后进行有关措施一事通知已被传唤之人。

诉讼代理人应迅速将任何妨碍其到场，且会引致已定出日期之措施押后进行的情况告知法院。

如有合理障碍以致未能准时开始进行有关措施，法官应在所定之开始时间后 30 分钟内将上述障碍告知双方律师，当事人及其他诉讼参与人则由办事处告知；如没有作出告知，则导致经证实在场之诉讼参与人获免除在场之义务，而此事须加载记录。

（三）司法之义务及司法裁判之名称

根据澳门《民事诉讼法典》第 106 条（司法之义务及司法裁判之名称）：法官负有司法之义务，就待决事宜须作出批示或判决，并依法遵行上级法院之裁判。

判决系指法官对主诉讼或任何具诉讼结构之附随事项作出裁判的行为。合议庭所作的决定称为合议庭裁判。单纯事务性批示旨在使诉讼程序正常进行，而非解决当事人间的利益冲突；由审判者就有关事宜作出决定之批示，视为行使自由裁量权而作出的批示。

根据澳门《民事诉讼法典》第107条（司法裁判之外部要件）：一、司法裁判书须经法官或裁判书制作人注明日期及签名，而其应在非以手写之各页上简签及作出必需之更改声明；如属合议庭裁判书，尚须由参与作出裁判之其他法官签名，但该等法官不在场者除外；在此情况下，须予以载明。二、应作成笔录或纪录之行为进行期间以口头作出之批示及判决，须转录于该笔录或纪录；法官于笔录或纪录上签名即确保转录之准确性。三、判决及合议庭之终局裁判须记录于专用簿册。同一法典的第108条（就裁判说明理由之义务）规定：一、就任何出现争议之请求或就诉讼程序中提出之任何疑问所作之裁判，必须说明理由。二、不得仅透过对声请或申辩内所提出之依据表示认同作为说明理由。

根据澳门《民事诉讼法典》第109条（法官所主持之行为之文件处理）：一、由法官主持之诉讼行为之进行及其内容须载于纪录；在纪录内须载明曾以口头作出之声明、声请、促进程序进行之行为及作出决定之行为。二、纪录由司法人员于法官领导下作成，并应在有关措施完结后立即作出。三、如有人提出经口述之内容与所发生之事情不一致者，须载明指出有关差异之声明及须作更正之处；其后，经听取在场当事人之意见，法官作出确定性裁判，决定维持或变更最初之文本。

根据澳门《民事诉讼法典》第110条（司法官作出行为之期间）之规定，如无特别规定，一、法官批示及检察院促进程序进行之行为须于10日期间内作出。二、单纯事务性之批示或促进行为，以及视为紧急之批示或促进行为，须于5日期间内作出。

三　办事处之行为

办事处之程序科在职务上从属于负责有关卷宗之法官；对程序科司法人员的行为，得向该法官提出声明异议。根据澳门《民事诉讼法典》第111条（办事处之职能及义务）之规定：一、办事处须依据其组织法及诉讼法之规定，负责有关待决案件之事务处理、编制卷宗，以及使待决案件依规则进行。二、办事处负责执行法官批示，并应依职权采取必需措施，以便迅速实现法院批示之目的。三、卷宗之编制须便于纳入先后成为卷宗一部分之文书，并防止文书遗失。四、为诉讼代理人之利益，替其到法院办事处办理业务上之事务之人，应出示式样经代表律师之机构核准之证件，以认别其身分；证件上须明确载明有关律师之认别资料，包括其注册编号以及经代表律师之机构认定之签名。六、在任何情况下，不得使当事人因办事处所犯之错误及其不作为而受损害。

根据澳门《民事诉讼法典》第 112 条（笔录及书录之制作）之规定：一、在办事处制作之笔录及书录应载明基本之资料及有关行为作出之日期与地点。二、办事处以书面作出之行为不应留有未经划废之空白部分，亦不应留有未经作出适当更改声明之行间书写、涂改或订正。同一法典的第 113 条（笔录及书录之签名）规定：一、笔录及书录应由法官及有关司法人员签名；如法官无参与有关行为，则仅由司法人员签名即可，但该行为载有任一当事人之意思表示或使其负有任何责任者除外；在该等情况下，当事人或其代理人亦须签名。二、如需要当事人签名，而其不能、不愿或不懂签名，则由两名认识当事人之证人在笔录或书录上签名，并指明该当事人无签名之理由。在诉讼行为作出时，如诉讼代理人在场，则其有权于该等诉讼行为之任何笔录及书录上签名，但不影响以上两款规定之适用。同一法典第 114 条（卷宗各页之简签）规定：一、负责有关卷宗之办事处司法人员应在其未签名之各页上简签；法官亦须在与其所参与之行为有关之各页上简签，但无须在已签名之各页上再简签。二、当事人及其诉讼代理人有权在卷宗任一页上简签。

根据澳门《民事诉讼法典》第 115 条（办事处处理事务之期间）：一、办事处的司法人员应于五日期间内，送交卷宗以供裁判或检阅或让人查阅卷宗，以及发出命令状及作出其他属事务处理之行为；但属紧急情况除外。二、如有可能，办事处应于文件提交当日，将与待决诉讼程序之进行无关之声请书单独送交法官作批示，或将与待决诉讼程序有关之所有文件附入卷宗，又或在该等文件逾期提交或对将该等文件附入卷宗之合法性有疑问时，将该等文件送交法官作批示，以便其命令或拒绝将该等文件附入卷宗。三、如有关卷宗附有任何声请书，则办事处送交卷宗以供裁判之期间，自提交声请书或作出将声请书附入卷宗之命令时起算。

根据澳门《民事诉讼法典》第 116 条（庭差之行为）：一、庭差（现已经取消，改为司法文员——初级书记）之行为取决于命令作出该等行为之命令状或批示。二、执行命令状或批示之期间为 5 日，但属紧急情况除外；该期间自将命令状交予庭差或庭差知悉有关批示时起算。

四 诉讼程序之公开及卷宗之查阅

根据澳门《民事诉讼法典》第 117 条（诉讼程序之公开）第一款之规定：民事诉讼程序是公开的，但属法律作出限制之情况除外。

（一）卷宗的查阅

诉讼程序之公开使当事人或任何可担任诉讼代理人之人有权依法在办事处查阅卷宗，以及有权取得组成卷宗之任何文书之副本或证明，而就此具有应予考虑之利益之人，亦有该等权利。办事处须就被查询之待决案件之情况，向当事人、其代理人或诉讼代理人，或诉讼代理人适当委托之职员，提供准确数据。诉讼代理人亦得透过查阅办事处内资料库，取得关于其参与之诉讼程序所处状况之资料。该法典第 118 条（诉讼程序公开之限制）规定：一、如泄露卷宗内容可侵犯人之尊严、私人生活之隐私或善良风俗，或可影响将作出之裁判之效力，则须对卷宗之查阅予以限制。二、下列诉讼程序尤其属上款所指公开性须予限制之情况：

a）撤销婚姻、离婚及关于亲子关系之确立或争执之诉讼程序，对于此等诉讼程序，仅当事人及其诉讼代理人方得查阅卷宗；

b）待决之保全程序，对于此等程序，仅声请人及其诉讼代理人方得查阅卷宗；如命令采取有关保全措施前应听取声请所针对之人及其诉讼代理人陈述，则声请所针对之人及其诉讼代理人亦得查阅卷宗。

根据澳门《民事诉讼法典》第 119 条（卷宗之交付）之规定：一、当事人委托之诉讼代理人、检察院司法官及被依职权指定担任在法院之代理人之人，得以书面或口头要求获交付待决诉讼程序之卷宗，以便在法院办事处以外地方查阅。二、如属已完结之卷宗，任何可担任诉讼代理人，且依法可在办事处查阅有关卷宗之人，均得声请获交付卷宗。三、办事处负责将卷宗交予有关之人，让其查阅五日；如给予五日期间将严重妨碍诉讼程序之进行，得缩短该期间。四、拒绝交付卷宗，应说明理由，并以书面作出告知；对被拒绝给予卷宗一事，得依据第 122 条之规定向法官提出声明异议。同一法典的第 120 条（在期间内无返还卷宗）规定：一、如诉讼代理人在对其所定之期间内无返还卷宗，则通知其在五日内就不返还卷宗一事作出解释。二、如诉讼代理人不作出解释，或所作之解释不构成第 96 条所指之合理障碍，则处以最高罚款；获通知处以罚款后五日期间内仍不返还卷宗者，罚款加倍。二、如上款最后部分所规定之期间届满后，诉讼代理人仍不返还卷宗，则将此事知会检察院，以便进行倘有之刑事追诉以及命令立即取回卷宗。同时，须将不返还卷宗一事知会代表律师之机构，以追究其纪律方面的责任。

根据澳门《民事诉讼法典》第 121 条（因法律规定或法院批示而生之查阅权）：一、如依据法律规定或法官之批示，诉讼代理人得在一定期间内查阅卷宗，则办事处应口头请求即可将卷宗交予诉讼代理人，让其在所定期间内查阅。二、如诉讼代理人须在一定期间内作出仅可由其所代理之当事人作出之一行为，则视为诉讼代理人可在该期间内查阅卷宗。三、如诉讼代理人于查阅期间之最后一日仍不返还卷宗，可导致受上条所规定之处分。

根据澳门《民事诉讼法典》第 122 条（疑问及声明异议）之规定：一、如对查阅卷宗之权利有疑问，办事处须以书面将有关问题交予法官审定。二、遇有就被拒绝查阅卷宗提出声明异议或声请延长查阅期间之情况，办事处须立即将卷宗连同其认为适当之报告送交法官以作裁判。同一法典的第 123 条（交付卷宗之登记）规定：一、交付以上数条所指之卷宗时，须于专用簿册作登记，指出所属之案件、交付日期与时间，以及准予查阅之期间；所作之注记须由声请人或具书面许可之另一人签名。二、返还卷宗时，须于交付注记旁作出返还之登记。

（二）发出证明

根据澳门《民事诉讼法典》第 124 条（发出证明之义务）之规定：一、应诉讼当事人、可担任诉讼代理人之人或对于取得证明具有应予考虑之利益之人以口头或书面向办事处提出之声请，办事处应发出任何书录及诉讼行为之证明，而无须事先获得批示。二、然而，如属第 118 条所指之诉讼程序，除非在声请书上已作出批示，认为需要有关证明属合理，否则不得发出证明；该批示应对该证明定出限制。同一法典的第 125 条（发出证明之期间）规定：一、证明须于五日期间内发出，但属紧急或明显不可能之情况除外；在此等情况下，须指出可领取证明之日期。二、如办事处拒绝发出证明，则适用第122条第2款之规定，且不妨碍采取因该行为而引致之纪律措施。三、如办事处延迟发出任何证明，当事人得向法官声请命令发出该证明或指定发出之期间；该声请与司法人员之书面报告须一并提交以作批示。

五　行为之告知

（一）法院与澳门域外法院的通讯方式——请求书

根据澳门《民事诉讼法典》第126条（方式）之规定：一、请求作出需澳门以外地方之法院或其他当局参与之诉讼行为时，须使用请求书，但适用于澳门之国际协约或属司法协助领域之协议另有规定者除外。二、法官命令在职务上从属于法院之实体执行诉讼行为时，须使用命令状。三、请求提供资料、送交文件或实行按性质无须法院部门参与之行为时，须以公函或其他通讯方法，向被请求协助之公共或私人实体直接提出。四、法院部门除采用邮递方式外，亦得按制定施行细则之法规之规定，以图文传真及远距离信息传送方法，以及电报、电话通讯或其他快捷及安全之通讯方法，传递任何信息。同一法典的第127条（电话告知）规定：一、如以电话作出告知，则必须在卷宗内予以注明，且告知后须以任何书面方式确认。二、对于当事人，电话告知仅可作为传召或取消传召其参与诉讼行为之传达方式。

根据澳门《民事诉讼法典》第128条（请求书之内容开）之规定：一、请求书须经获分发卷宗之法官签名，且仅可载有对采取有关措施确属必需之内容。二、要求张贴告示之请求书须附具该告示及告示之副本；该告示副本系用作在其上作成已张贴该告示之证明。同法典的第129条规定：连同请求书一并送交属亲笔书写之文件或任何图表；如卷宗内存有任何属亲笔书写之文件或任何平面图、绘图或图表，而其应在进行之措施中由当事人、鉴定人或证人查阅者，须将此等文件或其复制本连同请求书一并送交。第130条规定：一、请求书中请求作出之行为之实行期间须于请求书中指明，但不应逾三个月，自发送请求书之日起算；行为旨在调查证据时，

111

须将发送请求书一事通知当事人。二、如有合理理由，审理有关案件之法官得就请求作出之行为定出一较短或较长之实行期间，或经听取当事人之意见后，以所需时间为限，将按上款而定之期间延长；为此，法官须取得关于延误原因之资料，即使其依职权取得亦然。三、如在请求书所定之期间内无实行被请求作出之行为，而法官认为应作出陈述之人到场参与辩论及审判之听证对发现事实真相属重要，且要求其到场并不对其引致难以容忍之牺牲，则法官仍得命令该人到场。

根据澳门《民事诉讼法典》第 131 条（请求书之发送）之规定：一、不论请求作出何种行为，请求书均由办事处发送，且直接致送予澳门以外地方之法院或其他当局，但适用于澳门之国际协约或属司法协助领域之协议另有规定者除外。二、请求书应以外交或领事途径发送时，须交予检察院，以便其按适当途径送交。

第 132 条（因法律规定或法院批示而生之查阅权）规定：请求书之发送并不妨碍进行绝对不取决于请求作出之行为之嗣后行为；但案件之辩论及审判仅在请求书送还后或在请求作出之行为进行期间届满后方可进行。

第 133 条（请求书之处置）规定：请求书送还后，须将其附入卷宗一事通知当事人，而请求作出之行为进行后方可计算之期间自作出该通知时起算。

第 134 条（致澳门法院之请求书之接收及遵行）规定：一、澳门以外地方之法院或其他当局致送予澳门法院之请求书，得以任何途径接收，但适用于澳门之国际协约或属司法协助领域之协议另有规定者除外。二、如请求书系以外交途径接收，则检察院负责促成处理该请求书之程序之进行。三、接收请求书后，须交予检察院检阅，以便其根据公共利益判断是否反对遵行请求书；其后，法官就应否遵行请求书作出裁判。四、检察院得对命令遵行之批示提起上诉，而此上诉具中止效力。五、经遵行请求书，须以接收请求书之途径将之送还。

第 135 条（法院在遵行请求书方面之权力）规定：一、被请求作出行为之法院有权限在符合法律规定下，规定如何遵行请求书。二、如请求书中请求遵守某些手续，而该等手续不抵触澳门法律，则满足该请求。

第 136 条（请求书之拒绝遵行）规定：一、遇有下列情况，法院应拒绝遵行请求书，但适用于澳门之国际协约或属司法协助领域之协议另有规定者除外：

a）法院无权限作出被请求作出之行为；

b）被请求作出之行为为澳门法律所绝对禁止者；

c）被请求作出之行为与公共秩序相抵触；

d）被请求作出之行为涉及执行由澳门以外地方之法院或仲裁员所作而法律规定须经审查及确认之裁判，而该裁判未经审查及确认；

e）有理由怀疑请求书之真确性。

二、被请求之法院认为有关行为应由澳门另一法院作出时，应将请求书移送该法院，并将此事告知发出请求书之法院或其他当局。

（二）命令状之签署

澳门《民事诉讼法典》第 137 条（命令状之签署）规定：命令状须以法官或裁判书制作人之名义发出，且须经办事处有权限之司法人员签名。第 138 条（命令状之内容）规定：命令状除载有法官之命令外，仅载有对执行该命令属必要之指示。

六　行为之无效

（一）起诉状不当

根据澳门《民事诉讼法典》第 139 条（起诉状不当）之规定：

一、如起诉状不当，则整个诉讼程序无效。

二、在下列情况下，起诉状属不当：

a）请求或诉因未有指明或含糊不清；

b）请求与诉因相互矛盾；

c）同时载有实质上互不相容之诉因或请求。

三、即使被告在答辩时，依据上款 a 项之规定提出起诉状属不当之争辩，如听取原告陈述后，发现被告恰当理解起诉状之内容者，则裁定争辩理由不成立。

四、遇有第二款 c 项之情况，即使其中一请求因法院不具管辖权或因诉讼形式出现错误而不产生效力，诉讼程序仍属无效。

（二）未作传唤

根据澳门《民事诉讼法典》第 140 条（对起诉后在诉讼程序中所作行

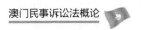

为之撤销）之规定：遇有下列情况，起诉后在诉讼中作出之所有行为均无效，但起诉状本身除外：a）无传唤被告；b）如属检察院应以主当事人身分参与之诉讼，而在诉讼程序开始后未立即传唤检察院参与。

根据第 141 条（未作传唤之情况），未作传唤之情况指：a）完全无作出传唤；b）错误传唤非为应被传唤人之人；c）不当采用公示传唤；d）传唤在应被传唤之人死亡后作出，或应被传唤之人为法人时，在其消灭后作出；e）须向本人传唤时，应被传唤之人因不可对其归责之事实而未知悉传唤行为。

根据澳门《民事诉讼法典》第 142 条（对未作传唤所生无效之补正）之规定：如被告或检察院参与诉讼时未实时提出未作传唤之争辩，则所生之无效视为已获补正。第 143 条（有数名被告时之未作传唤）规定：如有数名被告，对其中一名未作传唤将产生下列后果：

a）如属必要共同诉讼，则撤销所有于传唤后在诉讼程序中作出之行为；

b）如属普通共同诉讼，则不撤销诉讼程序；但在案件之辩论及审判日期指定前，原告得声请进行未作之传唤，以便被告能作出未获机会作出之所有防御行为。

（三）传唤之无效

根据澳门《民事诉讼法典》第 144 条：一、不遵守法定手续而实行之传唤属无效，但不影响澳门《民事诉讼法典》第 141 条规定之适用。二、就无效提出争辩之期间为就答辩所指定之期间；然而，如属公示传唤或未指定作出防御之期间者，得于被传唤之人参与诉讼程序后作出首个行为时就无效提出争辩。三、如传唤方面出现之不当情事为所指定之防御期间较法律规定之期间为长，则应容许在所指定之期间内作出防御行为；但原告已请求重新按规定传唤被告者除外。四、不遵守规则而作之传唤可对被传唤之人之防御造成损害时，所提出之争辩方予以考虑。

（四）诉讼形式之错误

根据澳门《民事诉讼法典》第 145 条：一、诉讼形式之错误仅导致撤销不可利用之行为；因此，应作出确属必需之行为，使诉讼程序之形式尽可能接近法律所规定者。二、然而，如利用已作出之行为导致削弱对被告之保障，则不应利用该等行为。

（五）作为辅助当事人之检察院未获给予卷宗作检阅或查阅

根据澳门《民事诉讼法典》第 146 条：一、如法律要求检察院作为辅助当事人参与诉讼，而检察院未获给予卷宗作检阅或查阅，则只要应由检察院辅助之当事人已透过其代理人行使其在诉讼程序中之权利，检察院未作检阅或查阅一事即视为已获补正。二、如案件系在应由检察院辅助之当事人不到庭下进行审理，则有关诉讼程序自原应将卷宗交予检察院作检阅或查阅之时起予以撤销。

（六）关于行为无效之一般规则

根据澳门《民事诉讼法典》第 147 条：一、在非属以上数条所规定之情况下，如作出法律不容许之行为，以及未作出法律规定之行为或手续，则仅在法律规定无效时，或所出现之不当情事可影响对案件之审查或裁判时，方产生无效之效果。二、一行为必须予以撤销时，其后作出且绝对取决于该行为之行为亦予撤销；行为之一部分无效并不影响不取决于该部分之其他部分。三、行为之瑕疵妨碍某一效果产生时，不应理解为该行为适当产生之其他效果亦受影响。

1. 第 148 条（由法院依职权审理之无效）

对于澳门《民事诉讼法典》第 139 条及第 140 条、第 144 条第 2 款第 2 部分以及第 145 条及第 146 条所指之无效，除非应视为已获补正，否则法院得依职权审理；至于其他无效情况，仅在利害关系人提出时，方可审理，但法律容许依职权审理之特别情况除外。

2. 第 149 条（就无效提出争辩之正当性）

一、在非属上所规定之情况下，无效仅得由就遵守有关手续或重新作出或取消有关行为有利害关系之人提出。二、导致行为无效之当事人，或明示或默示放弃提出争辩之当事人，不得就无效提出争辩。

3. 第 150 条（可以就主要无效提出争辩之时限）

一、就（澳门《民事诉讼法典》）第 139 条及第 145 条所指之无效，仅得在答辩前或在答辩之书状内提出争辩。二、对于同一法典的第 140 条及第 146 条所规定之无效，如不应视为已获补正者，得于诉讼程序之任何时刻提出争辩。

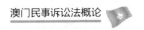

4. 第 151 条（就无效提出争辩之期间之一般规则）

一、对于非属上条所指之无效，如无效行为作出时当事人本人或其诉讼代理人在场，则仅得在该行为未完结时提出争辩；如不在场，则自无效行为作出后，当事人参与诉讼程序中任何行为之日起，或自通知其参与诉讼程序中任何行为之日起，计算提出争辩之期间；如属后者情况，则仅在应推定其已知悉有关无效，或其适当注意即可知悉该无效时，方开始计算该期间。

二、如法官主持之行为进行期间，如有人提出存有不当情事，或法官发现存有不当情事，则应采取必需之措施，使法律得以遵守。

三、本条所定之期间结束前，如有关卷宗为上诉目的已送交至上级法院，得向上级法院就有关无效提出争辩，而提出之期间自分发卷宗时起算。

5. 第 152 条（法官应对无效作出审理之时刻）

一、法官一旦知悉出现澳门《民事诉讼法典》第 140 条、第 144 条第 2 款第 2 部分及第 146 条所指之无效，不论在诉讼程序之任何时刻，只要该等无效不应视为已获补正，均须立即进行审理。二、对于同一法典第 139 条及第 145 条所指之无效，如法官在作出清理批示前未进行审理，则于作出清理批示时为之；如无清理批示，得最迟于作出终局判决时进行审理。三、对于其他无效应于提出后立即审理。

6. 第 153 条（关于审判之一般规则）

就任何无效所提出之争辩得立即予以驳回；然而，如事先无听取他方当事人陈述，则不得裁定争辩理由成立，但明显无需要听取他方当事人陈述之情况除外。

7. 第 154 条（不能重新作出无效行为）

如一行为属无效，而应作出该行为之期间已过，则不得重新作出该行为；但就有关不当情事不可被归责之当事人因重新作出该行为而得益者除外。

第三节　诉讼法律关系

诉讼法律关系的主体由原告、被告和法院三方组成。诉讼法律关系主要包括两种关系，一种为法院和原告之间的关系；另一种为法院和被告之间的关系。法院为国家机关。原告与法院的联系是由原告向法院提起诉讼后建立的，被告与法院的联系就由法院决定，因为法院可以视原告的起诉状是否不当而决定是否驳回起诉（如原告没有正当性或没有诉之利益），如果不驳回这类诉讼，会很浪费司法资源。例如，A 提起诉讼要求 B 返还属于 A 的不动产 X，但 A 与 B 以私文书方式订立不动产买卖合同，合同属于无效，这属于一抗辩理由，由法院依职权审理，法院会驳回原告的起诉，诉讼终止（可能会永久终止或终结）。若出现不驳回的情况，法院则要传唤被告，被告与法院的联系便由此建立。如法院对原告作出补正批示，诉讼会中止，基于补正批示可要求当事人对出现的瑕疵予以补正，原告亦可于被初端驳回诉讼后 10 日内补正，补正后便能传唤被告。

诉讼法律关系自原告起诉时存在，即原告向法院提起诉讼时。有关规定规范于澳门《民事诉讼法典》第 211 条。①

此时，只存在一个要素，就是原告与法院之间的关系，如果原告的请求可行并且其他诉讼前提没有问题，则法院命令传唤被告。

一 诉讼程序恒定原则

有关规定规范于澳门《民事诉讼法典》第 212 条。②

诉讼程序恒定原则的目的是确保在民事诉讼中，诉讼法律关系的要素不会被随便增加、减少或变更。主体方面（包括原告和被告），不可以随意增加、减少或变更诉讼当事人。而客体方面，包括诉因和请求，这些诉讼的标的亦不能随便变更，因为这将改变法院正常的工作并增加法院运作的难度。故此，在原告提出诉讼时，本文多次强调要在起诉状中详述有关的事实、请求，除非属法律规定的例外情况，否则不容许当事人修改诉讼要素，形成对被告不利的情况。故此，民事诉讼原则上不容许在传唤被告之后增加或变更内容。

二 诉讼恒定原则之例外

如前所述，除非属法律规定容许变更的情况，否则当事人不得为之，

---

① 澳门《民事诉讼法典》第 211 条（视为提起诉讼之时刻）：一、诉讼程序自提起诉讼时开始；办事处一旦收到有关起诉状，诉讼即视为已提起及正待决，但不影响第一百条规定之适用。二、然而，提起诉讼之行为仅自传唤时起方对被告产生效力，但法律另有规定者除外。

② 澳门《民事诉讼法典》第 212 条（诉讼程序恒定原则）：传唤被告后，诉讼程序在人、请求及诉因方面均应维持不变，但属法律规定可改变之情况除外。

而法律所规定的例外情况主要规范于澳门《民事诉讼法典》对诉讼主体变更、诉讼客体变更、请求及诉因变更的部分。原告提交起诉状予法院，法院传唤被告前，原告得取回起诉书并可对起诉状进行更改然后递交。原告可以更改的内容为主体、诉讼请求和诉因。

（一）诉讼主体变更

如前所述，在必要共同诉讼中，欠缺某一主体的参与将会导致原告或被告一方不具有正当性。[①] 此时，为满足正当性要求，原告或被告可按照澳门《民事诉讼法典》第213条[②]的规定召唤其他主体参与诉讼。

除了弥补正当性的需要外，还有其他情况会发生主体变更，主要包括以下三种情况；有关内容规范于澳门《民事诉讼法典》第214、215条。[③]

1. 在出现争议之实体关系中，某一当事人因继承或生前行为而被替代

例如，原告提起诉讼欲确认其亲生父亲的身份，但在诉讼中途原告死亡，诉讼则由其配偶或直系血亲卑亲属继续进行。视实际情况，诉讼可能会中止进行，[④] 再作一确认继承人资格的附随事项。[⑤]

2. 第三人参加之附随事项

当事人可声请第三人作为主当事人参加诉讼，尤其是为弥补必要共同诉讼中的瑕疵及当事人的不正当性；第三人也可自发参加到诉讼当中，以与原当事人共同维护自己的权益。前者称为诱发参加，规范于澳门《民事

---

① 请参阅澳门《民事诉讼法典》第61、62条。
② 澳门《民事诉讼法典》第213条（新当事人参加而引致之主体变更）：一、如因某人不参与诉讼而裁定某一方当事人不具正当性，则在该裁判确定前，原告或反诉人得依据第二百六十七条及随后数条之规定召唤该人参加诉讼。二、即使上款所指之裁判已确定，仍得于裁判确定后三十日内作出召唤；在获准召唤后，已消灭之诉讼程序视为重新进行，但原告或反诉人须负责缴纳先前被判处之诉讼费用。
③ 澳门《民事诉讼法典》第214条（其他主体变更之情况）：诉讼程序得因下列事由而在人方面有变更：a）在出现争议之实体关系中，某一当事人因继承或生前行为而被替代；b）第三人之参加之附随事项。
　　第215条（移转人之正当性——由取得人替代移转人）一、因生前行为而移转出现争议之物或权利时，如取得人未藉确认资格此附随事项而获准替代移转人，则移转人仍具正当性参与有关案件。二、如他方当事人同意，则准许替代；如不同意，仅当认为作出上述移转旨在使他方当事人在诉讼程序中之处境变得较困难时，方拒绝有关替代。三、即使取得人不参与诉讼程序，有关判决亦对其产生效力；但有关诉讼须予登记，而取得人在诉讼登记作出前已作移转登记者除外。
④ 请参阅澳门《民事诉讼法典》第220条。
⑤ 请参阅澳门《民事诉讼法典》第301条及续后数条。

诉讼法典》第267条①及续后数条；后者称为自发参加，规范于澳门《民事诉讼法典》第262条②及续后数条。

3. 权利主体因生前行为而变更

当诉讼的标的物或权利因生前行为被转让时，受让人可按照澳门《民事诉讼法典》第306条之规定，透过确认资格的附随事项代替出让人的诉讼位置，但最终可否取代其位置并不妨碍诉讼继续进行。

例如，A将其对B的债权转让予C，由于债权让与不需债务人同意，因此A没有通知B。此时，成为针对这个实体法律关系提起诉讼的具有正当性的主体便会由A变成C，然而B并不知悉。因此，若B针对A提起了诉讼，便需要提起独立的附随事项确认该权利主体改变，诉讼便可继续进行。

（二）诉讼客体变更

有关诉讼客体变更的规定，规范于澳门《民事诉讼法典》第216条③、第217条④、第420条⑤。诉讼客体变更包括诉因、请求的变更及出现反诉的情况。

除非存在不当情事影响案件的调查、辩论及审判，否则双方当事人可于第一审或第二审程序之任何时刻，通过协议自由改变诉因或请求。透过

---

① 澳门《民事诉讼法典》第267条（范围）：一、任一当事人得召唤有权参加有关诉讼之利害关系人，联同其本人或联同他方当事人一同参加诉讼。二、遇有第六十七条所规定之情况，对于原告提出请求欲针对之第三人，原告亦得召唤该人作为被告参加诉讼。三、提出召唤之人须指出召唤之原因及解释透过召唤欲保全之利益。

② 澳门《民事诉讼法典》第262条（范围）：对于正处待决之诉讼，下列之人得以主当事人之身分参加：a）依据第六十条及第六十一条之规定，对案件之标的具有与原告或被告相同利益之人；b）依据第六十四条之规定得与原告联合之人，但不影响第六十五条规定之适用。

③ 澳门《民事诉讼法典》第216条（透过协议改变请求及诉因）：如双方当事人达成协议，得于第一审或第二审任何时刻，变更或追加请求及诉因；但该变更或追加将不当妨碍案件之调查、辩论及审判者除外。

④ 澳门《民事诉讼法典》第217条（未有协议时改变请求及诉因）：一、如未有协议，而诉讼程序中容许原告之反驳，则诉因仅得在原告反驳时变更或追加；但因被告作出认诺，且认诺为原告所接受而引致之变更或追加除外。二、请求亦得于原告反驳时变更或追加；除此之外，原告得于任何时刻缩减请求；如追加属原请求之扩张，或追加系因原请求所引致者，亦得于第一审之辩论终结前追加请求。

⑤ 澳门《民事诉讼法典》第420条（原告反驳之作用及期间）：一、原告得于反驳时作出下列行为：a）如答辩中有提出抗辩，则仅就该等事宜对答辩作出答复；b）就反诉之事宜作出一切防御；c）在消极确认之诉中，就被告陈述之创设权利之事实提出争执，以及就被告所援引之权利陈述障碍事实及消灭事实。

协议，诉因可能会因为原告或被告对其援引的形成其权利或用作抗辩的具体事实作出变更或追加而改变。

另外，按照澳门《民事诉讼法典》第 217 条之规定，若双方未达成协议，原告只能在原告的反驳中追加或变更诉因；而原告因被告自认而变更或追加诉因的，则可于任何时候作出。

除了上述规定外，澳门《民事诉讼法典》第 427 条第 3 款，第 5 条第2、3 款以及第 425 条均有提及改变诉因的情况。按照澳门《民事诉讼法典》第 425 条之规定，如有嗣后出现的事实，亦容许当事人加入到诉讼中，因为当事人在作出有关诉讼行为（提交各种诉辩书状）时并不知悉有关事实。

关于请求的改变，按照澳门《民事诉讼法典》第 217 条第 2 款之规定，在双方当事人无法透过协议达成共识的情况下，首先，如属请求的变更或追加，原告应于反驳时提出；其次，假如上述追加属于原请求之扩张或由原请求所引致，则原告可于第一审辩论终结前提出追加；最后，如属请求的缩减，原告可于诉讼当中的任何时刻作出。

澳门《民事诉讼法典》以普通通常诉讼程序为基础展开，原则上，如无特别规定，适用通常诉讼程序的规定。例如：简易诉讼程序及轻微民事案件诉讼程序规范的内容比较简单，因为当无特别规范时，会适用通常诉讼程序的规定。[1]

---

[1] 请参阅澳门《民事诉讼法典》第 372、1297 条。

第七章
宣告之诉的普通通常诉讼程序

一　诉讼关系的成立及起诉

如前所述，当事人（原告与被告）与法院之间为一个"角形关系"，诉讼关系始于起诉状。作为诉讼法律关系的开始，无论目的是从司法机关获得一宣判，要求法院作出一个宣告，以执行名义进行执行程序或针对一个权利采取保全措施（如假扣押、占有临时返还和临时扶养），作出民事损害赔偿等，只要当事人的请求在法律上可能，事实上可能，特别是符合澳门《民法典》第273条①之规定，便可以提出。反之，如不符合，如原告要求被告割肉偿还债务等，就不可以，因为这个请求违反善良风俗，违反法律，是不合法的。

一般而言，诉讼程序的开展必须由原告递交起诉状开始，但是并不是

---

① 澳门《民法典》第273条（法律行为标的之要件）：一、法律行为之标的，如在事实或法律上为不能、违反法律或不确定，则法律行为无效。二、违反公共秩序或侵犯善良风俗之法律行为无效。

所有情况都是如此。原告可在提出主诉讼前先行提出保全程序（又称为保全措施），待法院批准原告声请的保全程序后，原告须在澳门《民事诉讼法典》规定的期间内提出主诉讼。此时，如将原告后来递交起诉状时视为诉讼程序的开始并不恰当，所以对于以递交起诉状作为诉讼程序开端的说法并不完整。在此应作广义的理解，当原告在提出主诉讼前已经提出保全程序时，诉讼程序应视作已经开始。保全程序可以在提起主诉讼前，或之后作为主诉讼的一个附随事项提起，并以附文形式附于主诉讼的卷宗。

保全措施规范于澳门《民事诉讼法典》第 326 条及续后，可分为一般的保全措施和特别的保全措施，最常见的特别保全措施是假扣押。例如，A 借给 B 100 万元，但在债务到期后，B 并没有钱偿还，然而，B 后来中了六合彩，但依然不愿意偿还 A，还不断挥霍金钱，那么 A 就可以申请扣押 B 的财产，又或 B 明明有薪金收入，却依然不愿偿还金钱予 A，那么 A 可向法官声请指定扣押 B 的薪金（如薪金的 1/6），再存入 A 或法院的指定户口，以强迫 B 偿还债务。

这些保全措施一旦提起并获批准后，就可以直接执行。保全措施在民事诉讼中起着十分重要的作用，如果保全措施使用妥当，那么这个诉讼在胜诉后就会有较大的执行机会。例如，若当事人假扣押了另一方的财产，对方便不能自由处分该财产，[①] 这样对方就不能买卖（即使作出买卖之后，亦会因存在假扣押，而使财产在诉讼获胜后被返还），更甚者可能影响被告一方公司的商誉等，很多时候，对方会愿意与当事人进行和解，以避免因诉讼而引起对被告不好的影响。

原告起诉的目的是要求法院介入双方的纠纷，希望法院对原告所主张的权利作出保护，起诉的效果为诉讼法律关系的建立。原告主张的请求并非向被告提出，而是向法院提出，因此在起诉状中的抬头处是致法官（有管辖权的法官），而不是致被告。

二 民事诉讼的开始

起诉状是由原告提交，作为民事程序的开始，程序透过起诉状至各个连贯行为而展开。

---

① 请参阅澳门《民法典》第 812 条。

宣告之诉是普通诉讼程序的一种形式。诉讼程序系一个连贯行为，为实现一个特定目的，程序里的各个阶段均为主要目的而作出。先提出诉辩书状，再提出证据，然后进行辩论。每个阶段均有各自的特定功能。

在宣告之诉中的普通诉讼程序，理论上分为以下五个阶段。

（一）诉辩书状阶段

此阶段由原告提出起诉状开始，即民事诉讼的开端。当案件分发之后，法院的分庭办事处会出具缴纳司法费用的凭证，然后原告须持有关凭证到邮政储金局递交预付金，……接着由法院作出传唤批示，传唤被告进行答辩，答辩也属于诉辩书状的一种。法院会再通知原告有关被告答辩及反诉的内容，倘有反诉，让原告就有关事实提出反驳等。

（二）清理及准备阶段

在此阶段后，法官会作出清理批示并为调查阶段做准备。

（三）调查阶段

此阶段需要对双方当事人递交的证据进行调查。

（四）辩论及审判阶段

在辩论及审判阶段，透过事实审理（即庭审，大部分情况下可以在听证时解决）对事实事宜作出判决后，会进行法律审理（即法律审），双方当事人就诉讼有一个辩论和发表意见的机会，包括对应该适用的法律发表个人意见。继后，法官根据已证事实，适用法律并作出司法判决。法官的判决并不会超越原告的请求，亦不会判予有别于原告请求的物品。所以在民事诉讼中，已获证实的事实十分重要，因为这些事实会约束法官的审理范围，然而当事人提出应当适用法律的意见并不会约束法官，由法官决定应当适用的法律，如果被判处败诉一方的当事人对判决所适用的法律不满，可按澳门《民事诉讼法典》的规定提起上诉。

（五）判决阶段（即法官对案件作出裁判的阶段）

在诉辩书状阶段，双方当事人所提出事实的版本是该当事人所认为的事实版本，有关事实并不一定是真相。因为在民事诉讼中，法律不容许当事人不描述对案件有影响的重要事实，所以当事人对于个案的构思，必须是令其所提出的事实（小前提）符合法律的规定（大前提），以得到其请求的结果，故当事人并不会描述一些与其请求不相容的内容。

与刑事诉讼程序不同，在民事诉讼中，原则上当事人并不会在起诉状中描述与其请求不相容之事实。但是在刑事诉讼中，按照刑事诉讼法典的规定，在控诉书中必须描述所有对嫌犯有利和不利的事实。而在民事诉讼中，原告的代理人（律师）写出事实之目的是为了符合大前提而得出结果，当事人的目的是通过请求而获得法院的批准。

诉辩书状阶段，双方当事人分别提出其有关事实之版本及引致其请求成立的法律理由，或使对方理由不成立。双方都有机会提交诉辩书状，当原告针对被告提起诉讼时，被告会作出答辩，请求法官判处原告理由不成立，并可能同时提出反诉，此时原告便会请求法官判处被告的理由不成立。

通常诉讼程序的诉辩书状要求当事人说明法律理由。而简易诉讼程序及轻微民事案件之诉讼程序中并不强制要求说明法律理由，所以在简易诉讼及轻微民事案件中所述的事实必须具有逻辑性。

法院对被告作出传唤后，被告须就有关内容作出答辩，否则对于一些可处分的事宜会产生对其不利的后果。被告进行答辩时，可以采用的方法为：抗辩及争执。有关内容将于稍后详述之。

按照澳门《民事诉讼法典》第 101 条之规定：诉辩书状是指载有当事人提出之事实版本及法律依据的诉讼文书。诉辩书状一般最少两份，但在例外情况下亦可能只存有一份诉讼文书。例如，当被告不答辩时，就不会有答辩状，但在此情况下，按照澳门《民事诉讼法典》第 404 条之规定，针对被告可处分的事宜会视为其作出自认。然而，针对被告不可处分的事宜，被告即使不进行答辩，亦不产生自认的后果。

起诉状是原告提出其请求之书状，指出其请求之依据。

答辩状是载有被告直接或间接地反对原告请求所依据的事实之书状。

当被告有反诉的请求时，按照澳门《民事诉讼法典》第 419 条，被告作出的反诉必须在答辩状内提出，针对反诉的部分，被告变成原告——反诉人，而原告变成被告——被诉人。按照澳门《民事诉讼法典》第 421 条之规定，被告提出反诉后，被反诉之原告可作出原告之反驳以及就反诉的内容提出防御。倘有原告之反驳及原告人提出一项抗辩事由，被告人可作出被告再答辩。

诉辩书状阶段是民事诉讼中一个重要的部分，因为原则上法院不得审理当事人没有在诉辩书状中所陈述之事实。书状阶段之目的正是设定案件进行之方式，并向法官提出诉讼案件的事实及应当适用的法律依据。

程序之各个阶段并不属于互不涉及之分隔阶段。为此，在书状阶段，可以作出某些证据行为（例如，在提交起诉状时提交证人名单等）。原则上，基于有关行为的目的及功能，这些行为应当列入调查阶段。

调查阶段的目的是证明当事人提出的事实。然而，关于书证，按照澳门《民事诉讼法典》第 450 条之规定，作为起诉或防御依据之文书，应在陈述该事实时提出，意味着该行为亦可能在诉辩书状阶段作出。

例如，在诉辩书状阶段，当其中一方当事人对属于自己可处分的事实不作出答辩时，该可处分事宜会被视为自认之事实，继而在诉讼中，有关的事实被视为具有完全的证明力。这亦属于列入诉辩书状阶段之预先审理行为。

并非只有在诉辩书状阶段才存在此行为，该行为之目的与其他各个阶段之目的一致。在辩论阶段，凭借诉讼代理人的分析及批评所举出之证据，将有关的法律规范适用于事实上，这些行为都具有与调查阶段一致的目的。

清理及准备阶段规范于澳门《民事诉讼法典》第 427～432 条中。在此阶段中，法官尝试清理由当事人提出的事实、请求和知悉各方当事人在诉讼中的法律状况。法官会审查有关诉讼是否有条件继续进行，由于当事人之立场已在诉辩书状有所表现，若法官认为有条件继续就继续有关诉讼，而且会对各种事实进行筛选，并将一些对诉讼没有帮助的事实除去，指出被确认事实和待证事实。

双方当事人在诉辩书状阶段中所述的各种事实版本，有些事实对诉讼是没有用的，有些事实是为了混淆视听。相对而言，被告进行答辩时亦然，针对被告在答辩状中提出的事实版本，法官也会结合原告在起诉状中的各项事实，从中剔除没有用的，作成一清理批示。在这个阶段中，有两个目的，第一是令诉讼继续进行，第二是确定已证事实及未证事实（纳入调查基础内的事实）。

例如，A 与 B 为夫妻，A 提出诉讼，要求法院宣告 A、B 离婚，并宣告 B 为唯一的过错方。在这个诉讼中，由于 A、B 持有结婚证明书，这就成为一个已证事实。按照澳门《民法典》第 363、365 条之规定，结婚证书作为一公文书，具有完全的证明力，能够证明 A、B 为夫妻，法官在调查阶段便不用再行查证。而 A、B 之间育有一子女 C，C 具有由澳门有权机关颁发的出生证明，也构成已证事实。A 提出家庭居所为 X，被告 B 不反对，这亦构成已证事实。又如 A 声称 B 经常毒打 A，却没有提出证据，这通常会被视为尚未证实，被称为待证事实。在清理批示中会显示为两大部分，第一部分为已证事实列，第二部分为待证事实列。如当事人认为应该在清理批示中加进某些在诉辩书状中提出过的事实，又或指出某待证事实应属已证事实，均可以提出争执。

续后，法官会作出试行调解，询问双方当事人是否愿意和解，但这实为形式而已。在司法实务中很少出现由法官调解成功的例子，法官希望双方当事人和解，但最后通常不能达至和解。以上方式在诉讼离婚程序中较常使用，但在很多民事案中都不能达成和解。

双方当事人在调查阶段递交证据，目的是证明由当事人陈述之事实或对其有利之事实，调查阶段包括审判阶段的任何辩论，无论是在听证前还是听证进行期间的辩论，目的均是要让合议庭判断这些事实是否属实，双方当事人和其诉讼代理人（律师）透过提出各种证据，陈述证据内容，并作出分析和评论，使合议庭相信当事人所陈述的事实是真实的，但这个只是形式的真实。

当法庭就事实作出裁判之后，双方当事人或其诉讼代理人（律师）可以对适用的法律的大前提作出辩解、辩论并提交书状，再评论该请求成立与否。这个阶段已不属于事实审理，因为此时，所有的事实已经确定，未获证实的事实被删除，只余下已证事实。

事实审：在宣告之诉的通常诉讼程序中，事实审由合议庭的法官负责，即三司会审。① 合议庭由一名主席，以及两名助审法官组成，其中一位就是

---

① 澳门《民事诉讼法典》第 549 条（合议庭之参与及其管辖权）：一、案件之辩论及审判须在合议庭参与下进行。二、然而，对于依据第四百零六条 b 项、c 项及 d 项之规定进行之不经答辩之诉讼，仅在当事人于第四百三十一条第一款及第二款所指之通知后十五日内声请合议庭参与时，合议庭方参与；如当事人不提出声请，则负责有关卷宗之法官对事实事宜进行审判，并制作终局判决书。三、如有关事实问题应由合议庭审理，但却经由独任庭进行审理者，则该审判须予撤销。四、合议庭对有关法律问题之答复，以及就仅可透过文件予以证明之事实，又或就透过文件、自认或不提出争执而获完全证明之事实所作之答复，均视为未经载录。

从清理批示阶段到调查阶段均处理案件的法官，而到此阶段才会增加另外两名法官一同审理事实。

如果被告不答辩，会给予其 10 日时间让其就法律事宜的适用发表意见，或进行辩论，这里是根据澳门《民事诉讼法典》第 3 条的辩论原则。

事实审理之后就是法律审理，双方当事人的诉讼代理人（律师）就法律事宜作出陈述，最终交由法庭作出最后的判决，此为终局判决。

按照澳门《民事诉讼法典》第 405 条之规定，此情况由法庭作出审判。① 法庭介入案件时，是不会作出事实审的，因为被告未作出答辩，并且委托了律师，而且事实又非常清晰，所以只会让当事人律师向法庭作出法律陈述，再由法庭立即作出判决。

第一节　诉辩书状阶段

上文已提到过，民事诉讼程序始于提交诉辩书状阶段，原告向法院提出载有其针对被告的主张的文件称为起诉状，而被告就其对原告主张的理解，以答辩文书作出表述，该文书称为答辩状。在民诉程序的初始阶段，诉讼文书一般统称为诉辩书状。

原则上，法院仅可审理当事人在诉辩书状中陈述的事实，基于澳门《民事诉讼法典》第 5 条处分原则之规定，在民事诉讼中主要追求形式真实，如果当事人在诉辩书状里没有提及有关的事实，则未提及的事实视为在有关诉讼中不存在，尽管真实存在亦然，除非属于嗣后形成的事实，或者嗣后才有条件加入的事实，才不会被排除。

如前所述，根据澳门《民事诉讼法典》第 212 条，在民事诉讼中需要遵守诉讼程序恒定原则，除非属于澳门《民事诉讼法典》第 213～219 条规定的除外情况；然而，按照澳门《民事诉讼法典》第 213～219 条容许改变的情况也是有限制的，不能够随便改变。当然，在民事诉讼中并非每个诉

---

① 与此不同的情况是被告作出答辩，而在清理及准备阶段中，已证事实足够让法官立即作出裁判，此时就会由处理卷宗的法官（而非合议庭主席）作出判决。有关内容可参阅中级法院第 235/2001 号案件。在此案中，原应由处理卷宗的法官即时审判，而对方诉讼代理人（律师）作出上诉，认为该法官无权作出判决，主张按照《司法组织纲要法》的规定，由合议庭主席作出判决。

讼阶段都是独立的。原则上，诉讼是为了同一个目的，所有诉讼行为一个紧接一个，经过某一个阶段后就不会再返回该阶段。但是，过了诉辩书状阶段到了调查阶段，实际中依然可能出现诉辩书状，因为在调查阶段会出现一些嗣后事实。

当事人提出证据主要是为了在调查阶段证明当事人提出的事实属实。按照澳门《民事诉讼法典》第450条之规定，[①] 原则上，所有书证应该附于诉辩书状后一同提交，正如在一个诉讼离婚的卷宗中，原告表示于何年何月何日何时何地与被告作出婚姻登记，须附有文件——结婚证明书，陈述的这个事实（结婚）就以文件证明，有关结婚事实的证明用公文书来证明，按照澳门《民法典》的规定，这已经足以证明婚姻事实的存在。有些事实不能或很难以文件方式证明，例如，在诉讼离婚中，妻子指出丈夫用粗言秽语辱骂妻子、酗酒（除非以医生证明来证明）、经常毒打妻子（除非以法院的判决来证明）等。另外，如要证明某业主是物业的业权人，需以物业证明证明之。

在诉辩书状阶段，可以提起一些证明行为，自认就是其中一种。被告可以在答辩的时候，采用承认的方法，或者对于对方提出的事实不争执、不抗辩（按照澳门《民事诉讼法典》的规定，就其有权处分的权利，视为承认）。那么，答辩状送及法院，然后再送至原告手上，原告可以选择接受或不接受有关承认（即使其不接受亦视为被告承认，但一般不会发生这种情况）。

然后到清理阶段批示阶段，法官尝试清理当事人的请求，判断诉讼的法律状况（是否有条件继续进行诉讼）。清理阶段有两个阶段：一个是清理前批示，另一个是清理批示。清理批示是对事实事宜的筛选；在清理批示中，一个是已证事实列（被列入的事实已被确认，在此诉讼的续后阶段不会再推翻），另一个为待证事实列。而接下来进行的调查阶段就是针对这些待证事实进行调查。

之后是辩论及审判阶段，辩论包括事实辩论和法律辩论，审判也包括事实审判和法律审判。在辩论阶段，无论是针对文书的辩论或口头辩论，以及听证中（调查过程），均要遵守辩论原则，目的是使双方当事人在合议

[①] 澳门《民事诉讼法典》第450条（提交之时刻）：一、用作证明诉讼或防御依据之文件，应与陈述有关事实之诉辩书状一同提交。

庭判断哪些事实获得证实及决定适用哪些法律前有机会发表自己的意见，此时主要针对待证事实。

双方当事人的诉讼代理人（即律师）通过展示各种证据，陈述各种分析以及评论，使人相信自己陈述的事实是真实的。当合议庭就事实事宜作出判断后，律师再根据这些事宜陈述法律见解（即指出获证事实符合了哪些法律的大前提，在案件中应当适用何种法律制度），从而满足其请求。需要注意的是，当事人或当事人的诉讼代理人对法律依据的论述是不会约束法官的。那些事实可否获得证实，由三位法官去判断。然而，究竟事实是否符合该法律前提，是否适用该法律制度，如何解释，则由主审法官去判断。

另外，这个辩论阶段是指口头辩论，当事实被确定证实或未证实后再递交证据，就没有任何意义了，除非属于上诉的情况。原则上，诉讼程序只会不断向前进行。审判分为事实审和法律审。在宣告之诉的通常诉讼程序中，事实审由合议庭负责，如果被告没有答辩，按照澳门《民事诉讼法典》第405条第1款之规定：如被告不答辩，则视其承认原告分条缕述之事实。

有关诉辩书状的定义可参照澳门《民事诉讼法典》第101条。①

在民事诉讼中，诉辩书状可以决定诉讼的命运，应当简单、准确、清楚，对事实的阐述和法律的适用应当简单陈述，避免过于累赘、重复，而请求应当以准确、清楚的方式提出。如果起诉状不符合以上条件，可能会构成起诉状不当的其中一种情况，有关概念规范于澳门《民事诉讼法典》第139条。②

当出现起诉状不当时，法官便会作出初端驳回或补正批示，故此，原则上，起诉状的请求、诉因均要符合法律规定，但是在例外情况下，法律容许在起诉状中载有互不相容的请求，例如，补充请求。

---

① 澳门《民事诉讼法典》第101条（诉辩书状之定义）：一、诉辩书状系指当事人阐述诉讼及防御之依据以及提出相关请求之文书。二、在诉讼、其附随事项及保全程序中，凡有助说明请求或防御之依据之事实，必须以分条缕述之形式叙述；但不影响法律免除以分条缕述形式叙述之情况。

② 澳门《民事诉讼法典》第139条（起诉状不当）：一、如起诉状不当，则整个诉讼程序无效。二、在下列情况下，起诉状属不当：a）请求或诉因未有指明或含糊不清；b）请求与诉因相互矛盾；c）同时载有实质上互不相容之诉因或请求。

第二节　起诉状

之前已介绍过，民事诉讼的原告通过向法院递交起诉状来请求保护其权利，现在就细述一下起诉状的要点。

起诉状是原告主张其请求的重要文书，通常包括四个主要部分，有关规定可参阅澳门《民事诉讼法典》第389条。

第389条（起诉状之要件）

一、在提起诉讼之书状中，原告应：

a）指出向何法院提起诉讼及有关当事人之身份资料，为此须指明其姓名、居所，如属可能，亦须指明其职业及工作地方；

特别是有关原告、被告的身份资料，此乃续后对当事人进行传唤所必须具有的条件。

b）指明诉讼形式；

c）载明作为诉讼依据之事实及法律理由；

起诉状应以分条缕述的方式为之。①

d）提出请求；

须注意原告对案件作出的结论及请求并不相同，两者可以不相同，但是欠缺请求的后果会导致诉讼被驳回，法官不会审理。

e）声明有关案件之利益值。

二、原告于起诉状之结尾部分即可提出证人名单及声请采取其他证明措施。

在起诉状后还需要注明附加什么文件（如各种书证），诉讼代理人的授权书（倘若有司法援助则不需要授权书，担任当事人的诉讼代理人由司法援助委员会指定），而且授权书上必须显示出已经完成有关税务手续（一般会以贴印花表示），再由有关的诉讼代理人签名，并注明其住所及办事处的地址。

另外还须提交法定复本。有关法定复本的规定，可参阅澳门《民事诉

---

① 请参阅澳门《民事诉讼法典》第101条。

讼法典》第 102 条。①

在起诉状中，可以不将由谁支付司法费用的请求列入其中，由谁支付诉讼费用、诉讼代理费用、法院代理费等由法律规定，因此，法院也会依职权作出判决。原则上，书证要连同起诉状一同提交，但是书证可以透过缴纳罚款而延迟递交。②

按照澳门《民事诉讼法典》第 102 条第 1 款之规定，当事人提交诉辩书状须一式两份，是指交一份正本（包括诉讼代理人签名），每一页要简签而且到最后一页要律师签全名，再加上当事人的签名（而当事人签名及在每一页简签，并不是法律要求，其目的是使当事人知悉有关诉讼行为）；之后再提交一份副本作备份用，以避免出现法院遗失正本的情况。例如律师申请将案件的卷宗带回办公室后不归还，③ 又或遭遇火灾等风险以致起诉状正本灭失时，法院可以利用备用文本重造卷宗。

当被告的数目为复数时，须按照有关当事人的数目提供相应数目的副本，即每一个被告或原告都有一份副本。除非各利害关系人由同一名诉讼代理人代理，即当他们都是由同一位律师代理时就可以免除提交多个副本。

按照澳门《民事诉讼法典》第 102 条第 2 款及续后之规定：原告所提交之声请书、陈述书及文件，亦应影印相同的数量，以便法院在对各当事人作出通知时交予他们，如果当事人没有提交上述副本，法院办事处会通知其在 10 日内补交，否则，不考虑其提出的起诉状。根据第 73/99/M 号法令《对以图文传真作出之诉讼行为作出规范》第 2 条第 2 款之规定，起诉

---

① 澳门《民事诉讼法典》第 102 条（要求提供复本）：一、诉辩书状提交时须一式两份；如诉辩书状所针对之人多于一名，须按利害关系人之人数提供相应数目之复本，但各利害关系人由同一诉讼代理人代理者除外。二、任一当事人所提交之声请书、陈述书及文件，亦应按上款规定之复本数目，附具有关副本；该等副本须于提交后作首次通知时交予他方当事人。三、如当事人无提交以上两款要求之任何复本或副本，则仅在当事人获办事处依职权通知后十日内提交复本或副本，并缴纳第九十五条第四款规定之最高金额罚款后，法院方考虑有关正本。四、基于特别理由，法官得免除提交第二款所指之副本，或就提交副本定出一补充期间。五、当事人除提供须交予他方当事人之复本外，尚应就每一诉辩书状多提供一份复本，用以存盘，并在卷宗灭失或失去时须再造时作为依据；如当事人不附具该复本，则命令制作诉辩书状副本，而有责任提交者须三倍缴纳制作副本所需之费用；为计算此费用，该副本视作发出证明处理。

② 澳门《民事诉讼法典》第 450 条（提交之时刻）：一、用作证明诉讼或防御依据之文件，应与陈述有关事实之诉辩书状一同提交。二、如不与有关诉辩书状一同提交，得于第一审辩论终结前提交；但须判处当事人缴纳罚款，除非其证明有关文件不可能与该诉辩书状一同提供。

③ 当其不返还时会产生刑事责任。

状的提交可以图文传真（Fax）方式为之，并于接下来的工作日递交起诉状的正本及相关数量的副本予法院办事处。

第三节　分发

原告向法院办事处中心科（现位于澳门广场）递交起诉状后，诉讼程序便开始了。在收到起诉状后，诉讼视为已提起并处于待决，而起诉状的内容自传唤时起才对被告产生效力，但属于法律规定的除外（例如，未能传唤被告时）。

当原告将起诉状交到中心科的时候，办事处职员会在起诉状上贴一张标签（显示收件编号、何时收到及由谁负责）以表示收到了起诉状，再进行分发。

分发的目的是使当事人（特别是原告）不能选择法官并从形式上达至平均、随机分配工作的目的。案件的利益值大并不代表案件必然是复杂的，例如，一块土地价值数几亿澳门元，但是涉的法律事实可能很简单。法官在截止时间后，会把案件分类，每一个案件编一个号码再进行抽签。现在有关分发的类别规范于澳门《民事诉讼法典》第 161 条。①

民事庭有三个分庭，每个分庭有三个法官。首先分类，例如，2013 年 11 月 11 日通常诉讼程序有 7 个案件，排了号码接着就进行抽签。按照澳门《民事诉讼法典》第 157 条及续后数条之规定，② 现在每日会分发一次案件，

---

① 澳门《民事诉讼法》第 161 条（分发之类别）：分发设有下列类别：第一、以通常诉讼程序进行之诉讼；第二、以简易诉讼程序进行之诉讼；第三、以特别程序进行之诉讼；第四、诉讼离婚；第五、非因向法院提起之诉讼而引致之通常执行；第六、财产清册；第七、破产及无偿还能力；第八、请求书，对登记局局长、公证员及其他公务员之决定提起之上诉，以及其他未作分类之文件。

② 澳门《民事诉讼法典》第 157 条（分发时间）：分发于星期一至星期五每日下午二时三十分，在当值负责分发卷宗之法官主持下进行，且仅分发截至当日上午十时交到之文件，但公众假期除外。

第 158 条（须经分发之文件）一、下列文件须经分发：a）使案件之程序展开之文件，但该案件附属于已分发之另一案件者除外；b）来自另一法庭之文件。二、依据法律或批示应视为附属于其他案件之案件，须以附文方式并附于其所附属之案件。

第 159 条（无须经分发之文件）：一、诉讼以外之通知、准备行为、保全程序及任何于案件之程序展开前或传唤被告前采取之紧急措施，无须经分发。二、然而，如容许就上述行为提出反对，则于提出反对后立即分发有关卷宗；但卷宗所属之案件已获分发者除外。

第 160 条（分发之必要条件）一、任何文件凡未具备法律要求之所有外部要件，均不得分发。二、如法院书记长对是否分发某一档存有疑问，应将文件附同书面报告呈交主持分发之法官；法官须立即在该档上作出同意或拒绝分发之批示。

从前是一个星期分发两次。

如果法院的书记长认为有关起诉状的诉讼前提不符，又或没有在起诉状中列出案件利益值，就会要求当事人补正，甚至拒绝接收，而分发过后，便会在其上盖章。

起诉状交到法院后，当事人便要缴纳一定金额的费用，司法费用在任何国家或地区均要支付，但于何时支付，每一个地方各有不同的规定。而澳门则是于诉讼开始前缴纳一定金额，双方（每个当事人）都需要支付司法费用，称为预付金（保证金），是为了保证当事人将来支付诉讼费。

关于法院的诉讼费用规范于第 63/99/M 号法令，最初预付金在起诉状交到法院办事处时支付，由于不知道最后确定的费用金额是多少，所以只支付案件利益值 1/4 的金额，在递交起诉状后，最初预付金的结账凭单可于法院分庭办事处中自行取得。

如果另有开支亦要支付预付金，例如，寄出挂号信，有关账目会记载于卷宗内，这要视卷宗的内容而定，因为寄出邮件的邮费会以重量计算，而且被告数目越多，需要寄出的信件也会越多；传唤时在报刊所刊登的公告也要付款等。另外，上诉和随附事项都要支付金额。

预约金的缴纳期间为 10 日，通常在凭单发出日起计，原告要在这段期间内支付预付金，否则会被罚款（最多不超过 4UC）。而且如原告在保全程序、请求或执行程序中没有缴交预付金，除了被罚款外，有关诉讼程序也不会进行，逾期后不缴交便会导致诉讼消灭。

第四节　初端批示

当法院办事处知悉当事人缴纳预付金并对有关案件进行分发后，法官会对案件作出初步的审查，认为起诉状符合一定的条件（例如，案件的诉讼前提）后，便会作出初端批示。法官可能会作出以下三种批示：初端驳回、补正批示和传唤批示。

一　初端驳回

第一种批示为初端驳回批示，学理上又称消极的批示。法官作出这种批示表示不接收起诉状，有关初端驳回规范于澳门《民事诉讼法典》第394条。[①]

起诉状不当的概念规范于澳门《民事诉讼法典》第139条。[②] 按照该条文的规定，原则上，请求或诉因含糊不清、互相矛盾会构成起诉状不当，但是属于补充请求[③]或概括性请求[④]者除外。

当出现当事人欠缺诉讼前提（比如要求强制诉讼代理而欠缺代理人）时，法院会作出补正批示，如果原告不补正有关情况，则会被初端驳回。在明显诉讼期间过后才提起诉讼，也会被驳回。例如，按照澳门《民法典》第1677条之规定，子女在生前如果没有提起调查母亲身份之诉，其直系血亲卑亲属须在其死亡后一年内提起有关诉讼，否则都会被驳回。

如有关权利属于失效的情况，法官会依职权驳回。反之，当一权利时效已完成，法官则不可驳回起诉，因为按照澳门《民法典》第296条的规定，时效由当事人主张，而失效则由法院依职权为之，此时，只能由被告提出时效已完成（作为一个延诉抗辩的理由）。

另一个初端驳回的情况为当原告的诉之理由明显不成立时，有关内容规范于澳门《民事诉讼法典》第394条第1款d项。

---

① 澳门《民事诉讼法典》第394条（初端驳回）：一、遇有下列情况，须初端驳回起诉状：a）依据第一百三十九条之规定，起诉状属不当；b）依据第十五条及随后数条之规定，有关诉讼明显不得向澳门法院提起；c）原告或被告明显无当事人能力或不具正当性，又或明显无诉之利益；d）诉讼逾期提起，且有关诉权之失效须依职权审理，又或因其他理由，原告之主张明显不能成立。二、不得对起诉状作部分初端驳回，但部分初端驳回起诉状导致任一被告退出有关诉讼者除外。三、如原告选择之诉讼形式与诉讼之性质或利益值不相对应，则命令采用适当之形式；然而，对于此种诉讼形式如不能采用有关起诉状者，则驳回该起诉状。

② 澳门《民事诉讼法典》第139条（起诉状不当）：一、如起诉状不当，则整个诉讼程序无效。二、在下列情况下，起诉状属不当：a）请求或诉因未有指明或含糊不清；b）请求与诉因相互矛盾；c）同时载有实质上互不相容之诉因或请求。三、即使被告在答辩时，依据上款a项之规定提出起诉状属不当之争辩，如听取原告陈述后，发现被告恰当理解起诉状之内容者，则裁定争辩理由不成立。四、遇有第二款c项之情况，即使其中一请求因法院不具管辖权或因诉讼形式出现错误而不产生效力，诉讼程序仍属无效。

③ 见本书第9页注释①。

④ 澳门《民事诉讼法典》第392条（概括性请求）：一、遇有下列情况，得提出概括性请求：a）诉讼之间接标的为一集合物；b）仍未能确定指出不法事实之后果，又或受害人欲行使《民法典》第五百六十三条赋予其之权能；c）数额之订定取决于账目之提交或其他应由被告作出之行为。二、在上款a项及b项之情况下，如无须透过财产清册程序具体表明有关请求，得透过结算附随事项所确定之给付具体表明有关请求；如非在宣告之诉中结算，则按第五百六十四条第二款之规定处理。

根据澳门《民事诉讼法典》第 394 条第 2 款，原则上不容许法官对原告的起诉状作出局部的初端驳回，但部分初端驳回起诉状导致任一被告退出有关诉讼者除外。比如，原告对多个被告提出一个请求，而其中一人明显无正当性，对于请求判处该人之部分，法官可以初端驳回该部分的起诉状。

然而，在请求的合并中，即使部分驳回请求不致使任何被告退出，仍可作出部分驳回请求；法官应审查其中一些请求理由是否成立，而驳回其中一些请求。如驳回其中一个请求，可以针对其他请求继续进行诉讼，当然就此可以提起上诉，亦可以不上诉而重新提起一个新诉讼，因为法官没有审理实质事实。

如原告选择之诉讼形式与诉讼之性质或利益值不相对应，则命令采用适当之形式；然而，对于此种诉讼形式如不能采用有关起诉状者，则驳回该起诉状。

倘若起诉状被初端驳回，按照澳门《民事诉讼法典》第 200~207 条之规定，应将驳回批示通知原告。

通知与传唤不同，传唤的方式比较严谨，而通知就较简化，因为原告在提起诉讼后有责任留意法院的通知，作出诉讼行为后有小心谨慎义务，而传唤的严谨性是为了保护被告的辩护权，故此，要求仔细谨慎，在经传唤后，被告也有责任留意法院的通知，所以法院只会对有关人士作出通知。

原告获初端驳回的决定的通知后可以同意驳回批示；在此情况下，按照澳门《民事诉讼法典》第 229 条 a 项之规定，因批示内所作之审判而消灭诉讼关系。又或按照澳门《民事诉讼法典》第 396 条第 1 款之规定，原告可于 10 天内提交新的起诉状。在此情况下，诉讼视为自首份起诉状交到法院办事处之日提起，该规定对法律所定的诉权之除斥期间十分重要。原告亦可按照澳门《民事诉讼法典》第 395 条第 1 款之规定，对驳回批示提起上诉。

在此情况下，按照澳门《民事诉讼法典》第 395 条第 3 款之规定，若上诉获得受理，法院应当传唤被告。倘原告上诉被裁定为理由成立，该程序则继续；倘驳回之批示被确认，按照澳门《民事诉讼法典》第 395 条第 4 款及 396 条第 1 款之规定，原告有权于 10 天内提交一份新的起诉状，自原告收到卷宗送回第一审法院之通知之日起计，而诉讼同样会视为自首份起诉状交到法院办事处之日提起。在这种情况中，第 396 条第 2 款的规定除了

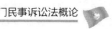

对原告的诉权除斥期间甚为关键外，亦对原告实体权利的时效期间有重要意义，因为按照澳门《民法典》第 315 条第 2 款之规定，若在提起诉讼五日后仍未能对被告作出传唤（且其原因不能归责于声请人），原告的实体权利时效期间就会中断，时间会重新计算。原告如没有在该期间提交新的起诉状，则这个诉讼关系消灭。

二 补正批示

第二种批示为补正批示，又或邀请批示。在补正批示中，法官考虑到起诉状存在一定的瑕疵，但是这些瑕疵之严重性并不足以引致驳回起诉，在此情况下，法官可命令原告人补正这些瑕疵。笔者认为，法官应依职权命令作出补正，但亦有些学者认为，法官是否作出补正批示是一种自由裁量权。法官不作出补正批示不可以提出上诉。

当然，在司法实务中，当出现澳门《民事诉讼法典》第 397 条所述的瑕疵时，法院办事处中心科都不会受理有关案件，很少会到法官处才提出。

关于欠缺法定要件，比如欠缺案件利益值，由于法庭办事处的书记亦要按案件利益值计算案件费用，故很多情况下都能发现有关的瑕疵，而且在案件分发前，负责分发案件的法官也会先过目起诉状，所以很少会出现欠缺利益值的瑕疵。

关于欠缺提交文件，假设原告在起诉状中，提起主张其有所有权，或不动产之占有，而没有提交有关文件，或原告提起一追讨债务及利息之诉，但无证明文件，在此情况下，法官可作出补正批示，命令提交有关文件。

在陈述事实事宜方面之不足，例如，原告没有指出请求理由成立所需之事实。例如，以严重侮辱为依据而提起离婚之诉，却没有在起诉状内明确指出这些侮辱事实。

故此，按照澳门《民事诉讼法典》第 397 条之规定，在这些情况下，法官可以邀请原告填补有关欠缺之内容。

三 传唤批示

第三种批示为传唤批示。传唤是一个十分重要的行为，由法院办事处按照法官的批示作出。传唤的目的是希望被告能够依法定程序知悉诉讼，若不依法定程序传唤的话，就可能出现被告不知悉自己被起诉的情况，从而让法院作出对其不利的结论。若透过所有传唤方式亦不能找到被告的话，现行民事诉讼法中有一机制予以处理，即由检察院代理失踪人及下落不明的人士。有关内容将于下节详细描述之。

为体现澳门《民事诉讼法典》第 3 条第 1 款的辩论原则，法院须传唤被告，在传唤被告后，被告可以进行答辩，目的是使被告处于与原告平等的地位，并且按照澳门《民事诉讼法典》第 409 条之规定，让其有机会作出抗辩。被告的防御行为应于答辩状内作出，当然亦可同时提出附随事项，例如，对原告提出的证人的争执①、反驳及对质。另外，针对案件利益值，若被告不同意原告所提出的案件利益值，亦可提出附随事项要求订出新的案件利益值。但在澳门司法实务中，很少会对案件利益值提出争执，若原告在起诉状中列明案件利益值为 100 万零 1 元的话，由于案件利益值会影响司法费用，因此被告大多不会提出争执。

被告获得传唤后，按照澳门《民事诉讼法典》第 403 条之规定，须于 30 日内作出答辩。若传唤是以公示传唤作出，则须加上中间期间，待中间期间完结后方继续计算行为期间。中间期间通常为期 30 日，在符合法律规定的特别情况下，亦可另外增加 5 日。公示传唤，须连续两次作出。同时，司法假期不计算在行为期间内。若期间的最后一天为非法院工作日，则期间顺延至下个工作日作为该期间的最后一天。除非属于特殊情况，答辩状中应将所有防御方法列出。

四 被告人复数的情况

首先，进行联合的优点是可于一个诉讼中同时解决很多受争议的问题，但是同时存在缺点，若有数个被告，他们分别在不同的日期被传唤，那么只会在最后被传唤的被告的答辩期结束后，整个答辩期才会结束。

例如，在一个诉讼中有 100 个被告，使用的传唤方法为邮递传唤，对于首先被传唤的被告来说，其接到传唤通知的时间并不成问题，可能只有

---

① 有关规定请参阅澳门《民事诉讼法典》第 537 条。

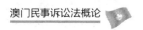

一个星期左右，但对于第 100 个被告来说，假设须要向其进行公示传唤，首先从寄信这一方法开始直到公示传唤，所需时间已约 9 个月，现公示传唤仍无法找到第 100 个被告，因而需要传唤检察院，那么按照澳门《民事诉讼法典》的规定，需要给予检察院 30 天的答辩期，如此时又遇司法假期，那么法官在此期间并不处理非紧急案件，这里又多了一个月的时间。把上述时间加起来，总共有 11 个月的时间。因此，对于首被告，他的答辩期为 11 个月，因为检察院答辩期截至缴交答辩状的最后一日，当然，这里并不排除可以透过缴纳罚款延长三个工作日答辩期的情况。像上述例子，由于公平的原因而使各人都在同一时间答辩，从而使诉讼期间变得很长。

所以，在诉讼时若被告人数太多，笔者认为只要不是必要共同诉讼，而是普通共同诉讼的话，就需要考虑是否可能找到全部被告，若不具有这种条件或可能性，就先对最容易及最快找到的人士提起诉讼。这么做的好处之一是在诉讼完结之后，基于之前的诉讼原告若胜诉，其他被告可能会主动和解。虽然和解并不一定能够获得全部赔偿，但即使有折扣较其胜诉的情况也是好的，因为即使诉讼胜出但被告拒绝赔偿，还需提起执行之诉，这时，原告的支出就会大于收入。

第五节　传唤及通知

一　传唤的概述

传唤程序中，法院一开始须先寄出挂号信予被告，通常会将通知单交予被告，被告则需到邮局领取有关的文件，此过程最快需要三天。若无人收取通知单，则须每隔一星期再派发一次通知单，直到第三星期仍无人领取才会退回法院办事处。原告将起诉状交予中心科后，中心科交予法院办事处，再计算费用，三天后再交司法费用，之后由法官作出传唤批示，此过程最少需要一星期。再加上司法假期及公众假期，一般一个月也不能完成上述事宜。邮递传唤无人领取挂号信后，由司法文员于其办公时间内亲自传唤被告，但一般无法成功找到被告。须注意，上述两种本人传唤的方式（邮递/亲身）不可以同时进行。

若被告已离开澳门多年，法院可透过治安警察局出入境事务厅翻查资料得悉该人离开澳门的时间，若该人已离开澳门多年仍需于其最后居住地作出传唤的话，就比较浪费时间，此情况下直接公示传唤较合适。但依照法律及考虑到公正性，则不可如此作出，因为公示传唤可能会影响名声。法律规定公示传唤必须刊登在澳门最多人阅读的两份报刊（在澳门，中文的公示传唤就刊登于《澳门日报》与《华侨报》）上。曾经有一案件的当事人尝试在一份难以购买的报章中作出公示传唤公告，然而这份传唤不被法官确认，不能产生法律所规定的公示传唤的效力。公示传唤不是由法院向报社刊登，一般由原告诉讼代理人拿去刊登。笔者认为，由法院办事处将有关公示传唤刊登到报章上，这样会比较好，因为法律没有规定由律师拿去刊登，而传唤应由法院办事处促成。

曾经有一个诉讼离婚的案件，起诉方的理由是配偶离澳多年，其诉讼代理人（律师）要求治安警察局出入境事务厅提供被告的出入境记录证明，并要求省却本人传唤，直接作出公示传唤。但法院批示回复不批准，要求律师指出被告的最后居所，再按照澳门《民事诉讼法典》的规定作出完整的传唤，包括进行本人传唤及公示传唤。如最后仍传唤不到该人，还需要治安警察局出入境事务厅的出入境记录证明该人已离开澳门十年。虽然法律规定在传唤时必须遵守有关步骤，但实属浪费时间。这就是民事诉讼要依法作出程序的代价。当然，如不依照程序做，诉讼可能会出现瑕疵，出现瑕疵后当事人可能会提出争议，令有关诉讼无效，而诉讼又需重新开始，花费的时间可能更多。

传唤在民事诉讼中是十分重要的，因为要体现辩论原则，让被告对针对其的指控作出答辩，故此，传唤是为了通知被告或被执行人或被请求人，有一个针对他们的诉讼。过往曾经出现过很多原告不想找到被告的情况，例如在取得时效的诉讼中，如果找不到被告或被告的后人，那么答辩状将由检察院作出，而检察院只能对合法性和原告所持的文件进行监察，故此，双方是否存有租赁的单据或其他合同，检察院根本不可能知悉。检察院没有可能知道双方当事人是否存在利益关系，在民事诉讼中，亦不会像刑事侦查那样动用那么多公权力去介入调查。在这种情况下，辩论原则就无法得到确切体现。

按照澳门《民事诉讼法典》第 201 条第 1 款①之规定，该条文前半部分所述为邮递通知，后半部分则为司法人员的亲自通知。第 2 款邮递传唤三日的规定为一个法律推定，邮递通知推定在作出第三日收到。

传唤具有通知的作用，目的是使被告知悉诉讼，召唤其参加诉讼。而通知是指告知与被告有关的各种其他情况。传唤及通知时，须附有相关的内容及附带的文件。传唤书上须记载警告之文字，警告其应于在收到传唤起 30 日内作出答辩，不答辩则视为被告承认条文所述的事实，除此之外，还会将起诉状和起诉状的附随文件一同寄出。②

按照澳门《民事诉讼法典》第 176 条之规定，若对无行为能力之人、不确定人、已获指定保佐人的失踪人或不能作出行为之人独立采取传唤或通知，需要向其代理人作出。若没有代理人，则按照澳门《民事诉讼法典》第 49 条处理。③

对准禁治产人作出传唤或通知，则按照澳门《民事诉讼法典》第 47 条处理。④ 准禁治产人并不是完全没有行为能力，只是对其某些行为能力作出限制。例如，禁止挥霍金钱之人出入赌场。

如属于共同代理的情况（即一个当事人由多个诉讼代理人代理），传唤或通知其中一名代理人即可。然而，要留意澳门《民事诉讼法典》第 44 条第 2、3 款⑤的例外情况。

在澳门可能会出现未成年人的亲权由父母其中一方单方行使的情况，可能该未成年人在出世时没有登记父亲或母亲的姓名，亦可能在离婚时已

---

① 澳门《民事诉讼法典》第 201 条（手续）：一、对诉讼代理人作出通知时，须以挂号信寄往其事务所或其所选定之住所；如司法人员在法院遇见诉讼代理人，亦得直接向其作出通知。二、邮递通知视为于邮政挂号日之后第三日作出；如该日非为工作日，则视为于该日随后之第一个工作日作出。三、只要有关通知已寄往诉讼代理人之事务所或其所选定之住所，即使文件被退回，该通知仍产生效力；在上述情况下，或因收件人不在而未能递交信件时，须将信封附入卷宗内，并视为已依据上款规定作出通知。四、对于以上各款所作之推定，被通知之人须证明非因可对其归责之理由，以致未收到有关通知或该通知于推定之日以后始收到，方可推翻之。
② 请参阅澳门《民事诉讼法典》第 181 条。
③ 见本书第 32 页注释①。
④ 见本书第 30 页注释③。
⑤ 澳门《民事诉讼法典》第 44 条（代理或辅助之需要）：一、无诉讼能力之人透过其代理人或在保佐人辅助下，方得进行诉讼，但可由无诉讼能力之人亲身自由作出之行为除外。二、如亲权由父母双方行使，则未成年人由父母双方代理进行诉讼，但提起诉讼需父母双方取得一致意见。三、如被告为未成年人，而亲权由父母双方行使，应传唤父母双方应诉。

订定行使亲权的人，或者父亲或母亲失踪时，将亲权之行使人定为父亲或母亲，等等。这以民事登记为准。

对法人的传唤或通知，是向其住所或行政管理机构惯常运作的地点中的任何人员作出。

传唤需要在法官批示后才能作出，[①] 这里指的是法官所作出的事前批示。而根据澳门《民事诉讼法典》第 191、192 条，可由诉讼代理人促成，但仍须法官预先作出批示。

根据澳门《民事诉讼法典》第 179 条，对于正在履行公务员职责的人作出传唤时，如其公务不应该或不能够中断，则不可向其作出传唤。例如，A 为一名澳门大学的教授正在上课，作出传唤的人不能中断其授课，要待其课堂结束后才可对其作出传唤。

但是有例外情况，规范于澳门《民事诉讼法典》第 177 条 – A。

二　第 177 条 – A（无须事先批示之传唤）

一、就下列类别之诉讼，向本人传唤无须事先批示；办事处应同时采用第一百八十条第二款所规定之两种方式作出传唤，以及采取使该传唤能依规则实行之其他措施：

a）按照轻微案件特别诉讼程序之步骤进行之诉讼；

主要是针对澳门《民事诉讼法典》第 1285 条及续后数条规范的诉讼程序。

b）在宣告阶段按照简易诉讼程序之步骤进行之勒迁之诉；

这是基于立法当时出现了太多拖欠租的情况，所以也有此规定。

c）按照通常诉讼程序之步骤进行之支付一定金额之执行之诉，但债务之金额以不超过第一审法院之法定上诉利益限额为限。

---

① 澳门《民事诉讼法典》第 177 条（事先批示之需要）：一、如事先未有批示命令作出传唤或诉讼以外之通知，则不得为之。二、在诉讼程序待决期间，就某些人应到场或当事人有权在场之行为指定进行日期之批示一经作出，须对该等人作出通知；就判决、法律规定须作通知之批示，以及所有可能对当事人造成影响之其他批示，亦应作出通知，而无须经明示之命令。三、如法律明文规定，当事人可就声请作出答复或可提供证据，或可行使任何无须经法官指定期间或经事先传唤即可行使之诉讼权利，办事处亦须对其作出通知，而无须事先获得批示。

二、上款之规定不适用于下列程序及情况：

a）保全程序；

b）对可能不事先听取被声请人陈述之问题作出裁判之情况①；

c）第三百九十八条第二款规定之情况；

d）在第三人之参加之附随事项中，须传唤被召唤参加诉讼程序之第三人之情况。

三、在缴纳最初预付金或无须缴纳预付金则在收到起诉状二十日后，不论任何原因，如仍未能作出传唤，尤其是并未收到收件回执，须将卷宗连同关于已采取之措施及传唤不能达成之原因之报告送交法官。

四、如属上款所指情况，法官应命令立即作出公示传唤，但不影响下令同时采取尝试向本人作出传唤之措施。

如未能作出传唤，则要通知法官，由其去决定续后的工作。

三 传唤之方式

按照澳门《民事诉讼法典》第 180 条之规定，传唤的方式可分为本人传唤和公示传唤。

（一）本人传唤

本人传唤规范于澳门《民事诉讼法典》第 180 条。②

本人传唤分为两种，一种为邮递传唤（即以双挂号信③的方式作出之传唤）；另一种为由司法人员直接与应被传唤人接触作出的传唤。以前这种传唤会由庭差负责，现在庭差职位被取消了，改为司法文员前往被告的住所作出，连同传唤通知、起诉状等资料。如被传唤人不在家中，在司法实践

---

① 有关情况规范于澳门《民事诉讼法典》第 389 条。

② 澳门《民事诉讼法典》第 180 条（传唤之方式）：一、传唤分为向本人传唤及公示传唤。二、向本人传唤须以下列方式为之：a）如属邮递传唤，须将具收件回执之挂号信交予应被传唤之人；b）司法人员直接与应被传唤之人本人接触。三、传唤亦得由诉讼代理人依据第一百九十一条及第一百九十二条之规定促成。四、在法律明文规定之情况下，对负责向应被传唤之人转达传唤内容之人所作之传唤，等同于向应被传唤之人本人作出，并推定应被传唤之人已适时知悉传唤，但有完全反证除外。五、如应被传唤之人已委托诉讼代理人，且赋予其接收传唤之特别权力者，亦得向该诉讼代理人作传唤，但有关授权书须于传唤前四年内作出。六、如应被传唤之人下落不明或不确定，则采用公示传唤。

③ 双挂号信为会附上收件回执的挂号信。

中，只会留下一张通知书通知被告某年某月某日到法院领取传唤通知。

还有一种例外情况，但在澳门的司法实务中，这种传唤方式使用得比较少。由于实际上最清楚被告身处何处的人为原告，所以澳门《民事诉讼法典》也建立了一种容许原告之诉讼代理人作出传唤通知的机制。如某个在晚上营业的食品店很长时间都收不到传唤通知书，则可由原告之诉讼代理人代为作出，即趁该食品店于晚上开店时向其作出。

某些商人可能会定期离开澳门一段时间，可以委托一位律师在其不在澳门期间代理针对其的诉讼。又或有些公司会长期委托一个律师作为法律顾问并且授权该律师处理与公司有关的诉讼。

在澳门的司法制度中，如明知在澳门可能找不到应当被传唤的人，都要求先向其最后的居所作邮递传唤，再进行司法人员传唤，再找不到的话才作出公示传唤，尽管透过查阅被传唤人的出入境记录就可以知悉该人是否在澳门，但在现行澳门的民事诉讼制度中仍然以严谨为由，完整地按照法律规定作出所有传唤程序。

另外，根据澳门《民事诉讼法典》第 181 条之规定，[①] 在作出传唤时，须向应被传唤人指出其可以作出答辩的期间，以及不作出答辩的后果。不答辩即不到庭，不到庭可分为两种，分别是绝对不到庭和相对不到庭。相对不到庭是指已向相关当事人作出传唤，但其仍然没有作出答辩，例如该人在答辩期过后，只递交一份律师代理的委托书但没有提交答辩状，故此，按照澳门《民事诉讼法典》第 405 条之规定，[②] 便视其承认原告在起诉状中分条缕述的事实。

1. 邮递传唤

在传唤方式上，作出本人传唤时，先采用邮递的方式传唤，即由法官

---

① 澳门《民事诉讼法典》第 181 条（向应被传唤之人传达之资料）：一、传唤行为包括将起诉状复本及附于起诉状之文件之副本邮寄或送交应被传唤之人，告知其被传唤参与复本所指之诉讼，并指明审理有关诉讼之法院；如已进行分发，则亦须指明获分发审理该诉讼之庭。二、传唤时亦须向应被传唤之人指明其可作出防御之期间，是否需要有诉讼代理人，并就不到庭可引致之后果作出告诫。

② 澳门《民事诉讼法典》第 405 条（不到庭之效果）：一、如被告不答辩，而先前已依规则向其本人作出传唤，或应视为已依规则向其本人作出传唤，又或在答辩期间被告提交之委托诉讼代理人之授权书已附入卷宗，则视其承认原告分条缕述之事实。二、须依次让原告之律师及被告之律师各在十日期间内查阅卷宗，以便其以书面作出陈述，随后依法审判案件及作出判决。三、如案件明显容易解决，则判决时得于指明双方当事人之身分资料及扼要说明裁判理由后，随即作出裁判。

作出批示后第二日由分庭办事处的书记寄出传唤书、起诉状副本及相关文件副本。

根据澳门《民事诉讼法典》第 182 条,[①] 传唤自然人时,收件回执经签收后,得将信件交予应被传唤的人,或交至其工作所在地方声明能将信件迅速转交应被传唤之人的人。在该人签名前,行政部门应查看其身份证以识别其身份,或者由第三人签收时,需将第三人的身份资料记录,送信人亦会提醒第三人有义务迅速将传唤通知交予被传唤人。倘若未能交予任何人,就会留下通知书,通知有关的诉讼程序,实际上此为挂号信的通知书。

根据澳门《民事诉讼法典》第 183 条,[②] 如果未能以邮递方式传唤法人,法人代表或职员均不在法人惯常运作地点的,就会将信件交至法人代表之居所或工作的地方。

根据澳门《民事诉讼法典》第 184 条之规定,[③] 原则上,第三人在收件回执上签名即推定已作出传唤,但如有完全反证的情况除外,如应被传唤之人不在澳门,不可能在该段期间在澳门收到传唤。

2. 司法人员的亲身传唤

作为本人传唤的另一种,由司法人员作出的亲身传唤,规范于澳门《民事诉讼法典》第 185 条。[④]

---

① 澳门《民事诉讼法典》第 182 条（以邮递方式传唤）：一、以邮递方式传唤须透过向应被传唤之人邮寄具收件回执且式样经官方核准之挂号信为之,而收件地址须为其居所或工作地方；如应被传唤之人为法人,则收件地址为其住所或其行政管理机关惯常运作地点；以邮递方式传唤时,须包括上条所指之所有数据。二、传唤自然人时,收件回执经签名后,得将信件交予应被传唤之人,或交予在其居所或工作地方且声明能将信件迅速转交应被传唤人之任何人。

② 澳门《民事诉讼法典》第 183 条（未能以邮递方式传唤法人）：如因法人之代表及任何替其工作之雇员均不在,以致未能以邮递方式于其住所或其行政管理机关惯常运作地点作出传唤,则依据上条规定作传唤,将具收件回执之挂号信邮寄至该代表之居所或工作地方。

③ 澳门《民事诉讼法典》第 184 条（以邮递方式作传唤之日期及效力）：在收件回执上签名之日期视为以邮递方式作出传唤之日；即使收件回执由第三人签名,亦视为向应被传唤之人本人作出传唤,并推定信件已适时送交应被传唤之人,但有完全反证除外。

④ 澳门《民事诉讼法典》第 185 条（由司法人员作出之传唤）：一、如未能以邮递方式传唤,则透过司法人员直接与应被传唤之人本人接触而作出传唤；传唤时须将第一百八十一条所指之文件以及载有该条所指事项之通知书交予应被传唤之人,并作成传唤证明,交予被传唤之人签名。二、如被传唤之人拒绝在证明上签名或拒绝接收起诉状复本,则司法人员告知其可前往办事处领取该复本,并将该等情事载于传唤证明内。三、遇有上款所指之情况,司法人员尚须以挂号信通知被传唤之人,信中指明该人可前往办事处领取起诉状复本。四、如属有用,得预先邮寄挂号通告书传召应被传唤之人到办事处,以便在办事处向该人作出传唤。

对于指定时间作出传唤之规定，规范于澳门《民事诉讼法典》第 186 条。① 当中有关违令罪的规定规范于澳门《刑法典》第 336 条。透过非居住在应被传唤人居所中之人作出传唤时，如其将该等资料交予在该居所中居住之具有行为能力之人，则其责任终止，而后者应将有关资料转交应被传唤之人。

根据澳门《民事诉讼法典》第 187②、188③、189 条④之规定，对于传唤可能出现的特别情况作出了规定，然而，原则上，如被告不作出防御，则视被告承认原告条文缕述的事实。

---

① 澳门《民事诉讼法典》第 186 条（指定时间之传唤）：一、如司法人员知悉应被传唤之人确实在所指之地方居住或工作，但因其不在而未能作出传唤者，则留下通知，指明在某一时间再到该处作传唤，而该通知应交予在场且最能将之转交应被传唤人之人；如此为不可能，则将有关通知张贴于最适当之地方。二、在指定之时间，如司法人员遇见应被传唤之人，则向其本人作出传唤；如该人不在，则透过最能将传唤转达该人且有行为能力之人作出传唤，委托其向应被传唤之人转达该传唤，而传唤证明须由接收传唤之人签名。三、如不能获得第三人之合作，则在最适当之地方张贴传唤通知书而作出传唤；传唤通知书中须指明第一百八十一条所指之数据，并声明应被传唤之人可前往办事处领取起诉状复本及附于复本之文件。四、事先已被提醒须尽快将司法人员留下之文件转交应被传唤之人，但接收传唤通知书后不尽快为之者，其行为构成违令罪；透过非居住在应被传唤人居所中之人作出传唤时，如其将该等数据交予在该居所中居住之具行为能力之人，则其责任终止，而后者应将有关资料转交应被传唤之人。五、依据第二款或第三款之规定作出之传唤，视为向本人传唤。
② 澳门《民事诉讼法典》第 187 条（非向应被传唤之人本人作出传唤时提醒应被传唤之人）：如依据第一百八十二条第二款及上条第二款之规定透过非为应被传唤人之人作出传唤，或依据上条第三款之规定张贴传唤通知书以作传唤，则尚须由被传唤之人邮寄挂号信，告知该人视为作出传唤之日期及作出传唤之方式、作出防御之期间及不作防御时可引致之后果、起诉状复本所在之处以及接收传唤之人之身分数据。
③ 澳门《民事诉讼法典》第 188 条（应被传唤之人事实上无能力）：一、如应被传唤之人因明显精神失常或因其他事实上无能力之情况，不能接收传唤，以致未能作出传唤，则司法人员须就此事作报告；此外，须将此事通知原告。（若遇紧急的情况，法官可委任一临时代理人；若没有，则找原本的代理人。）二、继而，须将卷宗送交法官，以便其在收集资料及调查所需之证据后，就应被传唤之人是否存有无能力之情况作出裁判。三、经认定应被传唤之人无能力后，不论属暂时或长期无能力，均须为应被传唤之人指定特别保佐人，并向其作出传唤。四、如特别保佐人不提出答辩，则按第四十九条之规定处理。
④ 澳门《民事诉讼法典》第 189 条（应被传唤之人不在澳门而在某地）：如因应被传唤之人一段时间内不在澳门而在某地，且无人能将传唤迅速转达应被传唤之人，以致不能依据以上数条之规定作出传唤，则按实际情况采用认为属最适宜之方法，尤其是以邮递方式将有关文件寄往其所在之处作出传唤或待其返回后作出传唤。

　　另外，澳门《民事诉讼法典》第 190 条之规定①适用于法院已用尽本人传唤的方法而仍未能传唤到被告的情况。在过往，会请警方组成一小组协助法院找寻该人，但现时由于警力紧张所以很少这样做。当然，现时由于有现金分享计划的关系，多部门存有市民最新最准确的居所资料，例如，社工局、财政局、身份证明局等，故此，如果任何部门有应被传唤人的资料，都应向法院提供，而且，按照第 9/1999 号法律《司法组织纲要法》之规定，所有机关应与司法当局合作，因此公共部门都会提供资料。若被告下落不明，法院也可以要求出入境事务厅查证该人是否离境。

　　不论被传唤人身在何处（包括不在澳门），诉讼代理人得于起诉状中声明有意由其本人、另一诉讼代理人，或依据澳门《民事诉讼法典》第 191、192 条之规定，以律师身份②作出传唤。经过本人传唤及公示传唤后仍未能成功传唤的话，则诉讼代理人在法官批准的前提下可作出本人传唤中的亲身传唤，然而，需注意澳门《民事诉讼法典》第 191 条第 3 款③。

　　对于由诉讼代理人促成的传唤的手续，规范于澳门《民事诉讼法典》第 192 条。④ 诉讼代理人作出传唤时，其应负之义务主要为忠诚义务和将传唤资料交给对方的义务。

　　按照澳门《民事诉讼法典》第 192 条之规定，纪律责任是指律师应有律师操守及职业道德，若有违反，律师高等委员会会展开纪律程序，科处

---

① 澳门《民事诉讼法典》第 190 条（应被传唤之人下落不明）：一、如因应被传唤之人下落不明而不能作出传唤，办事处须采取措施，向任何实体或部门取得关于应被传唤之人最后下落或为人所知之居所之资料；如法官认为要求警察当局提供资料对决定是否作出公示传唤属绝对必要者，得要求其提供资料。二、任何部门如有关于应被传唤人之居所、工作地方或住所之资料纪录，必须迅速向法院提供该等资料。三、以上两款之规定适用于由原告提出被告下落不明之情况。
② 透过出示律师的证明文件，以认别律师身份。
③ 澳门《民事诉讼法典》第 191 条（由诉讼代理人促成之传唤）：三、诉讼代理人须于起诉状或声请书中指明负责作出传唤之人之身分资料，并载明已提醒该人应负之义务。
④ 澳门《民事诉讼法典》第 192 条（由诉讼代理人促成传唤之制度及手续）：一、依据第一百八十一条之规定应告知应被传唤人之资料，系由诉讼代理人本人详细列明，而有关传唤行为之文件须由负责作出传唤之人注明日期及签名。二、如因任何理由，未于上条第二款所指之声明或声请作出后三十日内作传唤，则诉讼代理人须就此事作报告，而有关传唤将按一般程序进行。三、诉讼代理人对其委托作出传唤之人有过错之作为或不作为负民事责任，且不影响在有关情况下须负之纪律责任及刑事责任。

纪律责任，最高为停职 10 年，以及负刑事责任。然而，除了律师外，司法文员亦有刑事责任。

另外，按照澳门《民事诉讼法典》第 193 条第 2 款之规定，① 如要对在澳门以外居住的人作出传唤，须视澳门与该地区是否有司法互助协议，如果没有，则可以直接寄出挂号信予该当事人。目前澳门与内地签订了协议，当中包括司法文书送达的规定，但是有些法庭并没有根据该协议去办。一般法院都会直接寄挂号信予当事人，但如果有司法协议，应该根据司法协议的程序为之。

对于收信回执，则会按照当地邮政规章作出。因为证据法通常是如此规定的，证据的效力会按照当地的形式要求而有所不同。例如，在国内进行物业买卖，只要在当地公证处作出便可；但在澳门必须要有由公证员作成的文书。两者的规定是不同的。

传唤应视为在第 4 款规定之时间作出。有些情况下，会出现邮局的盖印显示不清晰的情况，此时就会将办事处收到回执之日视为作出之日。

第 5 款述及的请求书是指由法官直接寄一书信予当地法院，再由当地法院按照澳门法院的要求作出传唤，而每一个地方针对诉讼展开会有不同的通知方法。

以上为澳门法院对于居住于澳门以外地方之被告作出传唤的制度。如果最后被告下落不明，则要进行公示传唤。

（二）公示传唤

如果透过以上所述的方法均无法传唤到诉讼所针对之人，就会采用公

---

① 澳门《民事诉讼法典》第 193 条（对居于澳门以外地方之被告之传唤）：一、如被告在澳门以外地方居住，则按适用于澳门之国际协约及属司法协助领域之协议之规定处理。二、如无规定，则透过邮寄具收件回执之挂号信作传唤。三、收件回执由被传唤之人或邮政部门职员签名，按当地邮政部门规章之规定而定。四、传唤应视为在下列时间作出：a) 如收件回执载有签名日期，则视为于该日作出；b) 如收件回执未载有签名日期，则视为于退回回执之邮局所盖邮戳之日期作出；c) 如收件回执未载有签名日期，而退回回执之邮局所盖邮戳之日期亦不能辨认，则视为于办事处收到回执之日作出。五、如不可能以邮递方式作出传唤或未能成功以该方式作出传唤，则经听取原告之意见后，透过请求书作出传唤。六、如应被传唤之人下落不明，则作公示传唤，但须事先查明其在澳门之最后居所，并采取第一百九十条所指之措施。

示传唤，有关公示传唤规范于澳门《民事诉讼法典》第 194 条。①

公示传唤分两种，分别为以告示和刊登公告方式作出。而有关告示及公告系以推定应被传唤之人所使用之正式语言作成。在澳门，按照澳门《基本法》第 9 条之规定，正式语言为中文和葡萄牙文。故若该人的名字为中文，则推定其懂得中文；反之，若其名字为葡萄牙文，则推定其懂得葡萄牙文；但若其姓名既非中文亦非葡萄牙文，则两种语言均需使用。

按照上述第 4 款的规定，在作出公示传唤时，不可以在澳门的英文报章刊登公告，否则视为没有效力。然而，如当事人自行在澳门的英文报章另行刊登，也不会视之为有效力的传唤。

最多人阅读的报章非以出纸量计算，因为有些报章是免费派发的，出纸量可能会很多，但未必是每个收到报章的人都会阅读。②

在第 5 款所规定的情况中，可以无须刊登公告，但仍需作出告示，因为有时案件涉及的价值较低。例如，追讨的金额为 2000 元，但刊登一次公告的金额为 1500 元，所以可以免除。

根据澳门《民事诉讼法典》第 195 条，③ 公示传唤会连续刊登两次，由作出公示传唤后一天起开始计算 30 日的中间期间。在 30 日告示期后开始计算行为期间，即答辩期。

目前，部分公告会告诫应被传唤之人，指出若不作答辩将视其承认原

---

① 澳门《民事诉讼法典》第 194 条（因未能确定所在地方而作公示传唤之手续）：一、因未能确定应被传唤之人所在之地方而作公示传唤时，须透过张贴告示及刊登公告为之，而有关告示及公告系以推定应被传唤之人所使用之正式语文作成。二、如不能推定应被传唤之人使用何种语文，或该人所使用之语文非为正式语文，则须以两种正式语文张贴上款所指之告示及刊登上款所指之公告。三、须张贴三份告示，分别张贴于法院内、应被传唤之人在澳门之最后居所之门上，以及有关市政厅大楼内。四、公告须视乎情况，在澳门报章中最多人阅读之其中一份中文报章或一份葡文报章上连续刊登两次，又或在该两份报章上连续刊登两次。五、对于强制性财产清册程序及所有重要性较低且法官认为可免除刊登公告之案件，均不刊登公告。

② 有关公示传唤的司法见解，请参阅中级法院第 55/2000 号卷宗、第 80/2000 号卷宗。

③ 澳门《民事诉讼法典》第 195 条（告示及公告之内容）：一、告示须说明下落不明之人被传唤参与之诉讼，指明提起诉讼之人，以及原告之请求之主要内容；除此之外，亦须指出审理有关诉讼之法院及有关之庭、中间期间、防御期间及有关告诫，并说明防御期间仅在中间期间届满后开始进行，而中间期间则自最后一次刊登公告之日起算；如无公告，则自张贴告示之日起算，为此，告示应载明张贴日期。二、在公告中须重复告示之内容。三、应以应被传唤之人官方身分证明文件上之姓名传唤该人；如无该文件，则以能认别其身分之文件上之姓名作出传唤；应被传唤之人使用中文姓名者，于中文告示及公告中载明其中文姓名，而于葡文告示及公告中载明其姓名之拉丁字母拼音。

告分条缕述的事实。但是，按照澳门《民事诉讼法典》第 406 条 b 项之规定，并不会出现这种的结果，因为这属于一个例外情况。当透过公示传唤仍无法找到被告时，检察院会代理被告作出防御，[①] 所以告诫中所指的"若不作答辩将视为承认条文缕述的事实"的情况并不会出现。

关于公示传唤的规定，规范于澳门《民事诉讼法典》第 196 ~ 199 条[②]之规定。

在传唤对方后，诉讼便对被告产生效力，而待决诉讼程序中之通知就规定在下文论述。

四 待决诉讼程序中之通知

(一) 对已委托诉讼代理人之当事人之通知

按照澳门《民事诉讼法典》第 200 条之规定：

一、对待决诉讼程序之当事人作出通知，须向其诉讼代理人为之。

须注意并非所有案件都要求当事人聘请诉讼代理人，如不能提进平常上诉的案件，在此情况下若当事人没有聘请律师，可以直接通知当事人。

二、如有关通知旨在召唤当事人亲身作出行为，则除通知其诉讼代理人外，亦须向当事人本人邮寄一挂号通知书。

对于当事人本人要亲身作出行为，例如，按照澳门《民法典》的规定，诉讼离婚中有第一次会议、第二次会议。在第一次会议当中，当事人本人是必须要出席的，不可以委派代理人出席。第一次会议中会进行调解。

---

① 按照澳门《民事诉讼法典》第 49 条之规定，检察院会为失踪人、无行为能力人或不能作出行为之人作出防御。

② 澳门《民事诉讼法典》第 196 条（作出公示传唤之日期）：公示传唤视于于最后一次刊登公告之日作出；如无公告，则视于于张贴告示之日作出。

第 197 条（应被传唤之人不确定时作公示传唤之手续）：一、因应被传唤之人不确定而作公示传唤时，须依据第一百九十四条至第一百九十六条为之，但仅须于法院内张贴一份告示。二、传唤不确定人作为死者之继承人或代理人时，只要知悉死者之最后居所，且其位于澳门，亦须张贴告示于该居所之门上及有关之市政厅大楼内。

第 198 条（将告示及公告附入卷宗）：卷宗内须附有告示副本一份，由司法人员在副本上注明张贴日期及地点；有关公告自报章剪下贴于纸上后，亦附入卷宗，在该纸上须指明报章之名称及刊登公告之日期。

第 199 条（中间期间）见本书第 102 页注释③。

按照澳门《民事诉讼法典》第 201 条之规定，① 挂号信是指双挂号信。"如司法人员在法院遇见诉讼代理人，亦得直接向其作出通知。"因为律师可以随时到法院查看民事案件，但只可以查看自己负责的案件，即使是已归档的案件。如果是刑事案件，则有较严格的限制，如没有授权书，法院办事处不会允许查看，除非是司法援助或强制代理的案件。很多时候诉讼代理人需要亲身到法院办事处查看，或到法院的律师房查看。所以，律师会经常到法院，故如果在法院见到有关诉讼代理人，亦可以向其作出通知。

有关澳门的邮递，若于下午截邮前拿到邮电局总局邮递，第二天早上就会派到律师的事务所。在澳门，民事法庭在星期六、日不对外作一般办公，但星期六早上，邮电局也会发信，所以可能会收到信件。按照澳门《民事诉讼法典》第 201 条第 2 款之规定，若法院于星期三寄出通知书，会视通知为星期六作出；而无论通知书于星期四或星期五寄出，均会视通知于星期一作出，因此这对律师而言，会有不利之处。

同条第 3 款规定，若有关通知已寄出予诉讼代理人，即使文件被退回，也视为收到。为什么在这方面的规定，对诉讼代理人通知的制度会和传唤的制度相差这么大？因为立法者认为，既然诉讼代理人已经知道这宗案件在诉讼进行中，那么作为诉讼双方的代理人及当事人就有责任小心对待该诉讼中的每一个细节，注意案件的进程，这是理所当然的。当挂号信的收条寄回来时，就会放在个案当中。

原则上，透过邮递被通知之诉讼代理人推定在通知书寄出后的第三日送达，但按照第 4 款的规定，如果其能够证明基于"非因可对其归责之理由"（例如属于邮差发信时延误；又或者送错地址；又或者当事人已经修改了地址并已通报，但是作出邮寄一方的地址资料尚未作出更改）以致未收到有关通知或该通知于推定之日以后才收到，就可以推翻上述条文第 3 款的推定。

（二）对无委托诉讼代理人之当事人之通知

如上所述，某些民事诉讼程序并不强制要求当事人委托律师，在这些情况下，会直接对当事人作出通知。

---

① 见本书第 140 页注释①。

根据澳门《民事诉讼法典》第 202 条,① 在一些民事诉讼中,有些情况是被告完全没有出席的,或者在诉讼中找不到当事人。"绝对不到庭状况"的概念规范于澳门《民事诉讼法典》第 404 条。"如被告不作任何申辩,不委托诉讼代理人,亦不以任何形式参与诉讼程序,则法院查核传唤是否依法定手续作出;如传唤行为中有不当情事,则命令重新作出传唤。"亦即表示该名被告没有作出申辩,也没有委托诉讼代理人,没有以任何形式去参与诉讼程序,连传唤通知都没有收到。

按照第 3 款的规定,简单而言,当法官签署了裁判书,然后送到办事处,办事处在收到有关卷宗翌日,就视为已作出通知,或引致依职权作出通知之事实发生之翌日作出。

另外,根据澳门《民事诉讼法典》第 203 条,② 向当事人本人作出通知时,经必要配合后,适用传唤中有关本人传唤的规定。

(三) 对于偶然参与诉讼的人作出的通知

对于偶然参与诉讼的人作出的通知,规范于澳门《民事诉讼法典》第 204 条。③

现在的"以挂号方式邮寄通知书"都是用双挂号的形式,但有两种情况例外,规定在下款。

第 3 款所指的是拒绝接收,不是收不到的情况。

(四) 对检察院之通知

对检察院之通知规定在澳门《民事诉讼法典》第 205 条。④ 为什么会出现通知检察院的情况呢?因为有些案件会由检察院代理,有些时候提出上

---

① 请参阅澳门《民事诉讼法典》第 202 条。
② 澳门《民事诉讼法典》第 203 条 (向当事人本人作出通知):除特别规定须向本人传唤之情况外,如须向当事人本人作出通知,以及须作出第四十六条第四款、第五十五条第三款及第五十六条第二款所指之通知者,亦适用关于向本人传唤之规定。
③ 澳门《民事诉讼法典》第 204 条 (对偶然参与诉讼之人之通知):一、如有关通知旨在召唤证人、鉴定人及其他属偶然参与诉讼之人到法院,须以挂号方式邮寄通知书,当中指明到场之日期、地点及目的。二、对于当事人承诺偕同到场之人之通知书,如当事人提出请求,办事处须将通知书交予该当事人,即使该请求以口头提出亦然。三、即使收件人拒绝接收寄送之文件,通知仍视为已作出,但邮政部门之送件人应就拒绝接收一事作出注记。
④ 澳门《民事诉讼法典》第 205 条 (对检察院之通知):除任何案件之终局裁判外,其他可导致必须提起上诉之裁判,亦须通知检察院。

诉也需要通知检察院。

（五）其他通知

澳门《民事诉讼法典》第 206、207 条①分别规定了司法裁判之通知及在司法行为中所作之通知。有时如果证人、原告律师、辩护律师（或检察官）都在场，法官便会即时作出批示，定出再听证或者判决的时间，这种情况下便等同作出了通知。所以司法实务中，当事人必须留意法官在庭上所说的时间，因为网上的案件排期资料很多时候是不准确的。

五　诉讼以外之通知

诉讼以外之通知，规范于澳门《民事诉讼法典》第 208 条，② 是指法院在很多情况下，通过一种类似传唤的通知让有关当事人知悉某一事实。当事人声请作出此通知，不代表其想要针对某人提起一诉讼。声请人首先作出一个声请书，待法官作出批示，法官批准后，就通过司法人员进行程序，由司法人员向应被通知之人本人作出，而作出时须展示有关声请书；事实上诉讼以外之通知方式跟传唤相似。

请求作出诉讼以外通知之声请书及文件须提交一式两份：一份交予被通知人，另一份则交予法官。另外，透过司法途径作出藉以表达行使权利意图之诉讼以外之通知，并不中断时效，但导致有关时效在通知后两个月内不结束；如通知于声请后五日内仍未作出，且其原因不能归责于声请人，则视通知于该五日后作出，该规定为澳门《民法典》第 315 条；有时，法院对当事人寄出双挂号信，但是当事人不收，则通过法院对其作出通知，按一般程序进行；然而，法官作出诉讼以外之通知后，被通知人是不可以反对的。

---

① 澳门《民事诉讼法典》第 206 条（司法裁判之通知）：就批示、判决或合议庭裁判作出通知时，应将当中所作决定及所持依据之可阅读副本或影印本寄予或交予被通知之人。
第 207 条（在司法行为中所作之通知）：由主持诉讼行为之实体命令向在场之利害关系人作出之传召及告知，等同于通知，但该传召及告知须载于有关笔录或纪录内。

② 澳门《民事诉讼法典》第 208 条（作出之方式）：一、必须事先已有批示，命令作出诉讼以外之通知，方得为之；该通知须由司法人员向应被通知之人本人作出，而作出时须展示有关声请书，且其复本及附于声请书之文件之副本须交予被通知之人。二、司法人员须作成接获通知之证明，由被通知之人签名。三、须将声请书及接获通知之证明交予声请作诉讼以外之通知之人。四、请求作出诉讼以外通知之声请书及文件提交时须一式两份；如应被通知者多于一人，则按被通知者之人数提交相应数目之复本。

根据澳门《民事诉讼法典》第 209[①]、210 条[②]，对于不批准当事人作出通知的批示，当事人得提起平常上诉，但仅可上诉至中级法院。其实，诉讼以外通知的制度用得不多，因为诉讼费用是按诉讼的标的收取的，也因澳门地方较小，作出私下通知并不需要耗费太大成本。诉讼以外之通知，仅作出声请书就要花不少时间，到正式提出起诉时，起诉状的内容与其也是大同小异的。

六 传唤之效果

对当事人作出传唤后，可产生澳门《民事诉讼法典》第 401 条[③]所指的效果。

a 项所述的与物权概念相关。按照澳门《民法典》的规定，当事人要计算取得时效所需的时间，必须看他是善意占有还是恶意占有，只要提起诉讼，占有的善意就会终止。

按照澳门《民事诉讼法典》第 212 条之规定，诉讼程序恒定原则，在传唤被告后，诉讼程序在主体、请求及诉因方面均应维持不变，但属法律规定可改变之情况除外。

另外，按照澳门《民法典》第 315 条[④]之规定，即使法院没有管辖权，

---

① 澳门《民事诉讼法典》第 209 条（不得对诉讼以外之通知提出反对）：一、对诉讼以外之通知不得提出任何反对，而被通知之人可针对声请作通知之人行使之权利，仅得在有关诉讼中行使。二、对不批准作出通知之批示得提起平常上诉，但仅可上诉至中级法院。

② 澳门《民事诉讼法典》第 210 条（为废止委任或授权而作之通知）：一、如有关通知旨在废止委任或授权，则须向受任人或受权人作出；如该委任或授权系赋予权力与某人协商业务，亦须通知应与该受任人或受权人订立合同之人。二、如有关委任或授权并非赋予权力与某人协商业务，则应于澳门报章中最多人阅读之其中一份中文报章及一份葡文报章上刊登废止委任或授权之公告。

③ 澳门《民事诉讼法典》第 401 条（传唤之效果）：除法律特别规定之效果外，传唤亦产生下列效果：a）使占有人之善意终止；b）按照第二百一十二条之规定，诉讼之基本要素维持不变；c）被告不得针对原告提起旨在审理同一法律问题之诉讼。

④ 澳门《民事诉讼法典》第 315 条（权利人促使之中断）：一、时效因透过司法途径就任何能直接或间接表达行使权利意图之行为作出传唤或通知而中断，无须考虑该行为所属之诉讼种类以及该法院是否具管辖权。二、如传唤或通知于声请后五日内仍未作出，且其原因不能归责于声请人，则视时效于该五日后即告中断。三、传唤或通知之撤销，不妨碍以上各款所定之中断效力。四、为着本条规定之效力，透过其他司法途径将具有行使权利意图之行为知会权利人可行使权利予以针对之人时，即等同作出上述之传唤或通知，但下款所指之途径除外。五、透过司法途径作出藉以表达行使权利意图之诉讼以外之通知，并不中断时效，但导致有关时效在通知后两个月内不完成；如通知于声请后五日内仍未作出，且其原因不能归责于声请人，则视通知于该五日后即被作出。六、透过司法途径作出具延长时效期间作用之诉讼以外之通知后，不得接续作出具相同作用之另一通知。

时效也会因传唤或通知而被中断。即使法院没有管辖权，也会把案件移送到有管辖权的法院，以防止有人利用法院管辖权来规避诉讼时效。

按照澳门《民法典》第319条之规定，^① 中断会使期间重新开始计算。

另外，在符合澳门《民事诉讼法典》第565条第3款^②的前提下，传唤亦可产生催告的效果。催告的效果规定在澳门《民法典》第794条。^③

有些情况下，债务并没有确定到期日，而是取决于债权人催告，这时当事人可以按照上述规定及澳门《民事诉讼法典》第565条第3款之规定，提起传唤或非司法通知，那么就会产生催告的效果，这时有关债务因符合上述条文而到期。

七　不到庭

按照澳门《民事诉讼法典》第404、405条^④所述的没有到庭，不是指审判的到庭，而是卷宗内是否有被告提交的答辩状或其他文件，此阶段还没有召开听证，还在诉辩书状阶段。在审判阶段的听证会中，被告和原告不一定要出庭，而且实际上大部分情况下他们是不会出庭的。

（一）绝对不到庭

按照澳门《民事诉讼法典》第404条之规定，^⑤ 绝对不到庭是指，当法

---

① 澳门《民事诉讼法典》第319条（中断之存续）：一、如中断系因传唤、通知或等同之行为所导致，又或因仲裁协议而导致，则时效期间在导致诉讼程序结束之裁判成为确定前不重新开始进行。二、然而，如出现撤回诉讼或驳回起诉，或该诉讼程序被视为弃置，又或仲裁协议已作废者，则时效期间在导致中断之行为作出后即重新开始进行。三、如因不可归责于权利人之程序上原因而使对被告之起诉被驳回或使仲裁协议作废，且时效期间在当时已届满，或将在有关裁判成为确定或导致仲裁协议作废之事实发生后两个月内届满，则视时效在该两个月内不完成。

② 澳门《民事诉讼法典》第565条（未能要求履行之债）：三、如未能要求履行有关之债系因缺乏催告或因未在债务人之住所要求偿还债务而引致，则有关债务视为自传唤时起到期。

③ 澳门《民法典》第794条（构成迟延之时）：一、只有在司法催告或非司法催告债务人履行债务后，债务人方构成迟延。二、然而，出现以下任一情况时，债务人之迟延不取决于催告：a）债务定有确定期限；b）债务因不法事实而产生；c）债务人本人妨碍催告，在此情况下视其于按正常情况可受催告之日被催告。三、在上款a项所指之情况下，如给付应在债务人之住所履行，则债权人须于该住所要求有关给付，方可构成迟延。四、如债权未经结算，则在债权尚未结算时不发生迟延，但基于可归责于债务人之原因而未结算者除外。

④ 见本书第143页注释②。

⑤ 澳门《民事诉讼法典》第404条（被告之绝对不到庭）：如被告不作任何申辩，不委托诉讼代理人，亦不以任何形式参与诉讼程序，则法院查核传唤是否依法定手续作出；如传唤行为中有不当情事，则命令重新作出传唤。

院传唤被告后，被告没有在诉讼内作出任何行为，包括没有委托律师，没有提交委托律师的授权书，也没有作出答辩状。在此情况下，法官须依职权看传唤行为是否有不当事情，如果发现有不当事情，则要重新传唤被告，没有则程序继续进行。

（二） 相对不到庭

如果法院发现传唤中没有不当事情，而被告已经被传唤，并且在传唤通知上签字，则表示已按规则向其作出传唤，又或被告的诉讼代理人已递交授权书，但没有提交答辩状，这都属于相对不到庭。这时会视被告针对其可处分的事宜承认原告分条缕述的事实。

按照澳门《民事诉讼法典》第 406 条 b 项[①]之规定，作为例外情况，即使仅对其中一名被告作出公示传唤，如果其仍然不到庭，对其余被告来说，只要有关事实涉及他们的共同利益，则不论属可处分或不可处分的事宜，均不视为各被告承认原告所述的事实。

第六节　答辩

按照澳门《民事诉讼法典》第 3 条第 1 款之规定，基于辩论原则而传唤被告对原告所提起的诉讼作出反应，目的是使被告处于平等地位作出防御。

澳门《民事诉讼法典》第 409 条第 1 款规定："所有防御行为应于答辩中作出，但法律规定须独立提出之附随事项除外。"

按照澳门《民事诉讼法典》第 407 条之规定，提及以提出争执进行答辩及以抗辩进行答辩。并且，按照澳门《民事诉讼法典》第 101 条第 2 款之规定，答辩须以分条缕述的方式作出。

按照澳门《民事诉讼法典》第 403 条之规定，被告得于获传唤后 30 日

---

① 澳门《民事诉讼法典》第 406 条（一般制度之例外情况）：在下列情况下，不适用上条之规定：b）被告或其中一名被告无行为能力，而案件涉及无行为能力处理之事宜；又或已向被告或其中一名被告作出公示传唤，而其仍绝对不到庭。

内作出答辩;① 如有中间期间，则答辩期间自中间期间终结时起开始进行。故此，如果被告是以公示传唤的方式被传唤，其中间期间 30 日结束后才开始计算答辩期。

一　答辩状的要件

（一）答辩的形式要件

原则上答辩状与澳门《民事诉讼法典》第 389 条的起诉状之要件相似，但是有些部分可以免除。答辩状较起诉状简单，事实上，因为原告已经在起诉状中指出当事人、诉讼形式以及利益值，因而被告无须再于答辩状中指出上述要件。

答辩状应依以下次序指出有关内容：延诉抗辩，永久抗辩，被告对原告主张的事实提出的争执、反诉。

以上顺序并非法律规定的，只是一个司法界的传统，若因次序问题而被驳回甚至需要上诉的话，诉讼时间就会被延长，所以我们都会依照此顺序。

然而，上述要件并非必然存在，因为被告可以选择承认原告提出的分条缕述的事实，亦可以选择不作出争执，针对一些其不可处分的事宜，即使不争执亦不会被视为承认。

如前所述，答辩是被告的一种防御方法，而反诉则作为被告对原告的一种攻击方法。根据澳门《民事诉讼法典》第 419 条，允许被告进行反诉，虽然基于诉讼经济原则，总是希望能以最少的司法资源解决最多的问题，但若该问题的提出会使诉讼变得更复杂以及更难处理的话，法律就不会容许。所以，只有在法律规定的情况下，反诉才会被接受，反诉的可受理性规范于澳门《民事诉讼法典》第 218 条，有关内容将会在下文详述。

反诉是被告对原告的一种反击，但在某些情况下，被告提出反诉，可能反而会对自己造成不公。例如，澳门《民事诉讼法典》第 1285 条规范的轻微民事案件（即俗称小额钱债的诉讼），由于轻微民事案件的利益值只能

---

① 在简易诉讼程序、轻微案件诉讼程序及保全程序中，对被告的答辩期及被声请人提出反对的期间有不同的规定，请参阅澳门《民事诉讼法典》第 671、1288 及 329 条。

在 10 万元之内，请求超过 10 万元的部分就要放弃，如原告同时欠被告 15 万元，若被告提出反诉，被告只可请求 10 万元，剩余的 5 万元只能放弃，因为在轻微民事案件的诉讼程序中，被告提出反诉的前提是必须符合第 1285 条之规定，① 即被告在反诉中所提出的请求利益值不能超过 10 万元，法律也不容许将金额 15 万元分成两个诉讼提起，② 而简易诉讼程序则容许被告提起利益值超过 25 万元的反诉，但这时就需改为通常诉讼程序。

所以，在轻微民事案件中，若被告提出反诉所需要放弃的金额比较大，被告可以作出两种选择：一是放弃超过初级法院法定上诉利益限额的其余债权，二是不提起反诉，待日后再提起普通诉讼程序。

根据澳门《民事诉讼法典》第 419 条，若被告进行反诉，那么被告在答辩状中除了要清楚地作出答辩，倘有需要时包括永久抗辩、延诉抗辩和争执（对事实的争执，法律争执，可再加上事实依据及法律依据），还要分别而且清楚地写出反诉及有关反诉的请求。

原则上，整个案件利益值就是反诉案件利益值加上原来请求的案件利益值，然而，法院只要求在答辩状上写出反诉案件利益值，但笔者建议将两个利益值分别表示，一个为反诉案件的利益值，一个为整个案件的利益值。

按照澳门《民事诉讼法典》第 407 条之规定，防御方法有争执和抗辩。主要防御方法是争执，间接防御方法是抗辩。虽然条文的次序是争执先于抗辩，但在答辩状中是抗辩先于争执的，有关的写法是澳门司法界的传统。

（二） 争执

被告应在答辩状中指出有关诉讼，展述反对原告主张的理由，分开各种防御方法，就是刚才所说，主要分为两大类，一类是抗辩（有永久抗辩以及延诉抗辩），另一类是争执。

按照澳门《民事诉讼法典》第 409 条③之规定，所有防御行为应该在答辩状中提出，如有遗漏，原则上是不能添加的。在未传唤被告前，原告仍

---

① 请参阅澳门《民事诉讼法典》第 1289 条。
② 请参阅澳门《民事诉讼法典》第 1285 条第 2 款。
③ 澳门《民事诉讼法典》第 409 条（作出防御之适时性）：一、所有防御行为应于答辩中作出，但法律规定须独立提出之附随事项除外。二、答辩后仅得提出基于嗣后之事实之抗辩、附随事项及防御方法，或法律明文规定可在答辩后提出或应依职权审理之抗辩、附随事项及防御方法。

可以取回起诉状补充事实，但一旦传唤被告就不能再增加，答辩状亦是这样，如送到原告手上就不能再添加任何事项。

但是，按照澳门《民事诉讼法典》第 101 条第 2 款之规定，答辩状须采用分条缕述的方式撰写，所以一般是不会遗漏的。诉讼代理人一般在收到起诉状时，会就起诉状的每一点进行分析，判断是否需要争执。

被告不仅可以对原告陈述的事实提出争执，亦可以对原告主张适用的法律提出执争。例如，一离婚诉讼，原告是妻子，妻子指控丈夫用一些侮辱的话责备她，严重违反了对妻子的尊重义务，丈夫承认了相关事实，但认为并不是违反了对妻子的尊重义务。在这个案子中，尽管原告和被告都承认被告说出侮辱的话之事实，但在法律适用方面，大家有分歧。因为社会有不同阶层，虽然说出了这些话，但被告并不认为这句话有侮辱性质，尽管在事实事宜方面没有异议。

然而，否认法律的适用并不一定是被告的负担，因为法律的适用最后由法官决定，原告及被告不能限制法官在法律上的适用范围。

而事实则不同，因为当事人提出的事实限制了法官的审理范围，如被告未提出不同的事实版本，法官是不能考虑有关事实的，不仅如此，还可能导致被告承认原告在起诉中分条缕述的事实。因此，有学者认为争执为一种恐吓原告的手段。在民事诉讼中，如果当事人不提出争执，而有关事实属于其可处分事宜，就会视被告承认条文缕述的事实。

针对原告陈述的版本，被告可用直接陈述或间接陈述的方式进行争执。

直接争执是指被告否认原告陈述的事实。例如，原告指出与被告有一消费借贷合同，而且已作出交付，但被告在答辩中却指出从未曾收取原告任何款项，这就是直接争执。

间接争执是指被告自认或接纳原告陈述的部分事实、诉因，但被告亦提出一些不相容的事实，使原告提出的诉因不成立。例如，原告指出与被告有一消费借贷，而且已经作出交付，被告在答辩时亦称收到原告的一笔款项，但该笔款项是原告赠送被告的，虽然被告已经收取有关款项的事实是毋庸置疑的，但对该笔款项是被告因原告的赠予而得，抑或是原告贷予被告的一笔金钱，被告可以以间接的方式提出争执。

另外还有一些情况，就是被告可以不直接或间接地对原告所提出的事实进行争执，而是另外提出一些新事实，以完全破坏原告提出某一事实所欲达致的目的。例如，原告于起诉状中陈述被告于某年某月某日某时刻于澳门大学图书馆弄破了一本书，被告答辩时只是指出其当日某时段身在香港，如果身在香港这个事实获得证实，那么弄破书这个事实就不能被证实了，因为被证实的事实之间不应该相互矛盾，这也是一种争执的方法。

在答辩状中提出的事实，如果有文件证据可立即提交，如没有文件证据就要适时使用其他证据方法，或可要求法官向一些公共部门、金融机构发出要求一些资料的命令，待有条件时才加入案卷内。

（三）提出争执的责任

按照澳门《民事诉讼法典》第410条①第1款之规定，被告于答辩时须对原告在起诉状中陈述的事实表明立场。同条第2款规定，对于不提出争执之事实，视为已承认之事实。按照上述规定，表明如被告不提起争执，就视为承认该事实，尽管有关事实与真相并不相符，但基于民事诉讼中只追求形式真实，如被告不争议，法官就不会追究该事实是否真实，法官只会考虑于答辩状中显示的事实，只有在卷宗中出现的事实才是法官需要审理之事实，卷宗外的事实法官是不会理会的，卷宗中的事实如不答辩就视为被告承认。

然而，如出现澳门《民事诉讼法典》第410条第2款后半部分"但从所作之防御整体加以考虑…"的情况，则不适用上述规定。如被告提交了一份文件，虽然没有就文件所道出的事实在答辩状中提出争执，但法官接受了这份证据（文件），仍会考虑载于文件上的事实。例如，A提起诉讼指出B欠其5000元，B没有提出任何答辩，但提交了一份已还款的证明，法官接纳了这一份书证，那么法官是会考虑有关证明的。

"该等事实系与其有抵触者，又或该等事实属不得自认"，系指针对一些被告不可处分的事宜，被告是不可以自认的，如调查母亲之诉；"仅得以文书证明者"，如买卖不动产公证书、结婚证书、出生证明等。

按照澳门《民事诉讼法典》第410条第4款"提出争执之责任及上款

---

① 澳门《民事诉讼法典》第410条（提出争执之责任）：一、被告答辩时应对起诉状中分条缕述之事实表明确定之立场。二、对于不提出争执之事实，视为已承认之事实；但从所作之防御整体加以考虑，该等事实系与其有抵触者，又或该等事实属不得自认或仅得以文书证明者，不在此限。三、如被告声明不知悉某事实是否属实，而该事实为被告个人之事实或被告应知悉者，则该声明等同于自认；反之，该声明等同于提出争执。四、提出争执之责任及上款之规定，不适用于由检察院代理或由依职权指定之律师代理之无行为能力人、失踪人、不能作出行为之人及不确定人。

之规定，不适用于由检察院代理或由依职权指定之律师代理之无行为能力人、失踪人、不能作出行为之人及不确定人"。

同时，按照澳门《民事诉讼法典》第411条之规定，须将被告提交答辩状一事通知原告。如有数份答辩状，则仅在提交最后一份答辩状或提交最后一份答辩状之期间届满后作出通知。答辩状亦需要数份，分别给予当事人、法官，以及留予法庭备份。

（四）抗辩

抗辩的目的不是对原告于起诉状提出的事实作出否认以致不能产生原告希望达到的效果，而是透过提出妨碍法官实际审理原告全部或部分请求的事宜，抑或另外提出一些可以导致妨碍、变更或消灭原告欲主张的法律效果的事实，致使法官驳回原告的起诉或请求。

按照澳门《民事诉讼法典》第412条第1款之规定，抗辩分为延诉抗辩和永久抗辩。而根据同条第2款，延诉抗辩妨碍法院审理案件之实体问题。

诉辩书状包括诉讼前提、事实事宜、法律适用和请求。阻碍审理实体问题，即针对诉讼前提，指出诉讼前提有瑕疵或不当，或事实和请求之间有问题，以令法官不能审理这些事实，妨碍法官审理实体问题。当出现延诉抗辩时，将"按情况导致起诉被驳回或将有关案件移送至另一法院"。假如接收起诉状的法院没有管辖权，法院会将案件移送有管辖权的法院。例如，当事人向初级法院的民事法庭提起一简易诉讼程序，原则上简易诉讼程序由初级法院的民事法庭进行审理，但根据中级法院的解释，案件利益值如果属于小额金钱之债，应当由轻微民事案件法庭审理。此时，初级法院的民事法庭就会将案件移送轻微民事法庭审理。

按照澳门《民事诉讼法典》第412条第3款之规定，"永久抗辩导致请求被全部或部分驳回；该抗辩系指援引某些事实，妨碍、变更或消灭原告分条缕述之事实之法律效果"。例如，A表示B欠其10万元，但答辩时，B表示已返还予A，而且有收据证明，又或被告表示有关债务已过时效，该款项是在30年前借出的，现在原告已经不能通过司法途径追讨，当然这个诉讼就不会继续进行下去，这亦属于永久抗辩。按照《民法典》第296条①的

---

① 见本书第84页注释②。

规定，时效由当事人主张，故此要由被告在答辩时作出，否则，法官就会接受原告所陈述的事实。

在诉讼中可能出现司法抵销，例如 A 弄坏了 B 的电话，B 要求 A 赔偿电话，A 就返还一部一模一样的电话予 B，这样在司法上抵销是可行的；如果 B 要求 A 赔一部电话，但 A 请求赔钱给 B 或请求以另一部电话作为抵销，这样的抵销在司法上是不可以的，但进行非讼的抵销是可以的。

失效，原则上是法官依职权审理的。错误、欺诈、胁迫和虚伪，都属于永久抗辩。

按照澳门《民事诉讼法典》第 413 条之规定，延诉抗辩为：

a）法院无管辖权；

b）整个诉讼程序无效；①

c）任一当事人无当事人能力或诉讼能力；

d）欠缺原告应取得之许可或决议；

例如，要召开亲属会议但没有召开，法人要提出诉讼但没有会议记录且没有决议，又或章程没有赋予管理机关成员可以法人名义提出诉讼的权利。

e）任一当事人不具正当性；

f）原告或被告联合，但各请求之间并无第 64 条所要求之联系；

g）不属第 67 条所指之因补充关系而生之复数主体情况；

这个比较特别，是新的规定。第 67 条规定，如有理由对出现争议之实体关系中之主体存有疑问，提起诉讼之主原告得针对被诉之主被告以外之另一被告，补充提出同一请求或提出一补充请求；提起诉讼之主原告以外之另一原告，亦得针对被诉之主被告，补充提出同一请求或提出一补充请求。假如在一个十字街头，三辆车（A 车、B 车和 C 车）相撞，有一行人甲被撞倒，受害者甲应告 A 车，B 车还是 C 车，应先告哪个？甲可以先告 A，不成立后告 B，再不成立告 C，但可能告到 C 的时候案件时效已过，②所以为了经济原则和实际保护受害人甲的权利，就制定一个新的规定，容许当事人在这种情况下增加一个主体。因为按传统做法，究竟应该告 A、B 或 C 就会含糊不清。从前不容许，但现在容许在一个诉讼里有原告的补充、

① 见澳门《民事诉讼法典》第 139、140 条。

② 请参阅澳门《民法典》第 491 条。

被告的补充和请求方面的补充。

h) 无诉之利益；

i) 在必须有在法院之代理之情况下原告无委托律师，或提起诉讼之诉讼代理人未获诉讼代理之委任、其委任之权力不足或其委任不合规则；

j) 诉讼已系属或案件已有确定裁判。

诉讼已系属和案件已有确定裁判的概念，规范于澳门《民事诉讼法典》第 416 条，① 是指有关案件正在法院审理或法院已作出判决。前提是存在相同的案件，假如 A 案和 B 案主体、诉因、请求均相同，A 案和 B 案就算相同案件，这个时候就符合诉讼已系属或案件已有确定裁判的前提。②

诉讼已系属即同时有两个案件在法院待决，只是一前一后。案件已有确定裁判即法院已针对同一案件作出判决，之后有第二个相同的案件被提起。

例如，就同一请求和诉因，先提起 X 诉讼，再提起 Y 诉讼，而因 X 案件尚未审理完结，又提出 Y 案件，这时就视为案件已有系属。但这两个案件（X 和 Y）必须同时符合以下三个条件：

（1）主体相同，即两个案件中的原告、被告相同。

（2）诉因相同，即涉及的事实相同，至于法律适用方面是否要相同并没有限制。

（3）请求相同，即两个诉讼中所提出的请求相同或相若。

如果有关案件在澳门以外之地方法院待决，并不属于案件已有系属的情况，除非属于澳门之国际协约或司法协助领域之协议有规范，即如澳门与其他国家或地区已有协约，照协约处理之，此时，若案件在澳门以外的

---

① 澳门《民事诉讼法典》第 416 条（诉讼已系属及案件已有确定裁判之概念）：一、诉讼已系属及案件已有确定裁判之抗辩，其前提为就一案件重复提起诉讼；如重复提起诉讼时先前之诉讼仍在进行，则为诉讼已系属之抗辩；如重复提起诉讼系于首个诉讼已有判决后出现，而就该判决已不可提起平常上诉者，则为案件已有确定裁判之抗辩。二、不论属诉讼已系属之抗辩或案件已有确定裁判之抗辩，其目的均为避免法院作出与先前之裁判相抵触之裁判，或作出与先前之裁判相同之裁判。三、案件在澳门以外地方之法院正待决之情况无须予以考虑，但适用于澳门之国际协约或属司法协助领域之协议另定解决方法者除外。

② 澳门《民事诉讼法典》第 417 条（诉讼已系属及案件已有确定裁判之要件）：一、如提起之诉讼，在主体、请求及诉因方面均与另一诉讼相同，则属重复提起诉讼。二、就当事人之法律身分而言，如当事人属相同者，则为主体相同。三、如两诉讼中欲取得之法律效果相同，则为请求相同。四、如两诉讼中所提出之主张基于相同之法律事实，则为诉因相同；在物权方面之诉讼中，产生物权之法律事实视为诉因，而在形成之诉及撤销之诉中，当事人为取得欲产生之效果而援引之具体事实或特定之无效视为诉因。

地方法院处于待决，则构成案件已有系属。

对于何时才可以提出诉讼已系属之抗辩，规范于澳门《民事诉讼法典》第 418 条。[①] 在起诉状中会有法院办事处盖章，章上一般都会显示收取案件的时间。

为什么会有以上两种规定？因为法律不容许法院就同一诉讼审理两次，以及避免出现对同一事项的不同判决。关于案件已有确定裁判，由于涉及内容较多，将在下一部分详述。

对于永久抗辩，如果法律未规定其提出须取决于当事人的意愿，则由法院依职权审理；[②] 延诉抗辩原则上由法官依职权审理，[③] 但有两种例外，即排除澳门法院管辖权的协议及仲裁协议。被告提出抗辩后，由法官审理，起诉状中若没有提及，被告就要于答辩状提及永久抗辩或延诉抗辩的事宜。永久抗辩一经成立，法官就不能再对案件进行审理，而延诉抗辩又称一时抗辩，引致延诉抗辩的瑕疵被补正后，法官将来还有机会审理。

（五）案件已有确定裁判

根据澳门《民事诉讼法典》第 582 条，"对裁判不能提起平常上诉或……提出异议时"，法院的裁判"即视为确定"。简单来说，确定的裁判就是毋庸置疑及具强制力的裁判。除非在特殊情况下，否则作出有关裁判的法院或其他法院均不得再行修改或再行审理该已确定的裁判。另外，法院在执行裁判时，可使用公权力强制执行。

对于"裁判已确定的案件"，法律上通常将之分为"在诉讼关系上（大部分是诉讼前提）裁判已确定之案件"和"就实体问题之裁判已确定之案件"（澳门《民事诉讼法典》第 575、299 条）。前者所指的裁判是法院在诉讼程序中对诉讼前提作出的裁判，该等裁判乃纯粹涉及诉讼关系的前提，仅在诉讼程序内具有强制力，这样由于法院没有审理实质事实，只要修改诉讼前提至符合法律规定，就可以重新提出诉讼，而后者则指法院经过审

---

① 澳门《民事诉讼法典》第 418 条（应于何诉讼中提出诉讼已系属之抗辩）：一、诉讼已系属之抗辩应于较后提之诉讼中提出；被告较后被传唤参与之诉讼视为较后提起之诉讼。二、如两诉讼中均于同一日作出传唤，则诉讼之先后次序按办事处收到有关起诉状之次序决定。

② 请参阅澳门《民事诉讼法典》第 415 条。

③ 请参阅澳门《民事诉讼法典》第 414 条。

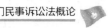

理具体问题后，对当事人向法院提出待解决的问题作出的裁判。举例来说，在诉讼结束时，法院裁定甲须向乙作出损害赔偿，而甲乙双方对裁判均无异议且不提起上诉（或不能提起上诉），该案件便属于"就实体问题之裁判已确定之案件"。

所谓裁判已确定的案件，即意味着就有关案件的裁判不得循平常司法途径再行审理。平常司法途径，是指一般的上诉，亦即在当事人不服下级法院的裁判时，可向上一级法院提出请求，以便再行审理之前由该下级法院所作出的裁判。此外，就某些案件而言，"平常司法途径"尚指"异议"，即当事人向作出裁判的法院要求再行审理有关的裁判。

某一案件已确定的裁判对其他法院亦具有约束力。一般来说，对于已有确定裁判的争议，不得在相同的诉讼中再次要求法院进行审理。所谓相同诉讼，是指双方当事人、诉讼请求及诉讼所依据的事实均相同的诉讼，如重复提起诉讼是基于这个诉讼已有判决后作出，而且就该判决已不可提起平常上诉者，则为案件已有确定裁判之抗辩。

"重复提起诉讼"是指针对 X 案件提起两次诉讼，而"案件已有确定裁判"是指若一案件在审判结束后，当事人在 10 天内不提起上诉，[1] 案件自然成为确定裁判。若当事人在法定期间内提起上诉，在上诉结束后上级法院亦会作出一判决，而该判决若不能再提起上诉，亦视之为案件已有确定裁判。

但在某些情况下，法律容许对法院所作出的确定裁判提起上诉，这属于一种非常上诉，称为"再审上诉"。

提起再审上诉的其中一项依据是有关裁判"与先前作出、对当事人构成裁判已确定之案件之另一裁判有所抵触"（澳门《民事诉讼法典》第 653 条详细规范了提起再审上诉的依据）。

另一方面，根据澳门《民事诉讼法典》第 655 条之规定，提起再审上诉须遵守一定的期间，"如所作之裁判成为确定裁判已逾五年，则提起再审上诉之权利失效"，也就是必须在裁判确定后的五年内提起再审上诉，否则便会失去这种权利。此外，第 656 条亦规定了提起再审上诉的期间为 60 日。根据具体案件，该期间由某些事实发生之日开始计算，或由知悉有关事实之日开始计算。前者如某一法官因渎职或受贿而作出枉判行为，期后被控

---

① 请参阅澳门《民事诉讼法典》第 591 条。

判刑且判决确定，则之前其枉判的当事人便可在该法官的有罪判决被确定后的 60 日内提起再审上诉；后者如败诉的当事人其后获得一些之前不知悉的文件，而该等文件足以使原判决变为对其有利的判决时，他便可在取得该文件后的 60 日内提起再审上诉。

这里要注意的是：不论诉讼已系属之抗辩或案件已有确定裁判之抗辩，其目的都是避免法院作出与先前之裁判相抵触或相异的裁判，节省司法资源，以及避免出现法院立场相矛盾的情况。

因为在同一法区中，不容许出现针对同一事实，同一个原告及被告就同一请求所作出的判决相矛盾的情况。

二 答辩的期间

按照澳门《民事诉讼法典》第 403 条之规定，[①] 答辩期间一般为 30 日。如果由检察院代理被告，而检察院未取得答辩所需的资料，当其认为必要时，可以透过附具理由说明的请求，要求延长 30 日答辩期。

同时，根据澳门《民事诉讼法典》第 410[②]、240 条，澳门《民法典》第 346 条，如果存在多个被告，当其中一个被告对于对其不利的事实作出自认时，对没有作出答辩的被告不会产生不到庭的效果（即不视为其承认原告在起诉状中分条缕述的事实）。

---

① 澳门《民事诉讼法典》第 403 条（答辩期间）：一、被告得于获传唤后三十日期间内答辩；如有中间期间，则答辩期间自中间期间终结时起开始进行。二、如有数名被告，而各人之防御期间于不同日期终结，则各被告得于最迟开始进行之期间终结前共同作出答辩或各自作出答辩。三、如原告对其中一名未获传唤之被告撤回诉讼，或舍弃有关请求，须将撤回诉讼或舍弃请求一事通知仍未答辩之被告，而其答辩期间自该通知之日起算。四、如检察院在答辩期间内未能取得所需之数据，或向上级实体咨询而须等候答复，得批准延长其答辩期间；提出延长答辩期间之请求应说明理由，且在任何情况下均不得延长逾三十日。五、如法院认为出现重大事由，阻碍被告或其诉讼代理人组织防御或使其异常难于组织防御，则应被告或其诉讼代理人之声请，得延长答辩期间最多三十日，而无须事先听取他方当事人之意见。六、作出延长答辩期间之声请并不导致正在进行之期间中止进行；法官须于二十四小时内作出裁判，对该裁判不得提起上诉；办事处须依据第一百二十六条第四款及第一百二十七条之规定，立即将法官所作之批示通知声请人。

② 澳门《民事诉讼法典》第 410 条（提出争执之责任）：二、对于不提出争执之事实，视为已承认之事实；但从所作之防御整体加以考虑，该等事实系与其有抵触者，又或该等事实属不得自认或仅得以文书证明者，不在此限。

按照澳门《民事诉讼法典》第 411 条之规定，[①] 当最后一名被告提交答辩状后，才会对原告作出通知。例如有三个被告，第一个使用邮递传唤，第二个使用亲身传唤，第三个使用公示传唤，三个人的答辩期均是在最后一个被告被传唤后 30 日，三个被告的答辩期结束时间是相同的，都是以最后被传唤的人的答辩期为最后一天。当所有被告均提交答辩状（或由检察院代理失踪人作出防御）后，才会通知原告。

第七节　反诉

反诉是指被告针对原告在答辩状中提出的独立于答辩的自主请求。所谓自主，是指该请求不同于正常的驳回请求。[②] 换言之，即被告在答辩时，除了对原告提出的起诉可作出回应外，还可向原告提出请求——与原诉讼一起共同审理的独立反请求。

例如，在诉讼离婚案中，被告提出反诉，请求法官判处原告为唯一过错方，在实体法上，可依据澳门《民法典》第 1635、1642 条，而在诉讼法中，可以根据澳门《民事诉讼法典》第 218 条第 2 款 c 项[③] 及第 419 条[④]，

---

① 澳门《民事诉讼法典》第 411 条（就提交答辩状作出通知）：一、须将提交答辩状一事通知原告。二、如有数份答辩状，则仅在提交最后一份答辩状或提交最后一份答辩状之期间届满后方作出通知。

② 请参阅〔葡〕Viriato Manuel Pinheiro de Lima《民事诉讼法教程》，叶迅生、卢映霞译，法律及司法培训中心，2012，第 187 页。

③ 澳门《民事诉讼法典》第 218 条（反诉之可受理性）：一、被告得透过反诉提出针对原告之请求。二、遇有下列情况，反诉予以受理：a）被告之请求基于作为诉讼或防御依据之法律事实；b）被告欲抵销债权，或欲就其对被请求交付之物所作之改善或开支实现有关权利；c）被告之请求旨在为本身利益取得原告欲取得之相同法律效果。三、如审理被告之请求须采用之诉讼形式有别于审理原告之请求所采用之诉讼形式，则反诉不予受理；但因请求之利益值不同而导致须采用不同诉讼形式者，或法官依据经作出必要配合之第六十五条第三款及第四款之规定许可反诉者，不在此限。四、诉讼之理由不成立及驳回对被告之起诉，均不妨碍对依规则提起之反诉进行审理；但该反诉取决于原告提出之请求者除外。

④ 澳门《民事诉讼法典》第 419 条（反诉之提出）：一、反诉应在答辩状中明确标明及分开提出，并按第 389 条第 1 款 c 项及 d 项之规定，阐述有关依据以及在结尾部分提出有关请求。二、反诉人尚应声明反诉之利益值；如不声明反诉之利益值，答辩状仍获接收，但须请反诉人指出有关利益值，否则反诉不予受理。三、如反诉程序之进行取决于反诉之登记，或取决于反诉人作出之任何行为，而在所定期间内并无作出有关登记或行为，则驳回对被反诉人之起诉。

由诉讼离婚中被告一方在其答辩状中提出反诉。

根据澳门《民事诉讼法典》第 218 条第 2 款，在下列情况下，被告有权提出反诉：

a）反诉与本诉是基于同一法律事实而产生的诉讼请求或基于同一法律事实引起之后果；

b）当被告对本诉所请求之标的同样拥有权益时，可就该项权益提起反诉；

c）当被告之反诉请求可以抵销本诉请求或使本诉失去作用时，可以提起反诉。

如果反诉与本诉没有任何联系，或者与被告之反诉请求相适应之诉讼形式与原告之本诉请求之诉讼形式不同，不允许被告提出反诉。但是，如果诉讼之形式差别仅仅是由于反诉案件的利益值所导致的，被告仍有权提出反诉。然而，需要留意澳门《民事诉讼法典》第 1289 条的特别规定。

根据澳门《民事诉讼法典》第 420 条之规定，被告提出反诉后，就反诉的部分，原告还有机会作出反驳。[①] 在一个民事诉讼流程中，由原告提交起诉状开始，法院便会传唤被告。被告收到起诉状后会于法定期间作出答辩。被告提交答辩状后，需于 10 天内缴纳预付金，[②] 有关预付金的数额与原告相同，即使被告没有缴纳预付金，虽然会被罚款，但民事诉讼仍会继续进行，只是被告的答辩状会被抽出，不会被放进卷宗内。除非特别情况下，被告才不用缴纳预付金，例如，被告递交了答辩状，但是随后，原告和被告双方达成和解，原告撤诉或舍弃请求。[③] 此时，被告还需要交付诉讼费用吗？曾经出现属上述情况的个案，法院办事处认为是需要缴交的，而律师则认为是不用缴交的，后来向法官提出疑问，有的法官认为由于嗣后的诉讼行为已无意义，在原告撤诉后，诉讼已经消灭，所以不用缴交诉讼费用。但是由于目前没有统一的意见，若不交付上述诉讼费用，仍有可能会被罚款。

需要注意的是，在传唤中出现任何瑕疵，如其后被告作出相应的诉讼行为，则具有补正之前瑕疵的性质，除非被告在参与诉讼后作出第一个行为时便提出传唤有瑕疵。[④]

---

① 根据民事诉讼法的辩论原则，原则上，所有诉辩书状均会经过法院通知他方当事人。
② 请参阅第 63/99/M 号法令《法院诉讼费用制度》第 33 条。
③ 撤回诉讼与舍弃请求不相同。撤回诉讼会导致诉讼程序消灭，但将来还有机会再次提起；但如属于舍弃请求，将会导致权利消灭，续后原告不能再次提起有关诉讼。
④ 请参阅澳门《民事诉讼法典》第 142、150 条。

被告被成功传唤后，如属强制法院代理，而被告没有委托律师，法官会根据澳门《民事诉讼法典》第 75 条之规定，通知被告需要委托律师，并定出适当的期间；被告委托律师后，法官会按照澳门《民事诉讼法典》第 405 条第 3 款之规定，让双方律师作出书面陈述，如事实明显且清楚，法官可以随即作出判决。若事实需要通过庭审听证程序才能证实（未能即时获得证实），法官会作出清理批示，及后开庭审理；法官会作出事实审，最后，由合议庭主席作出法律审。由于民事诉讼案件涉及的事实较复杂，故在一般情况下，法官很少直接适用澳门《民事诉讼法典》第 405 条第 3 款①之规定。

如果被告在法官指定的期间内不委托律师，则即使被告提交了答辩状，其答辩亦不产生效力，答辩状会被抽出，而诉讼会继续进行。这属于相对不到庭的情况。

一　原告的反驳

原告在收到被告的答辩状后，可以在 15 日内，按照澳门《民事诉讼法典》第 420 条之规定作出反驳。然而，为了确保辩论原则及平等原则，若被告在答辩中提出反诉，原告则和被告一样，具有 30 日时间作出反驳。基于反诉，原告此时变为被告，所以，其和被告一样有 30 日的答辩期。

原告的反驳具以下三种作用：

1. 对被告的抗辩作出答复，以及解释并充实起诉状的内容。

反驳最主要的功能，就是答复被告在答辩状中的抗辩事宜。另外，按照澳门《民事诉讼法典》第 217 条之规定，② 在法律规定的前提下，即使未经被告同意，原告也可以单方改变诉因及请求。然而双方当事人亦可按照澳门《民事诉讼法典》第 216 条之规定，协议改变诉因及请求。

2. 就反诉之事宜作出一切防御。

如果被告在答辩状中提出反诉，则原告可以透过反驳作出一切防御，

① 见本书第 143 页注释②。

② 澳门《民事诉讼法典》第 217 条（未有协议时改变请求及诉因）：一、如未有协议，而诉讼程序中容许原告之反驳，则诉因仅得在原告反驳时变更或追加；但因被告作出认诺，且认诺为原告所接受而引致之变更或追加除外。二、请求亦得于原告反驳时变更或追加；除此之外，原告得于任何时刻缩减请求；如追加属原请求之扩张，或追加系因原请求所引致者，亦得于第一审之辩论终结前追加请求。

包括抗辩和争执，但不可以再提出再反诉，否则，诉讼便会被无休止地延长。如原告不作出反驳，其可以处分的事实，会被视为自认。

3. 在消极确认之诉中，就被告陈述之创设权利之事实提出争执，以及就被告所援引之权利陈述障碍事实及消灭事实。

二　被告的再答辩

按照澳门《民事诉讼法典》第 421 条之规定，[①] 在紧接下来的诉讼程序中，被告还有机会进行再答辩。为了维护辩论原则，有时需要牺牲一定的司法效率。如果原告的反驳中提出了一些新的事实或提出了一些抗辩理由，情况就如同原告针对被告的答辩状一样，法律允许被告提出争执或答复。另外，针对反诉中提出的抗辩，被告同样可以作出防御。在此情况下，被告也有 15 日的时间可以提出再答辩（另加 3 日通知的邮递时间）。

三　嗣后诉辩书状

在民事诉讼中，诉辩书状阶段直至上述阶段可谓告一段落，但是还可能会出现嗣后诉辩书状的情况。根据澳门《民事诉讼法典》第 425、426 条，原告或被告若在正常诉辩书状阶段或之后才知悉某些创设、变更或消灭权利的事实，可以提出嗣后诉辩书状。

例如，在诉讼待决期间突然出现危楼，在审判过程中需要拆卸，怎么办？这样就出现了一个事实变更的情况；又或有些大厦经重建后，是否需要另外作出一独立的物业登记？笔者认为，此时需要重新作一物业登记，故需要补交有关物业登记，此时可以提出嗣后诉辩书状。

又或原告或被告去世了，而诉讼程序待决，也属例外且费时的情况。因为若原告或被告死了，还需要作一附随事项的程序来确认何人继续参与诉讼。

---

① 澳门《民事诉讼法典》第 421 条（被告再答辩之作用及期间）：一、如原告作出反驳，且在反驳中依据第二百一十七条之规定改变请求或诉因，又或如有反诉，原告曾就反诉提出抗辩，则被告得透过再答辩就有关改变之事宜作出答复，或就针对反诉所作之抗辩作出防御。二、被告之再答辩须于十五日内提出，该期间自获通知或视作获通知原告提出反驳之日起算。

第八节　清理及准备阶段

从前述民事诉讼流程简图中可得知，诉辩书状阶段后，便是清理及准备阶段。在一份诉辩书状中，诉讼代理人会提出很多事实，这些事实（作为小前提）将来会配合作为大前提的法律规范，除了主要事实外，如有辅助性事实也需要写入诉辩书状内。所以，原告和被告会提交很多法官认为不重要的事实，但是，由于原则上律师只有一次机会在诉讼中提出所有相关事实，如果没有反驳或再答辩的情况，就只能在起诉状或答辩状中陈述，在此情况下，法官便需要将一些与案件无关或对案件不重要的事实清理出来。

对于无关或不重要的问题，法官会采取措施排除。对于遗漏的问题，法官得邀请当事人补正。若法官此时驳回诉讼，当事人则须重新提出一个新的诉讼。此外，试行调解亦是解决争端、终结诉讼的一种方法。但是，若诉讼须继续进行，法官则会通知双方当事人对待证事实提出一些调查方法。对于已证事实，由于已经获得证实，因此无须在程序中再次证明，例如，须要透过书证证明的事实，如诉讼离婚中的双方当事人之婚姻状况证明、物业登记局之公证书、租赁合同、在答辩状中被告之承认等，[①] 只要当事人在诉辩书状阶段已提交相关的证明文件，则无须于续后的阶段再查证。

清理及准备阶段主要分为：第一，审理程序问题；第二，考虑诉讼前提；第三，认定无效的情况。法官可以在这个阶段中再次审视诉辩书状，亦可驳回起诉。[②] 另外，根据澳门《民事诉讼法典》第 427 条，[③] 法官在这

---

① 例如，针对一些被告可处分之事实，被告在答辩时并没有提出争执，此时，按照澳门《民事诉讼法典》第 410 条之规定，视为自认。

② 注意，驳回起诉和初端驳回不同。此时，由于法官已经作出了初端批示，故只属于在诉讼后期阶段驳回原告的起诉。请参阅澳门《民事诉讼法典》第 230 条。

③ 澳门《民事诉讼法典》第 427 条（就延诉抗辩之弥补及请当事人就诉辩书状作出补正）：一、提交诉辩书状之阶段结束后，如有需要，法官作出旨在进行下列行为之批示：a）依据第六条第二款之规定，就延诉抗辩采取弥补措施；b）依据以下各款之规定，请当事人对起诉后所提交之诉辩书状作出补正。二、如诉辩书状不符合法定要件或未附同必需之文件，法官须请当事人更正该诉辩书状或提交欠缺之文件，并为此定出限期。三、如在阐述所指称之事实事宜方面，诉辩书状之内容有不足或不准确之处者，法官须请当事人补充或更正诉辩书状之内容，并为此定出限期。四、如当事人作出法官按上款规定请其作出之行为，则所补充或更正之事实须按关于辩论及证据之一般规则处理。五、对于第三款及第四款所述就指称之事实事宜所作之变更，应遵守第二百一十七条、第四百零九条及第四百一十条所定之限制。六、对第一款 b 项所指之批示不得提起上诉。

个阶段可以要求双方当事人补正诉辩书状的内容。

关于澳门《民事诉讼法典》第 427 条第 3 款中所述的"不充足"和"不准确"的认定,属于法官的自由裁量权,故此,就相同事实,可能 A 法官和 B 法官的处理方法有少许不同。若出现补充或更正,亦须告知对方当事人,使对方有同等的机会作出争执、反驳,须遵守辩论和证据之一般规则。

原则上,法官作出之所有批示、决定、判决均可上诉,除行使自由裁量权之事宜和法律明确规定不得上诉之情况。[①]

一 试行调解

接下来就会进入试行调解的阶段,规范于澳门《民事诉讼法典》第 428 条,试行调解不得多于一次,以免双方当事人滥用这个机制。一般而言,试行调解于诉辩书状阶段结束后 15 日内进行,这个调解可以由双方当事人共同声请或是在法官认为适宜调解时依职权进行,又或在诉讼程序中其他时刻也可以试行调解,但如前所述,为了避免双方当事人滥用这个机制,整个诉讼中只容许作一次由法官召集两方进行单纯的试行调解行为。值得注意的是,这个机制与澳门《民法典》关于离婚的调解有所不同,离婚不论是以两愿或诉讼离婚的方式进行,均必须进行调解会议。

除此之外,还需要注意的是,根据澳门《民事诉讼法典》第 428 条第 3 款,当中提到的"具有和解之特别权力之诉讼代理人",是指获当事人特别授权(包括作出和解、认诺等)[②]的诉讼代理人。试行调解在法官的主持下进行,使用衡平原则来获得解决方法。[③] 若双方不履行调解后之结果,对方有权以调解书作为执行名义声请执行。

---

① 澳门《民事诉讼法典》第 584 条(不得提起上诉之批示):不得对单纯事务性之批示及行使自由裁量权而作出之批示提起上诉。

② 澳门《民事诉讼法典》第 79 条(诉讼代理人之一般权力及特别权力):一、如当事人在授权书中声明赋予诉讼代理人在法院之代理权或在任何诉讼中为其代理之权力,则委任之范围为上条所定者。二、诉讼代理人仅当其所持之授权书明文许可其对诉讼作出认诺、就诉讼标的进行和解、舍弃请求或撤回诉讼时,方得作出该等行为。

③ 根据澳门《民法典》第 3 条,衡平原则只能在法律规定下使用。

二 清理批示

接下来，就会进入整个诉讼程序中较为重要的部分——清理批示。根据澳门《民事诉讼法典》第 429 条，① 法官须在诉辩书状阶段结束后，或在试行调解后，又或在法官根据澳门《民事诉讼法典》第 427 条第 2、3 款作出的批示订下的期间后 20 日内作出清理批示。

在民事诉讼中，所有的诉讼行为均设有期间限制，期间过后，如果被告不提交答辩状或不作任何答复，法官是不会主动催促被告作出行为的。因为在行为期间过后，当事人的权利便会消灭。这个原则并不单适用于民事诉讼，所有程序行为针对私人是非常严格的，但针对当局所设定的期间则不然，例如，针对行政机关不作为，只会视为默示驳回。②

在目前的司法实务中，笔者认为在 20 日内要求法官作出清理批示对法官也是一种考验，因为澳门的法官跟其他地区的法官不同，在其他地区这些工作一般是交由一个办公室作出，其完成后才交予法官作出清理批示，而由于澳门的案件是交叉进行的，澳门的法官需要在同一时段处理多宗案件，并不像其他地区完成一宗案件后才会处理另一宗案件，所以时间的限制对法官也是一种考验。

清理批示的目的是解决诉讼法的问题，这些目的可归纳为：

（1）审定诉讼前提；

（2）审理实体问题；

（3）解决或有之问题。

---

① 澳门《民事诉讼法典》第 429 条（清理批示）：一、试行调解后，又或无进行此措施时，于提交诉辩书状之阶段结束后或第四百二十七条第二款及第三款所指之期间届满后，如有需要，法官于二十日期间内作出旨在进行下列行为之批示：a）审理由当事人提出之延诉抗辩及诉讼上之无效，或根据卷宗所载资料审理应依职权审理之延诉抗辩及诉讼上之无效；b）立即审理案件之实体问题，只要诉讼程序之状况容许无需更多证据已可全部或部分审理所提出之一个或数个请求，又或任何永久抗辩。二、在上款 a 项所指之情况下，所作之批示于确定后，即对已具体审理之问题，构成在诉讼关系上裁判已确定之案件。三、法官因欠缺资料而决定留待最后方依据第一款之规定对其应审理之事宜作出裁判者，对该决定不得提起上诉。四、对于旨在维护占有之诉讼，如被告仅声请其拥有所有权，而不对原告之占有提出争执，且立即审理所有权之拥有问题属不可能者，法官须于清理批示中命令维持或返还占有，但不影响将所有权之拥有一事留待最后作出裁判。

② 请参阅澳门《行政程序法典》第 102 条。

根据澳门《民事诉讼法典》第 429 条第 1 款 a 项，透过清理批示来解决当事人提出的延诉抗辩或诉讼上的无效。诉讼上之无效是指程序上之无效，例如传唤无效、有瑕疵。若在清理批示中被确认为无效，在诉讼程序发生无效之日起计，所作出之一切诉讼行为均无效，须重新作出。[1] 而澳门《民事诉讼法典》第 429 条第 1 款 b 项的情况，[2] 是指法官可以立即作出判决的情况，因为这条所处理的问题并非形式上之问题，是实质上之问题。

有时，当法官在清理批示阶段中没有条件对其应当审理的延诉抗辩或诉讼无效的问题作出裁判时，可以留到最后再对这些问题作出裁决，[3] 针对法官的这个决定，当事人不可提出上诉。[4]

另外，根据澳门《民事诉讼法典》第 429 条第 4 款，[5] 法官可以依职权作出维持占有或返还占有的决定，因为占有的连续进行对取得时效有所影响，所以，尽管民事诉讼法中有处分原则的限制，在起诉状中原告没有声请维持或返还占有时，法官仍可依职权作出这个决定。

在清理批示中，常常会指出"本法院对此案有管辖权，且诉讼形式恰当。双方当事人享有当事人能力及诉讼能力，且具有正当性。不存在妨碍审理案件实体问题的延诉抗辩及无效之情况"。而在这个清理批示中，由于没有实质审理过上述问题，因此没有确定裁判的效力，以上的这个批示学术上被称为"样版式批示"，目的是使诉讼可以继续进行，否则法官只能审理全部问题之后再进行下一步，但即使作出"样版式批示"，亦不妨碍法官在终局判决时才对管辖权、当事人能力、诉讼能力、正当性等诉讼前提进行审理，此时，法官在批示中的这种表述并不构成案件的确定裁判。

要区分的是，澳门《民事诉讼法典》第 429 条第 1 款中所述的批示，并不是上述提到的"样版式批示"，因为"样版式批示"是没有审理过有关问题而作出的批示，目的是使诉讼可以继续进行下去，而第 429 条所指的情

---

[1] 有关内容请参阅澳门《民事诉讼法典》第 147 条及续后数条。
[2] 见本书第 172 页注释①。
[3] 例如，在一个离婚诉讼的清理批示中曾表示：被告在答辩中陈述原告原谅被告。对对此问题，本人认为此阶段没有充分证据对事宜作出裁判，故待制作判决书时作出审理。这就是按照澳门《民事诉讼法典》第 429 条第 3 款之规定所作的决定，尽管法官大多数时候不会指出根据哪条条文作出决定。
[4] 见本书第 172 页注释①。
[5] 见本书第 172 页注释①。

况是当事人提出或者法官发现了诉讼上的问题后，法官在说明理由后作出的一个决定，即法官实质审理过这些问题，那么，这部分便成为确定判决。① 例如，原告提出他方不具正当性或当事人能力，法官进行实质审理后，在清理批示中在说明理由，指出他方当事人确实没有正当性，此时，如果他方没有提出上诉，那么这个决定便构成了案件的确定裁判。当然，当没有足够条件查明诉讼前提的不足或瑕疵时，法官有权留待于之后的诉讼行为中解决。

（一）对事实事宜作出筛选

除此之外，法官在对双方当事人的诉辩书状进行审视后，便会按照澳门《民事诉讼法典》第 430 条②之规定，在清理批示中对双方所提出的事实事宜作出筛选，指出已获证实的事实和有争议而被归入调查基础内容的事实。对于调查基础内容事实，主张利益的当事人要进行举证，当事人要提出证据方法，③ 或声请在将来听证时以录音及录像方式记录证人证言。有关事实会被列入疑问列中，因为这些事实未被证实，法官要有技巧地于双方在诉辩书状中提出的事实中，找出这些待证事实，目的是判别这些小前提是否符合所有法学理论中大前提而产生一定的法律效果。如前所述，由于民事诉讼中所有的事实必须在诉辩书状中提出，基于民事诉讼的处分原则限制，法官不可以将自己知悉的事实作为诉讼中的事实。在清理批示发出后，法院办事处便会向当事人作出通知。

---

① 有关的内容可参阅澳门《民事诉讼法典》第 429 条第 2 款之规定。

② 澳门《民事诉讼法典》第 430 条（事实事宜之筛选）：一、如诉讼程序必须继续进行，且已在诉讼中提出答辩，则法官须在上条所指之批示中，又或无该批示时，在为作出该批示而指定之期间内，根据对有关法律问题之各个可予接受之解决方法筛选出重要之事实事宜，并指出：a）视为已确定之事实；b）因有争论而归入调查基础内容之事实。二、对于视为已确定之事实事宜或归入调查基础内容之事实事宜之筛选，当事人得以未包括某些事实、纳入某些事实或所作之筛选含糊不清为依据提出声明异议。三、对于就声明异议所作之批示，仅得于对终局裁判提起之上诉中提出争执。

③ 澳门《民事诉讼法典》第 431 条（提出证据方法）：一、如诉讼程序必须继续进行，办事处须将清理批示通知当事人，或无清理批示时，将筛选事实事宜之批示，又或将对声明异议作出裁判之批示，通知当事人，以便其于十五日内，声请采取证明措施，更改于诉辩书状中所提出之与证据有关之声请，或声请将辩论及审判之听证录制成视听数据。二、如未有作出清理批示，亦未有筛选事实事宜，须由法官命令作出上款所指之通知。三、第一款所指之期间届满，且考虑辩论及审判听证前进行之调查措施可能需要之时间后，法官立即指定辩论及审判听证之日期。

（二）已证事实及待证事实

法官将会对本次诉讼中有用的事实进行筛选，删去对本次诉讼没有意义的事实，如前所述，基于民事诉讼的处分原则，诉讼代理人一般会在诉辩书状中把所有事实一次性的陈述在内。筛选的目的，是找出对涉及具体个案的法律问题的所有解决方法有意义的事实，因为一个问题可能具备多个解决方法，只是由于解决方法的前提不同，而在此阶段中法院仍未作出审判。所以，诉讼代理人要把多个可能性的解决方法所涉及的有关事实陈述出来，当然这些方法必须是有理据的[①]，因此便要思考所提出的事实能否代入到法律规定的所有大前提中，以产生相应的法律效果。

在清理批示中，法官会指出既证事实，但即使是既证事实，若法官认为其对将来适用法律是没有用处的，也有可能会被筛出。如果有些事实没有陈述在起诉状、答辩状或其他诉辩书状中，那么就表示在这个诉讼中会当作这些事实不存在。因为，在民事诉讼中追求的是形式的真实。因此在很多情况下，当事人是由于程序上出错而导致败诉的。这些待证事实和既证事实就是来自所有当事人在诉辩书状内陈述的事实，此外，还有可能是自认的事实。自认的事实在诉讼中通常分为两种，第一种是当事人提出了一些事实，他方当事人知悉后不作出争执，过了答辩期间后，便会视为对方自认那些事实；另一种是他方直接承认的事实，以上属于诉讼内的自认，当然，也有诉讼外的自认，在诉讼以外的自认，以口头、书面等方式作出自认的事实亦是容许的。基于双方当事人的协议和根据澳门《民事诉讼法典》第 410 条而提出争执的事实，如没有提出争执，便会视作自认。在事实事宜筛选方面，法官会指出具有争议的待证事实，而这些事实对于作出判决乃属必须，会构成调查基础内容之事实。在程序中，这些待证事实会由双方当事人进行举证。

待证事实中只存在对诉讼有用的内容，但全部必需之内容均应一一列入待证事实之中，待证事实中应该只存在事实，排除法律问题，必须包括诉辩书状的事实、具争议的事实、对于各种依法，甚至各种学理上可行的解决方法有意义的事实。

---

① 有关情况在葡萄牙会更加明显。由于当地的里斯本学派与科英布拉学派的观点有所不同，此时，就要视法官认同哪一派的观点，又或认为哪一种处理方法更为合理。

　　调查基础内容事实被视为清理批示的组成部分，与法律问题不同，后者是法官依职权审理的。在起诉状与答辩状中，双方当事人均会提出法律问题的适用，但这些法律适用的提出并不会限制法官。如双方当事人提出一些较离题的法律，法官是可以不用理会的。通过调查，法官可以知悉在清理批示上的待证事实存在或不存在。当事人在提出证据时，影印本是不被接受的。若证据比较珍贵，如已不能补领的证书，则可以不把正本交到法院，由公证处的职员作出公证行为（认证缮本）代替，然后再把正本归还，但不能只提供影印本作为证据，因为若未能出示正本，便不能证明副本是否真的跟正本相同。

　　提出证据方法的目的只为证实原告所陈述的事实版本和被告所陈述的事实版本是否存在，与法律适用无关。事实（facts）不等于真实，但在中文的词义中事实有着真实的意思。

　　按照澳门《民事诉讼法典》第 430 条第 2 款之规定，针对事实事宜的筛选，当事人可以提出声明异议。这个声明异议是非常重要的，因为如果不提出异议，当事实被放在待证事实或已证事实中时，就已经勾画了将来的判决形态，是不能再修改的，因此法律容许提出异议。例如，当事人可以以某些对己方有利的事实未被考虑、被采纳的某些事实对案件没有意义或法官所作之筛选含糊不清为依据提出声明异议，但需要在 10 日内作出。当事人要把己方和对方可能长达百余页的诉辩书状分别仔细检查，再对照法官选出来的事实，审查是否把所有相关事实都列出来，是否把事实放错事实列，再依情况决定是否提起声明异议，且一切要在 10 日内完成。

　　若有当事人提出声明异议，法官便会针对声明异议作出批示，表示接纳或不接纳。如果当事人对声明异议提出上诉，要即时提出，但法官不一定即时审理。[①] 法官须对有关异议的上诉作出判决，判决败诉且可以上诉时，当事人才能针对有关批示提出争执。上诉的其中条件是败诉案件之案件利益值高于初级法院利益限额的一半。如有机会上诉，当事人需要到上级法院提出初级法院所作之批示是否含糊不清等情况。这种设置的目的是防止当事人的诉讼代理人拖延诉讼。当声明异议的批示作出之后，基本上已能从中看出第一审的判决结果。

　　故此，对于已经确定的事实，如果再没有争议，便不需再证实了，但

---

① 澳门《民事诉讼法典》第 430 条（事实事宜之筛选）：三、对于就声明异议所作之批示，仅得于对终局裁判提起之上诉中提出争执。

当事人还可以针对已确定的事实提出异议。例如，指出法官没有将一些已确定的事实放入已证事实中，又或提出异议针对法官列多或列少了一些事实。在很多情况下，在清理批示阶段后，基本上已能确定诉讼的胜负，因为如已证事实和待证事实均不足以支持原告的请求，即小前提（当事人所提出的事实）并不足以支持大前提（法律规范）时，基本上原告的请求是不太可能被满足的。又或出现原告主张的事实均被放在待证事实时，当事人与其律师便要考虑能否将其变成已证事实，例如，透过证人、鉴定证据、补交书证等方式。故此，很多情况下，在清理批示后已经勾画了诉讼的输赢轮廓，所以诉讼双方当事人可能在这个阶段会进行和解。

在澳门民事诉讼中，清理批示会由负责处理卷宗的法官作出，即使该名法官做得不好，合议庭在事实审期间亦不能改变清理批示中的事实，因为诉讼是一步一步向前推进的，原则上所进行的程序是不可以退后的，除非其中一个诉讼行为因为无效而导致该行为之后作出的行为均无效。例如，传唤无效，法官须重新作出传唤。因此，如果没有出现导致无效的情况，那么合议庭主席（法律审）不可能再更改有关事实。虽然在法律适用上，当事人所提出的内容并不会限制法官，但是，法官在审理案件时是需要以当事人提出的事实作为基础的。再者，载于清理批示内的事实，要在起诉状、答辩状和嗣后的书状中找出来，这个工作十分考验法官对所有法学家学说的理解。另外，值得注意的是，原则上，清理批示是不会审理法律问题的。

第八章
民事诉讼法的原则

第一节　诉诸公正的保障原则

这个原则主要可从以下四方面去分析。

1. 诉诸公正的前提保障

在法治社会中必须确保诉讼的公正，即允许将法律正确地运用到真实的个案中。所以诉讼公正首先要有一整体法，有一整体的法律后，为求将之运用在真实的个案上，就需要相应的程序，而程序必须公正，即要利用公正的程序将真实的事实呈现在诉讼中。

所谓保障程序公正就是指诉讼程序一经开展，就不可随意改变。以公正的程序解决事件比以不公正的程序解决更合适，从体制等各个方面出发，社会亦应提供必需的条件及资源以确保法院良好地处理各种案件，所有公共机关都要辅助法院。此外，从第 9/1999 号法律《司法组织纲要法》① 中

---

① 第 9/1999 号法律《司法组织纲要法》第 7 条（辅助）：法院在履行职责时，有权获其他当局辅助。

亦可发现，法院在履行职务时，有权获得其他当局的辅助。另外，在政府部门的组织法中，亦规定了守法和辅助司法机关的义务。

2. 当事人权利

在法治社会中必须确保当事人的权利获得社会承认，因此必须确保市民有诉诸法院的权利，将与其有关的诉讼交给独立且公正的法院审理以及能在合理时间内获得裁判的权利等。从法院审判的角度来看，就当事人的合法权利，应该在合理的时间内进行审理，并最终作出具确定力的判决，并且从法律上提供途径，让当事人能够请求法院执行有关的判决（倘败诉方不履行该判决）。

3. 诉诸法院的权利

根据《澳门特别行政区基本法》第36条，每个澳门居民都有诉诸法院的权利，因此，澳门有一套制度，[1] 以防止有人因经济能力问题而不能向法院提出诉讼。还须一提的是，倘若公共当局侵犯私人的合法权益，居民亦可向法院提起诉讼。对此，《澳门特别行政区基本法》第36条规定：澳门居民有权对行政部门和行政人员的行为向法院提起诉讼。

除澳门《民事诉讼法典》外，还有有关求诸法律及诉诸法院的第21/88/M号法律，规范司法援助制度的第13/2012号法律《司法援助的一般制度》等。

在法治社会中，法院有专属审判权（检察院虽然作为一个司法机关却没有司法审判权），因此法院必须确保市民有诉诸法院的权利，更不可以对市民的权利作出限制，而导致他们难以或不能够维护自身的权利或利益，即不得因市民缺乏经济能力而间接剥夺他们诉诸法院的权利，故在澳门有一套司法援助制度，以保障人们诉诸法院的权利。从前，一般市民很怕去法院，因为法院使用的语言多为葡萄牙文，而且诉讼时间很长，亦需花费许多金钱。但后来大家发现有司法援助，而且还有胜诉的机会，所以现在入禀法院的案件很多。

4. 确保市民获得资料、法律意见和法院代理

无论在刑事或民事案件中，市民都有权获得资料。如涉及当事人自身

---

[1] 第9/1999号法律《司法组织纲要法》第6条第1款，亦规定了"诉诸法院"的权利：确保任何人均有权诉诸法院，以维护其权利及受法律保护的利益；不得以其缺乏经济能力而拒绝司法。

的案件，申请获得有关资料是不需要律师代理的。另外，如欲获得的资料不涉及法律问题，亦不需要律师代理，例如当事人要求取得一份判决的证明书，由于不涉及法律问题，是不需要律师代理的。①

对于法律意见的取得，市民均可以在法院、检察院免费获得法律咨询，同时某些公共机关也提供法律咨询的服务。而私人除了律师以外的意见均属于该人对法律的自行理解，而律师提供法律意见，按相关规定是要收费的。如果真的由非律师的私人提供法律意见，律师公会也不能惩处之，因为该私人还不是律师，不能对其提起相关的纪律程序。而法院代理就是指当事人可以在诉讼中聘请律师为其进行代理，如果是没有经济能力的当事人，则如上所述可申请司法援助。

第二节　合理期间

透过法院实现法律给予之保护，包括有权在合理期间内，对依规则向法院提出之请求获得审理，并获得具有确定力之司法裁判，以及请求执行司法裁判。

在合理期间内获得法院判决是司法系统有效保护市民权利与利益的重要基础。一个迟来的公正并不能完全满足有关当事人的利益，不论对原告还是被告。司法诉讼的拖延会妨碍证据的搜集，使证人证言变得不确定，使调查变得更困难。

一人通过其感观器官，将一个客观的环境带到主观意识中，经过一段时间后，再从自己的主观意识中输出其认为"客观"的资讯。作为一名法律适用者，特别是法官，这时就会针对这些"客观"事实作出一客观的判断。通过人证，利用这证言把事实重现出来。然而，经过时间的流逝，证人的记忆会减退，甚至因为其认知程度的改变而对当初的事实有另一种看法，要透过这种方式将一真实的事实完全呈现到法院中几乎是没有可能的。

一直以来，当事人在合理期间内获得保障是最难达到的愿望，其中涉

---

① 请参阅澳门《民事诉讼法典》第 74、75 条。

及很多因素，如社会、经济因素等会导致诉讼量的增加，使司法裁判拖延。在澳门这种情况更为严重，因同一法官需要同时处理多宗案件，更甚者，很多导致诉讼拖延的原因是基于诉讼当事人故意。

然而，合理期间是很难界定的，没有一个确切的标准。影响诉讼期间的因素有很多，并非一案件愈复杂，诉讼时间就愈长；案件愈简单，诉讼时间就愈短。例如，法院对被告进行传唤，当只有一名被告时就比较方便，但如有多位被告，就由传唤到最后一人开始计算答辩期间（即30天）。如公示传唤公告于10月4日刊登，将由第二天起计30天，目的是让被告知悉这公告，这段为期30天的公示期间称为公告期间或中间期间，公示期满后才再计算30天答辩期间。因此，很多因素会影响合理期间。

判断是否属于合理期间，应按实际情况分析，只要比较法律规定的期间及法院、当事人实际上作出行为所用的期间，就可以分析出当事人的请求在合理的期间内是否被处理，亦即从法律制度本身的规定去衡量诉讼是否在合理期间内获得法院判决。然而，法律所规定的期间是否符合市民的期望、是否获社会大众认同，是另一个层次的问题，是一社会取向的问题。

笔者认为，如果将一个具体案件代入法律规定中，如每个诉讼行为都在法律订定的期间内进行，这就是一个合理期间。所以，所谓的合理期间，不是看这起案件实际用了多少时间；在我们分析合理期间时，所有在法院中的诉讼行为和当事人行为期间如果符合法律的规定，这就是合理期间。澳门的制度与国内规定不同，国内的诉讼法会划定一段时间为合理期间，因为影响诉讼时间长短是有很多因素的。

一宗案子，由诉讼的展开到审结，在期间方面，法律工作者与公众的看法是不同的。公众不理解过程，只管结果需要的时间；所以我们看待合理期间，与一般公众所期待的合理期间是有落差的。

如欲透过诉讼维护自身权益、实现公正，可以是基于不同的请求及目的。为了这些不同的目的，法律也设立了相应合适的诉讼程序。原则上，每一个请求法律都会给予一个相应之诉讼。从澳门现行的《民事诉讼法典》当中，我们会发现记载了很多特别的诉讼。这些专门的诉讼，在澳门《民法典》中也得到体现。

根据澳门《民事诉讼法典》第1条第2款，所有权利均有适当之诉讼（即所有的主观权利都可以提起诉讼），以便请求法院承认有关权利，对权利之侵犯予以预防（即可提起保全措施，当出现正在或将会侵犯某权利使该权利难以获得弥补的事由，可实行保全措施以保护该权利）或弥补，以及强制实现有关权利，且就所有权利亦设有必需之措施，以确保诉讼之有用效果。[①]

在提起民事诉讼时，多熟悉社会情况，对如何提起诉讼和掌握诉讼技巧，是十分重要的。因为在诉讼中，事实和请求均是由双方当事人作出的，如何编写起诉状的内容就要看当事人（或其代理人）本身是否能够灵活处事，当事人能否想出实际可行的解决方法。

如当年 S. T. D. M. 与员工之间的纠纷中，该公司的律师提起的保全措施便是一个著名的民事诉讼中提起保全措施的成功例子。当时 S. T. D. M. 员工们因赔偿问题，几乎每天都穿上员工服到街上示威游行，该公司的律师提出禁止员工穿上员工服到街上示威游行的保全措施，这样便可以减低示威游行的声势，亦减低了员工的行为对公司声誉造成的负面影响。

第三节　平等原则

平等原则是指不理会利害关系人的社会条件和经济状况，其在诉讼中应该获得同样的对待，双方当事人均获得能够诉诸法院的权利。对于诉诸法院的权利，不单在诉讼法中有所规定，《澳门特别行政区基本法》中也有相关规定，即《澳门特别行政区基本法》第 36 条。[②]

故此，诉讼当事人可以在同等的条件下诉诸法院。现行澳门《民事诉讼法典》已经作出了一定的修改，在修改之前，若一公民不纳税，涉及有关的事实或文件是不可以在法庭上主张的，而现在就容许这样做。这是经修改后的《民事诉讼法典》新增的内容，故对当事人诉讼方面的保障加强

---

① 澳门《民事诉讼法典》第 1 条（诉诸法院之保障）：一、透过法院实现法律所给予之保护，包括有权在合理期间内，获得一个对依规则向法院提出之请求予以审理，并具有确定力之司法裁判，以及有可能请求执行司法裁判。二、除非法律另有规定，就所有权利均有适当之诉讼，以便能向法院请求承认有关权利，对权利之侵犯予以预防或弥补，以及强制实现有关权利，且就所有权利亦设有必需之措施，以确保诉讼之有用效果。

② 《澳门特别行政区基本法》第 36 条：澳门居民有权诉诸法律，向法院提起诉讼，得到律师的帮助以保护自己的合法权益，以及获得司法补救。

了，此规定体现在澳门《民事诉讼法典》第 224 条①中。

如 A 向 B 租了一个车位，该份租赁合约在以后可以作为 A 向 B 租了车位的证据，是一可证明 A、B 之间有租赁关系的文件，即使该租约②未纳税亦然。但法官于此时有责任向财政局举报该业主没有纳税，这是法官的义务。但是，不交税的行为并不会妨碍当事人行使其诉诸法院的权利。

第四节　辩论原则

法院所作出的裁判必须和双方当事人在诉讼过程中陈述和辩论的内容相符，即法院裁判的基础是双方当事人提出的事实内容，范围是当事人划定的，这是民事诉讼最大的特点。原则上当事人没有提出的事实，法官会视为不存在，即使法官本人知道这些事实，在诉讼中也不可以审理，除非是一些由法官依职权审理的事实，但这些都不会脱离原告和被告所提出的事实范围。双方当事人不会收到一个就他们在诉讼中没有陈述或辩论的问题而作出的裁判，即使是依职权审理亦是以他们陈述的事实为基础的，有关内容可参阅澳门《民事诉讼法典》第 3 条。③

以上的规则与刑事诉讼不同，刑事诉讼中法官可依职权调查事实的真相，而民事诉讼只调查形式的真相。

在陈述事实方面，不仅仅口头上的辩论（听证阶段）须遵守辩论原则。诉讼是以辩论的形式进行的，双方当事人之间进行辩论，即针对其中一方

---

① 澳门《民事诉讼法典》第 224 条（税务上债务之不履行）：一、不履行税务上之债务并不妨碍诉讼、附随事项或保全程序之受理或进行；但权利之移转系在有关诉讼程序中进行，且取决于履行该等债务者除外。二、不履行税务上之债务并不妨碍导致须履行该等债务之文件在法庭上被视为证据，但法院须举报所发现之违法行为。三、如有关诉讼系以从事须课税之活动时所作之行为为依据，而利害关系人并未证明已履行其所负有之税务上之债务，则办事处须将有关诉讼正待决一事及该诉讼标的告知税务当局，而诉讼程序得依规则继续进行，无须中止。

② 澳门《民法典》第 1032 条（方式）：一、不动产租赁合同应以私文书订立，且合同中各签名均须经公证认定。二、即使欠缺书面凭据，只要能证明该欠缺可归责于一方当事人，则他方当事人仍可藉其他证据方法使不动产之租赁获得法院承认，但法律另有规定者除外。

③ 澳门《民事诉讼法典》第 3 条（当事人进行原则及辩论原则）：三、在整个诉讼过程中，法官应遵守以及使人遵守辩论原则；在当事人未有机会就法律问题或事实问题作出陈述时，法官不得对该等问题作出裁判，即使属依职权审理者亦然，但明显无需当事人作出陈述之情况除外。

当事人提出的请求，给予他方当事人就有关请求发表意见的机会。对于法院主动提出的问题及作出之措施，亦应给予双方当事人发表意见或参与的机会，故辩论原则也是当事人平等原则的体现，而且与处分原则一样，亦是民事诉讼的基石，若欠缺此原则，法官所作出的判决会欠缺公平性。

辩论原则保护的是两种在诉讼中的权利：事先听取当事人的言论的权利，以及当事人答辩的权利。现时的法学界认为辩论原则是为了确立所有当事人都能够以完全平等的方式参与诉讼，包括与诉讼标的有关的所有因素、事实、证据、法律解释等，使得当事人可以真正参与整个诉讼程序的发展。无论在诉讼程序中的任何阶段，当事人的参与对法院的判决都有重要的影响力。

原告和被告在同一平等位置，法院的地位则高于原告和被告，形成角形关系。一方当事人在请求法院对每一事宜作出决定前，都要询问另一方当事人的意见。而法院作出决定后，亦要告诉双方当事人，待双方当事人有发表意见的机会。

现今辩论原则已经从过去的只对另一方当事人的行为提出反驳的消极防御形式，发展到主动参与诉讼的形式，而发挥到能影响最终判决结果的积极效果。

一　与辩论原则相关的规定

根据澳门《民事诉讼法典》第3条①：法院有事先听取当事人意见的义务。由于当事人有被事前听取意见的权利，所以没有人会因其非为当事人的案件判决受到影响。因此对于没有参与诉讼的第三人而言，这也是种保障。例如：双方当事人A、B，A和B的诉讼最终影响了C的利益（例如侵犯了C的个人财产），但是C并没有参与该诉讼，法院的判决是不应该对其有影响的，即这个判决不会对C产生任何效果。这就是辩论原则的体现，此一原则会引申出对诉讼当事人正当性的要求。若没有当事人正当性，即案件欠缺诉讼前提，有关诉讼因此应被驳回。

仅在法律规定之例外情况下，方得未经事先听取某人之陈述而采取针

---

① 澳门《民事诉讼法典》第3条（当事人进行原则及辩论原则）：一、未经一方当事人提出请求，而另一方亦未获给予机会申辩者，法院不得解决引致诉讼之利益冲突。

对其之措施。

例如，保全措施。如果 A 通知 B 后方可要求采取保全措施，保全措施则会变得毫无作用，当然是否需要由法官决定。声请人申请的保全措施的具体种类，只要是能够恰当地保障其可能受到侵犯的权利的措施，均可以申请，是否批准最终亦由法官决定。

保全措施可以在不经听取某人的陈述而作出的情况，规定在澳门《民事诉讼法典》第 353 条第 1 款。[①]

在保全措施的规定中，有不少规范指出不须听取被声请人之陈述，例如，澳门《民事诉讼法典》第 333、334 条。[②]

在民事诉讼程序中，由缴交预付金到法院分发、再传唤被声请人、之后听证，上述期间可能会很长（因为当中可能会有扣押财产、制作财产清单等程序措施），如事先被声请人（保全措施所针对之人）知悉的话，其可立刻转让或出售该财产。换言之，这样的话声请人提起的诉讼便不能够得到应得的效益和作用。

例如，B 违反了与 A 订立的不动产买卖预约合同，A 向 B 提起特定执行之诉。由 A 提起诉讼至法院作出判决判 A 胜诉，可能要一年半载的时间，

---

① 澳门《民事诉讼法典》第 353 条（继后之步骤）：一、经调查证据后，只要符合法定要件，须命令作出假扣押，而无须听取他方当事人之陈述。

② 澳门《民事诉讼法典》第 333 条（命令采取措施后之申辩）：一、如命令采取措施前并无听取声请所针对之人陈述，则该人得于接获第三百三十条第五款所规定之通知后作出下列任一行为：a) 如基于所查明之资料，认为不应批准采用保全措施，则按一般程序对命令采取措施之批示提起上诉；b) 如欲陈述法院未曾考虑之事实或提出使用法院未曾考虑之证据方法，且该等事实或证据方法可使采取有关措施之依据不成立，或可导致采用较轻之措施者，则就命令采取之措施提出申辩，并适用经作出必要配合之第三百三十一条及第三百三十二条规定。二、在上款 b 项所指之情况下，法官须作出裁判，维持先前命令采取之措施、采用较轻之措施或废止先前命令采取之措施，而对该裁判得提起上诉；该裁判作为最初宣示之裁判之补充及作为其组成部分。

第 334 条（措施之失效）：一、在下列情况下，保全措施失效：a) 声请人自接获命令采取保全措施之裁判通知之日起三十日内，仍未提起该措施所取决之诉讼，但不影响第二款规定之适用；b) 提起诉讼后，因声请人之过失而导致诉讼程序停顿逾三十日；c) 有关诉讼被裁定理由不成立，而该裁判已确定；d) 对被告之起诉被驳回，而声请人未有及时提起新诉讼，以致未能利用先前起诉之效果；e) 声请人欲保全之权利已消灭。二、如命令采取保全措施前并无听取声请所针对之人陈述，则该措施所取决之诉讼提起之期间为十日，自声请人获通知已向声请所针对之人作出第三百三十条第五款所规定之通知之日起算。三、如保全措施已由担保替代，则担保在被替代之措施应失效之情况下失效，且须命令终止该担保措施。四、卷宗内一旦显示发生使保全程序消灭之事实，法官须裁定保全程序消灭以及有关保全措施终止，但事先须听取声请人之陈述。

若 B 在知悉 A 将要提起诉讼时就马上出售该不动产，该不动产就不再属于
B 所有，再特定执行 B 的财产也变得没有意义，最终 A 只能要求 B 赔偿双
倍定金。为了避免这种情况，A 可以声请对该财产进行假扣押的保全措施或
用其他方法使 B 不能将之出售。面对这些情况，取得该物的物权总比取得
其债权好，因为除非给付的定金已为全部价金，否则的话，能取得的钱也
不会太多。

所以，最好的手段就是申请特定执行，而在此之前则可以先申请保全
措施，先假扣押该不动产（假扣押属于须登记的事实①），不允许 B 出售或
转让该不动产。

法官在正确的诉讼程序中应遵守辩论原则，但无须当事人陈述或证明
的事实除外。例如一些明显事实，如受害人在未被麻醉的情况下被弄断了
一只脚会感到非常痛，这是一个大家都知道的事实，不用举证也能证明当
事人是否真的感到痛楚。

按照辩论原则的精神，如法官基于当事人的恶意诉讼而对之作出处罚，
也要听取当事人的意见及解释。透过立法者赋予的让当事人作出答复的权
利，任一当事人就另一方当事人作成或促成的诉讼行为（如诉辩书状、声
请、陈述、证据、作出答复等），亦有机会表达自己的意见。

二　辩论原则在其他条文中的体现

（1）对于他方当事人陈述新的事实。一般情况下不容许当事人再加入
新的事实，但是澳门《民事诉讼法典》第 427 条第 4 款为例外；②

（2）对法官要求一方当事人作出解释；

（3）就他方当事人在诉辩书状中的抗辩作出答复。

不遵守辩论原则的后果是判决无效，因为不遵守辩论原则会影响到案
件的审判。例如，没有传唤或传唤无效，又或未遵守传唤规则，都会构成
再审上诉的理由，因为其破坏了既决案件的效力。

例如，案件根本没有传唤 A，却对 A 产生了作用、效果，这是不合理

---

① 请参阅澳门《物业登记法典》第 2 条。

② 澳门《民事诉讼法典》第 427 条（就延诉抗辩之弥补及请当事人就诉辩书状作出补正）：
四、如当事人作出法官按上款规定请其作出之行为，则所补充或更正之事实须按关于辩论
及证据之一般规则处理。

的，并且根本上是不应该对 A 产生效力的，所以，在此情况下容许重新审理，澳门《民事诉讼法典》第 653 条 f 项就是指这一情况。

上诉分为两种，一种是平常上诉，另一种是非常上诉。在判决已确定后，不会再允许提起平常上诉，但当诉讼程序中出现了某些法律规定的瑕疵时，则容许提起再审上诉。法律对于这些例外情况作出了严格规定，这是基于法律的稳定性要求。除了上述有关传唤方面瑕疵的例外情况外，其余可以提起再审上诉的依据规定在澳门《民事诉讼法典》第 653 条。①

三 辩论原则在证据方面的体现

根据澳门《民事诉讼法典》第 438 条②和第 445 条③，不只是文件上或诉辩书状上会体现辩论原则，在证据方面也体现辩论原则。

在澳门的制度中，容许人们在提起诉讼时就要求作出证据的预行调查，或在起诉状提起之前就要求预行调查。在后一种情况中，声请人要在声请书中扼要指出有关诉讼的请求和依据。为什么澳门的法律容许预行调查？尽管

---

① 澳门《民事诉讼法典》第 653 条（依据）：基于下列之依据，方可对已确定之裁判提起再审上诉：a）透过已确定之判决显示出上述裁判系因法官或参与裁判之任一法官渎职、违法收取利益或受贿而作出者；b）透过已确定之判决确认法院之文件或行为、陈述或证言又或鉴定人之声明出现虚假情况，而该将予再审之裁判可能因此虚假情况而作出者；但在作出该裁判之诉讼程序中曾就该等虚假问题进行讨论者除外；c）有人提交当事人不知悉之文件或提交当事人于作出该裁判之诉讼程序中未能加以利用之文件，而单凭该文件足以使该裁判变更成一个对败诉当事人较为有利之裁判；d）该裁判所依据之认诺、请求之舍弃、诉之撤回或和解，被已确定之判决宣告为无效或予以撤销；e）认诺、请求之舍弃、诉之撤回或和解因违反第七十九条及第二百三十九条之规定而属无效，但不影响第二百四十三条第三款规定之适用；f）显示出未有作出传唤或所作之传唤属无效，以致有关诉讼及执行程序又或仅有关诉讼因被告绝对无参与而在被告不到庭之情况下进行；g）该裁判与先前作出、对当事人构成裁判已确定之案件之另一裁判有所抵触。
② 澳门《民事诉讼法典》第 438 条（辩论听证原则）：一、如未进行证据所针对之当事人之辩论听证，则不得接纳及调查有关证据，但另有规定者除外。二、对于有待形成之证据，如证据所针对之当事人非属不到庭者，则须就所有准备行为及证据调查行为向其作出通知，而其亦得按法律规定参与该等行为；对于先前已形成之证据，应让该当事人就该等证据获接纳一事或就证据之证明力提出争执。
③ 澳门《民事诉讼法典》第 445 条（预行调查证据之方式）：一、声请预行调查证据之人须扼要说明需预行调查之理由，并准确叙述应予证明之事实；如须取得当事人之陈述或证人之证言，则指出该等人之身分资料。二、如仍未提起诉讼，则该声请人须扼要指出诉讼之请求及依据，并指出其欲采用有关证据所针对之人，以便为第四百三十八条规定之目的向此人作出通知；如未能通知此人，而其为不确定人或失踪人，则通知检察院；如该人不在澳门而在某地，则通知法官指定之律师。

现在科技先进，证据的获取可能未必需要使用预行调查制度，但依然有些情况是需要的。就像近年在澳门的"善丰花园"案件中，小业主们请求被告作出一定赔偿，而该依据则是因为有损害存在，这样已扼要地说明了诉讼的请求和依据，因此即使尚未提起诉讼，善丰花园的小业主亦可以要求预行调查证据，将某些重要证据先保存下来。

另外，按照澳门《民事诉讼法典》第446条①、澳门《民法典》第348条②之规定，如果一方当事人已在另一个程序中作出自认，那我们就不需要再重新调查这个证据。但若后一个诉讼中当事人的保障（例如，提供足够的时间作出一个防御）比第一个诉讼多，则其在首个诉讼程序中所作之陈述或证言以及鉴定，于第二个诉讼程序中仅作为表证（表面的证据）。

四 辩论原则在文件中的体现

规范于澳门《民事诉讼法典》第453条③、465条④、468条⑤、499条⑥。

---

① 澳门《民事诉讼法典》第446条（证据在诉讼以外之效力）：一、在一诉讼程序中经进行当事人之辩论听证而取得之陈述或证言以及鉴定结果，得于其他诉讼中援引以针对同一当事人，但不影响澳门《民法典》第三百四十八条第三款规定之适用；二、如首个诉讼程序中涉及对欲援引之证据进行调查之部分已被撤销，则上款之规定不适用。

② 澳门《民事诉讼法典》第348条（种类）：三、于一诉讼程序内作出之自认仅在该诉讼内具有诉讼上自认之效力；于任何诉讼开始前之程序或附随程序上所作出之自认，仅在与有关程序相应之诉讼内具有诉讼上自认之效力。

③ 澳门《民事诉讼法典》第453条（对他方当事人之通知）：如文件与最后之诉辩书状一同提供或在提交该书状后提供，则须就提交该文件一事通知他方当事人；但提交该文件时他方当事人在场，或该文件与容许作出答复之陈述书一同提供者除外。

④ 澳门《民事诉讼法典》第465条（对当事人之通知）：取得所要求之文件后须通知各当事人。

⑤ 澳门《民事诉讼法典》第468条（不应接收之文件或迟交之文件）：一、如办事处已将文件附入卷宗，并遵守第四百五十三条之规定，而法官先前并无命令将该等文件附入卷宗，且于办事处送交有关卷宗以作裁判时，发现该等文件与案件无关或非案件所需者，则法官须命令从卷宗抽出该等文件，将之返还予提交文件之人，并判处该人负担因此而引致之诉讼费用。二、如出现依据第四百五十条第二款规定应处以罚款之情况，法官须同时科处该罚款。

⑥ 澳门《民事诉讼法典》第499条（鉴定标的之订定）：一、如法官认为鉴定措施并非不恰当，亦非旨在拖延程序进行，则就所建议之标的听取他方当事人之意见，让其表示赞同就该标的进行鉴定，或建议扩大或缩减该标的。二、法官须于命令进行鉴定之批示中确定鉴定目标；为此，如法官认为当事人提出之问题为不能接纳或不重要者，则不受理该等问题；如法官认为其他问题对查明事实真相属必需者，则将鉴定标的扩大至包括该等问题。

当事人将文件交到法院时，或法院自己依职权向行政机关申请文件后（如向公务局申请平面图），法院须让各方当事人查看。总而言之，在法院取得文件后，应通知各方当事人，因为原则上那些文件会随同诉辩书状一并提交，即提交时有多少份文件，法院就要给各方当事人多少份文件的复本。

不应接收的文件会被退回，若提交文件的日子迟于法律规定的日子，在符合澳门《民事诉讼法典》第 450 条第 2 款的前提下，可以透过缴纳罚款而补交。

五　辩论原则在证人更换中的体现

原告和被告在提交起诉状和答辩状时，会附上一份证人名单，但有时候在法官作出清理批示后，当事人会再申请提交新的证人名单，那是因为有时候需要更换某些证人。

例如，证人本来答应在诉讼中替 A 的公司做证人，但其突然倒戈相向为相对方 B 公司担当证人，故 A 方需要更换证人；又或者当证人病重时认为他不再适宜作为证人，都可以更换证人。

有关的内容可参阅澳门《民事诉讼法典》第 432、532 条。[①]

一方更换证人时需要通知对方，让对方知道有新的证人存在，知道证人的证言。所以在澳门的诉讼制度中，不会突然出现一个让他方未曾预料的证据及证人。

而律师会对他方当事人的证人作出提问。例如，原告指定 A 做证人，对方律师亦有机会针对 A 提出补充问题，这里也体现了辩论原则。如在法庭中由原告律师向证人发问，被告律师亦可以就相关事宜发问并作出补充。

---

① 澳门《民事诉讼法典》第 432 条（证人名单）：一、上条第一款所指之期间届满后，当事人亦得最迟于进行辩论及审判听证之日期前三十日提供、更改或补充证人名单；须将该事通知他方当事人，以便其欲行使相同权能时，能于五日期间内为之。二、在上款所指之情况下，当事人须偕同其所指定之新证人到场。

第 532 条（证人之更换）一、遇有更换任何证人之情况，不得在他方当事人接获更换通知之日起五日内作证言，但他方当事人放弃上述期间者除外；如依法不能押后询问以遵守上述期间，则一经他方当事人声请，该更换不产生效力。二、对替代先前指定之证人之新证人所作之询问不得透过请求书为之。三、第一款之规定不影响法官可依据第五百四十八条之规定命令进行询问。

六、辩论原则的例外

当原告的请求为要求法官宣告某行为无效，且明显无需听取他方当事人的陈述时，法官可不听取他方当事人的陈述。[①]

在某些特定的保全程序中，法官可以不听取被声请人的陈述就命令作出有关措施，例如澳门《民事诉讼法典》第 339 条规定的"占有之临时返还"[②] 及第 353 条规定的"假扣押"[③]。

在一些非特定的保全措施中，是否听取被声请人的陈述，则视法官是否认为听取其陈述后会严重妨碍保全措施拟达致的目的。[④] 若法官决定不听取其意见，须在命令作出保全措施的批示中时说明理由。上述规定可以透过澳门《民事诉讼法典》第 337 条第 1 款延伸适用至特定保全措施中，例如第 362 条所指的"制作财产清单"。

第五节　处分原则

处分原则作为民事诉讼中最重要的原则，可以引申出很多小原则，而处分原则在国外或其他诉讼法中又称为"不告不理原则"。这与刑事诉讼的原则相反，因为民事诉讼和刑事诉讼要保护的利益不尽相同。刑事诉讼保护的利益是公众利益，即社会最基本的法益，当然刑事诉讼中也有区分自诉、告诉和公诉。但刑事诉讼程序一旦展开，检察院便责无旁贷一定要继续进行诉讼程序，刑事法院没有"无告诉人便不会自行处理案件"的原则。但民事诉讼程序则相反，因为民事诉讼处理的利益是私人和私人之间的权

[①] 澳门《民事诉讼法典》第 153 条（关于审判之一般规则）：就任何无效所提出之争辩得立即予以驳回；然而，如事先无听取他方当事人陈述，则不得裁定争辩理由成立，但明显无需要听取他方当事人陈述之情况除外。

[②] 澳门《民事诉讼法典》第 339 条（命令返还之程序）：经审查证据后，法官确认有关占有曾属声请人，而该占有被暴力侵夺者，无须传唤侵夺人及听取其陈述而命令返还占有。

[③] 澳门《民事诉讼法典》第 353 条（继后之步骤）：一、经调查证据后，只要符合法定要件，须命令作出假扣押，而无须听取他方当事人之陈述。

[④] 澳门《民事诉讼法典》第 330 条（声请保全程序所针对之人之申辩）：一、法院须于命令采取保全措施前听取声请所针对之人陈述，但听取其陈述可能严重妨碍该措施达致其目的或产生其效力者除外。

利和利益冲突。从法益的角度去比较，两者的法益并不能相提并论，所以当事人不要求处理时，公权力机关便不会介入处理，主要是基于尊重当事人自决权以及善用司法资源的考虑。

民事诉讼只针对私人有权处分的利益，法院有义务推动这些诉讼的进行，但主要的推动人仍然是作为主当事人的私人（然而，有时检察院也会作为主当事人），正如澳门《民事诉讼法典》第3条第1款的规定。[①]

虽然该条文的标题是"当事人进行原则"，但是在各种民事诉讼书籍中，该原则被称为"不告不理原则"，这也是处分原则的一种体现。

第3条第1款规定，未经当事人一方提出请求，另一方亦未获给予机会申辩者，法院不得解决引致诉讼之利益冲突。这规定是指民事诉讼的进行必须遵守以下规则：第一，请求由当事人提出；第二，给予当事人申辩的机会，法院才可以解决双方争议，否则不可以为之。法院要保证双方有机会表达意见，故此，民事诉讼法中对于传唤的规定十分严谨。

处分原则除了确定利害关系人对提起诉讼具有负担外，还要求诉讼的标的必需和提出诉讼的请求、与作为诉讼依据而陈述的事实相符合。法律负担是指，当事人可以自由实施或不实施一定的行为以维护自己的利益，[②]不履行负担并不会有任何处罚，只是当事人要承受相关不利后果。简单而言，针对负担行为，当事人有作为与不作为的自由，只是当事人要自行承担一切后果，包括承受其权利不能获得法律保障的后果。

例如，A欠B一笔款项，但B并未向法院提起诉讼向A追讨，故此法院并不会着令A履行，但当A、B的债务过了时效15年，该债务就会变成自然之债，即使B向A追讨欠款，其权利亦会因为A提出抗辩而消灭。

诉讼的标的，与提出的请求和请求所依据的事实及法律是相符合的，这个就是诉因。组成诉因的是一些事实前提和法律依据，它们会支持请求。所以事实前提、法律依据和诉讼请求应该是一致的，"一致"是指当事人所陈述的事实版本与法律相配合，即使当事人的理解与法官的理解或对方的理解不相同，都起码要符合一定的逻辑。

请求亦应与事实和法律依据相一致，如果不一致，轻则会被驳回请求，

---

① 见本书第184页注释①。

② 请参阅〔葡〕Carlos Alberto de Mota Pinto《民法总论（中译本）》，法务局、澳门大学法学院，2001，第94页。

重则会被判恶意诉讼，后果是被金钱处罚，以及该名提起诉讼的诉讼代理人（当事人的律师）会被律师高等委员会作出纪律处分，最严重的会被中止执业资格。

随着民事诉讼法的发展，处分原则已不等于任何程序步骤均须由当事人推动方可进行。在从前的民事诉讼法中，所有诉讼行为均要当事人推动（即当事人提出请求法官才会处理），例如抽签、分发、缴交司法费、传唤等，当事人不请求便不会进行程序。但现在已经不是"完全"的处分原则，已加入了一部分职权主义。基于从前的民事诉讼过于缓慢，加入职权会更有效率。

有关规定可参阅澳门《民事诉讼法典》第 6 条第 1 款之规定，[1] 一旦诉讼开始进行，法官有义务采取必要措施，使诉讼程序能依规则迅速进行。

此外，按照澳门《民事诉讼法典》第 111 条第 1、2 款之规定，[2] 除了法院，法院办事处亦有义务依职权采取必需措施，以便迅速实现法院批示的目的，使案件依规则进行。

法官会发出批示给予法院办事处的司法文员执行某些措施，但是有些情况下，办事处将依职权作出行为。在司法实务中，法院办事处就算没有法官的批示也会作出某些行为，例如计算司法费。

按照澳门《民事诉讼法典》第 177 条之规定，[3] 原告一旦提起诉讼，法官作出批示命令传唤被告后，法院办事处会首先作出邮递传唤。如无法透过上述方式传唤被告，则办事处会按照第 185 条之规定，[4] 依职权迅速采取措施，透过与应被传唤之人直接接触而作出传唤，无须原告声请。

---

[1] 见本书第 24 页注释②。
[2] 澳门《民事诉讼法典》第 111 条（办事处之职能及义务）：一、办事处须依据其组织法及诉讼法之规定，负责有关待决案件之事务处理、编制卷宗，以及使待决案件依规则进行。二、办事处负责执行法院批示，并应依职权采取必需措施，以便迅速实现法院批示之目的。三、卷宗之编制须便于纳入先后成为卷宗一部分之文书，并防止文书遗失。四、为诉讼代理人之利益，替其到法院办事处办理业务上之事务之人，应出示式样经代表律师之机构核准之证件，以认别其身分；证件上须明确载明有关律师之认别资料，包括其注册编号以及经代表律师之机构认定之签名。五、办事处之程序科在职务上从属于负责有关卷宗之法官；对程序科之司法人员所作之行为，得向该法官提出声明异议。六、在任何情况下，不得使当事人因办事处所犯之错误及其不作为而受损害。
[3] 见本书第 141 页注释①。
[4] 见本书第 144 页注释④。

一　处分原则在民事诉讼请求方面的体现

根据澳门《民事诉讼法典》第 3 条及第 389 条第 1 款 d 项，[①] 原告在起诉状中必须指出其请求，并须为此提出事实依据及法律依据。

当原告没有作出请求时，法官也不知要如何作出判决，故此请求是必需的要件。即使涉及不可处分的权利、集体利益或大众利益（有时基于所涉及的利益，法律会赋予检察院主动提起诉讼的权力[②]），当事人亦须履行提出诉讼请求的负担。

另外，根据澳门《民事诉讼法典》第 564 条第 1 款，[③] 当事人提出的请求限制了法院判决的范围，法院所作判决"不得高于所请求的数额或有别于所请求的事项"。第 1 款为关于请求的最重要的规定。

简单而言，若 A 请求 B 给付 100 万元，法院不可判处 A 得到 101 万元（因法官不得判处高于原告请求的内容）；又如 A 请求 B 给付 100 万元，法院不可判处 B 将其一辆价值 100 万元的名车给予 A，只有当 B 无能力偿还 100 万元时，A 才可以提起执行程序。A 手执法院的判决，可要求法院扣押 B 的车，经过一段程序（比如有无第三人异议等），便可以将该物拍卖（透过司法拍卖／公开拍卖等多种形式），透过拍卖所得的款项用来偿还 B 欠 A 的 100 万元，这是一个简易执行程序。虽然得出的结果相同，两者都满足了 A 的 100 万元债权，但实际上是透过两种不同的程序实现的。

又如，法官不可将原告确认对一粒钻石所有权的请求转换成对房地产

---

① 澳门《民事诉讼法典》第 3 条（当事人进行原则及辩论原则）：一、未经一方当事人提出请求，而另一方亦未获给予机会申辩者，法院不得解决引致诉讼之利益冲突。

　　第 389 条（起诉状之要件）一、在提起诉讼之书状中，原告应：a）指出向何法院提起诉讼及有关当事人之身分资料，为此须指明其姓名、居所，如属可能，亦须指明其职业及工作地方；b）指明诉讼形式；c）载明作为诉讼依据之事实及法律理由；d）提出请求；e）声明有关案件之利益值。二、原告于起诉状之结尾部分即可提出证人名单及声请采取其他证明措施。

② 请参阅澳门《民事诉讼法典》第 59 条。

③ 澳门《民事诉讼法典》第 564 条（判处范围）：一、判决时所作之判处不得高于所请求之数额或有别于所请求之事项。二、如不具备数据确定判处之内容或应判处之数额，法院得判处于执行判决时作结算，但不影响立即判处给付已结算之部分。三、如原应声请返还占有但却声请维持占有，或原应声请维持占有但却声请返还占有，则法官须按实际出现之情况审理该请求。

地役权的请求。但是须注意的是，《劳动诉讼法典》的规定是与此相反的。第 9/2003 号法律《劳动诉讼法典》第 42 条第 3 款容许法官依职权判处有别于原告请求的事项，因为这是基于强行性规定要求。例如，当雇主没有给予员工法定假期、年假时，要作出相应赔偿。只要法官知道雇主违反强行性规定，就应适当判处高于雇员请求的金额。

但是针对诉讼标的的有效性，法院可以根据澳门《民事诉讼法典》第 415 条①之规定依职权审理。假如原告基于被告不履行合同而提起诉讼，而法院经过审理双方当事人提交的文件后，知悉合同标的符合澳门《民法典》第 273 条②的规定而属于无效的话，则即使无一当事人提出合同无效的主张，法院仍可依职权宣告合同无效。

一旦出现法律规定的永久抗辩的情况，法院便会依职权审理。例如，A 透过一"沙纸契"（私文书）卖一土地予 B，但后来 A 无将该土地交付予 B，B 为了要求 A 履行合同而提起诉讼。一旦此案起诉至法院，法院便会驳回。在此案中，按照澳门《民法典》第 212、866 条及《公证法典》第 94 条之规定，私文书买卖不动产为无效，所以法官根据澳门《民事诉讼法典》第 415 条依职权审理此案时，将驳回之。

另外，按照澳门《民事诉讼法典》第 5 条之规定，③ 民事诉讼中的事实以当事人陈述的事实为准，法官不会增加事实的内容，但是对于诉讼无任何意义的事实可被删除。在普通诉讼程序中，律师所提出的法律依据并不一定与法官所适用的条文相同，法官可以使用其认为应当适用的法律。所以，在诉讼中的事实由双方当事人决定，法官只能就双方提出的事实作出审理，但是在法律适用及理解方面，当事人所提出的法律依据并不会限制

---

① 澳门《民事诉讼法典》第 415 条（永久抗辩之审理）：对于法律无规定须取决于利害关系人之意愿而提出之永久抗辩，法院须依职权审理。

② 澳门《民法典》第 273 条（法律行为标的之要件）：一、法律行为之标的，如在事实或法律上为不能、违反法律或不确定，则法律行为无效。二、违反公共秩序或侵犯善良风俗之法律行为无效。

③ 澳门《民事诉讼法典》第 5 条（处分原则）：一、组成诉因之事实及抗辩所依据之事实，系由当事人陈述。二、法官仅得以当事人陈述之事实作为裁判基础，但不影响第四百三十四条及第五百六十八条规定之适用，亦不妨碍法官依职权考虑从案件调查及辩论中所得出之辅助性事实。三、在裁判时，法官须考虑之事实尚包括对所提出之请求或抗辩理由成立属必需之事实，而该等事实能补充或具体说明当事人已适时陈述之其他事实，且系从案件调查或辩论中得出者；但有利害关系之当事人获给予机会就该等事实表明其意见，且他方当事人已获机会行使申辩权时，法官方考虑该等事实。

及影响法官。

此外，当法官发现原告对其请求作出错误的法律定性时，原则上会妨碍法官作出判决，最终可能导致请求被驳回，但是有例外情况，如原告请求撤销合同，但采用了错误的法律依据，在尊重处分原则的情况下，不妨碍法官作出撤销此合同的判决。同一道理下，如果法官认为原告提出的合同法律上不存在①的请求属于错误的法律定性，也可以驳回其请求，改为宣告合同无效。

在一个民事诉讼中，当事人可提出多于一个请求，如交通意外所引致的损害赔偿，包括精神损害赔偿和物质损害赔偿。

例如，A 于交通意外中撞到 B，B 要求 A 为此作出赔偿，A 不愿意作出赔偿，B 便诉诸法院。根据第 57/94/M 号法令，B 要求保险公司及 A 对以下事项作出赔偿：

（1）A 撞毁了 B 的名贵跑车（要求赔偿 300 万元）；

（2）B 的医疗费，基于整容手术（要求赔偿 100 万元）；

（3）B 的精神损害赔偿（要求赔偿 50 万元）；

（4）B 因伤不能开工而导致的损失（要求赔偿 300 万元）。

即 B 最终要求赔偿的总金额为 750 万元。但其后法官可能会判处：

（1）A 须为被撞毁名车赔偿 200 万元（在经计算折旧后）；

（2）B 的医疗费（整容手术要赔偿 100 万元）；

（3）B 的精神损害赔偿（要赔偿 60 万元）；

（4）B 因伤不能工作而导致的损失（要赔偿 300 万元）。

最终 A 要赔偿的总金额为 660 万元。在单个项目上法官作出的决定可能与原告所请求的有所不同，但只要不超过原告请求的总金额即可。另一方面，如法官判决的总赔偿额少于当事人请求的总赔偿额亦为合理。

二　处分原则在答辩状的防御方法方面的体现

原告在起诉状中要陈述事实，基于辩论原则，被告在答辩状中同样需

---

① 法律上不存在的情况为法律行为非有效中最严重的法律效果，因为将视之为不曾存在于法律的世界，不会产生任何法律效果；非有效中的无效及可撤销只会追溯至行为作出之日，并且有可能产生特定的法律效果（比如澳门《民法典》第 284 条所指之效果）。撤销权的失效期间一般为一年。

要，否则会对其产生不利的后果。而答辩状是被告作出防御的方法。关于防御方法，规范于澳门《民事诉讼法典》第563条第3款。①

从民事诉讼流程图可知，作出起诉状后，法官会作出初端批示，传唤被告，被告会作出答辩。被告提交答辩状时，其防御方法原则上有提出抗辩和提出争执两种。这些防御方法均要由当事人自行陈述。

传唤被告后，被告要在答辩状中指出反对原告所主张的请求之理据，首先会提出抗辩，抗辩分为永久抗辩和延诉抗辩。前者的例子有基础法律关系的无效；后者的例子有针对有关案件已签订仲裁协议，原告提起诉讼时，如被告提出依据，指出有仲裁协议的事实，法院就不必再审理此案件，因为一旦签订仲裁协议，就会排除法院的管辖权。

除了抗辩外，还可以提出争执。例如，A提出诉讼指出B昨日打破了A的花瓶，但B在答辩时可提出争执，指出其昨日不在澳门，不可能打破A的花瓶，此时有关B不在澳门的事实也要提出证据证明。

同时，被告在答辩状中，可按照自己的需要提出反诉，反诉为一攻击方法，去反告对方（原告），澳门《民事诉讼法典》第419、218条规定了反诉的范围。原告收到反诉后会成为其中的被告，也会有答辩的机会。被告若不提出反诉，可针对同一事宜另行提出一个独立的诉讼。

按照澳门《民事诉讼法典》第553条第2款f项之规定，② 法官在辩论终结前，可以将调查基础的内容扩大，但要遵守澳门《民事诉讼法典》第5条规定，即处分原则的规定。

从民事诉讼流程图可以明确知道何时为澳门《民事诉讼法典》第553

---

① 澳门《民事诉讼法典》第563条（须予解决之问题及审判之顺序）：三、法官仅审理当事人提出之问题（尤其被告援引的防御方法），但法律容许或规定须依职权审理之其他问题除外。

② 澳门《民事诉讼法典》第553条（主持听证之法官之权力）：一、主持听证之法官具有使辩论有效进行及尽快完成，以及确保案件有公平裁判所必需之一切权力。二、主持听证之法官尤其具有下列权限：a）领导有关工作；b）维持秩序及使人尊重法律、法院及其他机构；c）采取必需措施，使案件之辩论在庄严及平静之情况下进行；d）在律师或检察院之声请或陈述明显过于冗长时，劝谕其简述之，并向其指出其声明或陈述仅可涉及案件之事宜；如其不听从有关劝谕，则禁止其发言；e）向律师及检察院说明有需要解释含糊或有疑问之地方；f）于辩论终结前采取措施，扩大案件调查之基础内容，但须遵守第五条之规定。三、如扩大调查之基础内容，当事人得指出有关之证据方法，为此须遵守人证方面所定之限制；该等证据方法须立即声请，如不可能立即指出，则于十日期间内为之。四、如不能立即声请及调查上款所指之证据方法，则于就事实事宜进行辩论前中断有关听证。五、第四百三十条第二款及第三款之规定，适用于就扩大之调查基础内容所提出之声明异议。

条第 2 款 f 项所指的辩论终结前的阶段。在法庭流程中相等于庭审阶段（听证会），庭审阶段就会出现辩论。当对双方当事人的证人作出提问之后，律师就会作出结案陈词，就是这里所指的辩论终结前。此时仍可以提出一些相关事宜。

要扩大调查基础内容，当事人可以指出相关证据方法（比如人证或其他鉴定方法），如果采用证人就要遵守有关证人的规定。例如若按照澳门《民事诉讼法典》第 432 条之规定，[①] 在有关期间过后才提交证人名单，则要提前通知对方当事人，而且提交证人名单的当事人需要自行将证人带到庭上。又或采用鉴定方法，当对物品价格有争执时就需要找专业人士作出鉴定。当事人必须按照澳门《民事诉讼法典》第 553 条第 3 款之规定，在法定期间内指出所采用的证据方法。如果不能立即声请调查以上所指的证据方法，在对事实事宜进行辩论前，就会中断有关听证。

澳门《民事诉讼法典》第 430 条第 2、3 款[②]规定，适用于针对扩大调查基础内容的事实所提出的声明异议。

然而，按照澳门《民事诉讼法典》第 5 条第 2、3 款与 553 条第 2 款 f 项和第 3、4 款之规定，在工作前法官有权力和有义务作出相关行为，以确保将适当的事实载于卷宗。

根据澳门《民事诉讼法典》第 397 条第 1 款，[③] 当法官发现载于起诉状中的事实事宜陈述不足或不准确时，可以作出初端批示邀请原告更正或补正有关的诉辩书状。这补正批示是在传唤被告之前作出的。尽管笔者认为在这种情况下，法官应该作出补正批示。而实际操作中，法官则认为是否作出补正批示，属于法官的自由裁量权，如果法官不作出补正批示，当事人亦不可以为此提出上诉。

依据处分原则，诉讼原则上应由当事人推动，但是目前已经加入了依职权原则。

按照澳门《民事诉讼法典》第 427 条第 1 款 b 项和第 2、3 款[④]之规定，在诉辩书状的阶段结束后，若法官发现诉辩书状中（例如起诉状内）的事

---

① 见本书第 189 页注释①。
② 见本书第 174 页注释②。
③ 见本书第 3 页注释①。
④ 见本书第 170 页注释③。

实事宜陈述不足或不准确，法官仍可以邀请有关当事人补正其诉辩书状。虽然此阶段已经过了初端批示、清理批示之前的阶段，法官仍可自行裁量要求双方补正内容。但是第 427 条第 2、3 款的情况与第 397 条所指之情况不同，前者在条文中的用词为"须"，而后者用词为"得"。故此，法官在清理批示前的阶段中，应当主动通知当事人作出该补正。但是在司法实务中，法官不一定会让其作出补正，而会直接驳回诉讼。

三 处分原则在证据方法方面的体现

按照澳门《民事诉讼法典》第 6 条第 3 款之规定，[①] 法官应依职权采取措施查明事实的真相并合理解决争议。

而证据方面处分原则的体现，仅限于对证明事实提出证据方法的负担。即当事人应该提出证据，然后法官作出调查判断当事人所陈述的事实是否真实。在提出人证方面，当事人亦可在辩论及审判听证前 30 日内提供更改或补充证人名单，有关内容规范于澳门《民事诉讼法典》第 432 条第 1 款。[②]

在司法实务中，很多律师会在起诉状上提交证人名单。有时法官亦会要求双方在清理批示之后才提交证据方法（有关内容规范于澳门《民事诉讼法典》第 431 条[③]），如证人名单。在实际操作中，为了确保法官确实已收到证人名单，通常在清理批示阶段后，当事人会再补交一次证人名单，或者提醒法官其已经在提交诉辩书状时一并提交了证人名单，因为曾经有法官因为当事人不在此时再次提交证人名单而视其没有提交证人名单。

证人名单方面，除书证外，人证视具体情况，作为证据的补充或主要组成部分，在指定上须谨慎行事，否则可能会出现被指定询问的证人对自己主张的事实没有帮助，而应被指定的证人被遗漏，或被指定的证人到出庭时不愿作证等情况。因此，律师应与委托的当事人进行良好的沟通与询问，以确定哪些是对被争议的事实或诉讼标的之事宜知情且愿意出庭作证之"有效"证人。

---

① 见本书第 24 页注释②
② 见本书第 189 页注释①。
③ 见本书第 174 页注释③。

四　处分原则在鉴定及勘验方面的体现

法官会指定鉴定人员进行鉴定，或者由当事人提出要求法官指定鉴定人员，再由法官指定鉴定人员。在证据方面，很多情况下由当事人提出要求，法官很少主动要求鉴定。当然有时律师会要求法官亲自到现场作出视察，但多数情况下都不获批准，因为需要动用大量的人力资源。例如，为进行案件的事实重演就需要进行一系列准备工作，以尽可能真实还原当时发生事件的环境。

在澳门，大部分的工作都交由公权力批准或指定，即由法官批准或指定鉴定方法。但所有证据方法都要当事人自行提出，例如案件重演、鉴定价值，但法官不一定会接受采用当事人要求的证据方法。

在诉辩书状阶中，尤其是提交起诉状和答辩状时，必须一次性将所有诉讼事实提出，原则上，没有机会作出补充。除非属于例外情况，例如一些嗣后形成的事实。

五　处分原则在诉讼标的处分方面的体现

原则上在诉讼程序的任何阶段，根据当事人处分原则，当事人可以对其可处分之事宜作出认诺（即当事人承认有这个事实）、和解、撤回诉讼或舍弃请求。[1]

与认诺有关的例子：A（出租人）与 B（承租人）以口头方式订立租约，后来 A 要求 B 搬迁，当时没有任何文件证明，但租约仍然存在。而 B 在答辩时承认了 A、B 之间租赁合同的存在，承认了这些事实的存在。另外还可以透过认诺承认一些更深入的事实。

按照澳门《民事诉讼法典》的规定，双方当事人就其可处分的事宜是可以进行和解的，这亦是处分原则的体现，在民事诉讼内或诉讼外的和解都是可以的。如在澳门提起勒迁之诉，诉讼可能会持续好几年，双方当事人可以选择和解。和解经法官确认后，效力等同于既判案件。[2] 如果一方不履行和解协议的内容，他方可以就此提起执行之诉。

---

① 请参阅澳门《民事诉讼法典》第 235、241 条。
② 请参阅澳门《民事诉讼法典》第 242 条。

六　与认诺、和解和撤回诉讼相关的规定

认诺、和解和撤回诉讼规范于澳门《民事诉讼法典》第 235 条及续后数条。①

舍弃请求是指在诉讼中权利人提出其想放弃行使有关权利，舍弃请求后，将来不能再提起司法诉讼（在主体相同、诉因相同、请求相同的情况下），因为案件已有确定裁判。

诉之撤回是指在此阶段中，当事人声请撤回诉讼，而这个诉讼就此完结。司法费用由声请人支付，因为这个诉讼是由声请人发起的，但其之后仍可以再次提出诉讼。

诉之撤回、请求之舍弃、认诺或和解均会导致诉讼程序的消灭。②

七　处分原则的例外情况

处分原则的例外情况规范于澳门《民事诉讼法典》第 564 条。③

按照上述规定，法官可以作出与澳门《民事诉讼法典》第 564 条第 1 款规定不同的判决。如前讲述处分原则时已提到，法官不应作出高于原告所请求的金额的判决，即使在请求合并的情况下，法官判处的金额亦不应超过原告请求的总金额。而在例外情况下，如澳门《民事诉讼法典》564 条第 2 款："结算之部分可以预先给付"，如在拖欠租金的情况下，距离实际执行还有数月时间，即执行判决之后到被告搬迁尚有一段时间，法官可要

---

① 澳门《民事诉讼法典》第 235 条（舍弃请求、认诺及和解之自由）：一、原告得于诉讼程序之任何时刻舍弃全部或部分请求，而被告亦得就请求作出全部或部分认诺。二、当事人亦得于诉讼程序之任何时刻就案件之标的进行和解。

第 236 条（认诺及和解之效果）：认诺及和解导致有关请求完全按认诺及和解之内容而改变，或按其内容结束案件。

第 237 条（诉之撤回及请求之舍弃之效果）：一、请求之舍弃使欲行使之权利消灭。二、诉之撤回仅使已提起之诉讼程序终结。

② 澳门《民事诉讼法典》第 229 条（原因）：诉讼程序基于下列原因而消灭：a）作出判决；b）仲裁协定；c）诉之弃置；d）诉之撤回、请求之舍弃、认诺或和解；e）嗣后出现进行诉讼属不可能或无用之情况。

③ 见本书第 193 页注释④。

求被告给付已欠的租金，以及其他倘有的给付（即判决到搬迁期间出现的租金）。第 564 条第 3 款亦是特别和例外情况。

第六节　调查原则（又称依职权原则）

一　职权主义之产生

如前所述，对于防御方法，法官只会审理当事人（原告及被告）于起诉状及答辩状中指出的事实。当事人在诉讼中没有提出的事实，在诉讼中就是不存在的，但明显的事实及法院在履行其职务时知悉之事实除外。[①] 这就是民事诉讼的特色，不同于刑事诉讼。原则上民事诉讼中的事实只能够提出一次，不可以在事后再增加事实，除非是法律规定的特殊情况，所以必须将所有可能的事实都列于起诉状上。

《民事诉讼法典》修改后，加入了职权主义。但职权主义在澳门《民事诉讼法典》中的规定比处分原则少，主要为澳门《民事诉讼法典》第 397 条第 1 款[②]和第 427 条第 1 款 b 项[③]。

职权主义容许法官主动邀请双方当事人对其陈述的事实作出更正和补充。按照澳门《民事诉讼法典》第 427 条之规定，法官可以在作出清理批示之前要求当事人作出弥补。

同时根据第 5 条第 2、3 款，[④] 除了当事人所陈述的事实外，在作出司法判决时，法官要依职权考虑在案件调查、辩论中所得出的辅助性事实。辅助性事实不是由当事人依照法律规范在直接主张或防御中提出的事实，而是法官给予利害关系人机会去表明其意见时从中得出的事实，或是能够辅助法院发现当事人所提出之必需事实是否真实存在的结论性

[①] 澳门《民事诉讼法典》第 434 条（无须陈述或证明之事实）：一、明显事实无须陈述及证明；众所周知之事实应视为明显事实。二、法院履行其职务时知悉之事实亦无须陈述；法院采纳该等事实时，应将证明该等事实之文件附入卷宗。

[②] 见本书第 3 页注释①。

[③] 见本书第 170 页注释③。

[④] 见本书第 194 页注释③。

事实。

另外，双方当事人都会提出一些必需事实，即原告提出能令请求成立的必需事实，被告提出能令抗辩理由成立的必需事实。必需事实是指构成及体现原告或反诉人的主张所依据的法律规范中包含的各项要素的具体事实，又或被告作为防御依据所提出的构成抗辩或争执的必须存在的事实。必需事实对于诉讼、反诉、抗辩、争执的可行性或理由成立有决定性作用，且对当事人主张的法律状况的法律要件的认定属不可缺少的事实。

例如，按照澳门《民法典》第477条之规定，构成非合同民事责任的五个要件为：①过错；②行为；③不法性；④损害；⑤因果关系（指行为与损害之间的因果关系）。要符合上述五个要件，提出的事实就必须充足，且所有事实都要围绕这五个要件。例如，若作出行为时没有过错，已遵守小心谨慎义务，那么就无法符合上述第①个要件，就不用负非合同民事责任。由此可见，对于当事人陈述的必需事实，法官没有主动调查的权力。在这里，双方各自提出的事实，就由双方各自去举证，遵循"谁主张，谁举证"的原则。

按照法律三段论，当事人所提出的事实皆为小前提，大前提指的是法律的规定，当小前提符合大前提时，就可以得到法律所规定的后果。

最后，补充事实（即用以补充或具体说明当事人适当陈述的其他事实）和作为具体说明的事实，亦是当事人主张或防御所依据的法律规范中形成的事实，其目的是丰富在诉讼中陈述的必需事实。对诉讼、反诉、抗辩、争执的可行性及理由是否成立都很重要。

例如，按照澳门《民法典》第1635条第1款之规定，① 一方违反夫妻义务的严重性或重复性必须达到不可能共同生活的程度，方可申请诉讼离婚。此时对于什么是严重性或重复性，法官可考虑在诉讼本身的调查及辩论过程中获悉的辅助性事实及作为具体说明事实的补充性事实。

然而，对于必需事实、补充事实、作为具体说明之事实及辅助性事实，这几个相对不确定的概念在实践中引发了很多讨论。

---

① 澳门《民法典》第1635条（过错违反夫妻义务）：一、夫妻任一方均得因他方在有过错下违反夫妻义务，且该违反之严重性或重复性导致不可能继续共同生活，而声请离婚。

二　澳门《民事诉讼法典》第 5 条第 3 款第二部分的规定①

当有利害关系的当事人表示反对某事实时，法官是否考虑这些事实，条文亦没有写清楚。有学者认为法官在有利害关系的当事人表示反对时，不应该考虑这些事实，但我们仍持有保留态度。根据处分原则，似乎法官不应该考虑这些事实是适当的。

但参考葡萄牙《民事诉讼法典》第 264 条第 3 款："但有利害关系的当事人表示采用这些事实的意愿，且他方当事人已获得机会申辩时，法官方考虑这等事实。"

由此可见，或许澳门立法者是故意忽略当事人的意愿的，只是保留当事人陈述及申辩的权利，且有关条文规定的立法原意是希望民事诉讼的审判工作从过去的形式公正趋向实质具体的公正。根据这个逻辑，笔者认为除非当事人明显或倾向反对，否则法官可以考虑这个事实。

概括而言，从前，原则上当事人不提出某些事实时，法官不可以审理亦不可以提起这些事实。但在澳门司法实践中，为了加快诉讼程序，加入了职权主义，法官因而可以利用部分因调查到的事实去证明必需事实的存在，其目的亦为证明这些必需事实属实。

三　调查原则（职权原则）

在新的澳门《民事诉讼法典》第 6 条中立法者加入了依职权原则，目的是希望法官能够多些介入诉讼，使得原告的诉讼不会因为太轻微的错误而被驳回，继而需要重新提起诉讼。

调查原则作为处分原则之对立，规范于澳门《民事诉讼法典》第 6 条。②

按照澳门《民事诉讼法典》第 6 条第 3 款之规定，法官的权力可扩大到一些重要事实（事实包括必需事实、补充事实和辅助事实），即法官可主

---

① 澳门《民事诉讼法典》第 5 条（处分原则）：三、但有利害关系之当事人获给予机会就该等事实表明其意见，且他方当事人已获机会行使申辩权时，法官方考虑该等事实。
② 澳门《民事诉讼法典》第 6 条（诉讼程序之领导权及调查原则）：三、法官就其依法可审理之事实，应依职权采取或命令采取一切必需措施，以查明事实真相及合理解决争议。

动调查某些事实，如辅助事实可由法官主动加入，但必需事实和补充事实是要当事人自己加入的。

除此之外，根据依职权原则，如果法官认为案件利益值明显与事实不符，就不用理会当事人协议的利益值，此类案件大部分是要求交付房产或不动产的诉讼。例如，一间房屋现值市价 10 亿元，如果这间房屋自始没有被买卖过，那么由评税委员会用以评定房屋税的房屋价值则可能尚停留在几十年前的 5000 万元，而 5000 万元亦会因而成为案件利益值。但当法院发现 5000 万元的案件利益值明显与事实不符时，即使买卖双方当事人对此另定协议，亦无须理会，并可要求财政局再作评估。

调查原则可以说是对处分原则的限制，原则上，对处分原则的限制就是调查原则的体现。在新的《民事诉讼法典》中加入了很多类似的规定。

四　与依职权原则相关的规定

法官依据澳门《民事诉讼法典》第 462 条第 1 款有权取得诉讼的文件。[1]

法院得依职权主动要求提供对了解事实真相属必需的各种文件，因为诉讼中双方当事人可能会为了自身利益而隐瞒一些事实，所以法官可主动要求或应当事人的申请而要求提供有关文件。法院主动要求提供的目的是证明事实的真确性，证明是否符合某法律机制（如损害赔偿）的要件。

除了上述规定外，按照第 9/1999 号法律《司法组织纲要法》第 7 条之规定，[2] 法院在履行职责时，行政当局有服从义务。例如，法院要求某间银行提交某客人的账目，根据现行法律，银行可以不提交，此时法院可命令澳门金融管理局要求银行交出，因为金融管理局的职责是负责管理所有银行。

---

[1] 澳门《民事诉讼法典》第 462 条（法院要求提供文件）：一、法院得主动或应任一当事人之声请，要求提供对澄清事实真相属必需之报告、技术意见书、平面图、照片、绘图、物件或其他文件。

[2] 《司法组织纲要法》第 7 条（辅助）：法院在履行职责时，有权获其他当局辅助。

另外，根据澳门《民事诉讼法典》第477条①和第481条第2款②，法官可依职权命令当事人陈述，以及要求在澳门以外的地方居住的当事人到澳门作出陈述，当事人必须陈述的所有事宜原则上只可在起诉状、答辩状或随后书状作出，所以当事人不应再有机会提出事实，但法官或他方当事人可以利用此措施，要求当事人陈述一些对其不利的事实。

这与证人证言不同，人证的证言是为了证明一些事实的存在或不存在，而当事人的陈述则会产生自认的效果，其实这样反而对其自身不利。

另外，根据澳门《民事诉讼法典》第500条，③法官得依职权命令进行鉴定，按照澳门《民事诉讼法典》第431条之规定，清理批示阶段完结后，可要求法官作出鉴定。鉴定方法原则上须由官方机构作出。官方机构须由法官命令时才能作出鉴定，或者由当事人向法官申请作出时才可。若官方机构不能作出鉴定行为，则法官须要求其他专业人士作出。例如，长白山野生人参的质量及价值鉴定会由药材铺老掌柜作出。当对第一次鉴定不满意时，法官可依职权命令作出第二次鉴定。

根据澳门《民事诉讼法典》第548条，④法官亦得依职权命令采取人证，人证是指证人作出之证言。

根据澳门《民事诉讼法典》第556条第1款，⑤原则上辩论后不应该再取证，但若法官认为有不够充分的地方，可以再次传唤证人听证，即可以再次调查。而根据澳门《民事诉讼法典》第676条第4款，⑥法官亦可以在

---

① 澳门《民事诉讼法典》第477条（概念）：一、法官得于诉讼程序之任何时刻命令当事人亲自到场，就对于案件之裁判属重要之事实陈述。二、如由任一当事人声请作陈述，则其须立即逐一指出必须陈述之事实。

② 澳门《民事诉讼法典》第481条（陈述之时刻及地点）：二、如法院认为有需要，且当事人到场不会对其引致难以容忍之牺牲，法院得命令居于澳门以外地方之当事人在辩论及审判之听证时作陈述。

③ 澳门《民事诉讼法典》第500条（依职权命令进行之鉴定）：如属依职权命令进行之鉴定，法官须于命令进行鉴定之批示中指出鉴定标的，而当事人得建议扩大该标的。

④ 澳门《民事诉讼法典》第548条（由法院主动提出之询问）：一、在诉讼进行期间，如有理由推定某一未被提出作为证人之人知悉对案件之裁判属重要之事实，法官应命令通知该人作证言。二、如任何当事人声请定出询问之期间，则上述之人仅于五日后作证言。

⑤ 澳门《民事诉讼法典》第556条（对事实事宜之审判）：一、对事实事宜之辩论终结后，合议庭须开会以便作出裁判；如认为尚有未充分了解之地方，合议庭得听取其欲听取之人陈述或命令采取必需之措施。

⑥ 澳门《民事诉讼法典》第676条（辩论及审判之听证）：四、如法官认为为对案件作出裁判，必须进行某一证明措施，而该措施不能在听证中进行者，则命令中止该听证，并立即指定进行有关措施之日期；但审判应于三十日内完成。

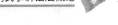

简易诉讼中作出这些行为。

五 其他与调查原则相关的规定

1. 澳门《民事诉讼法典》第 854 条①、第 855 条第 1 款②和第 856 条③规定，关于禁治产和准禁治产之特别程序，法官可依职权预先审理。

2. 澳门《民事诉讼法典》第 326 条第 3 款规定，关于保全措施，法院得命令采取非具体声请采取之措施。例如，新工程之禁止，A 进行僭建工程时，有关利害关系人可以提起诉讼请求法官采取新工程之禁止之保全措施阻止 A 继续进行僭建工程，但法官可以按照澳门《民事诉讼法典》第 360 条之规定，在工程经禁制后，应 A 的声请，许可工程继续进行，只要 A 提供适当担保。

3. 法官在适用法律方面，不受当事人选定之法律适用和解释方面之限制。诉因分为事实依据和法律依据，正如 Viriato Manuel Pinheiro de Lima 所说，④ "诉因由为当事人主张的权利或利益，以及为当事人提出的请求提供理据所需要的事实（即其所指的法律依据）组成"。事实依据由原告和被告提出，该事实依据为法官划定了事实审理范围。法律依据方面，法官必须分析法律依据，但是不一定要适用当事人所提供的法律依据，有关法律依据将作为案件提起之请求之依据。故此，法官不受当事人提出之法律依据之限制而依法适用法律。法官须依职权审理澳门《民事诉讼法典》第 412、

---

① 澳门《民事诉讼法典》第 854 条（讯问及鉴定后之步骤）：一、如对被声请人进行之讯问或检查能提供足够之资料，且无人就有关诉讼提出答辩，则法官得立即作出禁治产或准禁治产之宣告。二、在其他情况下，继续进行通常宣告诉讼程序中后于提交诉辩书状阶段之步骤；如在调查阶段命令对被声请人再进行检查，则适用关于第一次鉴定之规定。

② 澳门《民事诉讼法典》第 855 条（临时措施）：一、在诉讼程序之任何时刻，法官得依职权，或应原告或应被声请人之代理人之声请，在同一程序中，按澳门《民法典》第一百二十五条第二款及第一百三十九条之规定宣告临时禁治产或准禁治产。二、对宣告临时禁治产或准禁治产之裁判得提起平常上诉；该上诉立即开上呈，但不具中止效力。

③ 澳门《民事诉讼法典》第 856 条（判决之内容）：一、不论请求宣告禁治产或准禁治产，宣告确定性或临时性禁治产或准禁治产之判决须尽可能定出开始无行为能力之日期，亦须确认或指定监护人及监护监督人或保佐人，以及在有需要时确认或指定保佐监督人；如应听取亲属会议之意见，则召集该会议。二、如属准禁治产之情况，则判决内须详细列明应经保佐人许可或应由保佐人作出之行为。三、如在平常上诉中宣告禁治产或准禁治产，则下送有关卷宗后，在第一审法院指定监护人及监护监督人或保佐人及保佐监督人。四、对事实事宜作出裁判时，法官应考虑所有已获证明之事实，即使该等事实非由当事人陈述者亦然。

④ 请参阅〔葡〕Viriato Manuel Pinheiro de Lima《民事诉讼法教程》，叶迅生、卢映霞译，法律及司法培训中心，2012，第 90 页。

413、414 条所规定的内容。而澳门《民事诉讼法典》第 414 条所指的存在仲裁协议和排除管辖权的情况，法官不能依职权审理。

4. 法院必须依职权审理当事人提起之事实依据

根据澳门《民事诉讼法典》第 567 条，① 法官不受当事人在选定、解释及适用法律规则方面之陈述的约束，但是法官得采用当事人在诉讼中提出的分条缕述之事实。

另外，须注意澳门《民事诉讼法典》第 563 条第 2 款②之规定，法官应解决当事人交由其审理之所有问题，但有关问题之裁判受其他问题之解决结果影响而无须解决者除外。

5. 延诉抗辩与永久抗辩

主要规范于澳门《民事诉讼法典》第 412~415 条。③

6. 法律行为无效由法官依职权调查

按照澳门《民事诉讼法典》第 148 条之相关规定，④ 这些条文所指的无

---

① 澳门《民事诉讼法典》第 567 条（当事人行为与法官行为间之关系）：法官不受当事人在选定、解释及适用法律规则方面之陈述约束；然而，法官仅得采用当事人分条缕述之事实，但不影响第五条规定之适用。

② 澳门《民事诉讼法典》第 563 条（须予解决之问题及审判之顺序）：一、判决中首先须对可导致驳回起诉之问题，按其逻辑上之先后顺序审理，但不影响第二百三十条第三款规定之适用。二、法官应解决当事人交由其审理之所有问题，但有关问题之裁判受其他问题之解决结果影响而无须解决者除外。三、法官仅审理当事人提出之问题，但法律容许或规定须依职权审理之其他问题除外。

③ 澳门《民事诉讼法典》第 412 条（延诉抗辩及永久抗辩之概念）：一、抗辩分为延诉抗辩及永久抗辩。二、延诉抗辩妨碍法院审理案件之实体问题，并按情况导致起诉被驳回或将有关案件移送至另一法院。三、永久抗辩导致请求被全部或部分驳回；该抗辩系指援引某些事实，妨碍、变更或消灭原告分条缕述之事实之法律效果。

第 413 条（延诉抗辩）延诉抗辩包括但不限于下列抗辩：a）法院无管辖权；b）整个诉讼程序无效；c）任一当事人无当事人能力或诉讼能力；d）欠缺原告应取得之许可或决议；e）任一当事人不具正当性；f）原告或被告联合，但各请求之间并无第六十四条所要求之联系；g）不属第六十七条所指之因补充关系而生之复数主体情况；h）无诉之利益；i）在必须有在法院之代理之情况下原告未委托律师，或提起诉讼之诉讼代理人未获诉讼代理之委任、其委任之权力不足或其委任不合规则；j）诉讼已系属或案件已有确定裁判。

第 414 条（延诉抗辩之审理）除非抗辩以违反排除管辖权之协议或案件原应由自愿仲裁庭审理为由而提出，否则所有延诉抗辩均应由法院依职权审理。

第 415 条（永久抗辩之审理）对于法律无规定须取决于利害关系人之意愿而提出之永久抗辩，法院须依职权审理。

④ 澳门《民事诉讼法典》第 148 条（由法院依职权审理之无效）：对于第一百三十九条及第一百四十条、第一百四十四条第二款第二部分以及第一百四十五条及第一百四十六条所指之无效，除非应视为已获补正，否则法院得依职权审理；至于其他无效情况，仅在利害关系人提出时，方可审理，但法律容许依职权审理之特别情况除外。

效，由法院依职权审理。

7. 命令作出传唤的规定

根据澳门《民事诉讼法典》第 404 条，[①] 在法院作出公示传唤后，如未能传唤被告，法官须检查有关程序是否有瑕疵，从而是否应重新作出传唤行为。

8. 法官可以合理审判之事实

按照澳门《民事诉讼法典》第 6 条第 2 款之规定，[②] 当诉讼前提（构成延诉抗辩之理据）可以弥补或出现主体变更的情况时，法官可依职权采取措施弥补。澳门《民事诉讼法典》第 6 条第 3 款之规定，体现了法官权力之扩展，也是依职权原则的体现。

9. 恶意诉讼

根据澳门《民事诉讼法典》第 385 条，[③] 如果法院认为代当事人提起诉讼或答辩之律师提起的诉讼为恶意，则除该当事人须被判科处罚款外，且该当事人之律师将被送至律师业高等委员会展开纪律程序，调查该律师是否违反纪律并会对其科处偿有之处分。

10. 法院依职权审判权之扩展

对于法院审判权的扩展，根据澳门《民事诉讼法典》第 6 条、[④] 第 213 条[⑤]之规定，当事人的诉讼前提出现错误时，法官可依职权采取措施，使当事人能够补正该错误，无须即时作出初端驳回以节省司法资源。

11. 不可处分的权利

有关不可处分的权利，规范于澳门《民事诉讼法典》第 241 条。[⑥]

例如，双方当事人提出离婚诉讼，法官召开会议，之后双方当事人不

---

① 见本书第 154 页注释⑤。
② 见本书第 24 页注释②及第 203 页注释②。
③ 澳门《民事诉讼法典》第 385 条（恶意诉讼）：一、当事人出于恶意进行诉讼者，须判处罚款。二、因故意或严重过失而作出下列行为者，为恶意诉讼人：a）提出无依据之主张或反对，而其不应不知该主张或反对并无依据；b）歪曲对案件裁判属重要之事实之真相，或隐瞒对案件裁判属重要之事实；c）严重不履行合作义务；d）以明显可受非议之方式采用诉讼程序或诉讼手段，以达致违法目的，或妨碍发现事实真相、阻碍法院工作，或无充分理由而拖延裁判之确定。三、不论案件利益值及因所作之裁判而丧失之利益值为何，对恶意进行诉讼所之判处，均得提起上诉，但仅得上诉至上一级法院。
④ 见本书第 24 页注释②。
⑤ 见本书第 118 页注释②。
⑥ 第 241 条（认诺、请求之舍弃及和解之客观限制）：一、不得就不可处分之权利作出认诺、舍弃请求或和解。二、然而，在离婚诉讼中得自由舍弃请求。

再指控对方，他们便可以自由舍弃向法官提出的离婚请求。

例如，B 欠 A 一笔 10 万元的款项，该债务为 35 年前 A 向 B 借出，法官在此不可以依职权初端驳回 A 的请求，根据澳门《民法典》第 296 条第 1 款，[①] 时效由当事人主张且不能由法院依职权主张，故此，法官不能初端驳回 A 的请求。

例如，A 为 B 的父亲且有关登记已经显示在 B 的出生登记上，B 与 C（A 与 C 之关系是爷孙关系）是父子关系，但是在 C 的出生登记中父亲栏是空白的，后来，B 于 2008 年 12 月 30 日死亡，A 可否在 2017 年提起 B 与 C 确认亲子关系之诉？

由于亲子关系是不可处分的权利，A 只可于 2009 年 12 月 29 日前提起该诉讼，如于 2009 年 12 月 30 日之后提起诉讼，则构成失效，按照澳门《民法典》第 325 条之规定，[②] 法官必须依职权驳回。

一般情况下，不透过答辩对原告陈述的事实提出争执，会构成自认。对于不可处分的权利，当事人不答辩，不构成自认，这属于《民事诉讼法典》第 406 条 c 项[③]所规定的例外。

例如，A 向法院提起确认其与澳门某位富商父子关系之诉，该人可以不答辩，这并不构成其自认。

关于提起争执之责任，规范于澳门《民事诉讼法典》第 411 条。[④]

---

① 见本书第 84 页注释②。

② 澳门《民法典》第 325 条（失效之依职权审查）：一、如失效之设立系涉及非属各当事人可处分之事宜，则法院对失效依职权进行审查，且当事人得在诉讼程序之任一阶段内提出该失效。二、如失效之设立系涉及各当事人可处分之事宜，则对失效适用第二百九十六条之规定。

③ 澳门《民事诉讼法典》第 406 条（一般制度之例外情况）：在下列情况下，不适用上条之规定：a) 如有数名被告，而其中一人作出答辩，则对于答辩人提出争执之事实不适用上条规定；b) 被告或其中一名被告无行为能力，而案件涉及无行为能力处理之事宜；又或已向被告或其中一名被告作出公示传唤，而其仍绝对不到庭；c) 当事人之意愿不足以产生其欲透过诉讼取得之法律效果；d) 涉及须以文书证明之事实。

④ 澳门《民事诉讼法典》第 411 条（提出争执之责任）：一、被告答辩时应对起诉状中分条缕述之事实表明确定之立场。二、对于不提出争执之事实，视为已承认之事实；但从所作之防御整体加以考虑，该等事实系与其有抵触者，又或该等事实属不得自认或仅得以文书证明者，不在此限。三、如被告声明不知悉某事实是否属实，而该事实为被告个人之事实或被告应知悉者，则该声明等同于自认；反之，该声明等同于提出争执。四、提出争执之责任及上款之规定，不适用于由检察院代理或依职权指定之律师代理之无行为能力人、失踪人、不能作出行为之人及不确定人。

第七节　合作原则

合作原则规范于澳门《民事诉讼法典》第 8 条。[①] 按照澳门《民事诉讼法典》第 8 条第 1 款之规定，应通过各个诉讼参与人之间的合作，快速、有效、合理地解决争议。这里除了要求诉讼代理人及当事人的合作外，还有司法官。解决争议不仅要快速，还要有效和合理。很多居民认为现今民事诉讼审理的时间很长是由于各方当事人的律师在拖延诉讼，但是诉讼代理人所使用的各种措施及期间都要合法合理，因为法律明文规定了。

行为期间过期之后果：合乎规则之行为，诉讼代理人都应在指定期间内作为，若过期是因诉讼代理人之过错而生，其需要承担后果，因当事人之权利将不可再行使，此外还可能受到律师高等委员会的惩戒。对于当事人之原因导致的过期，一般不会受到惩罚，因为当事人并不一定有作为的义务，如针对一些不可处分之事实，即使在答辩期间过后，亦不会产生自认的效果。

按照澳门《民事诉讼法典》第 8 条第 2 款之规定，这属于对辩论原则之保障，法官应将结果告知当事人，以保证他有提出反对的权利。

澳门《民事诉讼法典》第 8 条第 3 款规定，当事人经通知后必须到场，并就被要求作出解释之事宜作出解释，但属于澳门《民事诉讼法典》第 442 条第 3 款的情况除外。[②]

[①] 澳门《民事诉讼法典》第 8 条（合作原则）：一、在主导或参与诉讼程序方面，司法官、诉讼代理人及当事人应相互合作，以便迅速、有效及合理解决争议。二、在诉讼程序中任何时刻，法官得听取当事人、其代理人或诉讼代理人之陈述，并请其就事实上或法律上之事宜作出有关解释，以及将上述措施所得之结果知会他方当事人。三、上款所指之人经通知后必须到场，并就被要求作出解释之事宜作出解释，但不影响第四百四十二条第三款规定之适用。四、如任一方当事人提出合理理由，说明有重大困难获得某些文件或数据，以致影响其有效行使权能或履行诉讼上之责任或义务，法官应尽可能采取措施，排除有关障碍。

[②] 澳门《民事诉讼法典》第 442 条（协助发现事实真相之义务）：一、任何人均有义务协助发现事实真相，不论其是否案件之当事人；为此，须回答向其提出之问题，接受必要之检验，提交被要求提交之物，以及作出被指定之行为。二、如不提供应给予之协助，则判处缴纳罚款，且不影响依法可采取之强制方法；如属当事人不提供协助，则法官自由评价该行为在证明力方面所生之效力，且不妨碍因澳门《民法典》第三百三十七条第二款之规定而将有关举证责任倒置。三、如提供协助将导致下列情况，则提供协助之义务终止：a）侵犯人之身体或精神之完整性；b）侵入私人生活、住所、函件或其他通讯方法；c）违反保守职业秘密之义务或违反公务员之保密义务，又或违反保守本地区机密之义务，但不影响第四款规定之适用。四、如以上款 c 项为依据提出推辞提供协助之请求，则刑事诉讼法中关于审查推辞之正当性及免除履行所援引之保密义务之规定，因应所涉利益之性质经作出配合后，适用于此情况。

当履行合作义务或协助发现事实真相之义务将导致下列情况出现时，便不用遵守有关义务：

（1）侵犯人之身体或精神之完整性；

比如手术后被要求作出某些无法完成之动作，或者身体有障碍而导致不能、作出某行为会对身体完整性有危害、询问其问题属尴尬等，当事人对于以上要求可不遵守。

（2）侵入私人生活、住所、函件或其他通讯方法；

一般不可以要求当事人作出，但法官要求除外。

（3）违反保守职业秘密之义务或违反公务员之保密义务，又或违反保守本地区机密之义务。

如果能提供正当理由说明其负有保密义务，则可免除其合作义务。比如请求执行人提起执行程序而需要被执行人银行户口之资料，此时，法官是可以介入的。原则上澳门的律师并不能要求银行提供资料，如当事人银行户口的资料，因为银行若透露客户资料，会违反金融法的保密义务，[①] 故只可以透过法院命令澳门金融管理局要求银行提供资料，银行将资料送到澳门金融管理局，其后再由法官进行审批。

按照澳门《民事诉讼法典》第8条第4款之规定，如任一方当事人提出合理理由，说明获得某些文件或资料有重大困难，以致影响其有效行使应有的权能或履行诉讼上之责任或义务，可向法官请求帮助。如债权人针对其债务人提起诉讼追讨有关债务，而尽管该债务人拥有许多物业，但到物业登记局要求作出物业证明就必须有确实之地址，如果想要得知该债务人全部之物业，便需要法官的协助，命令公共机关作出报告。

一 合作原则的体现

《民事诉讼法典》第8条第1款规定："在主导或参与诉讼程序方面，司法官、诉讼代理人及当事人应相互合作，以便迅速、有效及合理解决争议。"诉讼程序的进行，目的是有效、快捷地解决纠纷，并使当事人得到一个公正的判决。然而，有关工作不能单靠法院进行，当事人及其他人员均应本着合作的精神，尽量配合法院的审判工作，以便提高工作效率。如果

---

① 可参见第32/93/M号法令第78条（保密之义务）。

任一方无故拖延或不遵守诉讼程序，则将影响审判的进行以及阻碍当事人及时获得合适的判决。

民事诉讼法规定了各参与人的诉讼行为，其中亦体现了合作原则，比如法院办事处应依据其组织法及诉讼法的规定，负责处理待决案件的事务、编制卷宗、促使待决案件依规则进行。此外，办事处亦须负责执行法院的批示，并采取必要的措施，以便迅速实现批示的目的等。当事人的行为方面，如提交诉辩书状，应以书面作出，且原则上应以分条缕述的方式叙述。提交诉辩书状应一式两份，倘所针对的人多于一名，则须按人数提供相应数量的复本等。司法官之行为方面，司法官有维持诉讼行为秩序的义务，就待决事宜作出批示或判决的义务，司法官的行为应遵守诉讼法所规定的期间等。以上规定，都要求参与诉讼的实体充分发挥本身应有的职能，以便达到诉讼的最终目的，实现合作原则。

根据澳门《民事诉讼法典》第 105 条，① 当出现案件审理之日期重迭，导致诉讼代理人应到场之日期重迭时，法官应协助之，另选一日进行审理。

其他规定如澳门《民事诉讼法典》第 397 条第 1 款和第 427 条第 1 款 a 项，补正书状的瑕疵和弥补延诉抗辩之问题。根据第 442 条，协助发现事实真相之义务，原则上所有人都有此义务。

根据澳门《民事诉讼法典》第 553 条第二款 e 项，法官应对听证中的疑问作出解释。

---

① 澳门《民事诉讼法典》第 105 条（定出实施措施之日期及措施之押后进行）：一、为防止诉讼代理人应到场之措施之实施日期出现重迭情况，法官应采取措施，预先与诉讼代理人商议，以定出实施措施之日期及时间；为此，法官得命令办事处负责预先以简便方式作必需之联络。二、如定出日期未能依据上款规定为之，而诉讼代理人因另一项已定出日期之法院工作而无法到场者，则应于获悉出现此障碍后五日期间内，将该事实通知法院，并与其他有关之诉讼代理人作必需之联络后，向法院建议其他日期以供选择。三、法官考虑所提出之理由后，得更改当初所定之日期，并在上款所指期间届满后通知参与该行为之其他人。四、法院一旦认为因未可预见之事由，不能于所定之日期及时间实施措施，应立即将此事实知会所有诉讼参与人；为此，须采取措施，立即将押后进行有关措施一事通知已被传召之人。五、诉讼代理人应迅速将任何妨碍到场，且会引致已定出日期之措施押后进行之情况告知法院。六、如有合理障碍以致未能准时开始进行有关措施，法官应在所定之开始时间后三十分钟内将上述障碍告知双方律师，而当事人及其他诉讼参与人则由办事处告知；无作出告知者，即导致经证实在场之诉讼参与人获免除在场之义务，而此事须载入纪录。

二　法院不遵守合作原则的后果

　　澳门《民事诉讼法典》第 147 条规定了行为无效的一般规则，该条第 1 款为一开放的法律条文，与之相对的是第 147 条以上数条所规定的行为无效的情况，该等条文为封闭的法律条文。针对前者，法律给予法院操作空间决定是否作出有关行为，法院可自由裁量，不作为并不一定会构成无效，如补正；针对后者，法院审案时没有操作空间，不作出即无效。

　　对于这种区分方法，法学界均有保留，因为按照澳门《民事诉讼法典》第 3 条第 3 款之规定，法官无需听取当事人陈述的情况，如此一来便给予了法院审理裁判的操作空间，假若法院不遵守辩论原则，当事人必须提出诉讼行为无效之争辩，而按照上述学理之解释，有关无效的争辩不一定会成立，而对于不批准有关争议的批示亦不可提出上诉。另外，对于如法官不邀请当事人就诉辩书状不正确或欠缺事实而作出更正，是否会导致诉辩书状无效，法律界亦有不同见解。在此，笔者认为法官应改变从前的处分原则，因为现在澳门《民事诉讼法典》已经加入依职权原则，对于可以补正的诉讼瑕疵，法官应尽快主动采取措施弥补，以确保诉讼能够继续进行。

第八节　善意原则

　　善意原则是指当事人在诉讼中必须以善意为之，确实遵守此原则，如行为为恶意可被控恶意诉讼，有关恶意诉讼的规定可参阅澳门《民事诉讼法典》第 385 条。[①]

　　以上规范的是当事人之情况，而澳门《民事诉讼法典》第 388 条[②]为诉讼代理人之情况，诉讼代理人也应承担部分责任。作为诉讼代理人，原则上要规范作出行为。

---

　　① 见本书第 208 页注释③。

　　② 澳门《民事诉讼法典》第 388 条（诉讼代理人）：如证实当事人之诉讼代理人对其在案件中恶意作出之行为负有个人责任，则知会代表律师之机构，以对其处以有关处分，并判处该诉讼代理人就诉讼费用、罚款及损害赔偿负担被视为合理之份额。

除此以外，按照澳门《民事诉讼法典》第 10 条第 1 款之规定，[①] 所有诉讼参与人也应以礼相待，律师与司法官之间有以礼相待之特别义务。第 10 条第 2 款规定，在诉讼中，当事人、诉讼代理人在用词方面要十分小心，"不应在不必要和不合理之情况下使用侵犯他方当事人名誉或名声之言词"。当然，若涉及侮辱方面的诉讼，在诉讼中必须提及当事人所作之侮辱的言论，此时转述有关言论则被视为合理。另外，涉及有关网上诽谤的情况，还需要配合澳门《民事诉讼法典》第 8 条第 4 款的合作原则，有时行为人会利用网络之便利匿名作出侮辱的言论，但通过合作原则，当事人可要求法官之协助，要求网络供应商澳门电讯提供行为人的资料，而法官可视需要而命令协助之。

第九节　当事人平等原则

当事人平等原则是指当事人在诉讼中享有同等之条件和机会，以获得公正之判决。由于民事诉讼取决于当事人的主动提起，而法院所担当的角色，只是为双方的利益冲突作出一个公平合理的裁决，因此不能偏颇于任何一方。从诉讼程序上来看，要确保双方当事人的权利不受侵犯，并保证法官在审判时不偏不倚，必须使当事人处于平等的地位，并具体落实于各项规定之中。

澳门《民事诉讼法典》第 4 条规定："在整个诉讼过程中，法院应确保当事人具有实质平等之地位，尤其在行使职能、使用防御方法及适用程序上之告诫及制裁方面。"比如原告有提出起诉的权利，被告亦有权作出答辩；原被告均有权在审判日前提供或更改证人名单；对于法院要求提供的文件，如任一当事人拒绝提供其应当持有的文件，都会被处以罚款并且法院有权采用强制方法以达到有关目的等。

根据《澳门特别行政区基本法》第 25 条，澳门居民在法律面前一律平等，因此法律对当事人不会有歧视的态度，法院应给予各方当事人平等的机会。旧的澳门《民事诉讼法典》中，当事人平等原则并没有完全得到体

[①] 澳门《民事诉讼法典》第 10 条（相互间行为恰当之义务）：一、所有诉讼参与人均负有相互间行为恰当之义务，而律师与司法官之间有以礼相待之特别义务。二、当事人于文书或口头陈述中，不应在不必要或不合理之情况下使用侵犯他方当事人名誉或名声之言词，或使用不予有关机构应受之尊重之言词。

现, 尤其是检察院从前有较长的答辩期间, 而且不会因不答辩而产生不利之效果, 亦无须受到争执的约束。但新的《民事诉讼法典》改变了这种不平等的情况, 按照现行澳门《民事诉讼法典》第 403 条第 5 款之规定,[1] 所有被告也可声请延长答辩期, 检察院仅在代表无行为能力之人、失踪人、不确定人作出答辩时, 才无须受到争执的约束。

当事人平等原则保障双方当事人在民事诉讼中拥有平等的地位及机会, 意味着双方当事人享有相同的诉讼时间（例如, 法律给予当事人 30 日, 那么双方均有 30 日时间）和机会就其认为对案件判决重要的事实作出陈述, 以及可利用所有合法的方法就当事人的请求作出辩解或反驳〔包括提出争执、抗辩（延诉抗辩和永久抗辩）〕, 对方亦有答复的机会, 当然被告还可以提出反诉, 当他提出反诉时原告就有机会再答辩。

除此之外, 当事人平等原则还体现为诉讼双方当事人均有机会提出诉讼, 而不理会双方的经济能力, 对于没有经济能力的当事人, 法律可以向他们提供司法援助。

目前有效的司法援助制度为第 13/2012 号法律《司法援助的一般制度》, 2013 年 4 月 1 日前适用的司法援助制度为第 41/94/M 号法令《规范司法援助制度》。而新的规定与旧的规定的区别主要是新的司法援助制度不包括刑事诉讼, 排除了刑事诉讼的适用, 而保全措施会适用于主诉讼的程序中。

第 13/2012 号法律《司法援助的一般制度》已于 2013 年 4 月 1 日起生效, 自该日起, 有关司法援助的审批由司法援助委员会负责。随着人们法律意识的提高, 透过司法诉讼（即打官司）的方式来解决纠纷或者维护合法权益的情况日渐普遍, 而且人们意识到即使经济有困难, 也不会影响他们打官司的权利, 原因是可以申请司法援助。司法援助制度的设立, 目的是确保市民不会因经济能力不足, 而难以透过司法诉讼维护自身的合法权益。

第一条 (标的)

本法律订定司法援助的一般制度, 以保障符合法定条件者不会因经济能力不足而无法透过司法诉讼取得或维护其依法受保护的权益。

---

[1] 见本书第 165 页注释①。

第二条（适用范围）

一、本法律适用于在澳门特别行政区的法院所进行的任何形式的诉讼，但下列情况除外：

（一）澳门特别行政区公共部门的工作人员因执行公共职务作出的行为或发生的事实而被起诉的情况，适用第 13/2010 号法律的规定。

（二）刑事诉讼程序中嫌犯委托辩护人和支付诉讼费用的情况，适用《刑事诉讼法典》和十月二十五日第 63/99/M 号法令核准的《法院诉讼费用制度》的规定。

二、如对保全程序批给司法援助，该援助亦适用于以保全程序所保护的权利为依据的主诉讼程序。

三、不论诉讼的裁判为何，司法援助在有关上诉中继续适用，并延伸适用于一切以附文方式并附于获批给司法援助的诉讼而进行的诉讼程序。

四、司法援助继续适用于以获批给司法援助的诉讼的终局裁判为依据的执行程序。

第三条（形式）

一、司法援助包括以下形式：

（一）豁免支付预付金；

（二）豁免支付诉讼费用；

（三）委任在法院的代理人和支付代理费用。

二、如拟获批给司法援助的诉讼程序依法无须强制律师代理，则司法援助不包括委任在法院的代理人和支付代理费用，但诉讼的他方当事人已委托律师代理的情况除外。

按照上述法律第 3 条之规定，原则上，在不属强制代理的诉讼当中，司法援助的范围并不包括法院代理的费用，但是基于平等原则，如果对方已委托律师的话，则司法援助就包括委托律师的费用，而在简易诉讼程序又或在轻微民事案件的诉讼程序中，可以不需强制律师代理。

第四条（司法援助委员会）

一、司法援助委员会（下称"委员会"）具职权按照本法律的规定对司法援助的批给和其他相关事宜作出决定。

现在由司法援助委员会就司法援助的申请作出批给及就其他相关事宜作出决定，从前此一职权则由法官履行。

第五条（合作义务）

应委员会为行使本法律规定的职权而提出的要求，任何公共或私人实体均有提供协助的义务。

司法援助委员会为了确定提出申请司法援助人士的经济状况，可以向银行、社会保障基金、社工局、财政局要求提供资料，如透过财政局调查其是否有职业，有否缴纳职业税；透过社会保障基金调查其有没有缴纳供款，有没有雇主，以及其收入情况等（尽管财政局亦可能存有相关的资料，因为聘请雇员要向社会保障基金和财政局申报）；而透过社工局可以调查其家庭状况，有否正接受经济援助等。

第六条（个人资料的保护）

一、委员会成员、其他参与委员会会议的人，以及参与司法援助批给程序的公共部门的工作人员须就其于执行职务时根据本法律的规定所获提供的个人资料，遵守职业保密义务，不得将之透露或用于非为执行本法律的其他目的，即使在职务终止后亦然。

二、适用本法律时，尤其涉及处理及保护个人资料的事宜，应遵守第8/2005号法律所定的制度。

第七条（批给对象）

按照本条规定，以下人士如属经济能力不足，可以申请司法援助：（一）澳门居民，包括永久性居民及非永久性居民；（二）具有外地雇员身份的人；（三）获承认难民地位的人；（四）在澳门特区获逗留的特别许可的人，例如在高等院校求学的学生等。

此外，住所设于澳门特区的非营利性质的法人（例如社团和基金会），如属经济能力不足，亦可以申请司法援助。换言之，自然人（即个人）及法人，如属经济能力不足，均可以申请司法援助。

按照上述的规定，即使对方没有获得司法援助，另一方当事人也有权获得司法援助，另一方没有申请司法援助并不影响申请人获得司法援助的权利。

第八条（经济能力不足）

一、为适用本法律的规定，申请人及其家团成员的可支配财产的金额，如不超出法定限额，视为经济能力不足。

二、上款所指可支配财产的金额为申请人及其家团成员的收入与资产总和扣除支出而得出的数额。

三、在订定第一款所指限额时，须特别考虑获批给司法援助的诉讼案件平均的诉讼费用及代理费用。

按照新的《司法援助制度》第 8 条之规定，与从前的司法援助制度的计算方式不同，在从前的司法援助制度下，对于收入的认定并不完善，例如，60 岁的 A 有两间房屋，一间房屋空置但没有出租，一间用作自行居住，由于其没有收入，所以仍会批予其司法援助。但是现在以资产作计算，因为过往滥用司法援助的问题较为严重。

第九条（可支配财产的计算）

一、为适用本法律的规定，可支配财产的收入、资产及支出按以下各款的规定计算。

二、收入是指自提出司法援助申请之日起计的过去一年内，申请人及其家团成员在澳门特别行政区内外所取得的收益，尤其包括：

（一）从自雇工作或为他人工作而取得的收益；

（二）补助金、退休金或退伍金；

（三）从工商业活动、不动产、著作权及财务运用所取得的收益。

三、现金分享款项、敬老金、残疾津贴、社会保障给付、援助金及不属课税收益的其他政府津贴，不视为上款所指的收入。

四、资产是指提出司法援助申请时申请人及其家团成员在澳门特别行政区内外的财产，尤其是非属家庭居所的不动产、工商业场所、合伙或公司的股、股份、出资或其他的资本参与、对船舶、飞行器或车辆拥有的权利、有价证券及金额超过澳门币五千元的银行账户、现金、债权、艺术品、珠宝或其他物品，扣除以不动产作抵押担保的银行贷款的负债。

五、如诉讼的他方当事人为申请人的家团成员，则在计算可支配财产时，无须计算该家团成员的收入及资产。

六、支出包括：

（一）为申请人及其家团成员的年度生活开支而订出的固定金额，该金额为第 6/2007 号行政法规附件一所载最低维生指数的二点五倍再乘以十二；

（二）在提出司法援助申请之日起一年内经适当证明的每项金额超过澳门币五千元的必不可少的开支，尤其是因教育、医疗及丧葬而引致的开支，但不包括申请人及其家团成员因过错而须支付的罚款、赔偿或其他费用。

七、如申请人属非营利目的之法人，则其收入及支出是指自提出司法援助申请之日起计的过去一年内以任何名义取得的收益及所作的开支，而其资产则适用经适当配合后的第四款的规定，但不包括法人住所及专供本身运作的不动产。

八、如对申请人所申报的资产的价值存有疑问，委员会可透过适当的途径进行评估。

第十条（家团）

一、为适用本法律的规定，家团由下列以共同经济方式生活的人组成：

（一）夫妻或如夫妻般生活的人；

（二）直系血亲尊亲属；

（三）直系血亲卑亲属；

（四）直系姻亲；

（五）夫妻任一方的养父母或其直系血亲尊亲属，养子女或其配偶，又或养子女的直系血亲卑亲属。

二、被监护人及经行政交托或司法判决交托的未成年人等同直系血亲卑亲属。

第十节　时限原则

时限原则是指所有的诉讼行为必须在法律规定的期间内作出。

在时限原则中规范的期间又称行为期间，包括当事人的行为期间、司法官的行为期间和法院职员的行为期间。一旦期间过后未作出一定行为，就会丧失作出有关行为的权利。期间为当事人带来一个负担，若在期间内不作出行为，相关当事人就要为不利的后果负责。

如果法官和法院办事处的人员在既定期间内不作出行为，其权利依然存在。但倘若对于未能在期间内作出行为不能提供合理的解释，则可能会受到纪律处分。

一　时限原则的目的

时限原则的确立系为了确保诉讼能迅速进行，不会被拖延。因为诉讼是一个有目的、有次序、连续作出的行为。因此，诉讼可分为不同的阶段，一旦经过某阶段后就不应再返回已进行了的阶段，除非属于法律规定的例外情况。如因诉讼中出现瑕疵而导致无效，就要重新进行诉讼。例如，错误地作出传唤，过往法院也曾经传唤了错误对象。一旦传唤有瑕疵，即使续后进行了很多程序，如对方已答辩、法官已作出清理批示、已进行听证等，而在作出终局判决前才发现传唤了错误的对象，那么由传唤阶段直至终局判决前有关的诉讼行为都需要重新作出。

澳门的身份资料记录并不完善，因此传唤错对象的情况时有发生。国内居民以中华人民共和国居民身份证通行，但发出的历史并不长。大部分情况下，国内居民会使用通行证和护照往来澳门，但有时该人的名称会出现错误。例如，今日通行证上的名称为 ABC，下一次再申请的通行证上的名称却为 ACB，前后次序颠倒；现在的身份资料显示越来越简单，之前在澳门出生的人持有的身份证，即葡萄牙身份证，内容很详细，有姓名、性别、婚姻状况、父系、母系、出生日期和别名等资料。所以人与人的区分便会比现在更清楚。现时只有在身份证明局内的专属机器中，才可以取得详细的个人资料。

当传唤对象错误，判决又转为确定后，就需要提起新的撤销原判决的诉讼。故此，法院会严格按照法律的规定展开传唤程序。

有关期间的规定，在旧的民事诉讼法典中，原则上比较严格，但是新的澳门《民事诉讼法典》则较温和。法官可以因特别情况而将答辩期限或答辩之后的诉辩书状提交期限延长，也可以应当事人协议延长一次，规范于澳门《民事诉讼法典》第 97 条第 1、2 款①和第 403 条第 4~6 款②和第 422 条③。

在澳门《民事诉讼法典》中，规定了行为期间结束后 3 个工作日内，当事人可透过缴交罚款延长诉讼行为期间。例如，一个诉讼行为期间将于 10 月 25 日（星期四）结束，一方当事人可于 10 月 26 日（星期五）作出行为，但需要罚款，因为过了期限。又或在最迟 3 个工作日后作出，但如属于

---

① 第 97 条（期间之延长）：一、法定诉讼期间在法律规定之情况下得予延长。二、经双方当事人协议，期间得以相同时间延长一次。

② 见本书第 165 页注释①。

③ 澳门《民事诉讼法典》第 422 条（延长提交诉辩书状之期间）：在答辩之后提出之所有诉辩书状，其提交之期间可依据第四百零三条第四款、第五款及第六款之规定予以延长，但延长之期间不得超过就提交有关诉辩书状所规定之期间。

假日，所以会延迟至下一个工作日才作出。上述情况规范于澳门《民事诉讼法典》第 95 条 4 ～ 6 款。①

当法律给予当事人 30 日期间作出行为，期间连续计算到最后一日，再给予 3 个工作日，使当事人缴交罚款后再作出有关行为。以往，法院办事处要求延迟作出行为的诉讼代理人需要先行向法院分庭办事处申请批准缴交罚款，当事人再取缴费凭单去邮政储金局缴交，最后把收条交往法院，否则，法院不会接收当事人迟交的诉辩书状。但是，现在会由法院制作罚单，然后由当事人缴交。

如果当事人有合理障碍，期间可延迟。例如，10 月 3 日，行政长官作出了批准公务员豁免上班，假若当天为期间的最后一天，那就顺延一天，有关规定规范于澳门《民事诉讼法典》第 96 条。②

在目前的司法实务中，普遍认定交通阻塞并不是合理障碍，即使来往澳氹的大桥全被封以致不能过桥亦不属于合理障碍。如当事人的诉讼代理人在最后一日晕了导致不能工作，则属于合理障碍。如代理人在法院办事处关门前也不能前往递交书状，有第二种补救措施，规定在第 73/99/M 号法律《对以图文传真作出之诉讼行为作出规范》中。③

在此容许当事人使用图文传真于行为期间的最后一日将诉辩书状传出，然后，第二日将正本补回。所以，交通阻塞不属于理由的一种，因为可以使用图文传真。如果同时交通阻塞和全澳门电话线路短路，这种情况才可认为是合理障碍。

二 时限原则之体现

1. 按照澳门《民事诉讼法典》第 5 条第 1 款之规定，作为诉讼或防御

---

① 见本书第 102 页注释②。
② 澳门《民事诉讼法典》第 96 条（合理障碍）：一、因不可归责于当事人、其代理人或诉讼代理人之事由，以致未能及时作出行为者，为合理障碍。二、指称存有合理障碍之当事人应立即提供有关证据；如法官认为确实存有障碍，且认为当事人于障碍解除后立即提出声请，则经听取他方当事人意见后，准许声请人逾期作出行为。
③ 《对以图文传真作出之诉讼行为作出规范》第 1 条（以图文传真作出诉讼行为）：一、诉讼程序中之当事人或参加人及其诉讼代理人，得使用图文传真设备作出任何诉讼行为。二、如使用上款所指之设备，则诉讼行为得于有关期间之最后一日晚上十二时前作出。三、收到图文传真后，办事处须视之如正本般作出有关行为，尤其是涉及有关期间方面。

所依据之事实，必须由当事人陈述。

2. 当事人须在法律规定的阶段及期间内，陈述所有使诉讼理由成立或使抗辩理由成立所需之事实。被告在答辩时主张的防御方法，不论是延诉抗辩或永久抗辩，还是提起争执，均有责任陈述必需事实及补充事实。必需事实即必须陈述的事实，而辅助性事实则无须载于诉辩书状中（由于辅助性事实可不由当事人提出，而由法官在调查中获得）。

3. 及时陈述必需事实及补充事实，但不妨碍当事人在续后的程序中陈述。按照澳门《民事诉讼法典》第 397 条第 1 款之规定，法官因起诉状欠缺必要要素或未具备必需之要素而不能继续审理，或因事实阐述不清楚，可以作出补正批示，并可要求当事人补正。同时，按照澳门《民事诉讼法典》第 427 条第 1 款 b 项之规定，在清理及准备阶段，法官会就诉辩书状中可以补正的瑕疵要求双方当事人补正，使诉讼能够继续进行。法官可以邀请当事人就事实的不足或不清楚作出补正，但在起诉状中因欠缺必须的事实而导致欠缺诉因或诉因含糊不清的除外，因为有关事实会导致起诉不当。按照澳门《民事诉讼法典》第 139 条第 1 款及第 2 款 a 项之规定，法官必须作出初端批示驳回有关诉讼。此外，法官可以在诉讼调查辩论中知悉补充事实，因此诉辩书状中欠缺此等事实并没有大碍。

4. 不就他方当事人陈述之事实提出争执，按照澳门《民事诉讼法典》第 405 条第 1 款、第 410 条第 2 款、第 424 条之规定，将被视为承认有关事实，但是只针对可处分的事宜。在民事诉讼中，一般会解决两大类争议，一是有关人的身份，二是有关财产（而绝大部分均为可处分之事宜）。例如，A 因欠债而被起诉，如其不提出争执便会视为自认欠债的事实，就须要向债权人偿还债务。

5. 行为期间过后不作出行为就会失去有关权利，这是一种负担，但诉讼行为的期间过后不提出并不会因此而受处罚，而按照澳门《民事诉讼法典》第 95 条，如在行为期间过后三个工作日内缴交罚款则仍可作出行为。缴交罚款的金额视行为作出的时间，若在第一个工作日作出需支付司法费之 1/8 的罚款，在第二、三个工作日作出则需要支付司法费之 1/4 的罚款。现在一个单位的司法费为 850 元，但此金额会随着澳门公务员的薪俸改变而改变。

6. 基于诉讼之恒定原则，若不及时提出反对，按照澳门《民事诉讼法典》第 212 条，起诉状提交到法院，法官会作出传唤批示。传唤被告后，诉讼程序在主体方面的当事人、诉因（即事实）及请求方面均维持不变，原则上诉讼的范围就会固定下来，答辩状则就该范围作出。若原告提出被告未偿还债务，被告可透过出示证明提出永久抗辩；又或被告可以提起争执，如原告提出被告损坏其花瓶，但被告可提出当时其本人并不在澳门，此为间接争执，亦可作出直接争执，表示自己没有损坏其花瓶。以上为一些防御方法。被告可以就原告提出的诉因来组织其防御方法。防御方法可分为抗辩和争执，抗辩又可分为永久抗辩和延诉抗辩。

三 诉讼之恒定原则的例外情况

诉讼之恒定原则的例外情况规范于澳门《民事诉讼法典》第213～217条。例如被告答辩时，可指出原告无正当性或指出被告的数目应该更多，又或在提起诉讼且传唤被告后，原告死亡或被告死亡，就需要作出一附随事项，以确定是否有人愿意继续诉讼或确定原告是否具有提起诉讼的正当性。

原则上，债权移转不需经债务人同意，但若债务人将其债务转移给第三人，由于会影响到担保，则须取得债权人同意。同时，在传唤后透过协议也可改变请求及诉因。

原则上，提交文件的期间由法律明确规定，若超过期间，按照澳门《民事诉讼法典》第450条第1、2款以及第451条之规定，须缴纳罚款，而原则上提交文件的目的是证明事实的存在，当提到某事实时，若事实须由文件证明或有文件可以证明，那么证明文件就须附随起状诉或答辩状或其他诉辩书状一同提交，若不同时提交且无法证明因没有该等文件而不提交，就会被罚款。

例如，A为X不动产之所有人，为证明其拥有该不动产，就需要提交物业证明文件。在未对案件进行分发时，当事人可以要求法官作出分发前的诉讼行为或提前作出鉴定行为，例如楼上的装修单位出现漏水的情况，则可以请求法官提前到单位察看，因为装修完成后可能就找不到漏水的源头了。又如在诉讼离婚中，需要提交结婚证明，因为没有结婚或没有婚姻登记就无须离婚。

若文件未与诉辩书状一同提交，则须在第一审事实辩论终结前（即在证人陈述后，结案陈词前）提交；若辩论终结后仍未提交，则须在有上诉时才可提交。

第十一节　形式合适原则及体现

　　形式合适原则，相对于旧的民事诉讼法，这属于新原则，在新的澳门《民事诉讼法典》中加入了这些新的情况。当诉讼程序阶段与案件的程序不符合、不适应时，法官可以命令作出一些使诉讼程序更迅速进行、更符合诉讼目的的诉讼行为。这是一个重要的改革。因为从前的程序全部是按照当时的法律规定去做，比较呆板，但新民事诉讼法典加入了这一原则，使诉讼程序能够更快进行。立法者认为有必要使用诉讼形式合适原则的严谨规定，所以订定了这种步骤去灵活处理诉讼关系。容许法官按实际情况变更诉讼程序的步骤，使其更符合诉讼目的，而这一目的就是简化诉讼步骤，使其更具效益。关于形式合适原则，规范于澳门《民事诉讼法典》第7条。①

　　该原则体现于澳门《民事诉讼法典》第65条第3、4款②，第28条第3款③，第326条第4款④，第391条⑤，第71条第1款⑥和第390条第3款⑦。

　　虽然在澳门《民事诉讼法典》第7条中明确规定"法官经听取当事人

---

① 澳门《民事诉讼法典》第7条（形式合适原则）：如法律规定之程序步骤并不适合案件之特殊情况，法官经听取当事人意见后，应依职权命令作出更能符合诉讼目的之行为。
② 见本书第16页注释①。
③ 澳门《民事诉讼法典》第28条（反诉问题）：三、如因有别于上款所指之其他理由，以致审理该诉讼之法院不具管辖权审理反诉，则须将有关反诉之诉讼卷宗副本移送具管辖权之法院，而有关诉讼继续在原法院进行。
④ 澳门《民事诉讼法典》第326条（范围）：四、法院得许可将以不同形式进行程序之措施合并处理，只要各程序间之步骤并非明显不相容，且合并处理各措施有重大利益者；在上述情况下，法院须在有关程序之步骤方面作出调整，以配合许可作出之合并。
⑤ 见本书第37页注释①。
⑥ 澳门《民事诉讼法典》第71条（联合）：一、数名债权人得联合针对同一债务人或针对属共同诉讼人之数名债务人；属联合诉讼人之数名债务人根据同一执行名义负有债务时，亦得一并被一名债权人或被属共同诉讼人或联合诉讼人之数名债权人起诉；但遇有下列情况除外：a）有关法院对当中某一执行程序无管辖权；b）各执行程序具有不同目的；c）当中某一执行程序须以与其他执行程序不同之特别程序处理；但不影响第六十五条第三款及第四款规定之适用。
⑦ 见本书第9页注释①。

意见后，应依职权命令作出更能符合诉讼目的之行为"。而在学理中，有学者认为形式合适原则可适用于下列情况。不论原告是否请求将起诉合并，只要法官如果认为有必要，就可以在初端批示中许可合并，之后命令传唤被告，并向其明确指出传唤适用的制度，同时指出之后须进行的诉讼程序的行为步骤。对此，被告可以在答辩时提出其立场，而原告不可有相同时间作出答复，之后由法官决定接下来诉讼程序的步骤应如何进行。换言之，法律订立了这样一个规则，允许法官询问双方当事人意见后就决定如何作出接续的程序步骤，这样就会改变原来的诉讼形式。在订定了程序如何进行后，如果不遵守订定的程序，就按照一般规定去处理。根据澳门《民事诉讼法典》第 7 条之规定，似乎一经订定新的程序步骤，法官就不可再按该条规定重新订定诉讼程序的步骤，即法官听取双方当事人意见后，订了一个新的规则后，不可以再次订立另一新的程序，因为这违反了诉讼程序。这是为了给双方当事人一个稳定性，使其可以预知续后的步骤。如果对之不断进行修改，对双方当事人是不利的。

第十二节　当事人承担责任原则

当事人承担责任原则规范于澳门《民事诉讼法典》第 6 条。[①] 进行诉讼的风险由当事人自己承担，法官不可能任意容许当事人对其因疏忽而犯的错误作出弥补。此原则与之前所述应依职权进行弥补不同，并且是相冲突的。当事人承担责任原则与处分原则和时限原则有关，例如，一方当事人逾期提交诉辩书状，法官则不可以接纳有关诉辩书状，但属于可以延长的情况除外（如该当事人申请延长且得到法官批准）。按照职权原则，如果当事人按时提交诉辩书状，法官可要求当事人补正诉辩书状中不准确或所欠缺的内容，而法官亦有权采取措施弥补有关的延诉抗辩。但是有些情况下，

---

① 澳门《民事诉讼法典》第 6 条（诉讼程序之领导权及调查原则）：一、法官应作出安排，使诉讼程序能依规则迅速进行，因而应命令采取必需措施，使诉讼正常进行，并拒绝作出任何无关或纯属拖延程序进行之行为；但此并不影响当事人主动为行为之责任。二、如所欠缺之诉讼前提系可弥补者，法官须依职权采取措施予以弥补，因而应命令作出使诉讼程序符合规范所需之行为，或在诉讼程序中出现主体变更时，请当事人作出该等行为。三、法官就其依法可审理之事实，应依职权采取或命令采取一切必需措施，以查明事实真相及合理解决争议。

并不容许法官依职权补正当事人的错漏，此时，当事人就要自行承担有关责任及不利后果，如诉讼被驳回或被判败诉等。

第十三节 诉讼取证原则

澳门的民事诉讼制度，总希望法院所作出的判决最切合诉讼标的之真实情况，即审判最重要的工作是调查有关事实后，综合及客观地指出哪些事实是获得或未获得证实的，而并非考究谁有举证责任。任一方当事人向法院提出的证据材料，都成为诉讼中必须考虑的证据的组成部分，因此法院必须考虑诉讼中接纳的一切证据，即使这些证据不是由负有举证责任的当事人提出的。

在民事诉讼中，证据方面主张的原则为"谁主张谁举证"。但是从民事诉讼法典中得出较合适的表述为"谁得益谁举证"。基于这一原则，证人证言就是提出该证人一方当事人欲证明之事实之证据，且证据一经调查是不可以撤回的，仅可以在调查证据前放弃有关证据。但有些证据是当事人不可以放弃的，如法官采用鉴定作为证人的替代，即鉴定的证据。因为鉴定是法院依职权或当事人要求法官指定一个鉴定人，在这个时候当事人是不可以放弃的。当法官作出指定鉴定后，当事人就不可以再撤回。

该原则体现在如当事人在诉辩书状阶段作出明确的自认，而且有关自认被对方当事人逐一接受后，不可撤回。① 对该原则的限制，如对有关文件的真确性提出争执，当事人得协议不采用有关文件，在续后诉讼中，法官就不会考虑这些文件。

第十四节 诉讼形式合法性原则

诉讼形式原则上要符合法律规定，这是为了确保诉讼程序的稳定性和

---

① 澳门《民事诉讼法典》第489条（自认之不可撤回）：一、自认不得撤回。二、然而，在诉辩书状中对事实之明确自认得予以撤回，只要他方当事人未逐一接受该等自认。

安全性。因为在诉讼中每一个当事人均应该知悉诉讼将会如何进行，这样的社会才会稳定和安全，市民才会对司法机关产生信赖。

当被告收到传唤时，传唤中会附同与诉讼相关的文件，挂号信中附有传唤通知和起诉状及所有证据。这样当事人除了可以清楚了解诉讼的标的，同时可知悉诉讼的形式。民事诉讼法已有相应的规定，诉讼各个阶段的进行，如答辩期的长短、证人的数目、提出证据的时间、能否提出反诉等，当事人可以按照诉讼法的规定，为提出诉讼及防御寻找最好的方法。然而，由于诉讼程序的步骤由法律规定，当事人不可随意更改。该原则的缺点就是诉讼欠缺灵活性。

根据澳门《民事诉讼法典》第 147 条第 1 款，① 若当事人不遵守程序的法定步骤，并不必然属于诉讼上的无效，仅在法律规定属于无效或出现不当情事可能影响法院审判的情况下，才会产生无效的效果。

一　诉讼形式合法性原则的适用

规范于澳门《民事诉讼法典》第 588 条②、442 条③、456 条④、512 条⑤、558 条第 2 款⑥。

---

① 澳门《民事诉讼法典》第 147 条（关于行为无效之一般规则）：一、在非属以上数条所规定之情况下，如作出法律不容许之行为，以及未作出法律规定之行为或手续，则仅在法律规定无效时，或所出现之不当情事可影响对案件之审查或裁判时，方产生无效之效果。二、一行为必须予以撤销时，其后作出且绝对取决于该行为之行为亦予撤销；行为之一部分无效并不影响不取决于该部分之其他部分。三、行为之瑕疵妨碍某一效果产生时，不应理解为该行为适当产生之其他效果亦受影响。

② 澳门《民事诉讼法典》第 588 条（上诉之主体延伸）：一、如属必要共同诉讼，任一当事人提起之上诉惠及其共同当事人。

③ 见本书第 210 页注释②。

④ 澳门《民事诉讼法典》第 456 条（他方当事人不提交文件）：如被通知之人不提交有关文件，则对其适用第四百四十二条第二款之规定。

⑤ 澳门《民事诉讼法典》第 512 条（第二次鉴定之价值）：进行第二次鉴定并不使第一次鉴定丧失效力，两者均由法院自由评价。

⑥ 澳门《民事诉讼法典》第 558 条（证据自由评价原则）：一、证据由法院自由评价，法官须按其就每一事实之审慎心证作出裁判。二、然而，如就法律事实之存在或证明，法律规定任何特别手续，则不得免除该手续。

如果法律规定要求使用公文书或公证员作成的文书去证明，则法官不可以用自由心证将其排除。

二 诉讼形式合法性原则的限制

规范于澳门《民事诉讼法典》第 555 条。[①]

第十五节 证据直接性原则

法官就证据形成自由心证的过程中，必须透过证据和与个人接触而形成这些心证，不可授权他人或通过第三人形成。有关内容规范于澳门《民事诉讼法典》第 439 条[②]、第 569 条[③]、第 444 条和[④]第 555 条第 3 款。[⑤]

---

① 澳门《民事诉讼法典》第 555 条（试行调解及事实事宜之辩论）：一、如无押后之理由，则进行案件之辩论。二、如案件所涉及之事宜系双方当事人有权处分者，主持听证之法官须试行调解双方当事人。三、如调解不成，则进行下列行为：a）当事人作陈述；b）展示机械复制品，而主持听证之法官得命令仅于当事人、当事人之律师及宜在场之人在场时方展示；c）受命到场之鉴定人作口头解释；d）询问证人；e）就事实事宜进行辩论，而辩论时每一律师得反驳一次。四、如有理由变更上款所指证据调查之顺序，则主持听证之法官得变更之。五、未经主持听证之法官许可，已被听取陈述之人不得离开；如当事人反对，或当由合议庭参与听证时助审法官反对，则主持听证之法官不得许可该人离开。六、如须于法院以外地方作陈述或证言，则于辩论前中断听证，而法官及律师立即或于主持听证之法官指定之日期及时间前往该地方听取陈述或证言；该陈述或证言作出后，听证于法院继续进行。七、在辩论时，律师须尽量确定应视为获证实之事实及未获证实之事实；任一法官或他方当事人之律师得中断上述律师之行为，但他方当事人之律师须经其当事人及主持听证之法官同意方得为之，而该中断应以解释或更正所作之任何声明为目的。八、法院得于任何时刻听取所指定之技术员之意见。
② 澳门《民事诉讼法典》第 439 条（集中审理原则）：诉之证明措施应尽可能在同一行为中进行；如须中止该行为，则应尽快继续进行之。
③ 澳门《民事诉讼法典》第 569 条（审判权之消灭及其限制）：一、判决作出后，法官对有关案件之事宜之审判权立即终止。二、法官得更正判决中存有之错漏、补正无效情况、就判决所引起之疑问作出解释，以及就诉讼费用及罚款纠正判决。三、以上两款之规定，以及随后数条之规定，在可能范围内适用于批示。
④ 见本书第 105 页注释①。
⑤ 见本页注释①。

第十六节　法官完全参与原则

有关内容规范于澳门《民事诉讼法典》第 557 条。[①]

按照此项原则，法官需要完全参与辩论，调查辩论，才可以对事实事宜作出判决。如果法官在审判期间死亡或长期不能参加审理，则需要替换为另一位法官，重新进行案件审理。

如只属暂时不能参与案件，则法官应当中止听证一段期间，但有关情况显示重新作出先前所作行为属较适宜的除外。但该裁判由应主持继续进行之听证或主持新听证之法官以附有理由说明之批示作出。当出现被调任、任用于更高职级或退休之法官，其应先完成有关审判；但属强迫退休或因无能力担任有关职务而须退休者除外。

第十七节　诉讼经济原则及行为快捷原则

从经济的角度来说，经济原则是指诉讼应以最小的成本达至最大的效益。这个原则在每个诉讼中都能解决其他纠纷，且仅可在诉讼程序中，找出必须和有用的行为。

首先，尽可能在同一诉讼程序中解决其他诉讼纠纷。因此民事诉讼法中允许联合、共同诉讼、诉讼合并、请求之合并等方式，而且必须在诉讼过程中作一些有用的行为。

[①] 澳门《民事诉讼法典》第 557 条（法官完全参与原则）：一、曾参与在辩论及审判听证中作出之所有调查及辩论行为之法官，方得参与对事实事宜之裁判。二、如任何法官于辩论及审判期间死亡或长期不能参与，则先前所作之行为须重新作出；如属暂时不能参与，则中断听证一段必要期间，但有关情况显示重新作出先前所作行为属较适宜者除外；对决定中断听证或重新作出行为之裁判不得提起上诉，但该裁判由应主持继续进行之听证或主持新听证之法官以附有理由说明之批示作出。三、被调任、任用于更高职级或退休之法官，应先完成有关审判；但属强迫退休或因无能力担任有关职务而须退休者，或在上述任一情况下，依据上款规定重新作出先前所作行为属较适宜者，均不在此限。四、即使正式负责有关案件之法官恢复工作，代任法官仍继续参与有关程序。

一 诉讼经济行为快捷原则的体现

澳门《民事诉讼法典》第 60 条①、64 条②、87 条③、88 条④、145 条⑤、147 条⑥、216 条⑦、217 条⑧、218 条⑨、393 条⑩和 105 条⑪。

所有允许第三人透过附随事项参与待决案件、允许原告在债务尚未可被请求的情况下作出给付请求的规定，均是此原则的体现。

按照澳门《民事诉讼法典》第 105 条之规定，通过当事人、诉讼代理人和法院之间的合作，避免押后听证，原则上，双方当事人应互相合作，订定一个日子，使双方可以互相配合。

---

① 澳门《民事诉讼法典》第 60 条（普通共同诉讼）：一、如出现争议之实体关系涉及数人，有关诉讼得由全部主体共同提起，或针对全部主体；然而，法律或法律行为未有规定者，诉讼亦得仅由其中一主体提起，或仅针对其中一主体；在此情况下，法院仅得审理相应份额之利益或责任，即使有关请求包括全部利益或责任亦然。二、如法律或法律行为容许仅由一主体行使权利，又或容许仅向其中一主体要求履行共同债务，则只要其中一主体参与诉讼，即具正当性。
② 见本书第 41 页注释①。
③ 澳门《民事诉讼法典》第 87 条（行为限制原则）：在诉讼程序中不应作出无用之诉讼行为。
④ 澳门《民事诉讼法典》第 88 条（行为之方式）：诉讼行为须以最简单而最能符合所欲达致之目的之方式为之。
⑤ 澳门《民事诉讼法典》第 145 条（诉讼形式之错误）：一、诉讼形式之错误仅导致撤销不可利用之行为；因此，应作出确属必需之行为，使诉讼程序之形式尽可能接近法律所规定者。二、然而，如利用已作出之行为导致削弱对被告之保障，则不应利用该等行为。
⑥ 见本书第 227 页注释①。
⑦ 见本书第 119 页注释③。
⑧ 见本书第 119 页注释④。
⑨ 见本书第 166 页注释③。
⑩ 见本书第 49 页注释④。
⑪ 见本书第 212 页注释①。

第九章

调查阶段

第一节　提出证据的方法

在清理批示发出以后，接下来便是举证阶段。这是调查阶段中的举证，是庭审中的举证。举证目的均为证明待证实的事实为真实，如事实在清理批示中被列入既证事实，则无须再进行举证。大家要留意，在民事诉讼中，大部分事实都是由当事人进行举证的。

根据澳门《民事诉讼法典》第 431 条，[①] 法院会通知当事人在 15 日内提出采取证据的方法，或对当事人在诉辩书状中提出的证据作出变更，又或声请将辩论和审判的听证制作成视听资料。如果当事人没有在这个阶段中申请录制视听资料，而是在继后的诉讼阶段才提出申请，法官就不一定会批准有关声请；反之，如果在此提出，除非出现特殊情况，否则法官一般都会批准。法官批准后，当事人只可以申请录音档案，目前在法院中设有的录像并不对外公开，因有关录像的目的只是保安的需要。

在上述 15 日期间过后，法官便会指定辩论及审判听证的日期。此时，当

---

① 本书第 174 页注释③。

事人便有途径可以更改、补充证人名单，但是必须在提交证据方法后才可为之。其可于法官指定的辩论及审判听证日期前30日内提交有关更改及补充。① 在目前的司法实务中，很多律师会将对方的证人也加入到己方的证人名单上，因为如果没有将对方证人加入己方证人名单上，在法庭上便不能对对方的证人进行询问，只能要求对方对原来的问题作出补充解释。若是己方证人，则该名律师可以直接发问或要求证人直接作出解释。故在许多诉讼中，诉讼双方当事人的证人名单近乎相同，同时，由于可以在诉讼中放弃某些证人，故此，许多律师也逐渐采用这种方式编制证人名单。

如前所述，在诉辩书状阶段中，大部分起诉状或答辩状都附有证人名单，但也可以不在起诉状或答辩状中提交证人名单，实际上证人名单应该在调查阶段才提交。若在先前的起诉状或答辩中已提交证人名单，到这个阶段中，还会被提醒需要再次提交。原因是，于起诉状或答辩状阶段向法官提交证人名单，但到上述提交证据方法的阶段中并没有再提交证人名单，在庭审时，法官可能视为其没有提交证人名单。所以，现在在诉讼进行到这个阶段时，会再次提交一次证人名单以免出现上述情况。此外，在这个阶段再次提交也有一定的好处，因为证人的功能是证明某些事实的存在或不存在，而在清理批示发出以后，律师便可以清楚知道哪些事实要待证人作证来证实了。故此，便可以适当地调整证人名单。在证人名单中，要清楚记录的内容包括证人全名、地址等，并请求法官批准。

那么在调查阶段中，法官要对案件中的哪些事实作出调查？根据澳门《民事诉讼法典》第433条，② 调查的对象为一些有需要或有争议的事实，在清理批示内有两大类事实，已证事实和待证事实。针对已证事实不需要再进行调查，如果当事人就已证事实有异议，如前所述，可以根据澳门《民事诉讼法典》第430条提出声明异议，如欲就异议而作的批示提出争执，可以在对终局裁判提起上诉时一并提起。故此，在调查阶段只会对待证事实作出调查。当然，有一些事实也不需要证明，例如，澳门《民事诉讼法典》第434条③所述的众所周知的明显事实，④ 又或是一些依职权知悉的事实，只需将相

---

① 见本书第189页注释①。
② 澳门《民事诉讼法典》第433条（对象）：调查之对象为对案件之审查及裁判属重要，且应视为有争议或需要证明之事实。
③ 见本书第201页注释①。
④ 按澳门特别行政区内大部分人知悉的事实。例如，第三届澳门特别行政区行政长官为崔世安。

关文件附入卷宗即可。

作为民事诉讼中的证据，需要遵守并符合一定的原则，即证据合规范原则。根据澳门《民事诉讼法典》第 435 条，[①] 在诉讼中使用的证据不能透过侵犯他人身体或精神之完整性又或侵犯私人生活、住所、函件而取得。简单而言，透过窃听、私家侦探采用上述方法而取得的证据，除非是法律容许的情况又或得到法官的许可，否则不能作为民事诉讼的证据，除此之外，有关的行为可能会构成犯罪。[②]

除了证据合规范原则外，针对证据方面的原则还有诉讼取证原则。根据澳门《民事诉讼法典》第 436 条，[③] 法院应考虑诉讼程序中取得的一切证据，包括任一方当事人提交的材料，即使该等证据不是由负举证责任的一方提出，又或非由其声请的证据措施中获得，又或非从该当事人处查得。这体现了证据的整体性，倘若已就一方当事人所提交的证据进行调查，则当事人不得放弃，除非事前该当事人已舍弃有关证据。故此，当事人可以舍弃所提交之证人，且只得在陈述前舍弃，但属于澳门《民事诉讼法典》第 497 条所规定的情况除外。[④] 总括而言，所有在诉讼中被提交的或获得的证据，均可以用于证明对诉讼有用的事实，即使有关事实并非由负有举证责任之人提出，除非属于法律规定的例外情况。例如，澳门《民事诉讼法典》第 473 条第 2 款中，[⑤] 当他方当事人对于书证的真实性提出争议时，当事人可以声明不欲使用该文书，此时，法院不可以在案件中考虑该等文件。

---

① 澳门《民事诉讼法典》第 435 条（证据合规范原则）：不得于审判中采用透过侵犯人之身体或精神之完整性，又或透过侵入私人生活、住所、函件及其他通讯方法而获得之证据。
② 可能会构成澳门《刑法典》第 186 条（侵入私人生活罪）；第 188 条（侵犯函件或电讯罪）；以及第 191 条（不法之录制品及照片）。
③ 澳门《民事诉讼法典》第 436 条（诉讼取证原则）：法院应考虑诉讼程序中取得之一切证据，即使该等证据非由负举证责任之当事人提出，或非由其所声请进行之措施中获得，又或并非从该当事人所查得者亦然，但不影响因一事实非由特定之利害关系人陈述而声明无须理会该陈述之规定。
④ 请参阅〔葡〕Viriato Manuel Pinheiro de Lima《民事诉讼法教程》，叶迅生、卢映霞译，法律及司法培训中心，2012，第 18 页。
⑤ 澳门《民事诉讼法典》第 473 条（答复）：一、须通知他方当事人作出答复，但非于最后之诉辩书状中提出争辩者除外；在此情况下，他方当事人得接着提交之诉辩书状中作出答复。二、如他方当事人不作出答复，或声明不欲使用有关文件，则在案件中，不论为着任何目的，均不考虑该文件。三、提交答复后，如争辩之理由明显不成立或争辩纯属拖延时间，又或文件并不影响案件之裁判，则不继续处理该争辩。

对于诉讼取证的原则，根据澳门《民事诉讼法典》第 437 条，[①] 在举证责任方面，原则上谁主张，谁举证。如有疑问，即不能确定举证责任谁属时，则谁人因该等事实得利的，就用不利于该人的方法解决，即为谁得利，谁也须负举证责任。

在民事诉讼中，根据辩论原则，除了对涉及的事实应要遵守该原则外，对于证据亦然。故此，根据澳门《民事诉讼法典》第 438 条，[②] 对由他方递交之文书及鉴定证据都可以进行辩论，但法律另有规定者除外。例如，对于澳门《民事诉讼法典》第 434 条所指的众所周知的事实是不需要遵守辩论原则的。如有关证据是属于一种有待形成的证据，例如，人证、证言、鉴定等，按照上述规定，也有需要对该证据所针对的当事人作出通知，以便其参与。另外，如有关证据属于事先已形成的证据，则按照上述规定，证据所针对的人可以对该证据被接纳一事或对该等证据的证明力作出争执。

原则上所有证据都应该集中进行调查，[③] 并在调查时对于一些重要的行为以口头方式进行，但是不影响对之作出记录。[④]

如果当事人想在诉讼中使用一动产作为证据，应该在提交文件的期间内将有关动产交到法院办事处，根据辩论原则，应将有关事宜通知他方当事人，以便其根据澳门《民事诉讼法典》第 441 条第 1 款之规定，[⑤] 对有关动产作出查验或以任何机械复制方法摄取该物之影像。

为了实现司法公正，法律不仅要求公共当局，还要求每个居民都提供合作。在有需要的情况下，任何人均须前往法院作为证人，而且必须如实回答问题。如果某人在法官要求其作为证人的情况下不出现，首先透过罚

---

① 澳门《民事诉讼法典》第 437 条（遇有疑问时须遵守之原则）：如就一事实之真相或举证责任之归属有疑问，则以对因该事实而得利之当事人不利之方法解决。

② 见本书第 187 页注释②。

③ 见本书第 228 页注释②。

④ 澳门《民事诉讼法典》第 440 条（口头原则）：对案件之调查属重要之行为应以口头方式进行，但不影响法律指定须对有关措施作纪录之规定。

⑤ 澳门《民事诉讼法典》第 441 条（动产或不动产之提交）：一、如当事人欲使用一动产作为证据，而该物由法院处置不会引致不便者，则于提交文件之指定期间内将该物交予办事处；他方当事人得于办事处查验该物及以任何机械复制方法摄取该物之影像。二、如当事人欲使用不动产或不可寄存于办事处之动产作为证据，则应于第四百三十一条第一款所定之期间内，声请通知他方当事人，以便其行使上款所指之权能。三、透过提交上述之物作为证据并不妨碍就该等物采取鉴定或透过勘验之证据。

款要求其出席，第二次或第三次要求后该名证人仍不出现，根据澳门《民事诉讼法典》第 442 条第 1 款，[①] 法官可要求警察在开庭时带其出席听证会。但所有开支由该名证人承担，例如，有关的警察费用。

当然，在特定情况下，证人的作证义务是可以免除的。有关内容规范于澳门《民事诉讼法典》第 442 条第 3 款。[②] 例如，该名证人刚做完手术，法官要求其作出一动作可能会弄伤其伤口，证人可以不做，又或当询问证人一些很尴尬的问题时，如证人认为该问题可令其精神崩溃，则可不作答。

如果法官要求提供一些属于私人或官方机构掌握的有关当事人的资料，也可以拒绝履行作证义务。例如，律师、公务员。律师有一特别的保密义务，不可随便透露客人资料，如要解除义务，则须经律师公会同意方可作出解除。另外，银行亦不可随便透露客人资料，因此可拒绝法官的要求。而澳门的律师不可直接对当事人的银行资料作出调查，但可先行请求法官要求澳门金融管理局提供协助，澳门金融管理局是管理所有银行之官方机构，其有权要求银行提出户口资料，但所需时间颇长，因公函来往可能需时 1~2 个月。

在某些情况或案件中，如果证据的调查到真正庭审时才作出，则不可以调查或调查的效果会不理想。例如，一个可以作为证人的人，已经住在镜湖医院内的康宁中心（晚期患者住的医疗场所），当事人可要求先进行收集该证人证言的程序，这种先行听取有关证言或先进行调查证据后作出清理批示，而不是等到听证阶段时才进行听证的调查行为，称为预行调查。如果法官不批准作出这项措施，当事人可以提出上诉，因为待听证阶段才去听取有关证言，留置这个上诉已经绝对无用，因为有关人士可能会在这段期间死亡。这属于澳门《民事诉讼法典》第 601 条[③]所述的立即上呈之上诉。

另一种情况，如某些工程，如果当事人不提早作出预行调查，续后便没有办法再进行调查了，例如，楼上的单位出现漏水的情况，如果不立刻

---

① 见本书第 210 页注释②。
② 见本书第 210 页注释②。
③ 澳门《民事诉讼法典》第 601 条（立即上呈之上诉）：一、下列上诉提起后须立即上呈中级法院：a）对引致诉讼程序终结之裁判提起之上诉；b）对审理法院管辖权之批示提起之上诉；c）对在终局裁判以后作出之批示提起之上诉。二、留置上诉将使上诉绝对无用时，亦须将上诉立即上呈。

去检测，便不能看见其造成之损害，亦看不到其源头。上述例子的听证需要在法官主持下进行，现场勘验亦要由法官主持。而法官也可以选择命令另一些人进行鉴定，鉴定和现场勘验是不同的。鉴定由法官命令有专业知识的人士跟进，现场勘验由法官亲身处理。

根据澳门《民事诉讼法典》第445条，[①] 预先调查可以在诉讼提出前或提出后作出声请。若在提出诉讼前声请，声请人须扼要指出诉讼之请求及依据，由于当事人并未提起诉讼，就没有起诉状，所以要扼要指出诉讼之请求及依据。因为未提起诉讼，对方可以聘请律师。如果对方是不确定人或失踪人下落不明，则法院应通知检察院，由检察院代理。如果知道对方是谁，但该人不在澳门，就由法官为其指定一名律师。根据同一法典第447条之规定，[②] 有关的预先作出的陈述及证言必须将之录制成视听资料，又或由法官口述的内容作成书面记录。

证据在诉讼之外的效力，根据澳门《民事诉讼法典》第446条，原则上经过双方当事人辩论的听证而取得的证据或证言，也可以在其他诉讼中使用，用作针对同一个当事人的案件。而针对作为证据之一的自认，根据《民法典》第348条之规定，因自认而产生的证据，就只在该诉讼中产生效力。因为如果一人不争执或不答辩，产生了自认的效果，续后，在另一个诉讼采用该自认作为证据，这对当事人而言不太公平。

除了必须将预先作出的陈述或证言录制成视听资料外，根据澳门《民事诉讼法典》第448条，[③] 有关录制视听资料也可以由任一当事人声请或由法官依职权命令作出。

对于录制的方式，根据澳门《民事诉讼法典》第449条，[④] 是以视听系

---

① 见本书第187页注释③。

② 澳门《民事诉讼法典》第447条（预先作出之陈述或证言之纪录）：一、当事人、证人或其他应于诉讼程序中作陈述或证言之人如系预先作陈述或证言者，必须将之录制成视听资料。二、如不能录制成视听资料，则有关陈述或证言按法官口述内容作成书面纪录；当事人或其诉讼代理人得提出其认为恰当之声明异议，而作陈述或证言之人在阅读其陈述或证言之书面纪录后确认之，或请求作出必需之更正。

③ 澳门《民事诉讼法典》第448条（辩论及审判听证时作出之陈述或证言之纪录）：只要任一当事人认为有需要将辩论及审判之听证中所调查之证据载于文件而声请录制视听数据，又或法院依职权命令录制者，则须将辩论及审判之听证，以及将听证中作出之陈述或证言、报告及解释，录制成视听资料。

④ 澳门《民事诉讼法典》第449条（录制之方式）：一、录制须以视听系统为之。二、如法院并未具备视听器材，则以录音系统录制。

统为之。由于现行适用的澳门《民事诉讼法典》是于澳门回归前制定的，而当时的经济状况并不是太理想，就目前而言，澳门的法院在辩论及审判听证时依然只是采用录音的方式。

第二节　递交证据

根据澳门《民法典》第334条，[①] 证据是为了展示事实的真相。在诉讼中，当事人只陈述一个事实是没有任何作用的，必须使该事实获得证实后才能发挥作用，而证实一事实存在或不存在便需要依靠证据。

证据另一个通用的概念为向法官证明存有疑问的事实的司法或诉讼行为，也就是说证据在法律上具有一定的重要性，把事实的真相展现出来。即当事人陈述事实以后，法官对事实作出分析、整理，透过清理批示将之归入既证事实或待证事实，并将待证事实放入调查基础中。当事人在续后的诉讼阶段中需要证实有关事实的存在。另外，他方当事人除了可以在诉讼中证明该事实不存在外，亦可以选择不理会该事实。在民事诉讼中，若律师清楚知道他方当事人根本无法证实该事实，则当事人可以对该事实不以理会，尤其当举证责任属于他方当事人时。

在规范证据的规定中，可分为实体证据法规定和形式证据法规定。哪些证据可以被采纳、证据的方法、证明力，这些均属于实体证据法规定的内容。而订定证据的方式，即订定在法庭中举证的形式的规范，则属于形式证据法。

关于实体证据法存在很大争议，部分学者认为这些规范应当属于实体法规定，亦有学者认为实体证据法属于程序法的组成部分。所以，针对这些规范证据的规定应被列入澳门《民法典》还是其他单行法典，或是列入澳门《民事诉讼法典》中，存有很大争议。另外，也有一些学说认为实体证据法规范存在混合的性质。当然并非以这些规范所处之法律性质而定，而是因应所规范的证据事宜而定。因此规范在某个法律秩序中采用证据方法的规定及订定证明力的规定属于实体法规范；而规范在法庭中举证方式的规范则属于程序法规范。这种说法也为目前大多数学者所接受。

---

① 澳门《民事诉讼法典》第334条（证据之功能）：证据具有证明事实真相之功能。

如前所述，可知证据与事实有关。事实上，法官依职权适用法律规范，而不论当事人是否引用该法律规范或当事人对该法律的解释。这就是罗马人所说的"你给我事实，我给你公正"。

至于哪些事实需要举证证明以及如何在程序中重演的问题，需要依据处分原则的规定。原告不可以只请求法院的保护，还须援引事实状况、提出主张（即请求）。当原告提出诉讼后，整个诉讼便在原告提出的框架内进行。原告在诉讼中提供事实，被告对之作出争执，而两者均需要提出证据，以证明该等事实存在或不存在。当然，被告提出争执的事实获得证实，也相当于原告提出的事实不获证实。

这些事实在清理批示阶段经过筛选后，法官便会对当事人提出过的事实进行审理。并非所有由当事人提出的事实皆需要证明，只有有用或恰当的事实才需要证明，对于诉讼中没有意义的事实则会被排除。除了当事人陈述的事实外，法院还可采纳一些在履行职务（同一卷宗或其他卷宗内的事实及证据）时获得的事实，以及明显的事实，而这些事实无须主张，亦无须证明。① 明显的事实即在这一法区中，大部分人认识的事实。例如，澳门特别行政区第三届行政长官为崔世安先生；又如，A 被 B 用雨伞打伤了脚，其后经医生检查证实 A 的脚被打断，而 A 的脚被打断后很痛的这个事实便无须证明。另外，法院因履行职务而知悉的事实亦无须当事人主张，但法院需透过附具文件证明。除了根据澳门《民事诉讼法典》第 5 条第 3 款所指之必需事实外，法院可依职权在案件之调查和辩论中得悉辅助事实。

第三节　举证责任

在提出证据责任方面，根据澳门《民法典》第 335 条，② 原则上为"谁主张权利谁举证"或"谁得利谁举证"，必须通过证据证明这个权利所建基

---

① 澳门《民事诉讼法典》第 434 条（无须陈述或证明之事实）：一、明显事实无须陈述及证明；众所周知之事实应视为明显事实。二、法院履行其职务时知悉之事实亦无须陈述；法院采纳该等事实时，应将证明该等事实之文件附入卷宗。

② 澳门《民法典》第 335 条（举证责任）：一、创设权利之事实，由主张权利之人负责证明。二、就他人所主张之权利存有阻碍、变更或消灭权利之事实，由主张权利所针对之人负责证明。三、如有疑问，有关事实应视为创设权利之事实。

的事实的真实性。只有证明这些事实后，当事人方能主张有关权利。

证明事实的负担称为举证责任，此为澳门《民法典》第 335～337 条的用语。这个责任以主张的负担为前提，谁主张权利，谁就需要证明产生该要求司法保护之权利的事实；而要证明这些事实，就需要先援引这些事实。故当事人负有主张的负担和举证的责任，而主张的负担先于举证的责任；要先提出事实，方能以证据证明该等事实，接着提出请求。

在民事诉讼法的原则上，主张及证明事实的需要是基于处分原则的要求。受到该原则影响的立法，私人的活动限制了法官的权力。不仅是活动的开始以及请求法律保护的程度，在事实方面亦受到这样的限制。根据处分原则，当事人负有主张及证明事实的负担。若未能证明所陈述的事实是真实的，而这些事实是确定其权利的关键，法官就会作出不利于其的判决。

在现代民事诉讼的理论中减轻了处分原则的要求。如前所述，依职权的原则逐渐增多，而处分原则相对减少。不遵守举证责任原则而导致请求不获接纳的情况，在现今受到很大的制约。一直以来诉讼公开化和实行实质公正而非形式的公正的取向，使法官的权力扩大，甚至强制法官负有调查的责任。① 在某些情况下会要求法官介入，这是一种新的趋势。

对法官施加这些义务是有原因的，因在诉讼中法官有一个特殊的任务，亦为其职务的特点，即宣示当事人的主张是否与法律相符。若相符则命令满足其请求，故法律容许法官去调查必需的事实，以作出公正的裁判。在法官调查义务的规范下，举证责任的价值与过去相比有所不如。根据现行法律规定，举证责任为当事人的负担，规定于澳门《民法典》第 335、336 条，以及澳门《民事诉讼法典》第 437 条。② 简单而言，若不知应由谁负责举证，则由得利的一方负责。

在诉讼中，当事人需要证明其主张的事实为对案件的裁判具有法律重要性的事实。不重要的事实，不构成举证的客体，亦不妨碍诉讼的进行和清晰性。同时，根据澳门《民事诉讼法典》第 410 条之规定，③ 即使当事人对某一事实不作答辩，法官亦会从整体的证据去考虑视该分条缕述的事实属已获证实还是未获证实。因为并非所有分条缕述的事实均由原告主张，

---

① 例如，根据澳门《民事诉讼法典》第 6～8 条第 1、2、4 款，第 106 条第 1 款和第 548 条。

② 澳门《民事诉讼法典》第 437 条（遇有疑问时须遵守之原则）：如就一事实之真相或举证责任之归属有疑问，则以对因该事实而得利之当事人不利之方法解决。

③ 见本书第 159 页注释①。

有些是需要由被告主张的。举证责任的负担是指由双方当事人为诉讼提供解决争议所需的事实证据时，在法律上属于重要的事实的举证责任应当由双方当事人承担。由于分担证明事实的问题应以事实的分类为基础，故对法律事实进行分类是非常重要的，这种分类澄清了在法庭上分担举证责任的问题。

在民事诉讼中，可以将法律事实分类为：

（1）主要事实：裁判的条件要素、实体法的适用前提，亦是诉讼标的之条件要素。

（2）辅助事实：与证明主要事实的证据方法的证明力有关的事实，如证人可信度。

（3）具体事实：指特殊个体之事实。

（4）抽象事实：具有概括性质的事实。

（5）内部事实：关于精神生活的事实，如思想、信念。

（6）外部事实：在外界反映出来的事实。

（7）直接关连的事实：与诉之标的有直接关连的事实。

（8）非直接关连的事实：与标的关系十分间接的事实。

（9）创设性事实、妨碍性事实、变更性事实、消灭性事实：以法律规范的效果所作之分类。

创设性事实、妨碍性事实、变更性事实、消灭性事实，均为诉讼中非常重要的事实，应由谁负举证责任呢？

举证是一个负担或义务，不举证是否会引致真正的法律制裁呢？根据澳门《民法典》第335、336条，举证责任是法律强制规定由一方或双方争讼人证明其主张的事实。

将处分原则适用于证据事宜正是要求各方当事人按法律标准去证明其主张的事实。举证责任与证据的可处分性是相关的，所以属于一种法律负担。若当事人不履行这些负担，则其主张会被驳回。倘若所主张的事实是请求的成立条件，有学者主张在此情况下，欠缺证据会对未证明所陈述事实的一方当事人产生真正的制裁。例如，根据澳门《民事诉讼法典》第385条，可能会构成恶意诉讼，但是这种制裁并非真正法律意义上的制裁，而只是经济上的制裁，产生对该当事人不利的后果。

其他学者认为应将举证的负担与举证的义务区分。倘法律强制规定某人要作出某特定行为，以满足另一人之利益，同时牺牲自己之利益，则属一种义务；倘法律规定某人为自己利益应为之行为，则属于负担。

在这个理论下，法官被给予了广泛的调查权力，相对于当事人行使处分原则而应提出澳门《民事诉讼法典》第 5 条第 3 款①所规定的事实，同时根据同一法律第 8 条②规定的合作原则，即使与案件无关的人均须为搜集证据提供合作。例如，若某人存有某些文件，即使其非当事人，法官亦可命令该人将之交出。

将义务与责任进行区分后，对于第三人而言，便有一举证的义务。然而，举证责任针对双方当事人而言，并不是一种义务，而是一种负担。当事人可以作出两种回应，举证或不举证。当事人可以从中选择，若不举证，便会承担诉讼的不利后果。

举证责任并非只适用于宣告之诉中，在执行程序中也适用。根据澳门《民事诉讼法典》第 677 条以及第 12 条，执行名义本身就是一种证据，其功能就是作为债权合法性的证据。

一 举证责任的主体负担与客体负担

在举证责任问题的范畴中，主要解决的问题是谁必须作出证明，必须证明什么。

在学说上，第一个问题被称为主体负担，在这个事宜上有一个一般性原则，主张事实的人负有举证责任。证明由事实主张人提出，倘不提出证据，则其请求会被驳回。部分学者将之称为风险。若当事人未提出证据，事实主张人则承受证据不足或不具证据的风险，这个风险就是败诉的风险。败诉的风险与负担有着密切的关系。

另一方面，要使某个决定具有某项特定的内容，应证明什么事实？换言之，谁主张谁举证或谁得利谁举证（包括证明对方主张的事实不存在）是一项最基本的原则，此为主体负担，但必须要证明什么呢？只需要证明对解决在诉讼涉及的争议中的法律问题是有用及恰当的事实。即使在这些有用及恰当的事实中，部分事实是不需要举证的。例如，根据澳门《民事诉讼法典》第 434 条第 1 款，③ 一些明显的事实，又或一些需要举证的事

---

① 见本书第 194 页注释③。
② 见本书第 210 页注释①。
③ 见本书第 201 页注释①。

实，但该等事实所针对的对方当事人若未提出争执则视为已获承认之事实，还有自认的事实、属于法院依职权审理而获证明的事实，等等。

至于举证责任的分担，由当事人负担举证责任会考虑下列要素：①当事人的诉讼立场；②主张事实而获得的法律效果的性质。

二 待证事实之举证责任

上述各类待证事实（包括创设性事实、妨碍性事实、变更性事实和消灭性事实）的举证责任，还可以作出分类。

1. 创设权利事实的举证责任

根据澳门《民法典》第335条第1款①、第336条第1款②，对于创设性事实由主张权利的人负责举证，主张权利的人未能证明这些事实时，另一方当事人亦无须作出证明。事实上，创设性事实是指产生法律关系的事实，而原告人正主张其身为这种法律关系积极主体的身份。由于在法庭上主张的权利以创设性事实成立为基础，故应由主张人负举证责任。

2. 阻碍权利事实的举证责任

阻碍权利事实是指能阻止另一方当事人从创设权利中取得若干法律效果的事实，因此这些事实由提出阻碍权利的当事人负举证责任，不论是否提出直接防御或作出间接防御，只要提出事实去阻碍创设性事实，就须进行举证。如由被告提出事实就由被告主张，因为其会因提出事实而得利，根据澳门《民法典》第335条第2款，③此时，由主张权利所针对的人负责举证。

3. 消灭权利事实的举证责任

原告提出的创设权利的事实由被告举证推翻，倘被告未能证明消灭权利的事实，而原告成功证明创设权利的事实，其权利就被肯定。例如，假设A告B，B欠A 100万元，并已提出证明。B在进行抗辩时就需要陈述还款事实，并提出证据证明还款事实。如前所述，根据澳门《民法典》第335条第2款，也由主张权利所针对的人负责证明。

---

① 见本书第238页注释②。
② 澳门《民法典》第336条（在特别情况下之举证责任）：一、在消极确认之诉中，由被告负责证明有关创设其所主张权利之事实。
③ 见本书第238页注释②。

4. 变更权利事实的举证责任

变更性事实是指变更一些受争议法律关系的事实。由于因应变更之不同情况，经常体现在创设权利事实、阻碍权利事实及消灭权利事实上，因此举证责任按每一具体情况所具备的性质而定。

5. 反证的责任

根据澳门《民法典》第 339 条，[①] 反证的责任是主张和证明一事实去推翻另一个由他方陈述及证明的事实。反证有别于证明消灭权利的事实，倘若由被告证明消灭权利的事实，而原告用另一个事实提出反对就会出现反证的问题。主张推翻另一个已证明的事实的人，负有反证责任。反证以有事实已被证实为前提。

6. 消极事实的举证责任

对消极事实的证明存在很大困难，要证明一个事实从未发生似乎十分困难，因此消极事实是很难举证的。今天，许多关于消极事实的举证大多由法律所规定。例如，以不履行债务为依据提出损害赔偿之诉，原告必须证明其债务未被履行。

7. 约定的举证责任

当事人之间可透过协议变更各自的举证责任的分担，在学理的见解中，存在不同意见，有些学者否定约定的举证责任的有效性，但根据澳门《民法典》第 338 条，[②] 是容许双方当事人约定举证责任的，续后，会出现举证责任倒置的情况，[③] 故根据澳门《民法典》的规定，原则上可以约定举证责任，但当出现法律所列出的例外情况时则无效。

---

① 澳门《民法典》第 339 条（反证）：除下条之规定外，对负举证责任之当事人所提出之证据，他方当事人得就相同事实提出反证，使事实受到质疑；如反证成立，就该问题之裁判应不利于负举证责任之一方。

② 澳门《民法典》第 338 条（关于证据之约定）：一、倒置举证责任之约定，如涉及不可处分之权利，或责任之倒置使一方当事人极难行使权利，则属无效。二、在相同条件下，排除某种法定证据方法之约定或采纳某种与法定证据方法不同之方法之约定均无效；然而，如规范证据之法律规系以公共秩序上之理由为依据，则上述约定在任何情况下均属无效。

③ 澳门《民法典》第 337 条（举证责任之倒置）：一、如存在法律上之推定、举证责任之免除或解除，或存在具上述意义之有效约定，则以上各条规则中之责任倒置；在一般情况下，法律每有此倒置责任之规定时亦然。二、因对方之过错使负举证责任之人不能提出证据时，举证责任亦倒置，但诉讼法对违令或虚假声明所特别规定适用之制裁仍予适用。

三 特别情况下的举证责任及举证责任倒置

在证据的世界中，一般的原则为"谁主张，谁举证"，但是，在某些特别情况下，法律规定对举证的责任作出了调整，这规范于澳门《民法典》第336①、337 条②，在特别情况下的举证责任③及举证责任倒置。

特别情况④包括：①消极确认之诉；②应在特定期间内提起的诉讼；③因合同责任引致的赔偿之诉；④基于受条件或期限约束的权利的诉讼。

例如，在商法的票据制度中，支票有 8 日提示付款期限，其后还有 6 个月的时间可以提起执行之诉，而在 6 个月后则只可以作为债的凭证提出宣告之诉。

在举证责任上，如法律规定须由原则上负有举证责任一方的相对方来进行举证的，称为举证责任倒置。⑤ 当出现法律上的推定⑥、举证责任的免除，又或是有效免除举证的约定时，举证责任则由原先负责举证的人转为法律或约定规定的人。⑦ 简单而言，推定也为一证据方法，例如，父亲身份之推定；⑧ 原则上，在法定受孕期间内，同时是在夫妻双方婚姻存续期间内出生的子女，妻子的丈夫推定为孩子的父亲，如孩子在母亲结婚前 300 日出生，或在婚后两个月内出生，则此推定并不适用，此时便须由真正之父亲进行认领。在事实推定中，以是否可以采纳人证作为一个标准，不可采纳

---

① 澳门《民法典》第336 条（在特别情况下之举证责任）：一、在消极确认之诉中，由被告负责证明有关创设其所主张权利之事实。二、如属原告应自获悉某一事实日起一定期间内提起之诉讼，则由被告负责证明该期间已届满，但法律另有特别规定者除外。三、如原告所主张之权利受停止条件或始期约束，则由原告负责证明停止条件已成就或期限已届至；有关之权利受解除条件或终期约束时，则由被告负责证明解除条件已成就或期限已届至。

② 见本书第 243 页注释③。

③ 例如，澳门《民法典》第 484 条、第 495 条、第 1455 条、第 1195 条、第 1184 条中亦规定了一些特别情况。

④ 请参阅〔葡〕Viriato Manuel Pinheiro de Lima《民事诉讼法教程》，叶迅生、卢映霞译，法律及司法培训中心，2012，第 253 页。

⑤ 请参阅澳门《民法典》第 337 条。

⑥ 推定，根据澳门《民法典》第 342 条及续后之规定，是法律或审判者为确定未知事实而从已知事实中作出的推论。按照类别，可分为法律推定和事实推定，或绝对推定和相对推定。

⑦ 澳门《民法典》第 343 条（法律推定）：一、因法律推定而受益之一方，对所推定之事实无须举证。二、法律推定得以完全反证推翻，但受法律禁止者除外。
第 344 条（事实推定）：事实推定，仅在采纳人证之情况及条件下，方予采纳。

⑧ 请参阅澳门《民法典》第 1685 条及第 1688 条。

证人之情况规范在澳门《民法典》第 387 条，[①] 例如，以公证书买卖不动产，则不能采纳证人。

四 证明力

证明力是指有关证据能使某个事实获得证实的程度。在学理上，对于文书的证明力还可以分为形式证明力和实体证明力。形式证明力，主要涉及文书的真确性，亦即需查明有关文书是否确实由文书所指的人士或实体作成。实体证明力，主要是指文书内提及的行为和事实在何种程度上与真实相对应。[②] 简单而言，原则上，所有的证据亦由法官以自由心证作出判断，除了法律规定具有完全证明力的文书外，只有在特定情况下，才可以对法律规定有完全证明力的文书作出否决。根据澳门《民法典》第 340 条，[③] 原则上对于具有完全证明力的证据，只能以该等证据不真实作出反对，除此之外，在《民法典》第 366 条[④]也有相似的表述，例如，依法作成的公文书[⑤]、公证书[⑥]等。

如当事人能够指出有关证据属虚假或事实未发生，则文书不具证明力。例如，某人请医生开具医生证明，此证明书确定是由医生开具的，但该人

---

① 澳门《民法典》第 387 条（人证之不予采纳）：一、法律行为之意思表示，如因法律之规定或当事人之订定而须以书面作出，或须以书面证明时，则不采纳人证。二、事实已由文件或其他具完全证明力之方法完全证明时，亦不采纳人证。三、以上各款之规则，不适用于对文件内容之单纯解释。

② 请参阅〔葡〕Viriato Manuel Pinheiro de Lima《民事诉讼法教程》，叶迅生、卢映霞译，法律及司法培训中心，2012，第 260~263 页。

③ 澳门《民法典》第 340 条（反对法定完全证据之方法）：对于法定完全证据，只能以显示出作为该证据对象之事实为不真实之证据予以反对，但法律特别规定其他限制者除外。

④ 澳门《民法典》第 366 条（虚假）：一、公文书之证明力，唯以公文书为虚假作为依据时，方可予推翻。二、被指为公共当局、官员或公证员所认知而透过文书证明之任何事实，而实际上并未发生者，又或被指为负责之实体所作出而透过文书证明之任何行为，而实际上并未作出者，该文书即为虚假。三、如从文书之外在征象明显显示文书为虚假，则法院得依职权宣告其为虚假。

⑤ 有关公文书的效力，请参阅澳门《民法典》第 365 条（证明力）：一、公文书对其本身所指由有关当局、官员或公证员作出之事实，以及对以作成文书实体之认知为依据而透过文书所证明之事实，均具有完全证明力；作成文书者之个人判断，仅作为供裁判者自由判断之要素。二、文书内载有经订正或加杠线之字，或经涂改之字或插行书写之字而无作出适当之更改声明时，由裁判者对文书上之该等外在瑕疵排除或减低文书证明力之程度作出自由判断。

⑥ 请参阅澳门《公证法典》第 94 条。

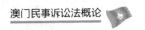

可能并未于该时段身处医院，如他方能够证实此人在该时段没有出现在医院，亦可以此提出反对，这便属于事实的虚假。

第四节　证据方法

一　自认

自认是一种重要的证据方法，根据《民法典》第 345 条，[①] 自认是指当事人对不利于自己而有利于他人的事实作出承认，在自认后若对方接受则不可推翻。关于自认，首先当事人作出自认时，要有能力及权利去处分涉及之权利。[②] 在共同诉讼中，共同诉讼人之自认不会影响其他人；在普通共同诉讼中，自认之范围只限于自认自己的利益；在必要共同诉讼中，其中一个共同诉讼人所作的自认是不产生效力的。除此之外，根据《民法典》第 347 条，[③] 在这些的情况下作出的自认，不构成不利的证据。在上述条文中提及的不可能、明显不存在、不可处分的事实多数出现在当事人在诉讼外作出的自认中。自认可分为诉讼上的自认和诉讼外的自认。

（一）诉讼上的自认

根据《民法典》第 348 条第 2 款，[④] 诉讼上的自认是指在法庭或在仲裁

---

① 澳门《民法典》第 345 条（概念）：自认系指当事人对不利于己、但有利于他方当事人之事实承认其真实性。

② 澳门《民法典》第 346 条（能力及正当性）：一、作出自认之人为具能力及权力处分其自认事实所涉及之权利者，该自认方产生效力。二、在普通共同诉讼上，共同诉讼人之自认产生效力，但以该自认人之利益范围为限；然而，在必要共同诉讼上，共同诉讼人之自认则不产生效力。三、代位诉讼人所作之自认对被代位诉讼人不产生效力。

③ 澳门《民法典》第 347 条（自认之不可采纳性）：在下列任一情况下，自认对自认人不构成不利证据：a）法律认为属不充分之自认或涉及受法律禁止承认或调查之事实；b）自认所涉及之事实与不可处分之权利有关；c）自认之事实属不可能或明显不存在。

④ 澳门《民法典》第 348 条（种类）：一、自认可分为诉讼上及诉讼外之自认。二、诉讼上之自认系指在不论有否管辖权之法庭、或甚至在仲裁庭上所作出之自认，即使所涉及者属非讼事件之程序亦然。三、于一诉讼程序内作出之自认仅在该诉讼内具有诉讼上自认之效力；于任何诉讼开始前之程序或附随程序上所作出之自认，仅在与有关程序相应之诉讼内具有诉讼上自认之效力。四、凡透过与诉讼上自认不同之其他方式作出之自认，均为诉讼外自认。

庭上作出的自认。而原则上，诉讼上的自认方式，有自发的诉讼上的自认和引发的诉讼上的自认。根据《民法典》第 349 条，① 如果自认是以诉讼法规定的在书状中作出的，称为自发的诉讼上的自认。如当事人在当事人陈述内或其提供予法院的资料或解释中作出的自认，则称为引发的诉讼上的自认。根据《民法典》第 351 条第 1 款，② 以书面方式作出的诉讼上的自认具有完全的证明力，而按照同条第 4 款规定，凡以非书面方式作出之诉讼上自认，以及向第三人作出或载于遗嘱内之诉讼外的自认，均由法院自由判断。

（二）诉讼外的自认

如果非以诉讼上的自认方式作出，则为诉讼外的自认，③ 两者的区别在于自认的证明力。根据澳门《民法典》第 351 条第 2、3 款，并非所有诉讼外的自认均具有完全的证明力，如果作出诉讼外的自认是以文书方式作出的，则按照该等文书的规定来确定其证明力。例如，如属于公文书就按照澳门《民法典》第 365 条之规定，具有完全的证明力，除非该等文书为虚假时方可以推翻。而私文书如无透过法律规定的特定形式加以强化其效力，④ 则会按照澳门《民事诉讼法典》第 558 条之规定，⑤ 由法官对有关证据作出自由评价。向第三人作出的诉讼外的自认或使用遗嘱所作的自认，也由法院作出自由判断。⑥

---

① 澳门《民法典》第 349 条（诉讼上自认之方式）：一、自发之诉讼上自认，得按诉讼法规定在书状内作出，又或在有关诉讼内之其他经当事人亲自确认、或经特别获许可之受权人确认之行为内作出。二、引发之诉讼上自认得在当事人之陈述内作出，又或在提供予法院之资料或解释中作出。

② 澳门《民法典》第 351 条（自认之证明力）：一、以书面方式作出之诉讼上自认，对自认人有完全证明力。二、对于以公文书或私文书方式作出之诉讼外自认，按照适用于有关文书之规定而确定其证明力，如该诉讼外自认系向他方当事人或其代理人作出，则具有完全证明力。三、非载于文件上之诉讼外自认，在不采纳人证之情况下，不得由证人证明；在采纳人证之情况下，则自认之证明力由法院自由判断。四、凡以非书面方式作出之诉讼上自认，以及向第三人作出或载于遗嘱内之诉讼外自认，均由法院自由判断。

③ 请参阅澳门《民法典》第 348 条第 4 款。

④ 例如，根据澳门《民法典》第 369 条、第 371 条及澳门《公证法典》相关规定而作成的经认证文书或经公证认定的文书。

⑤ 澳门《民事诉讼法典》第 558 条（证据自由评价原则）：一、证据由法院自由评价，法官须按其就每一事实之审慎心证作出裁判。二、然而，如就法律事实之存在或证明，法律规定任何特别手续，则不得免除该手续。

⑥ 请参阅澳门《民法典》第 351 条第 4 款。

根据《民法典》第 350 条,① 当事人作出自认时,必须明确无疑地作出,如当事人在诉讼中被着令作出当事人陈述又或到法庭提供资料或解释时,当事人在无合理理由下不到场,又或拒绝作出陈述,或以不记得、不知如何作答为由而不作出解答,法官将对相关行为作出自由判断,以决定这些行为的证明力。例如,若当事人表示不记得或不知如何作答,法官就会采用对其不利的解释。

对于自认的范围的认定,根据《民法典》第 353 条,② 自认是具有不可分割性的,当事人对于自认附带的所有事实要整体接受。例如,在被告签署的文书中,有一部分内容对原告有利,但有部分是对原告不利的,此时,原告以此文书作为证据称被告自认了一些事实,但原告不可以只接受对其有利的部分而无视对其不利的部分。

除此之外,对于已经作出的自认,只要在符合《民法典》规定的情况下,也可以宣告无效或撤销。③ 此时,须透过另一宣告程序,严格来说,透过一形成之诉,将有关的自认宣告无效或撤销,即使有关的裁判已经确定。

最后,根据《民法典》第 354 条,④ 对于一些当事人承认的不利于自己却未有利于他方当事人的事实,不构成自认的,法官将当作一般的证据来自由判断。

二 书证

书证的概念规范于澳门《民法典》第 355 条,⑤ 作为其中一种证据,是

---

① 澳门《民法典》第 350 条(自认表示):一、自认表示应明确无疑,但法律免除此要求者除外。二、如当事人被着令作出陈述,或到场提供资料或解释,但当事人在未证明存在合理障碍之情况下不到场、拒绝作出陈述或拒绝提供数据或解释,又或以不记得或不知作答,则法院对当事人之行为作出自由判断,以定出其证明力。

② 澳门《民法典》第 353 条(自认之不可分割性):如诉讼上或诉讼外之自认表示附带其他事实或情事之叙述,而该等事实或情事系旨在否定被自认事实之效力或旨在变更或消灭其效力者,则拟利用该自认表示作为完全证据之当事人,亦须接受所附带之其他事实或情事为真实,但证明该等事实或情事为不真确者除外。

③ 澳门《民法典》第 352 条(自认之无效及可撤销):一、如对诉讼上或诉讼外自认之撤销请求权仍未失效,则即使有关裁判已成为确定,仍得因意思表示之欠缺或瑕疵,而按一般规定宣告该自认无效或撤销该自认。二、错误如属重要,则无须具备对撤销法律行为所要求之要件。

④ 澳门《民法典》第 354 条(无自认效力之承认之价值):就承认人对不利于己之事实所作之承认,如不能具备自认之价值,则由法院以其作为证据要素予以自由判断。

⑤ 澳门《民法典》第 355 条(概念):书证系源自文件之证据;文件系指任何由人编制用以再现或显示人、物或事实之物件。

一种来自于文件的证据。

在种类上，根据《民法典》第 356 条，[①] 文书可以分为公文书和私文书。简单而言，公文书是指有权当局在其权限范围内作成的文书。例如，澳门大学发出的毕业证书。而公文书不是泛指由公证员作成的文书，公证员作成的文书是公文书的其中一种，称之为公证书。在澳门，公证员可以分为公共公证员、私人公证员和专责公证员。专责公证员[②]由政府部门委任的拥有法学学士学位的人担任，其可以履行部分公共公证员的职能。不属于公文书的其他的文书，则称为私文书。而私文书在经过一定程序后，效力也可以得到提升，有关公文书及私文书的内容，将于下文详述之。

对于文书的要式要求，根据澳门《民法典》第 357 条，[③] 不得由另一证据方法之文书代替或以另一不具较高证明力之文书代替，反之，可以以一个具有较高证明力之文书来代替。例如，消费借贷合同，除了可以使用私文书的方式作成外，也可以选择以公证书的方式作出，只要支付有关的费用。

有关文书除了可以由澳门的机关或私人发出外，也可能由澳门以外地方的机关发出。这类文书的效力，根据澳门《民法典》第 358 条第 1 款，[④] 要视文书在澳门以外之地方当地的法律效力，澳门不可能规范在外地作出的法律行为的效力。若作出文书之人在当地作出法律行为的时候是有效的，那么随后即使法律变更，亦不会影响其法律效力。从国际私法的角度而言，有关证据是以作出行为时和行为地的效力为准的，因为当事人具有合法期

---

① 澳门《民法典》第 356 条（文书之种类）：一、文书得为公文书或私文书。二、公文书系指公共当局在其权限范围内、或公证员或被授予公信力之官员在其所获授权之行事范围内依法定手续缮立之文书；其他文书为私文书。三、当事人按公证法之规定在公证员面前确认之私文书，为经认证之文书。

② 澳门《公证法典》第 3 条（特别机关）：二、专责公证员系指就特定行为获法律赋予公证员权限且具法律学士学位之公共机关之公务员、服务人员或工作人员。

③ 澳门《民法典》第 357 条（文书之法定要求）：一、法律要求以公文书、经认证之文书或私文书作为法律行为意思表示之方式时，该指定文书不得由另一证据方法或以另一不具较高证明力之文书代替。二、然而，法律明确指出对文书之要求仅旨在作为意思表示之证据时，有关文书得由诉讼上或诉讼外之明示自认所代替，但诉讼外自认须载于具同等或较高证明力之文书内。

④ 澳门《民法典》第 358 条（澳门以外地方发出之文书）：一、由澳门以外之地方按照当地法律发出之公文书或私文书，与在澳门缮立之同类性质文书具有同等之证明力。二、然而，如法院有充分理由怀疑文书或其认定之真确性，则由法院自由判断该文书之证明力，但另有规定者除外。

待，如在行为时和行为地都为合法的行为，则当事人的正当期盼应该得到保护，且到哪里都应受到法律保障。除非法律规定一定要强制适用澳门的法律，否则应该适用行为时和行为地的法律规范。在某些情况下，只能适用澳门的法律或只有澳门法院具有管辖权，例如，博彩法。上述情况通常是涉及行政法范畴的事宜，但也可能有从博彩法中衍生的民事债权债务问题，例如，消费借贷合同。此时，在这些合同中会表明适用澳门的法律以及受到澳门的法院管辖。

当然，对于在外地作出的文书，也存有一定的认定或认证其真实性的程序。如香港特别行政区要认证文书中的签名，便会交由香港国际公证人负责认定文书的真伪或认证签名，再交给香港高等法院盖章；如果属于在外国认定的文书，需要交给当地的中国使领馆盖章以确认其效力；如果在澳门作成的文书到中国内地使用，则要到中国司法部派驻澳门的代办处确认其效力。

根据《民法典》第358条第2款及第359条①之规定，如果法官有充分的理由怀疑有关文件的效力，又或有关文书欠缺法定要件时，则由法院自由判断该文书之证明力。故此，在澳门，法官的自由心证的范围是很大的。澳门法官在民事、刑事等范畴均有自由心证，而且形成心证的事实理由均是较为概括的。

根据澳门《民法典》第360条，② 对于一些灭失了的文书，可以根据澳门《民事诉讼法典》第867条③及续后数条所规范的程序对有关文书作出再造。例如，澳门旅游娱乐股份有限公司（简称S. T. D. M.）遗失了股票和会议记录，就是通过再造程序按其股份比例造回股票。

基于现今科技的进步，根据澳门《民法典》第362条，④ 文书除了可以

---

① 澳门《民法典》第359条（法定要件之欠缺）：文书欠缺法律所要求之某一要件时，由法院自由判断其证明力。

② 澳门《民法典》第360条（文书之再造）：不论因任何原因而灭失之文书，得按照司法途径再造。

③ 澳门《民事诉讼法典》第867条（为再造已灭失之文件之起诉状及传唤）：一、如非属债权证券之文件已灭失而欲再造者，则应描述该证券，以及说明重新获得该文件所具有之利益及该文件如何灭失，并即时提供所备之证据。二、起诉状未被驳回时，须传唤确定之利害关系人举行会议，尤其须传唤发出该文件之人及在该文件中负有债务之人；如有不确定之利害关系人，亦须传唤之。

④ 澳门《民法典》第362条（电子商业）：本节之规定，并不影响有关电子商业之特别法之适用。

为以上所述的文件外，还可以为电子文件，对于电子文件由特别法进行规范。[1]

书证的提出有四种方式：①当事人自发性提出；②应另一方当事人申请；③法院主动要求；④由证人或鉴定人提交。

例如，在诉讼离婚中，透过结婚证书这项证据去证实结婚存在的真实性，那么结婚证书的提交属于第一种方式，即当事人自发性提交。根据澳门《民事诉讼法典》第 450 条第 1 款，[2] 原则上，原告在提交起诉状时，需要一并提交书证（即结婚证书）。如果当事人于提交起诉状的时候没有一并提交书证，还可以按照澳门《民事诉讼法典》第 450 条第 2 款之规定，于第一审辩论终结前补交有关结婚证书。如果当事人自行发现遗漏递交证书，其可以自行提出补交。然而，如果属于当事人疏忽，在诉讼的过程中，法官可根据澳门《民事诉讼法典》第 6 条第 2 款之规定[3]依职权要求当事人补交，使诉讼能够有效、快捷地进行，保障当事人的利益。根据澳门《民事诉讼法典》第 397 条第 1 款，法官可以作出有关要求当事人补交结婚证书的补正批示，并为当事人订出补交证书的期限。故此，如当事人在提出起诉时未附带有关证书，法官是否可以根据澳门《民事诉讼法典》第 394 条以及第 139 条之规定，作出初端驳回的决定是值得大家讨论的，因为离婚的前提结婚不能证实。在这种情况下，诉讼要不要继续进行？

如前所述，澳门在回归前是存在中式婚姻的。如甲乙在 1980 年 2 月 1 日以中式仪式结婚，当时，这种结婚的方式在澳门是合法的。在回归后，甲提出诉讼离婚，那么在诉讼中，法官是否应继续审理有关诉讼？由于甲无法提交任何书证，对于这个问题，应当结合实体法规定进行考虑。对于中式婚姻可参照澳门《民事登记法典》的过渡法，[4] 如甲不能提出书证证明

---

[1] 请参阅第 5/2005 号法律《订定电子文件及电子签名的法律制度》。

[2] 澳门《民事诉讼法典》第 450 条（提交之时刻）：一、用作证明诉讼或防御依据之文件，应与陈述有关事实之诉辩书状一同提交。二、如不与有关诉辩书状一同提交，得于第一审辩论终结前提交；但须判处当事人缴纳罚款，除非其证明有关文件不可能与该诉辩书状一同提供。

[3] 见本书第 24 页注释②。

[4] 澳门《民事登记法典》第 5 条（按中国风俗习惯所缔结之婚姻）：一、凡一九八七年五月一日以前，按中国风俗习惯在澳门缔结之为当时法律所许之婚姻，于本法规开始生效后之一年内，得透过有权限登记局局长之许可而在民事登记内登录，并适用三月十六日第 14/87/M 号法令第七条至第十一条之规定。二、司法事务司司长在听取登记暨公证委员会之意见后，得透过批示延长上款所指之期间。

两人的婚姻关系，那么甲乙是否可以透过自认证明两人的婚姻关系？

法官在收到这种起诉状时，可以选择初端驳回，或者作出补正批示，但很少会作出初端驳回，因为有关的书证是可以嗣后形成的，只要其中一人作出登记，便可追溯至1980年2月1日。结婚的一方当事人甲作出登记即可，不需要两人都前往登记。又假设乙与丙存在婚姻关系但未作登记，但甲乙的婚姻已作登记，那么乙丙的婚姻便是第二段婚姻，即乙丙构成重婚罪。如果丙在知悉乙与甲存在婚姻关系的情况下仍与乙结婚，那么乙和丙都会构成重婚罪；如果丙不知悉，就只有乙构成重婚罪。

故在上述情况下，笔者认为应当容许其先作婚姻登记，这构成"嗣后形成的事实"。然后，在续后的阶段中，补交有关书证。如果法官并没有作出补正批示，并且已经传唤乙，乙在答辩时可以提出抗辩，因为乙认为自己仍未与甲结婚，故不应存在诉讼（这构成永久抗辩的理由）；即使乙不做争执与抗辩也不会视其承认分条缕述的事实，因这不属于其可处分的事实。

即使已进入民事诉讼程序的清理阶段，法官亦可根据澳门《民事诉讼法典》第427条之规定作出补正批示，指定甲在一定期限内补交，若其在规定期限内未补交，笔者认为法官也不应驳回诉讼，应该中止诉讼。

如果因未审理的实体问题而驳回，又或其将来真的对婚姻进行了登记，是否可以再提出诉讼？似乎是可以的，所以，结果是将来仍有机会再提起诉讼。如果身为律师，明知当事人未结婚是不会主张其提起诉讼的，不然的话要冒着被法官判处恶意诉讼的风险，所以，这只属于理论上而言可提起的诉讼。对于无法缴交结婚证书，即诉讼前提不成立，由于无法表明双方已结婚，那么法官应该驳回诉讼，这是一个形式的既判案，因当时尚未审理实质问题，所以将来仍有机会提出诉讼。

如果法官从没有作出补正批示，而要求当事人在一定时间内补交，那么当事人仍可在第一审辩论终结前补交。假设当事人在某国结婚，结婚证书在该国，但该地政局不稳，有战争发生，故不能顺利领取结婚证书，但后来该地恢复和平，当事人回到当地取得证书后，是否可以再提起诉讼离婚？如诉讼是以永久抗辩为由而终结的，便不可以再提起。对于如何确定案件属于已有确定裁判，根据澳门《民事诉讼法典》第417

条第 1 款， 简单而言，有三个要件，即主体相同、请求相同和诉因相同。故此，如果当事人以另一诉因提出诉讼，又或原来的确定判决只是针对诉讼前提的驳回，便可重新提起诉讼，该案件便不视为有确定裁判。

（一）公文书

根据澳门《民法典》第 363 条第 1 款，^② 公文书是由有权限的公共当局、官员、公证员^③等就属于其权限内（有关权限可以是透过法律规定赋予或透过授权赋予）的事宜作出的文书。

除此之外，如果有关的文书是由公开出任有关职务的人士作出的，根据《民法典》第 363 条第 2 款，^④ 则仍然视为由有权限的当局作出的，除非参与人明知作出公文书的人资格虚假或不具有权限，则不视为由有权限的公共当局作出。对此，《民法典》第 364 条^⑤中设有一个法律推定，如果有关

---

① 澳门《民事诉讼法典》第 417 条（诉讼已系属及案件已有确定裁判之要件）：一、如提起之诉讼，在主体、请求及诉因方面均与另一诉讼相同，则属重复提起诉讼。二、就当事人之法律身分而言，如当事人属相同者，则为主体相同。三、如两诉讼中欲取得之法律效果相同，则为请求相同。四、如两诉讼中所提出之主张基于相同之法律事实，则为诉因相同；在物权方面之诉讼中，产生物权之法律事实视为诉因，而在形成之诉及撤销之诉中，当事人为取得欲产生之效果而援引之具体事实或特定之无效视为诉因。
② 澳门《民法典》第 363 条（公共当局、官员及公证员之权限）：一、如公共当局、官员或公证员就文书所涉及之事宜及在地域上均具有权限缮立有关文书，且非处于法定回避之情况而不得缮立文书，则其所缮立之文书方为公文书。
③ 关于公证员的规范请参阅澳门《公证法典》，在澳门的公共公证员暂时有三位，分别在第一公证署、第二公证署和海岛公证署。除了公共公证员外，还有私人公证员和专责公证员或专职公证员。专职公证员由政府部门内的法学学士担任，主要负责制作行政合同或复本等。私人公证员则主要负责不动产买卖、授权书等。公共公证员的职责较前者全面，也包括一些不可以由私人公证员作出的行为，例如，订立遗嘱。与香港地区不同，香港的律师可以作见证遗嘱，而澳门的律师不可以作出上述行为。
④ 澳门《民法典》第 363 条（公共当局、官员及公证员之权限）：二、然而，由公开出任有关职务之人所缮立之文书，视为由有权限之公共当局、公共公证员或其他官员所缮立；但参与人或受益人于作成文书时明知有关当局或官员之资格虚假、不具有权限或在就任上存在不当情事者，不在此限。
⑤ 澳门《民法典》第 364 条（真确性）：一、如文书由作成人签署，并附有经公证员认定之作成人签名或有关部门之印章，则推定其由有关当局或官员所发出；对于由公证员缮立之文书亦给予同样之推定。二、真确性之推定得透过完全反证推翻，且得因文书之外在征象显示其不具真确性而由法院依职权排除其真确性；如有怀疑，得听取按文书所指为发出文书者之公共当局、官员或公证员之意见。三、对出于十八世纪前之文书，任何当事人或接收该文书之实体对其真确性有争论或怀疑时，须由按照特别法规定具有相关权限之实体、或由法院所指定之公认具适当条件之其他实体作出检查，以确定其真确性。

文书是由作出人签署并附有公证认定其签名的，又或是由作出人签名并附有该部门的印章，则推定该文书是由有关当局和官员发出的。当然，有关真确性的推定可以透过完全反证推翻，在有怀疑时，也可以向发出该文书的有权机关提出意见。根据同一规定第 3 款，对出于 18 世纪前之文书，任何当事人或接收该文书之实体对其真确性有争论或怀疑时，可以要求一定的实体作出检查，因 18 世纪的纸质、墨水是用当时的科技或材料作成，经化验后与现时的文书比较，是很容易辨认出该文书是否在 18 世纪所作出的。

如前所述，根据《民法典》第 365 条①、第 366 条第 1 款②，公文书作为证据，具有完全的证明力，除非透过以该等公文书虚假为由予以推翻。基于公文书的严谨性，对载于文书中的字作出订正或加杠线的（即作出一定的增加、修改或删除时），作出这些文书的人必须作出更改声明使人了解有关的修改和作出者的意思一致。如未作出更改声明，更改后的文书的证明力，由法官自由判断。

对于判断文书的虚假的标准，《民法典》第 366 条第 2、3 款也有所规范。例如，公证书作出的双方当事人以公证书买卖不动产，后来发现，其中一方当事人当时并不在澳门，而且没有进行授权等，根本不可能于当天签署该文书，则可证明其虚假。

（二）私文书

就《民法典》第 356 条第 2 款所作的分类而言，公文书以外的文书均属于私文书。根据澳门《民事诉讼法典》第 558 条之规定，私文书作为一种书证，其效力由法官在诉讼中自由对之作出判断。《民法典》第 367 条③规定，一般的私文书经作成人签名，原则上，谁作成就由谁签名。私文书也不一定是手写的，随着科技的发展，现今已经很少有人手写文书了，一般会要求当事人在文书的每一页或页码进行简签，最后一页则要签全名，

---

① 见本书第 245 页注释⑤。
② 见本书第 245 页注释④。
③ 澳门《民法典》第 367 条（签名）：一、私文书应由作成人签名；作成人不懂或不能签名时，则由他人代其签名。二、在大量发出文书或其他习惯上容许使用机械复制之情况下，签名得由单纯之机械复制所代替。三、如文书之签署人系不懂阅读或不能阅读之人，则仅在有关文书已先向签署人读出、且其签署系在公证员面前作出或确认之情况下，该签署方产生约束力。四、代签之作出或确认，亦应在向被代签人宣读有关文书后，于公证员面前为之。

以证明作成人有看过文书的每一部分。而签名人不一定是制作文书的人，如果出现不能签名的情况，则由他人代签并需要在文书中注明该情况。现今打指模是一种能够证明其签名的方式之一。

当然，在民事诉讼中，如果该私文书内的签名得到该文书所针对之当事人之承认，或对其不提起争议，又或该当事人是制作该文书的人，却说不知道是否属于其笔迹或签名，按照《民法典》的规定，① 视有关笔迹及签名为真实。除此以外，如果文书所针对的当事人在诉讼中对文书内的签名或笔迹提出争议或质疑，且否认其为该文书的作成人，就要由出示文书的一方负责举证证明有关事实之真实性。

对于私文书，当事人还可以透过某些方式加强其效力。第一，透过公证员确认有关内容；第二，透过对有关文书的签名作出公证认定。前者为经认证之文书，后者为经公证认定的文书。

经认证之文书根据《民法典》第 356 条第 3 款② 及《公证法典》第 155 条③ 及继后数条，总括而言，经认证之文书是比较严格的私文书。由当事人在公证员面前确认的私文书，即该当事人在公证员面前声明知悉有关文书的内容且该等内容是能够表达其意思的文书。即当事人到公证署由公证员对签署人高声朗读，签署人明白其意思后签名作实，并记录在文件背面，此为认证语。对于经认证的文书的证明力，根据澳门《民法典》第 371 条④ 和第 365⑤ 条第 1 款之规定，经认证的文书与公文书具有完全的证明力。故此，通常借据会以经认证的文书作成，因为比公文书便宜，而公文书的收费是依照文件所产生的价值计算的，但不妨碍纳税义务。

---

① 澳门《民法典》第 368 条（笔迹及签名之作成人）：一、对于私文书内之笔迹及签名或仅其签名，如已获得出示文书所针对之当事人之承认或对其不提起争议，或该当事人虽被指为作成人而表示不知是否属其笔迹或签名，又或有关之笔迹及签名或仅其签名在法律或司法上被视作真实，则有关之笔迹及签名或仅其签名即视为真实。二、出示文书所针对之当事人，如对该笔迹或签名之真实性提起争议、或表示不知该笔迹或签名是否真实且否认为其作成人，则由出示文书之当事人证明该笔迹或签名之真实性。
② 澳门《民法典》第 356 条（文书之种类）：三、当事人按公证法之规定在公证员面前确认之私文书，为经认证之文书。
③ 澳门《公证法典》第 155 条（经认证之文书）：私文书经当事人在公证员面前确认其了解文书内容且以文书表达其意思后，即成为经认证之文书。
④ 澳门《民法典》第 371 条（经认证之文书）：按照公证法规定经认证之私文书，具有公文书之证明力，但法律要求行为须以公文书作出方有效时，则公文书不得为经认证之私文书所替代。
⑤ 见本书第 245 页注释⑤。

　　除此之外，对私文书还可以采用对文书内的签名作出认定的方法。根据《民法典》第 369 条①和《公证法典》第 159②、160 条，公证认定可分为当场认定和对照式认定。当场认定，即在公证员面前作出的签署。故当场认定是较难推翻的，因为当场认定的公证员会清楚地核对所有资料。如果当事人要对有关文书作出争辩，可以按照澳门《民事诉讼法典》第 471 条③对其提出争辩。例如，也可指出当事人当日根本不在澳门，因此无法进行当场认定；或那段时间正在医院做手术或在法庭进行庭审中，根本不可能出现在公证员面前。以上均可透过附随事项将有关证据推翻。而对照式认定，一般是由签署人签名后，再将其身份证送到公证署进行认定即可。

　　如前所述，如有人出示了一份只有在最后一页载有当事人签名的文书，之前数页中均没有进行简签，当事人可通过争执来说明作为证据的文件前数页与签订时不同。每一次对文书进行修改时，都需要作出更改声明，一般会把更改声明写在文书的修改页的侧面空白地方（边页），但不可以使用涂改液，如要直接修改，要用两条线把需修改的部分划去，让人知悉作成人当时所写或想表达的内容。如果文书有瑕疵，就会由裁判者（即法律适用者）对文书的瑕疵作出排除或者减低文书的证明力，虽然法律并没有具体规定私文书的法定证明力，但是这会对裁判者形成心证，最后，由法官决定是否相信该文书中所有事实或这份文书仅仅证实了哪些事实。

　　如果签署人声称其在文书签名时该文书为空白，根据《民法典》第 372 条④，该文书便不具有证据的价值。在《商法典》的制度中，如果空白支票

---

① 澳门《民法典》第 369 条（公证认定）：一、如文书之笔迹及签名或仅其签名已按公证法之规定经当场认定，则视为真实。二、如出示文书所针对之当事人提出笔迹及签名或仅签名之当场认定为虚假，则由其证明该虚假。三、对照认定等同单纯之鉴定性判断，但法律另有规定者除外。

② 澳门《公证法典》第 159 条（认定之类型）：一、公证认定得为对照认定、当场认定或作出特别注明之认定。

③ 澳门《公证法典》第 471 条（文件真确性或证明力之推翻）：一、凡提出法律推定为真确之文件不具真确性之争辩、文件属虚假之争辩、私文书由不懂或不能阅读之人在无《民法典》第三百六十七条所指之公证员参与下签名之争辩、已签名之空白私文书被他人取去及在该文书内加上异于签署人所同意之意思表示之争辩，亦按第四百六十九条就期间所作之规定为之。二、如仅在依据上款规定所定出之期间届满后，当事人方知悉作为争辩依据之事实，则仍得于知悉该事实之日后十日内提出争辩。三、确认有关文件无瑕疵之当事人，仅得对嗣后之瑕疵，依据上款之规定提出争辩，但不影响依据民法规定依职权作出审理。

④ 澳门《民法典》第 372 条（在空白文书上签名）：如签署人在全部或部分空白之文书上签名，则在显示出在该文书内被加上异于签署人所同意之意思表示时，又或该文书被他人从签署人处取去时，得使文书失去其证据价值。

上只有签名，没有签发日期、签发地点、收票人、银码、大细码，这种支票有效吗？缺少任何一个要件均会导致支票无效，虽然时常会发现签发日期与签名时的日期有差异，但是基于见票即付的原则，只要在 8 天内提示付款，仍然可以得到清偿。在 8 天的提示付款期过后，其实还可以追讨出票人，也可以提起诉讼，只不过不可以执行之诉为之，只能透过宣告之诉为之。

除了一般文书外，法律容许存在另一种具有与私文书相同效力的证据，即电报。根据《民法典》第 373 条，[①] 电报不同于电子文书，关于电子文书有特别的法律制度，第 5/2005 号法律《订定电子文件及电子签名的法律制度》。在以前的电报中，要签一个表格，若签了该表后该电报就会具有等同私文书的效力，但是现在很少有人发电报了。电报的格式是很严谨的，有时间、日期、印章等。

作为具有法律意义的证据，根据《民法典》第 375 条第 1、2 款，[②] 如果从该文书的尾部、边页或背页中能够显示及证明的事实，在符合法律规定的其他条件下，也能够作为一种证明。例如，债权人持有一张借据，上面表明债务人已偿还债务，这就构成了证明。除了该文书本身的内容外，如果债务人持有的凭证或受领的证书，也显示债权人有作出债务人已经偿还债务的标注，也可以证明债务已经履行的事实。在此情况下，由债务人持有之凭证和文书也能作为有证明力的证据。

当然，根据《民法典》第 375 条第 3 款，针对上述提出的证据也可以其他证据方法对抗之。例如，提出该文书中作出债务人已经偿还债务的标注的签名并非由债权人作出。如果债权人曾作出上述标注，但后来基于某些原因而将之删除，即使该删除不影响有关内容的读取，但是根据《民法

---

① 澳门《民法典》第 373 条（电报之价值）：电报之正本，如由发出人本人所写及签名或仅由其签名，或按第三百六十七条第四款规定由其代签人所写及签名或仅由其签名，则视该电报具有与私文书相同之一切效力，且同受以上各条规定之约束。

② 澳门《民法典》第 375 条（文书之尾部、边页或背页之注记）：一、债权人或按其指示之他人于债权人所持有之文书内之尾部、边页或背页作出之注记，即使既无日期又无签名，如有利于解除债务人之责任，则对所记之事实构成证明。二、债权人或按其指示作出行为之人，于债务人所持有之受领证书或负债凭证之尾部、边页或背页所作之注记，亦具有上指之价值。三、注记之证明力得透过任何证据方法予以对抗；然而，如有关注记属于债务人所持有之文书或凭证上之受领声明，且其上具有债权人之签名，则适用有关由作成人签署私文书之法定规则。

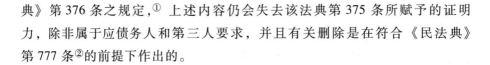

典》第 376 条之规定，① 上述内容仍会失去该法典第 375 条所赋予的证明力，除非属于应债务人和第三人要求，并且有关删除是在符合《民法典》第 777 条②的前提下作出的。

（三）证明书及认证缮本

在民事诉讼中，双方当事人在提交书证时，原则上会提交由公共当局发出的证明书或认证缮本，这些证明书和认证缮本并不是有关文书的正本。一般而言，这些书证会载有一些存档于公共当局的文件或是在公共当局登记所显的资料。如果当事人需要，可透过向该有权限当局提出申请而要求其发出证明。例如，涉及买卖不动产交易的物业证明，就是当事人向物业登记局提出申请而发出证明书。

根据《民法典》第 380 条及《公证法典》第 179 条③及继后数条，认证缮本是指当公证员或获许可的人士在确定文书的副本与正本的无异后作成的文书。简单而言，即透过公证员在核对有关副本的内容与正本无异后，作出的认证本，现在最常见的做法是，当事人将正本带到公证署，由公证署的公证员或公证署有权限的职员对有关的正本进行核对，并由其将之制作副本（一般是影印）并在副本前作出声明，声明该缮本与正本的内容相符。

那么对这些证明书和认证缮本的证明力的认定，根据《民法典》第 377 条，④ 如果是透过从公证署或存档于公共当局的文件而发出的证明书，则具有正本的证明力。例如，当事人向身份证明局要求发出有关社团的架构证明，

---

① 澳门《民法典》第 376 条（笔录或注记之删除）：债权人删除以上两条所指之笔录时，即使该删除不影响笔录之读取，仍导致失去笔录所获赋予之证明力，但笔录系按照第七百七十七条之规定而应债务人或第三人之要求而删除者除外。

② 澳门《民法典》第 777 条（凭证之返还及履行之载明）：一、债务消灭时，债务人有权要求返还债务凭证；如为部分履行或该凭证给予债权人其他权利，或债权人基于其他原因而有正当利益保存该凭证者，债务人得要求债权人于凭证内载明所作之履行。二、履行债务之第三人，如代位取得债权人之权利，则享有上款所指之权利。三、上条第二款之规定，适用于凭证之返还及履行之载明。

③ 澳门《公证法典》第 179 条（概念及方式）：一、认证缮本系指公证员从为此目的而获递交之非存盘文件所发出之整体或部分内容副本。二、认证缮本按第一百七十四条第一款之规定制作；但涉及身分证明文件、护照或驾驶执照者除外，在此情况下，认证缮本仅得以影印本方法制作。

④ 澳门《民法典》第 377 条（证明）：一、摘自于公证署或公共机关存盘之文件之内容证明，如属由公证员或其他经获许之公共受寄人所发出，则具有正本之证明力。二、对于从部分内容证明而得之证明，得透过整体内容证明而使之失去证明力或变更其证明力。三、任何利害关系人及公共当局，得为着证据之目的，而对向其出示部分内容证明之人要求出示相应之整体内容证明。

由于有关架构是当事人向身份证明局申报的，故此，身份证明局只会发出证明，证明身份证明局的登记中，社团的架构如何，有关架构并不一定与宣称情况相同，因为该社团可能没有向身份证明局登记新架构。

要推翻由公共实体发出的证明书的证明力，按照《民法典》第 379 条，[①] 只要将有关的证明与正本进行核对，如出现内容差异则该证明就会失去原有的证明力。

对于认证缮本的证明力，根据《民法典》第 380 条之规定，[②] 认证缮本在该文书所针对之人不要求提供正本的情况下，具有正本的证明力。例如，由澳门大学发出的毕业证书，经公证员作出认证缮本后，具有与毕业证书正本相同的证明力，由于澳门大学发出的毕业证书为公文书，所以，该认证缮本也具有公文书的证明力。除非接收有关认证缮本的实体要求提交者出示正本或认为该认证缮本上显示的资料与正本有所出入，此时该认证缮本就不具有正本的证明力。故此，在许多政府部门的招聘中，均会说明要求投考人提交毕业证书正本或该证书的认证缮本。

（四）书证提交的时间及其他规定

根据澳门《民事诉讼法典》第 450 条，[③] 对于书证的提交，原则上要与诉辩书状一同提交。即当事人所陈述每每一事实若要以书证证明，无论是在起诉状中还是在答辩状中，即使是反驳及再答辩的情况，均须与有关的诉辩书状一同提交。当然，如果当事人没有在提交诉辩书状时一同提交，亦可以透过缴纳罚款，在第一审辩论终结前[④]提交，除非其证明有关的文件

---

① 澳门《民法典》第 379 条（使证明失去证明力）：一、透过将证明与正本核对或与原证明核对，得使证明失去证明力或变更其证明力。二、出示证明所针对之人，得要求在其面前进行上述核对。

② 澳门《民法典》第 380 条（认证缮本）：一、由公证员或获许可发出载有整体或部分文件内容之副本之官员，在收到为获发上述副本而出示之独立文件后，根据该原件而发出之载有整体或部分文件内容之副本，在提交副本所针对之当事人不要求出示其正本之情况下，具有正本之证明力。二、经要求出示正本后，如不出示正本，或显示上述认证缮本与出示之正本不符，则该认证缮本不具有正本之证明力。

③ 见本书第 251 页注释②。

④ 从民事诉讼流程图中可以看到，辩论有两次，一次是事实上的辩论，另一次则为法律上的辩论。在此，应当将澳门《民事诉讼法典》第 450 条第 2 款的辩论理解为事实事宜上的辩论。因根据同一法典第 556 条之规定，在事实事宜的辩论后法官会出一个判决，宣告哪些事实已获证实，哪些未获证实。如果在该裁判之前不提交证据证明该等事实的存在，留待法律辩论时才提交，没有任何意义，因为所有的涉及的事实基本上已经确定了。

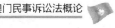

不可能与诉辩书状一同提供。诚然，上述澳门《民事诉讼法典》第 450 条第 2 款中并没有指出辩论终结前是指哪一个阶段的辩论。对于这个问题，曾有律师在初级法院提出，认为既然澳门《民事诉讼法典》第 450 条中没有指明，那么在后继阶段的法律审理前应该也可以提交，但由于经过辩论及事宜的审判后，法官就会对诉讼中涉及的事实是否得到证实作出判断，因此如果待法律审时才提交，其实没有太多的意义，但是有人提出上诉的除外。①

如果当事人选择在第一审事实事宜之审判辩论终结前提交有关书证，根据第 63/99/M 号法令《法院诉讼费用制度》第 101 条，② 罚款一般为 1.5UC ~ 30UC。

根据澳门《民事诉讼法典》第 452 条，③ 可在第一审诉讼程序的任何时刻将律师、法学家或技术人员的意见书附在案件的卷宗中。

当事人提交书证时应当提交有关的正本，若没有正本，应提交该文件的认证缮本（pública - forma），法院才会接受有关书证。然而，为了遵守辩论原则，原则上如果一方当事人在提交诉辩书状时或在续后的阶段提交了有关书证后，应当通知他方当事人，供其知悉。若有关书证并不是与诉辩书状一同提交的，则他方当事人并不会知悉，所以，要另行作出通知。但是，如在开庭过程中一方出示该文书，而他方当事人在场并且没有意见，法官就会命令将该文书载入卷宗，这时就不用作出通知了。

如果根据澳门《民事诉讼法典》第 454 条之规定提交一些机械复制品作为证据，例如 DVD，还可能被要求同时向法院提供有关的阅读或收听工具。在实务中，许多人利用这一规定进行抗辩。例如，一方当事人提交一

---

① 根据澳门《民事诉讼法典》第 451 条，原则上除非有上诉的情况下，才接受嗣后提交的书证，或有关书证可能在嗣后才出现，例如，需要在外地申请的证明文件，此时并不需要透过缴纳罚款来提交，因为文件是嗣后才形成的，但事前已经申请了，所以在提交诉辩书状时只需把申请书的副本提交到法院即可。
　　第 451 条（嗣后提交）：一、辩论终结后，仅当有上诉时，方接纳不可能于辩论终结前提交之文件。二、用作证明于提交诉辩书状阶段后出现之事实之文件，或因嗣后出现之情况而导致有需要提交之文件，得于诉讼程序之任何时刻提供。
② 第 63/99/M 号法令《法院诉讼费用制度》第 101 条（民事性质及刑事性质之诉讼程序中科处之罚款）：一、法律无特别规范之在民事性质及刑事性质之诉讼程序中科处之罚款，定于 1.5UC 至 30UC 之间。二、因恶意诉讼而科处之罚款，定于 2UC 至 100UC 之间。三、以上两款所指罚款之金额，平均拨归司法、登记暨公证公库及本地区所有。
③ 澳门《民事诉讼法典》第 452 条（将意见书附入卷宗）：在第一审法院，得于诉讼程序之任何时刻将律师、法学家或技术人员之意见书附入卷宗。

DVD 作为证据，却没有提交观看 DVD 的工具，此时，他方当事人则声称没有工具可以看 DVD，因而无法观看，继而主张有关书证是无效的。

如果与案件有关的书证是由他方当事人或第三人持有的，而当事人也希望在此案中使用该文件作为证据，根据澳门《民事诉讼法典》第 455 条①及第 458 条②之规定，当事人可声请其在指定时间内提交有关的文件，以及在该声请书中指明欲透过该文件证明之事实。如果法官认为当事人欲证明的事实对案件裁判属于重要，就通知当事人提交有关文件。如果他方当事人不提交，根据澳门《民事诉讼法典》第 456 条，③ 准用同一法典第 442 条④之规定，法官会判处其缴纳罚款且不影响依法采取强制方法，而且法官在此会自由评价该行为在证明力方面所生的效力。简单而言，针对这个事实，法官可以作出一个不利于拒绝提交文件者的考虑和决定。被要求提交文件的他方当事人，可以按澳门《民事诉讼法典》第 457 条⑤提出辩解。

如果有关文件由第三人持有，情况也是类似的，根据澳门《民事诉讼法典》第 458 条，由当事人向法官作出声请，并在声请书中指出欲使用的文件及详细说明需要证明的事实，法官再作出决定要求第三人提交这份文件。在通知该第三人后，其需要将有关文件递交到法院。如果其不提交、不作任何声明又或证实其作出了虚假的声明，根据澳门《民事诉讼法典》第 459 条，⑥ 法官可以命令扣押有关的文件，并且判处该人缴纳罚款。另

---

① 澳门《民事诉讼法典》第 455 条（他方当事人持有之文件）：一、如利害关系人欲使用他方当事人持有之文件，应声请通知他方当事人于指定期间内提交该文件；在声请书中，当事人须尽可能清楚指明欲使用之文件，并详细说明欲透过该文件证明之事实。二、如当事人欲证明之事实对案件之裁判属重要者，则命令作出通知。

② 澳门《民事诉讼法典》第 458 条（第三人持有之文件）：如有关文件由第三人持有，当事人须声请通知持有该文件之人于指定期间内将该文件交予办事处；第四百五十五条之规定，适用于此情况。

③ 见本书第 227 页注释④。

④ 见本书第 210 页注释②。

⑤ 澳门《民事诉讼法典》第 457 条（他方当事人之辩解）：一、如被通知之人声明其并无有关文件，声请通知之人得以任何方法证明该声明与事实不符。二、曾有有关文件之被通知人，如欲免除《民法典》第三百三十七条第二款所指之效果，须证明该文件非因其过错而失去或被毁。

⑥ 澳门《民事诉讼法典》第 459 条（对第三人可科处之制裁）：如被通知之人不递交有关文件，亦不作任何声明，又或声明其并无有关文件，但声请通知之人证明该声明为虚假者，法院得命令扣押有关文件，并判处被通知之人缴纳罚款。

外，根据同一法典第 460 条，① 如果该第三人提出不提交该文件的合理理由，而不属于澳门《民事诉讼法典》第 442 条第 3 款②所述的免除协助义务的情况，则其也需要按上述规定递交该等文件让法院进行审查并制作有关复制本，否则仍有可能会被科处罚款。例如，有关的文件是孤本，可能已经没有办法再找回来，如存于法院内，可能会受损，但提出该理由后，第三人仍需提供此孤本，让法院进行审查，并需视理由成立与否，制作必需之复制本，则能够免除被罚款的责任。又如，澳门大学的毕业证书，只有一份，即使再申请也没有办法取得第二张，只能得到有关文件的证明书。

除了双方当事人作出声请外，根据澳门《民事诉讼法典》第 462 条，③法官也可以作出调查，因为现行的民事诉讼中加入了职权主义原则，避免了当事人故意拖延诉讼，也使诉讼程序能够顺利进行。法官除了可以要求双方当事人或第三人提交有关文件外，也可以要求官方机构作出协助，例如，工务局。所有建筑物的图则会在工务局存档，例如，申请地籍图（用作确定土地大小的图则），要向地图绘制暨地籍局申请。如前所述，根据同一法典第 463 条，④ 如果当事人或第三人无合理理由却不提供由法官所命令要求的文件时，可以对之处以罚款，并且可以采用使该命令得到遵守的方法。例如，法官要求澳门大学提供一名学生的资料，如其不愿意提供，就会对其处以罚款，并且命令司法文员或警察前往澳门大学取得有关资料。在取得有关文件后，基于辩论原则，要通知双方当事人。⑤

根据澳门《民事诉讼法典》第 464 条，⑥ 因要求有关文件而引致的费

---

① 澳门《民事诉讼法典》第 460 条（第三人拒绝递交）：第四百四十二条第三款所指之任何情况虽无出现，如持有有关文件之人提出不递交该文件之合理理由，则其仍须提供该文件，让法院审查或制作必需之复制本，否则将受上条所定之制裁。

② 见本书第 210 页注释②。

③ 澳门《民事诉讼法典》第 462 条（法院要求提供文件）：一、法院得主动或应任一当事人之声请，要求提供对澄清事实真相属必需之报告、技术意见书、平面图、照片、绘图、物件或其他文件。二、上述要求得向官方机构、当事人或第三人提出。

④ 澳门《民事诉讼法典》第 463 条（对当事人及第三人可科处之制裁）：如当事人或第三人无合理理由而不遵行提供文件之要求，则处以罚款，且不妨碍采用旨在使该要求获遵行之强制方法。

⑤ 澳门《民事诉讼法典》第 465 条（对当事人之通知）：取得所要求之文件后须通知各当事人。

⑥ 澳门《民事诉讼法典》第 464 条（因要求提供文件而引致之费用）：要求提供文件所引致之费用计入诉讼费用内，而声请采取该措施之当事人或因该措施而得益之当事人，须立即向有关官方机构及第三人支付该等费用。

用，计入诉讼费用中，而声请采取该措施的当事人或因此得益的当事人，须马上支付有关费用予官方机构或第三人。将有关的费用计入诉讼费用之目的为，倘若将来有一方败诉，则由败诉人支付该费用，尽管在澳门诉讼费用是由当事人先行预付，但最后会由败诉方负责支付全部或按败诉比例支付诉讼费用。当有些费用需要立即支付时，法律规定由声请人先为支付。在司法实务中，如果法院向官方机构申请文件，一般而言对当事人是免费提供的。例如，法院依职权向物业登记局申请文件是需要收取费用的，此时便无须当事人先行支付。

在法院获得从某一当事人或第三人处取得的文件时，若该文件为一份难以阅读的文件（例如，有些是用艺术字形写的拉丁文或摩斯密码），令人未能阅读有关的内容或难于阅读，该名当事人则必须提交一份可供人阅读的文本。如果该名当事人不愿意翻译或提交，而需要他方当事人自行翻译，法官就会对不提交的当事人处以罚款，有关费用由其负责。①

根据澳门《民事诉讼法典》第 467 条，在整个民事诉讼中，所有文件一般会交到法院办事处，而办事处的职员必须将所有文件附入相关案件的卷宗中，除非有关文件是违反法律规定的，如逾期提交，此时，办事处会将有关情况的报告交予卷宗法官作出裁判是否将有关文件附入案件的卷宗中。当然，也有可能出现有一部分文件基于性质而不适合编入卷宗中，例如，录音带或录像带。此时，根据澳门《民事诉讼法典》第 467 条第 2 款，将寄存于办事处。如果属于一些逾期提交的文件或法院认为与案件无关或法院不应该接收的文件，如前所述，由于办事处收到的所有文件均会附入案件的卷宗中，在这种情况下，根据同一法典第 468 条第 1 款，② 法官对不应接收的文件或迟交的文件，须命令从案件的卷宗中取出，将之返还给提交的当事人，并判处可能引致的诉讼费用（一般为 1UC）。另外，当事人除了按照同一法典第 450 条第 2 款之规定提交文件外，还提交一些与案件无关的文件，则会按照第 468 条第 2 款及第 450 条第 2 款之规定被罚款。

所有在民事诉讼案件中提交的文件，只能在引致案件终结的裁判确定后才可以取回，但是持有该文件的当事人如以合理理由声请需要提前

---

① 澳门《民事诉讼法典》第 466 条（难于阅读之文件）：一、如文件难于阅读，当事人必须提交一份可阅读之文本。二、如当事人不提交上述文本，则对其科处罚款，并将一份文本附入卷宗，而有关费用由该人负担。

② 见本书第 188 页注释⑤。

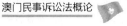

获得返还时，法院可以将有关文件的副本存于案件卷宗中，并将正本返还，但是获返还正本的人士被法院要求出示正本时仍有义务将之出示。①

（五）对文件真实性之争执

从澳门《民法典》关于证据的规定中，可以得知对私文书及公文书的真实性均可提出争执。澳门《民事诉讼法典》第 469 条②针对的是私文书，如对私文书中的签名或字迹提出争执，或指出不存在私文书的尾部、边页作出的有利于解除债务人之责任的注记，又或指出不知悉有关私文书的签名或字迹的真伪的声明，须于知悉有关文件的 10 日内作出。例如，当事人的姓名为：李少明，但在他方当事人提交的私文书中的签名为李小明，此时就可以对该签名提出争执。续后，提出争执之人或提交该文件的当事人均得声请调查证据。③

除了对私文书的真实性可以提出争执外，还可以对公文书的真实性提

---

① 澳门《民事诉讼法典》第 467 条（将文件及意见书附入卷宗及将之返还）：一、办事处须将所有为附入卷宗而提交之文件或意见书附入有关卷宗，不论是否已有批示，但该等文件或意见书明显属逾期提交者除外；在此情况下，办事处须将卷宗连同办事处之报告呈交法官，而法官就是否将有关文件附入卷宗作出裁判。二、各文件须编入卷宗内，但基于文件之性质而不能或不适宜编入卷宗者除外；在此情况下，须以当事人能查阅之方式将文件寄存于办事处。三、在引致案件终结之裁判确定后方可取回文件，但持有文件之人有合理理由需要提前获返还者除外；在此情况下，须将该文件之完整副本存于卷宗，而获返还文件之人被要求出示文件正本时有义务出示该正本。四、裁判确定后，属于官方机构或第三人之文件须立即返还；属于当事人之文件，则仅在当事人提出声请时，方予以返还；所递交之文件之影印本须存于卷宗。

② 澳门《民事诉讼法典》第 469 条（对文件真实性之争执）：一、对私文书中之字迹或签名提出争执，对机械复制品之准确性提出争执，否定存在《民法典》第三百七十五条第一款所指之指示，以及作出不知悉私文书中之字迹或签名是否真实之声明，均须于十日内为之；如提交有关文件时当事人在场，则该期间自提交文件时起算；如不在场，则自就有关文件附入卷宗一事作出通知时起算。二、然而，如涉及之文件附同非为最后之诉辩书状提交，则上述之争执、否定或声明须于接着提交之诉辩书状中作出；如涉及之文件附同上诉人之陈述书提交，则于被上诉人可作陈述之期间内作出。三、以上两款关于期间之规定，适用于要求将证明或副本与正本或原证明核对之请求。

③ 澳门《民事诉讼法典》第 470 条（证据）：一、作出上条第一款所指之任何行为后，提出争执之人得声请调查证据。二、提交有关文件之当事人获通知该争执后，得于十日期间内声请调查证据，以证明该文件之真实性；然而，如属第一审之案件，则声请须于就事实事宜之辩论终结前提出。三、对指定进行辩论及审判听证之日期以后提出之证据作调查，并不导致为进行听证而采取之措施中止，亦不导致押后听证；如未有时间通知所提出之证人，则当事人必须偕同该等证人到场。

出争辩。根据澳门《民事诉讼法典》第 471 条[①]、472 条[②]，由于公文书被推定为真实，只有在证明其虚假时才可以予以推翻。故此，澳门《民事诉讼法典》规定，对于一些法律推定为真实的文件，或已有公证员参与的文书的真实性（例如，经认证的文书），又或对于在空白文书上签名的当事人提出该空白文书被人取去或被加入一些异于当事人签署的内容的文书，均可以提出争辩。

上述两种对文件的真实性或真确性作出的争执或争辩，根据同一法典第 474 条，[③] 可以与案件的裁判同时进行审理。故此，在必要时，法院可以中止案件的裁判程序。最后，对于争辩作出的裁判须要通知检察院。例如，香港著名的龚如心遗产案，在此案的法律程序中，陈振聪提交的遗嘱被认为是伪造的，于是通知了警察，由律政司提起伪造文书的案件诉讼程序。

如当事人提出了争执或争辩，须根据澳门《民事诉讼法典》第 473 条[④] 之规定，让他方当事人作出答复，除非他方当事人尚未提交最后的诉辩书状。简单而言，这也是辩论原则与诉讼经济原则之间的平衡，一方面，要让他方当事人对于每一个诉讼行为都有发表意见的机会，另一方面，也要让诉讼能够快速、顺畅地进行下去。故此，按照第 473 条之规定，如果他方当事人仍有书状要提交，对于该争辩的答复需于其提交的书状中作出。如果已经交了最后的诉辩书状，则需要对其作出通知，让其在一定时间内作出答复。另外，如果他方当事人在收到有关的争辩后，不作出答复或声明不在诉讼中使用该文件，则在诉讼中不会再考虑该文件。如果他方当事人提交答复后，法官认为该争辩的理由明显不成立或争辩的目的只是为了拖延诉讼，又或文件并不影响案件的裁判，法官则不会继续处理该争辩。

如果有关的争辩于执行之诉中才提起，此时，根据澳门《民事诉讼法

---

① 见本书第 256 页注释③。
② 澳门《民事诉讼法典》第 472 条（提交文件者之争辩）：一、提交文件者欲使用文件中无瑕疵之部分时，得提出争辩，指出文件中仅部分内容属虚假，或已签名之空白私文书内所加上之内容仅部分异于签署人所同意之意思表示。二、提交文件者亦得依据上条第二款之规定，于该款所定之期间内，就嗣后知悉有关该文件之虚假情况提出争辩。
③ 澳门《民事诉讼法典》第 474 条（调查及审判）：一、当事人得于提出争辩或作出答复时声请调查证据。二、对审理争辩属重要之事实，须加载或补加于调查之基础内容中。三、上述证据调查及其裁判须与案件之裁判一同进行，因此，为进行该调查及裁判，有需要时须中止案件裁判之程序。四、就争辩所作之裁判须通知检察院。
④ 见本书第 233 页注释⑤。

典》第 475 条,① 便会以一个独立卷宗的方式进行。独立的意思是指必须附随主诉讼,但这个卷宗会与主诉讼分开处理。此时,便会以澳门《民事诉讼法典》中关于附随事项的一般规则来进行有关程序。审理附随事项可能会拖延主诉讼,如果因当事人有过错而导致主诉讼停止超过了 30 日,则法官会宣告该附随事项不产生效力,还可能导致当事人支付罚款。

如果法院以澳门《民事诉讼法典》第 141 条②所指的视为未作传唤的方式传唤了当事人,而某人已参加了诉讼,并且未立即提出未作传唤之争辩,即应被传唤的人没有被错误传唤,则视该人已接受了传唤,传唤的瑕疵视为已被补正。③ 然而,根据澳门《民事诉讼法典》第 476 条,④ 如果传唤行为中出现虚假的情况,有关被告便可在参与诉讼之日起 10 日内提出争辩。如果传唤有瑕疵,应该在答辩状中一同提出。如果某人之后才发现是虚假的传唤,便会再给予其 10 天时间。这是两种不同的情况。另外,争辩提出后要经过审理,因此须停止诉讼,直至有判决说明传唤是否出现虚假的情况为止。如果原告表示不用这么麻烦了,不提出争辩了,可以向法院提出重新作出传唤行为,因为其已经知道该人有代理人了,那么即时传唤该人的代理人可能较便捷。

---

① 澳门《民事诉讼法典》第 475 条（以附随事项方式进行程序）：一、如争辩于执行之诉中提出,或于特别程序中提出,而该特别程序之程序步骤不容许一并对争辩及案件进行审判者,又或于待决之上诉程序中提出,则对争辩之调查及审判按诉讼程序中附随事项之一般规则进行。二、如争辩于执行之诉中提出,则仅在请求执行之人及其他债权人按第七百零二条之规定提供担保之情况下,方可在附随事项待决期间获清偿有关债务。三、如争辩于待决之上诉程序中提出,则上诉程序中止,而该争辩获接纳后,争辩之问题须由卷宗所在之法院审理。四、如出现争辩之诉讼程序因提起争辩之人在促进该附随事项之程序方面之过失而停止进行逾三十日,则宣告该附随事项不产生效力。
② 澳门《民事诉讼法典》第 141 条（未作传唤之情况）：遇有下列情况,即属未作传唤：a) 完全无作出传唤；b) 错误传唤非为应被传唤人之人；c) 不当采用公示传唤；d) 传唤在应被传唤之人死亡后作出,或应被传唤之人为法人时,在其消灭后作出；e) 须向本人传唤时,应被传唤之人因不可对其归责之事实而未知悉传唤行为。
③ 澳门《民事诉讼法典》第 142 条（对未作传唤所生无效之补正）：如被告或检察院参与诉讼时未即时提出未作传唤之争辩,则所生之无效视为已获补正。
④ 澳门《民事诉讼法典》第 476 条（法院行为之虚假）：一、就传唤行为出现之虚假情况,须自被告参与诉讼程序时起十日内提出争辩。二、就其他法院行为出现之虚假情况,须自知悉有关行为之日起十日期间内提出争辩。三、第四百七十一条至第四百七十五条之规定,经作出必要配合后,适用于法院行为出现虚假情况之附随事项。四、如有关虚假情况涉及传唤行为,且可损害应被传唤之人之防御者,则案件自争辩获接纳时起中止,直至对争辩有确定裁判为止,且适用上条第一款之规定；如原告获通知该争辩后声请重新作出传唤行为,则不继续处理该争辩。

三　当事人陈述

在诉讼中，根据澳门《民事诉讼法典》第 477 条，① 在某些情况下，法官有权命令当事人前往法院作出陈述，又或如果一方当事人要求他方当事人作出陈述，亦可向法官声请，并逐一指出要求陈述在诉辩书状中的哪几点事实，而这些事实只能是清理批示中属于调查基础内容的事实。

原则上，被要求作出陈述的当事人均要亲自到庭说明。然而，根据澳门《民事诉讼法典》第 478 条，② 只有具备诉讼能力的人才需要作出。根据同一法典第 43 条第 2 款，③ 以行为能力作为标准。例如，14 岁的小朋友不可以作出当事人陈述，因为其没有诉讼能力。在必要时，根据第 478 条第 2 款，当事人也可以声请他方当事人的代理人或代表作出陈述。如果是由代理人或代表作出的自认，只能在法定范围内产生自认的效果。

当事人陈述的目的是产生自认的效果，根据澳门《民法典》第 345 条，④ 自认的效果是当事人承认对自己不利的事实。故此，当事人自愿申请作出当事人陈述是不可以的，即使法官在收到申请后也不会批准。根据第 480 条，⑤ 有关陈述的证明力仅由法官自由作出评价。故由法官决定这些事实是否获得证实。

而当事人陈述的内容，根据第 479 条，⑥ 应当是陈述者个人的事实或其

---

① 澳门《民事诉讼法典》第 477 条（概念）：一、法官得于诉讼程序之任何时刻命令当事人亲自到场，就对于案件之裁判属重要之事实作陈述。二、如由任一当事人声请作陈述，则其须立即逐一指出必须陈述之事实。

② 澳门《民事诉讼法典》第 478 条（可被要求作陈述之人）：一、得要求具诉讼能力之人作当事人之陈述。二、得声请准禁治产人，以及无行为能力人之代理人或法人之代表作陈述；然而，陈述中之自认，仅在准禁治产人可承担责任及代理人或代表可使其所代理或代表之人承担责任之确切范围内，方具有自认之效力。三、每一当事人除可声请他方当事人作陈述外，亦可声请本身之共同当事人作陈述。

③ 澳门《民事诉讼法典》第 43 条（诉讼能力之概念及范围）：一、诉讼能力系指可独立进行诉讼之能力。二、诉讼能力以行为能力为基础，且以其范围为准。

④ 见本书第 246 页注释①。

⑤ 澳门《民事诉讼法典》第 480 条（辅助参加人之陈述）：辅助参加人之陈述由法院自由评价；法院应考虑有关情况以及作陈述或声请作陈述之人在案件中之地位。

⑥ 澳门《民事诉讼法典》第 479 条（陈述可涉及之事实）：一、陈述之内容仅可为陈述者个人之事实或其应知悉之事实。二、然而，陈述内容不得包括当事人被指称作出之犯罪事实或卑劣行为。

应知悉的事实，但是如果涉及当事人被指称作出犯罪的事实，法律也不要求当事人放弃刑事诉讼法中嫌犯的沉默权。①

原则上，当事人陈述应于听证中作出，但是当出现紧急情况时，当事人无法于听证时出席②（例如，某人提起诉讼之后便要移民了），法院在综合考虑后，可以要求当事人到场作出陈述，除非当事人会因此受到难以容忍的牺牲。例如，当事人提出诉讼后回到巴西，此时由法院作出衡量，若法院认为当事人从巴西回来也不会很久，尽管是三十几个小时旅程，那么便不会容许提前作出当事人陈述。根据第482条，③ 如果当事人因患病不能出庭作出陈述，法官可以要求医疗实体查证是否属实；如果属实，则不能再作出陈述；如果只是单纯轻微的患病，法官在听取其主诊医生的意见后，可要求其在法官指定的日期、时间、地点作出陈述；在一定情况下，法官可能会前往当事人的家或医院听取有关的陈述。法官在听取主诊医生之意见后方作出指定，决定什么时候才适宜作出陈述。

如果双方当事人均须作出当事人陈述，澳门《民事诉讼法典》也设定

---

① 澳门《刑事诉讼法典》第50条（诉讼上之权利及义务）：一、除法律规定之例外情况外，嫌犯在诉讼程序中任何阶段内特别享有下列权利：a）在作出直接与其有关之诉讼行为时在场；b）在法官应作出裁判而裁判系对其本人造成影响时，由法官听取陈述；c）不回答由任何实体就对其归责之事实所提出之问题，以及就其所作、与该等事实有关之声明之内容所提出之问题；d）选任辩护人，或向法官请求为其指定辩护人；e）在一切有其参与之诉讼行为中由辩护人援助；如已被拘留，则有权与辩护人联络，即使属私下之联络；f）介入侦查及预审，并提供证据及声请采取其认为必需之措施；g）获司法当局或刑事警察机关告知其享有之权利，而该等机关系嫌犯必须向其报到者；h）依法就对其不利之裁判提起上诉。二、如基于安全理由，则上款e项所指之私下联络在监视下进行，但以负责监视之人听不到其内容为条件。三、嫌犯特别负有下列义务：a）如法律要求嫌犯向法官、检察院或刑事警察机关报到，且为此经适当传唤，则嫌犯须向法官、检察院或刑事警察机关报到；b）就有权限实体所提之关于其身分数据，以及当法律规定时关于其前科之问题据实回答；c）受制于法律列明及由有权限实体命令采用及实行之证明措施、强制措施及财产担保措施。
② 澳门《民事诉讼法典》第481条（陈述之时刻及地点）：一、陈述应于辩论及审判之听证时作出；但属紧急情况，或陈述者居于澳门以外地方，又或其不能到法院者除外。二、如法院认为有需要，且当事人到场不会对其引致难以容忍之牺牲，法院得命令居于澳门以外地方之当事人在辩论及审判之听证时作陈述。
③ 澳门《民事诉讼法典》第482条（不能到法院）：一、如显示当事人因病不能到法院，法官得要求医疗方面之实体查证所称之事实是否属实；如属实情，法官得要求该实体查证当事人能否作陈述。二、如当事人不能到场，但并非不能作陈述，则当事人须于法官指定之日期、时间及地点作陈述；如有需要，则法官在听取主诊医生之意见后方作指定。

了一个规则，根据第 483 条，① 原则上由被告先作出陈述，接下来是原告。如果有多于一名的原告或被告，在其他共同当事人作出陈述时，未陈述的共同当事人不得旁听。现在法院的证人房也会分原告及被告的证人房，以前是没有的。另外，当事人作出陈述时必须进行宣誓，② 宣誓的意义在于让当事人知悉其有陈述真相的义务，如果违反，根据澳门《刑法典》第 323 条，③ 会构成作虚假之当事人陈述罪。如果当事人无合理理由拒绝宣誓，也会处以与澳门《刑法典》第 324 条④作虚假证言罪相同的刑罚。总括而言，当事人陈述的内容，除非涉及当事人的犯罪事实和卑劣行为，否则需要如实作出。

在进行当事人陈述时，法官会先对陈述者进行初步的询问，之后就须要对陈述的事实作出询问，并要求陈述者作出回答。陈述者必须以准确及清楚的方式作出回答，而他方当事人有权声请提出补充问题，因为在询问当事人后可能仍有些不够清楚的地方。为了清楚该事实，便可由他方当事人或他方当事人的律师作出声请补充问题。根据《民事诉讼法典》第 485 条，⑤ 作出陈述的当事人不可以带备任何书面文件作出陈述，但是可以查阅

---

① 澳门《民事诉讼法典》第 483 条（陈述之顺序）：一、如双方当事人均须向审理有关案件之法院作陈述，则先由被告陈述，其后由原告陈述。二、如有多于一名原告或被告须陈述，则未作陈述之共同当事人不得旁听其他共同当事人之陈述；如各共同当事人于同一日内作陈述，则须将各人集合于一房间内，以便其按应作陈述之顺序出庭。

② 澳门《民事诉讼法典》第 484 条（宣誓）：一、开始作陈述前，法院须使陈述者知悉其将进行之宣誓在道德上之重要性，以及使其知悉负有据实证明之义务，并警告陈述者作虚假声明时将受之处分。二、随后，法院要求陈述者宣誓，其誓词为："本人谨以名誉宣誓，所言全部属实，并无虚言。"三、拒绝宣誓等同于拒绝陈述。

③ 澳门《刑法典》第 323 条（作虚假之当事人陈述或声明）：一、作当事人之陈述，而在宣誓后且已被警告如作虚假陈述将面对之刑事后果后，就应陈述之事实作虚假之声明者，处最高三年徒刑或科罚金。二、辅助人与民事当事人在刑事诉讼程序中作虚假之声明者，处相同刑罚；嫌犯就其身分及前科作虚假之声明者，亦处相同刑罚。

④ 澳门《刑法典》第 324 条（作虚假之证言、鉴定、传译或翻译）：一、身为证人、鉴定人、技术员、翻译员或传译员，向法院或向有权限接收作为证据方法之陈述、报告、数据或翻译之公务员，作虚假陈述、提交虚假报告、提供虚假数据或作虚假翻译者，处六个月至三年徒刑，或科不少于六十日罚金。二、无合理理由拒绝陈述，又或无合理理由拒绝提交报告、数据或翻译者，处相同刑罚。三、如行为人在宣誓后，且已被警告将面对之刑事后果后，作出第一款所指之事实，处最高五年徒刑，或科最高六百日罚金。

⑤ 澳门《民事诉讼法典》第 485 条（讯问）：一、在作出旨在认别陈述者身分之初步讯问后，法官须就应予陈述之每一事实讯问陈述者。二、陈述者须以准确及清楚之方式回答提问，而他方当事人得声请向其提出补充问题，以便解释或补充有关之答复。三、陈述者不得带备书面陈述，但得翻阅文件或记录日期或事实之笔记，以回答有关问题。

一些文件或记录日期及事实的笔记，用来回答有关问题。

根据第 485 条，可由他方当事人的律师提出补充问题，而根据第 486 条①之规定，作出陈述的当事人的律师也可以要求陈述人加以解释。如果双方当事人的律师中的任一律师认为某一问题在形式上或实质上属不可接纳者，可立即提出反对，法官必须立即对该反对作出确定裁判，原则上不可上诉。要上诉并非易事，因涉及法官心证，从法官进行询问到当事人陈述，再到他方当事人提出补充问题，最后陈述方的律师提出问题，全部为口头辩论，如律师对问题并不同意，要再作出上诉是较困难的。

如果作出陈述的当事人作出自认，则必须以书面记录，即作出笔录后就有了完全证明力，而不论是否有录像。法官会作出有关记录并在完成后向作出陈述的人朗读，作出陈述的人须要确定有关内容和作出必要的修改。除此以外，诉讼任一方当事人或其律师也可以提出声明异议。例如，如记录中有关当事人说话的语气与记录的内容有差异，律师可提出要求更改。②

如果在诉讼的续后阶段，有关自认被另一诉讼宣告为无效或被撤销，也不妨碍有关案件继续进行③，这与未作出传唤的情况不同。如果传唤行为出现无效，有关的诉讼必须重新进行。当然，由一方当事人作出的自认，在一般情况下不可以撤回，因为有关的接受会于法庭上作出。但若自认是在诉辩书状中作出的，而且他方当事人未逐一接受该自认，则有关的自认可以撤回。④

---

① 澳门《民事诉讼法典》第 486 条（律师之参与）：一、当事人之律师得请求陈述者加以解释。二、如任一律师认为某一问题在形式上或实质上属不可接纳者，得提出反对，而对该反对须立即作出确定性裁判。

② 澳门《民事诉讼法典》第 487 条（书面记录当事人之陈述）：一、陈述者在陈述中作出自认之部分，或叙述与自认之表示属不可分开之事实或情事之部分，必须以书面记录，即使该陈述已录制成视听数据亦然。二、上述纪录之内容由法官负责拟定，而当事人或其律师得提出其认为恰当之声明异议。三、完成纪录后须向陈述者朗读，而该人须确认纪录之内容或作出必需之更正。

③ 澳门《民事诉讼法典》第 488 条（宣告自认无效或撤销自认）：宣告自认无效或撤销自认之诉讼不妨碍出现作出自认情况之案件继续进行。

④ 澳门《民事诉讼法典》第 489 条（自认之不可撤回）：一、自认不得撤回。二、然而，在诉辩书状中对事实之明确自认得予以撤回，只要他方当事人未逐一接受该等自认。

四 鉴定及勘验

（一）鉴定

根据澳门《民法典》第382条，[①] 鉴定是指法官透过拥有专门技术、专业知识的鉴定人作出的分析或报告（一般会附有鉴定人的一些价值判断）[②]，以对事实作出了解或认定的一种证据方法。对于鉴定而取得之证据的证明力，属于法官的自由心证。值得注意的是，在发生交通意外时，交通警员所作的交通意外现场绘图并不是鉴定，而是书证。

原则上，鉴定要由有权限的公共机构作出，有权限之公共机构或部门就像是司法警察局的刑事技术厅，有毒品化验、枪械化验、弹道化验等；民事方面有关于假文件的鉴定、亲子鉴定等。由于澳门没有独立的鉴定机构，故此，鉴定工作一般会交由司法警察局的刑事技术厅、仁伯爵医院或民政总署的化验室（作食品化验）等公共机构的专业人员进行。作出鉴定的机构应为一个独立的机构，而不应附属于任何一个机构。然而，如果有关工作并不适宜由公共机构作出，法官则会指定一位合适的、符合资格的鉴定人为之。

如属于指定鉴定人的情况，法官应当听取双方当事人的意见，任一当事人也可以建议鉴定人进行鉴定工作，如果就鉴定人的人选能达成协议，则法官应当任命由双方当事人选定的人为鉴定人，但是法官怀疑该名鉴定人的能力及合适性时，法官可以指定非由双方当事人所选定之鉴定人。

故此，原则上鉴定是由官方机构进行，但有些情况下不能够或不适宜由官方机构作出，例如，判定一支长白山人参，是养殖的还是野生的、年份的长短，则可能需要由药材店的掌柜来作鉴定。

鉴定工作，原则上由一人进行，但是法律也不排除在一定情况下，可由多于一名鉴定人来进行，但是鉴定人的人数上限为三人。只要在具体案

[①] 澳门《民法典》第382条（标的）：鉴定证据之目的，系在有必要运用专门之技术、科学或技能之知识下、或在基于涉及人身之事实不应成为司法勘验对象之情况下，透过鉴定人而对事实作出了解或认定。

[②] 请参阅〔葡〕Viriato Manuel Pinheiro de Lima《民事诉讼法教程》，叶迅生、卢映霞译，法律及司法培训中心，2012，第280页。

件中，法官认为有关的鉴定工作具相当的复杂性或需要对多方面进行分析，又或申请鉴定之当事人在声请书中要求以合议方式进行鉴定并立即指定鉴定人。①

鉴定人在履行鉴定职务时，应当认真并与法院合作，如有违反，尤其是未于法官订定的期间内提交鉴定报告，又或完全不作出任何工作以致未能在期限内提交鉴定报告的，法官除了可以对其判处罚款，也可以解除其职务。②

法官指定鉴定人后，有关鉴定人可于获通知的 5 日或 10 日内，基于一定的障碍而提出回避、获免除、推辞的理由，③ 法官须对指定鉴定人一事作出裁判，决定回避、获免除、推辞的理由是否成立。有关裁判不可以提出上诉，因为不影响证据的实质审理，只是程序上的审理。④ 例如，基于特别

---

① 澳门《民事诉讼法典》第 490 条（进行鉴定之人）：一、鉴定系在有权限之公共机构或部门进行；如此为不可能或不适宜，则由法官在对于有关事宜公认为合适及具备专门知识之人中指定一名鉴定人进行之，但不影响第三款至第六款规定之适用。二、就指定鉴定人一事须听取当事人之意见，当事人得建议应进行鉴定之人选；如双方当事人就鉴定人之人选达成协议，则法官应指定该人为鉴定人，但法官有充分理由质疑该鉴定人之合适性或专门知识者除外。三、遇有下列情况，鉴定由多于一名鉴定人进行，但其数目不得超过三人：a）法官认为鉴定特别复杂或要求对多方面事宜有所认识而依职权命令多于一名鉴定人为之；b）任一当事人在第四百九十八条及第四百九十九条第一款所指之声请书中，声请进行合议方式之鉴定。四、在上款 b 项所指之情况下，如当事人间立即就鉴定人之人选达成协议，则适用第二款第二部分之规定；如无协议，则每一方当事人各选一名鉴定人，并由法官指定第三名鉴定人。五、如当事人欲行使第三款 b 项所指之权能，须立即指定有关之鉴定人；但当事人指称存有困难并说明理由，且请求延长指定鉴定人之期间者除外。六、在第三款 b 项所指之情况下，如有一名以上之原告或被告，且原告之间或被告之间就有关鉴定人之人选方面出现意见分歧者，则以多数人所指定者为准；如未能形成多数意见，则由法官指定。

② 澳门《民事诉讼法典》第 491 条（鉴定人之履行职务）：一、鉴定人必须认真履行其被指定之职务；如其违反与法院合作之义务，法官得判处其缴纳罚款。二、如鉴定人以草率之方式担任其获委派之工作，尤其是未于所定期间内提交鉴定报告，或因其不行事以致不能于所定期间内提交鉴定报告者，法官得解除其职务。

③ 澳门《民事诉讼法典》第 492 条（指定鉴定人之障碍）：一、关于法官回避及声请回避之现行制度，经作出必要配合后，适用于鉴定人。二、下列人士获免除担任鉴定人之职务：a）行政长官、司长、行政会委员及立法会议员；b）廉政专员、审计长、警察总局局长及海关关长；c）现职法官及检察院司法官；d）享有国际保护之人。三、所有因个人理由而不可被要求担任鉴定人工作之人，均得提出推辞以鉴定人身分参与诉讼之请求。

④ 澳门《民事诉讼法典》第 493 条（对指定鉴定人之障碍之审查）：一、当事人及指定之鉴定人得于十日期间内，陈述回避、声请回避及免除担任鉴定人职务之原因；该期间按情况而定，自知悉有关指定时起算，或嗣后方知悉有关原因时，自知悉该原因时起算；上述原因亦得在进行鉴定前依职权予以审理。二、上条第三款所指推辞之声请，须由鉴定人本人于知悉被指定后五日期间内提出。三、对于就指定鉴定人之障碍所作之裁判，不得提起上诉。

的身份（为现职的司法官、行政长官、司长等），又或基于个人理由不可以担任鉴定工作。如属于回避或获免除的情况，由当事人知悉被指定或知悉障碍原因之日起 10 日内提出，反之，如属于鉴定人的个人理由声请推辞，则由知悉被指定日起 5 日内提出。如最终法官确定回避及推辞，则需要重新指定鉴定人。①

如属于澳门无适当的鉴定人之情况，法官也可以指定澳门以外的鉴定人。如有关鉴定人并非居住于澳门，当事人需要在听证时将其带到现场。②例如，香港著名的龚如心遗产案，双方都从英国、澳洲请来笔迹鉴定专家来港鉴定遗嘱的真伪。而在澳门的司法警察局刑事技术厅有笔迹鉴定的技术，所以，应该不会允许当事人从其他地方聘请鉴定人进行鉴定。如属于从澳门之外指定鉴定人之情况，鉴定人可以获预先支付往来澳门之开支。

如果法律规定需要进行法医学鉴定，则应由医学鉴定人按照法律规定作出。③ 在法医学鉴定中，原则上是由一名法医进行鉴定的，但也可以用合议的方式进行（两名或三名）。例如，劳动法中关于工伤意外的赔偿也涉及医学鉴定；当出现受伤的情况时，便需要法医的鉴定。对于工作能力的认定，法医鉴定有四种结果：长期没有工作能力、短期没有工作能力、长期部分没有工作能力和短期部分没有工作能力，程度视受伤程度及部位认定。④

当事人在声请鉴定时，必须指出鉴定所针对的事实或物品，以及想透过鉴定了解的事实，否则法官不会接纳其声请鉴定的措施。这与清理批示

---

① 澳门《民事诉讼法典》第 494 条（鉴定人之重新指定）：如因确认上条所指之障碍或因解除先前指定之鉴定人之职务，又或该鉴定人系经当事人建议而指定时，因嗣后出现可归责于该鉴定人之原因，使其不能进行鉴定，以致须指定新鉴定人者，则由法官指定新鉴定人。

② 澳门《民事诉讼法典》第 495 条（居于澳门以外地方之鉴定人）：一、当事人有责任偕同其建议指定但居于澳门以外地方之鉴定人到场。二、仅当在所需之技术方面，澳门并无适当之鉴定人时，法官方得指定澳门以外地方之鉴定人。三、在上款所指之情况下，鉴定人之服务费按照服务时间、服务之重要性、提供服务之鉴定人之职级以及对其可能引致之损失而订定；鉴定人亦获预先支付往来之开支。

③ 澳门《民事诉讼法典》第 496 条（法医学鉴定）：一、法医学鉴定须由医学鉴定人依据法律规定进行。二、医学鉴定人由法官从官方医学鉴定人中指定；如官方医学鉴定人不能或须回避进行鉴定，则从其余医学鉴定人中指定。三、在第四百九十条第三款所指之情况下，法医学鉴定得以合议方式进行，而各医学鉴定人由法官指定。四、第四百九十一条、第四百九十二条及第四百九十三条之规定适用于法医学鉴定。

④ 有关澳门对工作意外及职业病所引致之损害之弥补之法律制度，请参阅第 40/95/M 号法令。

所载的内容是息息相关的，因当事人在声请进行鉴定时，目的是证实或否定一些在清理批示中的待证事实（包括声请人所陈述的待证事实及他方当事人陈述的待证事实）。所有诉讼行为均不可以为多余的，如果属于多余的行为，法官应当拒绝。①

如果法官认为鉴定的措施对于案件是有意义的，也不是当事人借此拖延诉讼的手段，则在听取他方当事人的意见后，须命令作出鉴定。② 例如，针对损害赔偿请求，需要判断人的伤残损害程度，需要法医来鉴定。这些请求需要在起诉状中表述清楚，因为这会直接关系到损害赔偿额度。又如，通过对纸张的鉴定可以得出其生产时间，这可能会证明上面签名的真伪。如果有关鉴定是由任一当事人所声请，在未经另一方当事人的同意下，不得撤回声请鉴定。③ 如属于法官依职权命令进行的鉴定，则法官要指定鉴定标的，当事人也可以建议扩大鉴定的标的。④

如果法官认为需要司法警察局或其他机构协助进行鉴定，需要发出公函，通常是向局长作出，如社工局局长。⑤

鉴定的基本原理，是将鉴定物与资料库的资料作对比，多数如此。当然，也有根据医学报告作出判断的情况。譬如，鉴定一张钞票的真伪、分析某些爆炸品的成分、分析某毒品的成分、利用光谱分析仪、弹头对比、DNA 的对比等。澳门进行 DNA 对比一般会抽血进行分析，通过资料库的资料计算其相似程度。还有对楼宇评估价格，即香港测量师所做的工作。

---

① 澳门《民事诉讼法典》第 498 条（鉴定目标之指出）：一、当事人声请进行鉴定时，须实时指出鉴定目标，并阐述欲透过该措施了解之事实问题，否则声请将不予接纳。二、鉴定得涉及声请人分条缕述之事实，亦得涉及他方当事人陈述之事实。

② 澳门《民事诉讼法典》第 499 条（鉴定目标之订定）：一、如法官认为鉴定措施并非不恰当，亦非旨在拖延程序进行，则就所建议之目标听取他方当事人之意见，让其表示赞同就该目标进行鉴定，或建议扩大或缩减该目标。二、法官须于命令进行鉴定之批示中确定鉴定目标；为此，如法官认为当事人提出之问题为不能接纳或不重要者，则不受理该等问题；如法官认为其他问题对查明事实真相属必需者，则将鉴定目标扩大至包括该等问题。

③ 澳门《民事诉讼法典》第 497 条（措施之撤回）：声请采取鉴定措施之当事人未经他方当事人同意，不得撤回该措施。

④ 澳门《民事诉讼法典》第 500 条（依职权命令进行之鉴定）：如属依职权命令进行之鉴定，法官须于命令进行鉴定之批示中指出鉴定目标，而当事人得建议扩大该目标。

⑤ 澳门《民事诉讼法典》第 501 条（指定开始鉴定之日期）：一、法官须于命令进行鉴定及指定鉴定人之批示中指定开始该措施之日期及地点，并命令通知当事人。二、如系在有权限之公共机构或部门进行鉴定，法官须向该处之领导人提出有关要求，并指明鉴定目标及提交鉴定报告之期间。

在进行鉴定活动时，法律也要求鉴定人对工作作出承诺。[①] 在此，有两种做法，第一种是法官会令鉴定人先宣誓，然后再做鉴定；另一种方法是交鉴定报告与宣誓同时进行。

按照澳门《民事诉讼法典》第 503 条，[②] 作出鉴定行为时，需要先进行必要的检验及调查，然后作出鉴定报告。有关的鉴定报告的提交日期，应在结束鉴定措施后最多 30 日内，期间也由法官指定；[③] 如有合理理由，该期间得延长一次。在有需要时，应进行调查，例如，因鉴定物的价值不同而需要作出评估。尽管法律规定在进行鉴定时法官、当事人可以在场观看，但是实践中，检验时法官在场的情况较少，因为法官公务繁忙。当然，如果法官认为当事人在场也不合适，也可以不允许当事人在检验工作进行时在场。

对于鉴定人可以使用的鉴定方法，法律并没有作出特别的要求。鉴定人可以请求提供案件卷宗中的文件，可能是由于某些鉴定需要根据卷宗所载的资料帮助进行评估，而且在很多情况下，鉴定只会在诉讼程序后期才加入，有需要时可向鉴定人提供资料，而鉴定很多时候只会出现在清理批示后。在进行鉴定时，如果需要破坏物品（例如，化学鉴定，如果不打破这件物品，便不能把其分子取出，分解不到分子便做不了鉴定），原则上需要法官许可，然后要拍照，将有关照片附入卷宗内。[④]

---

① 澳门《民事诉讼法典》第 502 条（承诺）：一、被指定之鉴定人须承诺认真履行其获委派之工作，但鉴定人为公务员且在执行职务下参与工作者除外。二、如进行鉴定时法官在场，则在鉴定开始时作出上款所指之承诺。三、如进行鉴定时法官不在场，得以鉴定人签名之书面声明作出第一款所指之承诺，或于鉴定报告中载明该承诺。

② 澳门《民事诉讼法典》第 503 条（鉴定人所作之检验行为）：一、鉴定标的确定后，鉴定人须进行必需之检验及调查，以制作鉴定报告。二、如法官认为有需要，得于检验时在场。三、当事人得于鉴定时在场，或依据第八十四条之规定请求技术员协助；但该鉴定可能使人感到羞辱而法院认为须加以保护，或导致法院认为须保守之秘密泄露者，不在此限。四、当事人得向鉴定人表示本身之意见，并应作出鉴定人认为必需之解释；如法官在场，当事人亦得就鉴定标的向法官提出本身认为适宜之声请。

③ 澳门《民事诉讼法典》第 506 条（指定提交报告之期间）：一、如不能即时提交鉴定报告以结束鉴定措施，法官须指定必须完成该措施之期间，但该期间不应超过三十日。二、如当事人可于继续进行检验时在场，则鉴定人须向其指出继续进行检验行为之日期及时间。三、如有合理理由，所指定之期间得延长一次。

④ 澳门《民事诉讼法典》第 504 条（鉴定人可采用之方法）：一、鉴定人得借助一切为妥善履行职务而必需之方法，包括请求采取措施或作出解释，或请求获提供卷宗所载之任何资料。二、鉴定人为进行鉴定，而必须毁坏或改变任何资料，或使其不能再用者，应事先请求法官许可。三、获许可后，须在卷宗内准确描述该资料，并尽可能附同照片；如该资料为文件，则在卷宗内附同经适当核对之影印本。

按照第 505 条之规定,^① 如果鉴定的标的属于鉴定字迹的,应交由官方机构进行(目前主要的字迹鉴定在司法警察局内进行),私人机构不可以为之。^② 鉴定字迹也是最常出现的鉴定措施,例如针对虚假文件。如果想确保签名的真确,最好的方法便是到公证署作公证认定,因为这样便很难被认定为虚假,除非属于对照式认定。官方机构进行字迹鉴定时,会要求有关人士前往鉴定人处,并在鉴定人在场的情况下写出其指定的字。最常见的做法是被要求在鉴定人面前写下名字 20 次,因为至少要连续写 20 次才能认定笔迹。认定笔迹会考虑笔迹力度的大小、笔画等,若是模仿的话,模仿 20 次是较困难的。如果请求字迹待认定之人在外地,而且要求其回来澳门做鉴定对其有过分的牺牲时,便需要发出请求书,请求字迹待认定之人在当地法院的法官面前作出有关书写,然后以火漆封口的信封连同字迹一并寄回澳门。

完成鉴定措施及鉴定报告后,鉴定人需要将有关的鉴定结果载明于报告中,并就鉴定目标表明其意见,而且要说明理由。^③ 在提交鉴定报告后,须将有关内容通知当事人,如果当事人对于报告内容有异议,可以提出声明异议。而提出声明异议的原因可以为鉴定报告之内容有缺漏、含糊不清或前后矛盾,又或有关结论未经适当说明理由等。如果法官接纳该异议,可要求鉴定人作补充说明,又或法官认为鉴定报告有问题时,也可以要求鉴定人作出补充说明。^④ 鉴定人完成鉴定报告后,如果法官认为有需要或应

---

① 澳门《民事诉讼法典》第 505 条(认定字迹之查验):一、如属认定字迹之查验,而该查验未能以比较载于已有之书面文件上之字迹作为根据,但知悉有关字迹所属之人,则通知该人前往指定之鉴定人处,在该鉴定人在场下写出其所指定之字。二、如字迹待认定之人居于澳门以外地方,而其前来澳门将对其引致过分之牺牲者,则在可能之情况下发出请托书,并附同以火漆封口之信封,其内指明被通知之人应在受托法官在场下写出之字。

② 当然,现在澳门也有一些的私人化验机构提供为客人检验 DNA 的服务,但有关鉴定不一定有法律效力,因为原则上应由法官指定官方机构进行。

③ 澳门《民事诉讼法典》第 507 条(鉴定报告):一、鉴定结果须载明于报告内;在报告中,鉴定人须就鉴定标的表明其意见,并说明理由。二、如属合议方式之鉴定,但未能取得一致意见,则持有不同意见之人须说明其理由。三、如进行检验时法官在场,且鉴定人可即时表明其意见,则鉴定报告经口述载于笔录中。

④ 澳门《民事诉讼法典》第 508 条(对鉴定报告之声明异议):一、须将提交鉴定报告一事通知当事人。二、如当事人认为鉴定报告之内容有缺漏、含糊不清或前后矛盾,又或有关结论未经适当说明理由,当事人得提出声明异议。三、如声明异议获接纳,法官须命令鉴定人就所提交之报告,以书面作补充、解释或说明理由。四、即使未有声明异议,如法官认为有需要,亦得命令作出其认为属必需之解释或补充。

任一当事人之声请，可以命令鉴定人在听证时到场，经宣誓后对报告作出解释。[1]

在第一次鉴定结果通知任一当事人的 10 日内，任一当事人可以声请进行第二次鉴定，只要其陈述不同意鉴定报告之理由。如果法官认为进行第二次鉴定有助于查明真相，也可以依职权进行。[2] 民事诉讼法中所指的鉴定，必须由法官指定作出，如果自行找人进行鉴定并提交一份鉴定报告，那么这鉴定只是一份报告书，只是一份书证。进行第二次鉴定，并不会使第一次鉴定丧失效力，而且按照澳门《民法典》第 383 条[3]以及《民事诉讼法典》第 512 条[4]，两者的效力均由法院自由评价。故此，也有可能出现法官认为有必要进行第二次鉴定，但不必定采用第二次鉴定的结果，也可能会采用第一次鉴定的结果。

（二）勘验

根据澳门《民法典》第 384 条，[5] 勘验证据旨在使法院直接了解事实。故此，勘验属于一种直接证据，这一证据方法使审判者与待证事实之间发生直接接触。[6] 勘验通常是针对物，例如，出现楼宇漏水。这种证据方法在实践中的确具有效取代证人的功能。事实重演可由法官主动命令或应当事人的声请而作出，法官认为有需要的话便可以去做。然而，法官批准案件重演的机会不高，除非法官认为非常重要，因为需要合议庭三位法官一同到场观看案件重演，对于公务繁忙的法官而言比较

---

① 澳门《民事诉讼法典》第 509 条（鉴定人在辩论及审判之听证时到场）：法官得依职权或应任一当事人之声请，命令鉴定人在辩论及审判之听证时到场，以便经宣誓后向其要求解释之问题作出解释。

② 澳门《民事诉讼法典》第 510 条（第二次鉴定之进行）：一、任一当事人得于知悉第一次鉴定之结果后十日期间内，声请进行第二次鉴定；为此，须陈述其不同意所提交之鉴定报告所依据之理由。二、如法院认为进行第二次鉴定对查明事实真相属必需者，得于任何时刻依职权命令进行第二次鉴定。三、第二次鉴定之目的在于对第一次鉴定所涉及之相同事实进行调查，以更正第一次鉴定结果中或有之不确之处。

③ 澳门《民法典》第 383 条（鉴定之证明力）：鉴定之证明力，由法院自由定出。

④ 澳门《民事诉讼法典》第 512 条（第二次鉴定之价值）：第二次鉴定并不使第一次鉴定丧失效力，两者均由法院自由评价。

⑤ 澳门《民法典》第 384 条（标的）：勘验证据旨在使法院直接了解事实。

⑥ 请参阅〔葡〕Viriato Manuel Pinheiro de Lima《民事诉讼法教程》，叶迅生、卢映霞译，法律及司法培训中心，2012，第 285 页。

困难。① 而要求进行勘验的当事人要向法院提供一定的工具，并且在进行勘验时，法官须要通知双方当事人进行勘验的日期及时间，以便其亲自或透过律师向法官作出适当说明又或请求法院注意对解决案件有重要性的事实。② 在必要时，法官可以带具有相关专业知识的人士到场以作解释。③ 完成勘验后，需要制作勘验笔录，④ 必要时可以要求勘验时在场的专业人士在听证时出庭说明。

在澳门曾经发生过一宗交通意外，一名私家车车主被怀疑撞死一名电单车驾驶者，但其坚决否认是他撞死该名驾驶者的。当时有三名法官、书记、技术员、双方律师、当事人（私家车车主）到场进行案件重演。案件重演需要配合相同的时间，以配合相似的光线，但由于季节不同，即使时间相同，太阳照射的位置亦不同，所以亦比较难配合。

在这个勘验中，当事人想证明的事实是：其一，有关事故是否由私家车的驾驶者造成，因其坚持说其没有越过火线；其二，如果真的是由驾驶者造成，其过失程度为何。过失程度在刑事上会影响量刑的轻重，而在民事上则会影响赔偿数额的多少。如果是交通事故，由于驾驶者均有购买保险，故在150万元以下的赔偿都由保险公司负责，但超过150万元的金额便需要由驾驶者自行负责。在这个案件中，最终私家车的驾驶者败诉，因为实在较难证明。

又如，在一条道路的弯道处，道路对面有一个巴士站，巴士站有很多人，在弯道处发生了一宗交通意外。巴士站的人可否作为人证说他们看到交通意外的发生？针对证人作出的证言，有一种质疑的方法是指出其证言

---

① 澳门《民事诉讼法典》第513条（勘验之目的）：一、如法院认为适宜，得主动或应当事人之声请，在尊重私人生活之隐私及人之尊严下，对物或人进行检验，以澄清对案件之审判属重要之任何事实；为此，得前往涉及有关问题之地方，亦得在认为有需要时，命令重演有关事实。二、声请勘验之当事人须向法院提供进行勘验之适当工具，但当事人获豁免或免除支付诉讼费用者除外。

② 澳门《民事诉讼法典》第514条（当事人之参与）：须通知当事人进行勘验之日期及时间，而当事人得亲身或透过其律师向法院作出法院所需之解释，以及请求法院注意对解决有关案件属重要之事实。

③ 澳门《民事诉讼法典》第515条（技术员之参与）：一、法院得偕同具备专门知识之人到场，以便其对法院欲查证之事实在调查及理解方面向法院加以解释。二、须于命令进行勘验之批示中指定有关技术员；如勘验非由合议庭进行，则技术员应于辩论及审判之听证时到场。

④ 澳门《民事诉讼法典》第516条（勘验笔录）：须就勘验制作笔录，当中记录一切对案件之审查及裁判属有用之资料；法官得命令制作机械复制品以附入卷宗。

有问题，就是可以提出当时巴士站前面有一巴士停下，那名证人根本无法看到弯道处的路况，因为视线被前面的巴士挡住了，而该辆停靠在巴士站面前的巴士的司机可以出来作证指出以上事实，所以该证人应该是不可能看到交通意外发生的。这时可能大家都有争拗，然后希望进行事实重演，到底这个正在等巴士的人是否可以看到交通意外的发生呢？因为其视线应该是被巴士挡住的。如果法官仍然相信该证人，就可以要求案件重演。因为巴士的车身通常比较高，所以照理停下后是看不到的，除非该人有两米多高，视线可以穿过巴士看到对面，这是很少见的情况。

而按照澳门《民法典》第 385 条之规定，[①] 勘验结果的证明力也是由法院自由判断的。

五　人证

人证，是证据中较为常用而且较为重要的一种证据。证人既非诉讼当事人也非当事人的代理人。证人是指被传召以便就既已发生的、对案件的审判具有意义的事实陈述其个人认知的人士。[②] 证人制度，规范于澳门《民事诉讼法典》第 517 条及续后数条。

（一）作证能力

作为证人，必须具备作证的能力。根据第 517 条，[③] 未因精神失常而处于禁治产状况之人具有作证人的能力。简单而言，只要未按照澳门《民法典》及澳门《民事诉讼法典》所规定的规范及程序被宣告为禁治产人，而且事实上能够作出证言的自然人，[④] 均可作为证人。反之，即使未成年人也可以作为证人。如果未被宣告为禁治产人，但是事实上却有迹象显示该名证人精神能力有问题，[⑤] 按照第 517 条第 2 款之规定，法官也须对证人的精

---

① 澳门《民法典》第 385 条（证明力）：勘验之结果由法院自由判断。
② 请参阅〔葡〕Viriato Manuel Pinheiro de Lima《民事诉讼法教程》，叶迅生、卢映霞译，法律及司法培训中心，2012，第 286 页。
③ 澳门《民事诉讼法典》第 517 条（作证能力）：一、凡未因精神失常而处于禁治产状况之人，均有成为证人之能力。二、如为评价证言之可信性而必须检查任何作证之人之身体健康或精神健全状况，法官须作出该检查。
④ 指出必须具有事实上能够作证的能力，也是为了将植物人排除在外，因为其不可能。
⑤ 例如，处于澳门《民法典》第 250 条所指的偶然无能力的情况。

神状况作出检查，并评价其证言的可行性。例如，在一般情况下，法官会当面对证人作出询问，法官通过询问一些简单的资料，如其名字或其父亲的名字，是否答非所问以确定其精神是否健全，当时情况是否理想，是否处于迷迷糊糊的状态。

在法院要求的情况下，所有有能力作证的人，均须在审判听证中作为证人出庭。如前所述，按照澳门《民事诉讼法典》第 442 条之规定，任何人均有义务协助法院发现事实的真相，如果不提供相关协助，法官也会对其判处缴纳罚款，而且可以依法采取一定的强制方法使其提供相关协助。但是，在一定情况下，有关人士可以拒绝作证或作为案件的当事人，法律也不允许其以证人的身份作证。

按照澳门《民事诉讼法典》第 518 条之规定，① 法律禁止当事人以证人的身份作证。值得注意的是，尽管原则上当事人不可以作证人，但是须在特定条件下作出当事人陈述。

除了具有当事人身份的人不得以证人的身份作证外，在一定情况下，与案件的当事人具有一定关系的人士也可以拒绝作证。这些人士即使拒绝作证，法院也不可以将澳门《民事诉讼法典》中关于不愿作证的证人的处罚制度适用在他们身上。

按照第 519 条之规定，② 除非诉讼的标的是调查子女的出生或死亡，否则下列人士可以拒绝在诉讼中作证人：①在涉及直系血亲卑亲属之案件中，直系血亲尊亲属得拒绝作证言，反之亦然；②在涉及女婿或儿媳之案件中，岳父岳母或翁姑得拒绝作证言，反之亦然；③在配偶一方或前任配偶一方为当事人之案件中，配偶另一方或前任配偶另一方得拒绝作证言；④现与或曾与案件中任一当事人以事实婚方式共同生活之人得拒绝在该案件中作证言。

---

① 澳门《民事诉讼法典》第 518 条（障碍）：凡在有关案件中能以当事人身分作陈述之人，均不得以证人身分作证言。

② 澳门《民事诉讼法典》第 519 条（拒绝及推辞作证言）：一、除非诉讼标的为调查子女之出生或死亡，否则下列之人得拒绝在有关诉讼中以证人身分作证言：a）在涉及直系血亲卑亲属之案件中，直系血亲尊亲属得拒绝作证言，反之亦然；b）在涉及女婿或儿媳之案件中，岳父岳母或翁姑得拒绝作证言，反之亦然；c）在配偶一方或前任配偶一方为当事人之案件中，配偶另一方或前任配偶另一方得拒绝作证言；d）现与或曾与案件中任一当事人以事实婚方式共同生活之人得拒绝在该案件中作证言。二、法官须提醒上款所指之人具有拒绝作证言之权能。三、须保守职业秘密或遵守公务员保密义务或保守本地区机密之人，应推辞就须予保密之事实作证言；在此情况下，适用第四百四十二条第四款之规定。

简单而言，法律并不主张证人大义灭亲，而法官在诉讼中要提醒第519条第1款 A~D 项的人有拒绝作证的权利。

对于第519条第3款中所指的"本地区机密"，如果按照第442条第4款之规定，[①] 即该名证人提出推辞时，法官就要判断是否可以免除其义务，或者有些特别情况下需要个别机关或机构同意。例如，找一个律师作证人，要求其就职业保密的内容作证，须经律师公会同意。

对于证人的指定，根据澳门《民事诉讼法典》第520条之规定，[②] 透过当事人提交证人名单为之。如前所述，根据笔者在法院的工作经验，如果清理批示后没有提交证人名单，则视为没有提交证人名单，所以为了安全起见，清理批示完结后亦需再提交一次证人名单或者说明维持诉辩书状中的证人名单。当然，在实务中，并不会要求在证人名单上必须载有条文所述的资料，一般会指出"某某某，我会偕同出席"。尽管笔者认为这是有问题的，因为若证人名单上的资料不充足，他方当事人便不能确定证人的身份，亦无从判断其知道什么。

证人通常与当事人认识，因为证人要指出一些事实，而该等事实应该是当事人有参与其中的。当指定证人，例如陈大文，作为证人来证明当事人的参与程度，律师就可以问陈大文知道多少事。然而，按照同条规定，当事人也可以随时放弃询问其提出的证人。

如果当事人指定了审理本案的法官作为证人，由于此时这位法官对有关案件有一定程度的参与，故此，如果该名法官要成为这个案件的证人，法律会禁止其作为审理这个案件的法官。然而，对于将审理这件案件的法官作为证人的情况，与一般的证人制度有所不同。如前所述，当事人可以随时放弃证人，可以提供此证人后而在听证中不问其问题。但是，如果有关对象是审理案件的法官则有所不同。按照第521条之规定，[③] 法官在知悉有当事人指定其为证人一

---

① 见本书第210页注释②。

② 澳门《民事诉讼法典》第520条（证人名单——询问之放弃）：一、证人透过名单指定，而在该名单中须载有证人之姓名、职业及住址，以及其他对认别证人身分属必需之资料。二、当事人得随时放弃询问其提出之证人，但不影响可按第五百四十八条之规定依职权进行询问。

③ 澳门《民事诉讼法典》第521条（指定法官作为证人）：一、如审理有关案件之法官被指定作为证人，则应在该案件之卷宗呈交予其作裁判或检阅后，立即于卷宗内宣誓并声明是否知悉可影响该案件裁判之事实：如声明知悉该等事实，应宣告回避，且有关当事人不得放弃采用法官之证言；如声明不知悉该等事实，则上述指定不产生效力。二、如案件中之任一助审法官被指定作为证人，则必须依据第五百五十一条之规定将卷宗送交其检阅，即使为着其他目的可免除检阅亦然。

事时，要立即宣誓其是否知悉有关事实，如声明知悉有关事实则此法官须回避，而有关当事人在诉讼中不可以放弃这名法官作为证人，简单而言，一定要听取该名法官的证言。上述规定一方面为了防止当事人借选择法官作证而挑选审理案件的法官；另一方面，也为了避免当事人借此拖延时间，因为要组成另一个合议庭，排期又要重新再进行。但如法官声明其不知悉有关事实的话，则该法官将继续审理该案件。

（二）询问的地方

对证人作出询问，原则上均在法庭内进行，但属澳门《民事诉讼法典》第 522 条[①] a ~ d 项的例外。

针对 a 项的情况，例如，预先调查证据时，可能会在其他地方进行询问；

针对 b 项，透过请求书，这是针对证人不在澳门的情况，此时会通过其他地方的法官帮忙进行询问；

针对 c 项，证人具有法律规定的特别身份时，在一定情况下可以以书面形式，又或到其住所或办公室进行询问，例如，行政长官；

最后 d 项，证人不能到法院作出证言时，则法官会前往证人所处的地方，例如，该人有危疾，不良于行。

如果法官认为到特定地方进行询问会较合适的话，经当事人声请或法官依职权主动提出后，也可以不在法庭内询问证人，但是这种情况在澳门较少见。[②]

如果按照第 522 条 b 项的规定进行询问，在实务中如何运作？

首先由法官作出请求书，之后根据有关程序送达外地的法官。民事方面的请求通常是没有问题的，例如，将请求送往香港、台湾、中国内地、外国等，基于司法协助是没有问题的。而在请求书中要清楚说明，到底要问该证人什么问题。

---

① 澳门《民事诉讼法典》第 522 条（询问之地方及时间）：证人于辩论及审判之听证时作证言，但属下列情况除外：a）依据第四百四十四条之规定预先进行询问；b）透过请求书进行询问；c）依据第五百二十五条之规定在居所或办公处所进行询问；d）证人不能到法院。

② 澳门《民事诉讼法典》第 523 条（在涉及有关问题之地方进行询问）：如法院主动或应任何当事人之声请，认为在涉及有关问题之地方询问证人属适宜者，则于该地方进行。

按照澳门《民事诉讼法典》第525条之规定，[①] 在询问特定人士方面，只要他们作出选择，便享有先以书面作证的特权，该条文已经在2004年被修改，将总督修改为行政长官，而且加入了行政会委员。此作证特权的规定亦适用于刑事诉讼程序。[②] f项是指法官委员会的人；g项如天主教主教，澳门没有法定的宗教团体，以前有很多教会，又有道教道长，或创新教等，故此，这个部分的规定很难得到适用；h项是指律师公会主席，然而没有说明是理事会的理事长还是秘书长或会员大会主席。

按照同一规定第2款，行政长官除了可以选择用书面回答外，还可以选择在住所或办公室接受询问。如果要对行政长官作出询问，按照第526条之规定，[③] 要先将此事通知现在的行政长官办公室。如果行政长官选择使用书面作证，则以书面叙述其所知悉的事实，而法院或任何当事人在法院的同意下，还有一次机会以书面方式请求行政长官给予解释。

按照第528条之规定，[④] 如果证人因病不能前往法院，则适用第482条之规定，[⑤] 由法官要求医疗实体查证证人所声称的事实是否属实。如果属实，则询问有关的医疗实体查证该证人是否能够作证；如果只是不前往法

---

① 澳门《民事诉讼法典》第525条（询问方面之特权）：一、下列人士享有先以书面作证言之特权，只要其作此选择：＊a）行政长官；＊b）司长、行政会委员及立法会议员；＊c）终审法院法官及中级法院法官；＊d）检察长；＊e）廉政专员、审计长、警察总局局长及海关关长；＊f）司法官之管理及纪律机关之成员；g）宗教教派之高层人物；h）代表律师之机构之主持人；i）享有国际保护之人。二、行政长官亦享有在其居所或办公处所接受询问之特权，按其选择而定。三、如指定第一款i项所包括之任何人作为证人，须遵守国际法之规定；如无该等规定，而有关之人选择以书面作证言者，则适用第五百二十七条之制度。四、在指定第一款之任何实体作为证人时，当事人应详细列明其希望证人就何事实作证言。

② 澳门《刑事诉讼法典》第126条（豁免权及特权）：一、法律就作证义务及作证言之方式与地点所规定之豁免权及特权，适用于刑事诉讼程序。二、须确保有可能进行法律在此情况下容许之辩论。

③ 澳门《民事诉讼法典》第526条（对总督之询问）：一、如总督被指定作为证人，则法官须将此事告知总督办公室。二、如总督选择以书面作证言，则就有关事实以书面叙述其所知悉之事情；法院或任何当事人在法院同意下，得以一次为限，同样以书面请求给予解释。三、对法院拒绝给予上款所指之同意，不得提起上诉。四、如总督声明愿意以口头作证言，则法官请求总督办公室指出应作证言之日期、时间及地点。五、讯问由法官作出；当事人得与其律师一同旁听有关询问，但两者均不得发问或提出补充问题；如当事人或其律师认为需要任何解释或补充，应向法官提出。

④ 澳门《民事诉讼法典》第528条（因病不能到场之人）：如显示证人因病不能到法院，则按第四百八十二条之规定处理，并由法官进行讯问及提出补充问题。

⑤ 见本书第268页注释③。

庭，但是可以作出证言，则该名证人须于法官指定的日期、时间、地点作出证言，例如，在医院内作出证言。

按照第529条之规定，法官需要订出每日可询问的证人数目，以及要求法院办事处通知该人何时到庭。如果当事人在提交的证人名单中指出将自行偕同证人到场，则无须作出通知。[①]

（三）证人的更换

如果在清理批示作出15日后，出现了由当事人提交的证人不能作证或缺席的情况，按照第530条之规定[②]，如有关证人确实不能作证，例如，其已死亡，则当事人可以更换证人。如果有关情况只是暂时的，则可以更换证人或将听证押后，但不得超过30日的合理期间。如果属于证人缺席，当事人若认为可以放弃对该名证人进行询问，则听证可以继续进行。若当事人不欲放弃有关询问，对于第2款a项的情况，证人在合理情况下缺席，而又无法在30日内进行询问的话，则允许更换证人；针对第2款b项的情况，如果证人无合理理由而缺席，且无法依照同条第4款使其到场作证，则亦可更换证人；第4款的情况，通常是指在开庭时，书记员指出证人没有来，法官就会订出一个时间，一般是五天，让证人在此期间内给予合理解释，如没有解释则处以罚款，当然法官也可发出拘传命令，派人将该证人找来作证，一般会命令警察到证人家中寻找或查询其是否已经离开澳门。

按照澳门《民事诉讼法典》第532条之规定，[③] 如果出现了要更换证人

---

① 澳门《民事诉讼法典》第529条（指定接受询问之证人）：一、法官须就每日之询问指定其认为可于该日询问之证人数目。二、对于当事人应偕同到场之证人，无须作出通知。

② 澳门《民事诉讼法典》第530条（不能作证言或证人缺席）：一、依据第四百三十二条第一款之规定提供、更改或补充证人名单之期间届满后，如出现证人不能作证言之情况，须遵守下列规定：a）如不能作证言之情况属确定性，当事人得更换证人；b）如不能作证言之情况属暂时性，当事人得更换证人或声请将询问押后一段必要之期间方进行，但不得超过三十日；c）如证人已迁往澳门以外地方居住，则当事人得更换证人、承诺于重新指定之日期偕同证人到场，或向法官声请依据第五百二十四条第三款之规定命令该证人到场。二、询问时证人缺席者，须遵守下列规定：a）如应对该证人作出通知，但未有作出，又或该证人因其他正当障碍而不能到场者，则押后询问；但不能于三十日内对其进行询问者，当事人得更换该证人；b）如属无合理解释而缺席，且无法寻获该证人，以致未能依据第四款之规定使其作证言者，得更换该证人。三、更换证人之声请，应于当事人知悉引致更换证人之事实后立即提出。四、法官得命令拘传无合理解释而缺席之证人到场，且对其处以应科处之罚款，而该罚款须立即在纪录中定出。

③ 见本书第189页注释①。

的情况，在他方当事人接获有关更换通知后 5 日内，是不得作证的，除非他方当事人明示放弃这段期间。作出替代先前指定之证人作证的新证人，按照同一条规定第 2 款，不得以请求书的方式进行，即必须到场作证。当然，在更换证人的情况下，如果法院认为有需要，可依职权按照第 548 条之规定，[①] 命令该名知悉对案件裁判重要事实的证人作证。

（四）证人数目的限制及作证的顺序

对于在诉讼中证人数目的限制，法律也作出了规定，该规定适用于普通通常诉讼程序中，也不排除在特别程序中，可以对证人的数目加以额外限制。按照澳门《民事诉讼法典》第 533 条之规定，[②] 原告和被告最多提出 20 名证人。如果存在反诉，原告和被告最多也只能提出 20 名证人，就反诉的内容提出依据或为防御提供证据。如果在双方当事人提交的证人名单超出法定数目，其姓名视为未经载录。而对于每一个事实可询问的证人数目，法律也作出了限制。按照第 534 条之规定，[③] 每一个事实不得超过 5 名。例如，就清理批示中的待证事实而言，每一个待证事实不得提交超过 5 名证人，法官会进行计算。在进行听证时，首先，法官就会询问律师这个证人要证明哪几点待证事实。律师可以回答全部或指定几点，法官就会记下；接着针对第二个证人又会再问一次……若多于 5 个证人对同一事实作证，就不会容许继续询问。如属于但书部分的情况则除外，即如该证人不知道该事实则不计算在内。

作证之顺序，应按照双方当事人提交的证人名单的顺序进行，先由原告的证人作证，再由被告的证人作证，但是法官可命令变更证人名单中的顺序或当事人同意变更该顺序时，则不适用以上规则。允许法官变更证人作证的顺序，是基于法官有时认为有些事值得怀疑，要求调乱作证的顺序对于审理案件会有帮助。如果在法院办事的任何人员被指定为证人，也不适用以上规则，此时，应当由其先作证。由原告律师作出询问后再由被告

---

① 见本书第 205 页注释④。

② 澳门《民事诉讼法典》第 533 条（证人数目之限制）：一、原告不得提出多于二十名证人，以便就诉讼之依据提供证据；各被告提出相同之答辩时，亦受同样限制。二、在反诉情况下，每一方当事人亦得最多提出二十名证人，以便就反诉之依据或就反诉之防御提供证据。三、证人名单中超出法定数目之证人，其姓名视为未经载录。

③ 澳门《民事诉讼法典》第 534 条（就每一事实可询问之证人数目）：就欲证明之每一事实，当事人不得提出多于五名证人，但已声明不知悉该事实之证人不计算在内。

律师提问。①

作证时，法官会先向证人指出作证的义务和作出虚假证言的后果，并确定证人的身份，询问证人是否与当事人存有任何血亲、姻亲、友谊或依赖之关系，是否拒绝作证。如其愿意，则要求该证人按照澳门《民事诉讼法典》第484条之规定宣誓。② 如果证人拒绝作证，或该名证人并没有载于证人名单上，又或该证人作证当日神志不清，法官则不接纳其证言。③

（五）对证人的争执、反驳、对质

如果要在诉讼中，使法官不听证人证言，及减低对证人的信任，有以下三种方法：

（1）争执：争执的目的是阻止证人作证。

（2）反驳：在证人证言完结时，使用科学理由（指人通过感官：看、听、嗅、味、触）证明其谎话。

（3）对质：传召证言有矛盾的证人一同上庭，一方作证完再由另一方作证。

1. 争执

证人获接纳时，被该名证人针对的他方当事人，可以按照第537～539条之规定，对这名证人被接纳提出争执。④ 简单而言，即使当事人找来了证人，对方当事人、律师、法官均可拒绝让其就相关的事实作证，完全不让其就事实发表意见，这就是争执，制止其作证。

作为争执的依据，可从证人的作证能力方面入手。例如，证人上庭时脚步飘浮，精神不振，对方律师可指出证人可能出现偶然无能力的状态，

---

① 澳门《民事诉讼法典》第535条（作证言之顺序）：一、开始进行询问前，须将证人集合于一房间内，以便其按证人名单中所载顺序出庭作证言，而首先作证言者为原告之证人，其后为被告之证人；但法官命令变更证人名单中之顺序或当事人同意变更该顺序之情况除外。二、如办事处之任何人员为证人，则其首先作证，即使其属被告提出之证人亦然。

② 见本书第269页注释②。

③ 澳门《民事诉讼法典》第536条（宣誓及初步讯问）：一、法官经遵守第四百八十四条之规定后，须确认证人之身分，并询问证人与当事人之间是否存有任何血亲、姻亲、友谊或依赖之关系，或询问证人就有关诉讼是否具有任何利益。二、如法官从该人之答复中发现依据第五百一十七条至第五百一十九条之规定不可作出证言，或发现作证之人非为被提出作为证人之人，则不接纳其作证言。

④ 澳门《民事诉讼法典》第537条（争执之依据）：提出之证人所针对之当事人得以法官应拒绝让证人作证言之相同依据，就该证人获接纳一事提出争执。

例如，看见其上庭前曾服用药物。或者发现该名证人是当事人，又或其有拒绝及推辞作证的情况。而按照第 538 条之规定，[1] 争执必须在初步讯问时提出，续后，法官就会对是否出现提出争执的人所述的情况而以一个附随事项的方式处理，而且要立即裁定该名证人应否作证。

如果没有当事人提出争执，又或争执的理由被裁定为不成立的，按照澳门《民事诉讼法典》第 539 条之规定，[2] 法官便会让该名证人作证。由提出有关证人的当事人之律师就其提出的事实进行询问，然后由他方当事人的律师提出必要的补充问题，使证言得以完备或清楚。但是在实务中，常常会出现争议。例如，证明或希望否定这些调查基础内容的事实第三、五、七、八点，当提出证人的律师询问后，对方的律师则是采用对立的立场，但只能就证言所涉及的事实提出补充问题。至于能否提出超出上述范围的问题，常有争议。有时对方律师会向证人提出超出上述范围的补充问题，法官应防止这种情况发生，因为对方律师原则上只能就证言所涉及的事实提出补充问题。

故此，现时有些律师有一些应对方法，例如：你提出 A、B、C、D 四人为证人，他方律师同样将该四人列入其证人名单，这样便能向该四人提出问题。而且这种做法也能避免一个风险，确保当提出证人一方当事人的律师放弃该名证人时，他方当事人的律师仍有向其提问的可能性。

同时，法律也禁止在询问中提出诱导性问题。诱导性问题是指隐藏了一些答案在内的问题，引导证人回答出律师预设的答案。法官也可以向证人提出问题，合议庭主席也会询问助审法官是否需要向证人询问。法官有

---

① 澳门《民事诉讼法典》第 538 条（争执之附随事项）：一、争执须于初步讯问后提出；如所提出之争执获接纳，须就有关事实事宜向证人发问；如证人不承认该事实事宜，则提出争执之人得以文件或透过其偕同参与争执之证人，证实该事实事宜，但就每一事实不得提出多于三名证人。二、法院须立即裁定证人应否作证言。三、如证言必须以书面方式或录制成视听数据之方式记录，则亦须以相同方式记录争执之依据、证人之答复及曾就争执而被询问之证人之证言。

② 澳门《民事诉讼法典》第 539 条（作证言之制度）：一、须就提出有关证人之当事人先前分条缕述之事实或其先前提出争执之事实讯问证人，而该证人应以准确之方式作证言，并指出有关之科学理由及任何可说明其如何知悉有关事实之情况；须尽可能详细列明所援引之科学理由及说明其依据。二、讯问由提出证人之当事人之律师作出，而他方当事人之律师得就证言所涉及之事实，向该证人提出必要之补充问题，使证言内容得以完备或清楚。三、主持讯问之法官应防止律师无礼对待证人，以及向证人提出离题、诱导性、误导性或侮辱性之问题或见解；该法官得提出其认为对查明事实真相属必需之问题；如由合议庭进行审判，则助审法官亦得为之。四、为确保证人心情平静或阻止向其提出不适宜之补充问题，而有需要由主持讯问之法官进行讯问时，该法官得决定由其亲自进行讯问。五、第四百八十五条第三款之规定适用于证人之证言。

权亲自询问证人。如果在听证中出现任何不合法的询问，法官可能会阻止律师询问，例如，其可能认为律师的问题具诱导性、离题等。

除了出庭作证外，在例外情况下可以书面作证。① 证人不能到法院或到法院属非常困难者，例如，证人是身体残障的、要依靠一些仪器维生，但其能清楚以言语表达思想并且智商没有任何问题。当然，以书面方式作证与以口头方式作证一样，如其向接收证言的人作出虚假声明，也会构成虚假证言罪。以书面作证时，也须符合第541条②所指的形式要件，包括身份资料，是否与当事人存有任何血亲、姻亲等特殊关系，以及声明有关文件是交予法院作证用，并且声明明白在文件中作虚假声明是构成犯罪的。对于无法出示作证之人的身份文件的，其签名应以公证认定的方式为之。这种情况在澳门现时是很少发生的，但以前有些人（例如，在孤儿院的人）是没有身份证明文件的，如果需要用该人的证言，就要透过公证员认定其签名了。在书面作证后，如果法官认为有需要，可命令证人重新作证。

如果应在听证中作证而不能依时到场或依时到场十分困难，法官在听取当事人的意见后，可以命令该名证人以电话与法院直接联络，作出对案件有重要性的解释。而在作证时，也要求证人是在完全自由的情况下，且有关证言会被载于记录中。③

---

① 澳门《民事诉讼法典》第540条（以书面作出之证言）：一、如发现证人不能到法院或到法院属非常困难者，经听取当事人之意见后，法官得许可证人以书面文件作证言；该书面文件须注明日期，由作证言之人签名，并须逐一记述其在场时发生之事实或其本人发现之事实，以及所援引之科学理由。二、以上款所指方式作虚假证言之人，可处以就虚假证言罪所规定之刑罚。

② 澳门《民事诉讼法典》第541条（形式要件）：一、上条所指文件应载明作证言之人之一切身分资料；如该人与当事人之间存有任何血亲、姻亲、友谊或依赖之关系，又或该人就有关诉讼具有任何利益者，文件中亦须指明。二、作证言之人亦应明示声明有关文件系用作呈交予法院，且其明白如在文件中作虚假声明须负刑事责任。三、如不能出示证明作证言之人身分之官方文件，则该人之签名应透过公证认定。四、如法官认为有需要及属可能，得依职权或应当事人之声请命令：a）于法官在场下重新作证言；b）以书面作出任何解释；在此情况下，适用以上各款之规定。

③ 澳门《民事诉讼法典》第542条（法院与作证言之人直接联络）：一、应在听证中作证言之人不能依时到场或其依时到场属非常困难者，法官经听取当事人之意见后，得命令该人透过使用电话或与法院直接联络之其他方法，作出任何对案件之裁判属必要之解释，只要须调查或解释之事实本身之性质可与该措施相容。二、法院应设法确保有证言确实由须作证言之人在完全自由之情况下作出，尤其是命令该人在作证时由庭差陪同，且证言之内容及听取证言时之情况亦须载于纪录内。三、第五百三十六条及上条第四款a项之规定，适用于本条所指之情况。

2. 反驳

根据澳门《民事诉讼法典》第 543 条之规定，① 证人所针对之当事人可以在证人作证完毕后向法官提出反驳。第一种反驳的方法是使人认为其说话是不可信的，并提出一些科学理由（听、看、嗅、摸到等人类透过感觉方法获取的信息）或透过使人对证人之信任程度降低之方法。第二种反驳的方法是质疑证人的人格，例如该名证人曾经作出虚假证言的判决、曾犯涉及诚信的罪，这些都可提出。"援引之科学理由"是指提出一些客观的看法从而令法官对证人的证言产生怀疑，例如，有一巴士停靠于巴士站旁，该名在巴士站的证人指出其目睹发生在对面道路的整个交通事故的经过，但是当时也有人证明意外发生时巴士挡住了该名证人的视线，所以该名证人没有可能看到上述交通意外的整个经过。

又如，一人在凼仔史伯泰/丽景湾巴士站上下车时，马路上发生了一宗两车碰撞的交通意外，可能该人只能听到声音，看不到事发经过，而该人被法官或律师询问时却表示其看见事发经过。根据当时的情况，若一人坐在巴士上，可能会看见事发经过，但该名正在上下车或正在等待巴士的人，应该没有办法看见，因为巴士的高度通常比人高，该人只可能听到撞击声。而撞击声响的次数也会受到影响，但也可能受到周边发生的事情的影响，例如，附近有打桩声或有人正在燃烧烟花爆竹，则该人在嘈杂的环境下不可能听到突发的撞车声响或车辆急刹声。这就是所谓的科学理由的一种情况。

那如何证明该人正在上车或下车？提出反驳。反驳是在证言作出后提出的。有证人提出该人正在车站等巴士，故其身处之位置不可能看见事发经过。如果反驳不被接纳，则必须听取证人之陈述。若该人坐在巴士上的左方而巴士站站满人，则他即使在巴士上也不可能透过右窗看见路道情况。提出事实时要找出证人，包括同一车上的其他乘客、负责驾驶的车长。有关反驳之事宜以附随事项的方式处理。

3. 对质

如果各证人的证言之间或证人与当事人所陈述的事实出现矛盾，法官可以依职权主动或应任一当事人的律师的声请，要求作出矛盾证言的人进

---

① 澳门《民事诉讼法典》第 543 条（反驳）：提出之证人所针对之当事人得反驳该证人，陈述任何可质疑有关证言之可信性之情况，不论系透过针对证人所援引之科学理由之方法或透过使人对证人之信任程度降低之方法为之。

行对质。① 当需要进行对质时，若证言出现矛盾之证人均在场，则立即进行对质，若不在场，则须另定日期进行。

但若须进行对质之人均曾透过请求书于同一地方作证或陈述，是较麻烦的。请求书是澳门法官通过文书要求其他法域之法官对当事人询问其要求之问题。澳门法官会制作问题表，通过请求书之方式，委托其他地方的法院进行对质。

若受托法院不能进行对质或出现矛盾之证言或陈述系在不同地方作出，就会更加困难。法官经衡量出庭往来引致的牺牲后，可命令有关人士到场在法官面前对质。法官最初以请求书的方式委托其他地方的法院协助听取证言，是由于很难要求证人到场作证，但若对质时选择不需要对方法院的协助，而要求有关证人直接到场进行对质，则意味着法官推翻了自己第一次所作的决定，因为第一次法官批准证人不用前往法庭，而第二次又批准其前往，这种情况是很少发生的。②

根据澳门《民事诉讼法典》第 547 条，③ 出庭作证的证人是有报酬的。不论是否作证、是否居住于澳门，均有权收取往来开支和按日收取法官定出之损害赔偿，只要其提出请求。在判决时会进行结算，证人只须在结算前提出，法官就会在判决中一并作出。

除了双方当事人提出的证人外，根据澳门《民事诉讼法典》第 548 条，④ 如果有理由推定某一未被请求出庭为证人之人知悉对判决属重要之事实，法官也应命令其出庭作证。当然，这个行为是违反当事人处分原则的，但是这也是职权主义的体现。

---

① 澳门《民事诉讼法典》第 545 条（对质）：对于某一事实，如各证人之证言间或证人之证言与当事人之陈述间有直接矛盾者，得依职权或应任一当事人声请，让出现矛盾之人对质。

② 澳门《民事诉讼法典》第 546 条（进行之方式）：一、如有关之人均在场，则立即进行对质；如不在场，则指定日期进行该措施。二、如须进行对质之人均曾透过请求书于同一地方作证言或陈述，则于受托法院进行对质；如不能于受托法院进行对质，或出现矛盾之证言或陈述系于不同地方作出者，则审理有关案件之法官经衡量出庭之往来所引致之牺牲后，得命令该等人到场以便在其面前进行对质。三、如证言或陈述必须以书面方式或录制成视听数据之方式记录，则亦须以相同方式记录对质之结果。

③ 澳门《民事诉讼法典》第 547 条（开支之补助及损害赔偿）：曾被通知到场之证人，不论其是否居于澳门及有否作证言，均有权收取往来之开支及就其到场之每一日收取法官所定之损害赔偿，只要证人于作证言时，或于获告知无须接受询问时提出该请求，又或无该告知时，于送交卷宗以作判决前提出该请求。

④ 见本书第 205 页注释④。

第十章
辩论及审判阶段

第一节　事实事宜的审理

在法官指定听证日期后，案件就会进入辩论及审判阶段。原则上，按照澳门《民事诉讼法典》第 549 条之规定,[①] 所有案件事实事宜的审理都是在合议庭参与下进行的。但是有例外情况，即简易诉讼程序和轻微民事案件，这些诉讼程序一般情况下合议庭是不参与的，除非属于简易诉讼程序的案件因案件利益值而可提起平常上诉的情况。

如果属于澳门《民事诉讼法典》第 406 条 b、c、d 项的情况，当事人不提出声请的，则负责有关卷宗之法官对事实事宜进行审判，并制作终局判决书。

在追讨民事损害赔偿的诉讼中，如果为了确定损害而要进行检查的时间超过 3 个月,[②] 法官可以应原告的声请命令立即进行听证。当然，如果是

---

① 见本书第 126 页注释①。

② 澳门《民事诉讼法典》第 550 条（损害赔偿诉讼中听证之指定）：一、在基于民事责任而提起之损害赔偿诉讼中，如为确定损害而作检查之时间持续逾三个月，法官得应原告之声请命令立即进行听证，但不影响第五百六十四条第二款规定之适用。二、依据上款规定指定进行听证不妨碍检查之进行，该检查之报告将于就判决之执行作结算时予以考虑。

在执行阶段才进行结算，则不需要在该阶段进行听证。

听证前，法官也可以作出一定的行为，例如，在听证前，办事处必须将有关卷宗交予每一个助审法官（在实务中一般只有一个），以便其在 5 日内进行检阅。① 当然，如果审理案件的法官认为案件较为简单而可以免除检阅，则不需要将卷宗交予助审法官。

如果在听证中，法官在审理事实事宜方面遇到技术上的困难，可以请具备相关专门知识的技术员帮忙。法官没有专门知识阅读一份图表时便会请技术员作解释，而技术员不是鉴定员，只是对资料解释而已。②

法官有权力促使听证顺利、有效地进行下去，包括领导有关工作、采取必要措施、要求律师和检察院作出解释等。例如，在庭上，证人被询问一个问题时回答不知道，律师一般会再追问并作提醒，希望得出对自己有利的证言。此时，法官便会指出证人已经表示不知道，不允许律师再询问这个问题。有关规定规范于澳门《民事诉讼法典》第 553 条中，③ 类似的规定也规范于同一法典第 104 条④中。

---

① 澳门《民事诉讼法典》第 551 条（卷宗送交助审法官检阅）：如由合议庭参与听证，则在听证前，须将有关卷宗送交每一助审法官，以便各人在五日内检阅之，但审理该案件之法官认为因案件简单而可免除检阅者除外。

② 澳门《民事诉讼法典》第 552 条（技术员之指定）：一、对事实事宜之审理存有技术上之困难，而解决此困难须借助专门知识时，如法官不具备该知识者，得指定具备该专门知识之人参与辩论及审判之听证，并在听证时提供必需之解释；法官应在定出听证日期之批示中作出该指定。二、关于指定鉴定人之障碍之制度，经作出必要配合后，适用于技术员之指定。三、技术员获预先支付往来之开支。

③ 见本书第 196 页注释②。

④ 澳门《民事诉讼法典》第 104 条（维持诉讼行为进行时之秩序）：一、司法官在主持诉讼行为时须维持其秩序，对扰乱行为进行之人应采取必需之措施，尤其是以礼貌方式警告扰乱者，或在扰乱者不给予法院或其他机构应有之尊重时，禁止其发言，并在纪录中详细载明引致该措施之行为；采取上述措施不妨碍对扰乱者提起在有关情况下倘有之刑事或纪律程序。二、如扰乱者不遵守主持诉讼行为之司法官所作之决定，则该司法官得命其离开进行行为之地方。三、容许使用或作出对案件之防御属必要之言词或归责。四、如被禁止发言之人为律师或实习律师，则为纪律方面之目的，须将此事知会代表律师之机构；对于检察院司法官违反秩序之行为，须知会其上级。五、如属当事人或其他人违反秩序，主持诉讼行为之司法官得对其作出第一款及第二款规定之处分，以及按违反行为之严重性决定是否判处其缴纳罚款。六、对禁止发言、命令离场或判处扰乱者缴纳罚款之裁判，得提起上诉，而此上诉具中止效力；如对禁止发言或命令离场之裁判提起上诉，则有关行为须中止进行，直至就该上诉作出确定性裁判时止，而对该上诉须作紧急处理。七、为维持诉讼行为进行时之秩序，法院得在有需要时要求警察部队协助；为此目的，该警察部队须由主持该诉讼行为之法官领导。

原则上，已经通知应该到庭的人后，听证便会立即展开。① 然而，如果出现了特定情况，听证则须押后进行。例如，应该出席的法官生病，以致在应由合议庭参与听证时，无法组成合议庭；如果应该到场的人缺席，或他方当事人在中断听证一定时间后仍不能在听证中查阅一定的文件，而且听证在该人缺席或他方当事人无法答复文件的情况下进行将有严重不便时，听证也要押后。当然，这不妨碍适用第 378 条第 1 款 b 项的规定。② 如果法院认为进行听证并无严重不便，则在听证中首先调查可以即时调查的证据，在进行辩论前就中断听证并决定继续听证的日子。如果被传召的人缺席，中断的期间不得超过 30 日；如果属于欠缺第 2 款 b 项所述的文件，则中断的期间不得超过 10 日。如应到场的人（如证人）缺席，其须于 5 日内作出解释。当然，若律师指出放弃该名缺席的证人，则不需要解释，听证会继续进行。另外，如果任一方当事人的律师缺席，法官也须重新指定听证日期。

如果没有可以押后的理由，就会开始进行案件辩论。条文中指出如有关事宜是双方当事人有权处分的，主持的法官须要试行调解双方当事人，③但是在实务中，大多数法官只会向双方简单地提问有没有和解的空间，便继续进行听证。因为诉讼程序进行到听证阶段，和解的机会较少。

---

① 澳门《民事诉讼法典》第 554 条（听证之展开及押后）：一、一经召唤已被传召之人，听证立即展开。二、然而，遇有下列情况，听证预予押后：a）须由合议庭参与听证，而不可能组成合议庭；b）某一已被传召之人缺席，而其未被免除到场，或对于一份已提交之文件，即使中止听证工作一段时间，他方当事人仍不能在听证中查阅该文件，且法院认为在该缺席之人不在场或就该文件未作答复之情况下进行听证有严重不便者；c）其中一名律师缺席，而其缺席一事须告知委任人；在此情况下，须立即指定听证日期，但对缺席之律师，无须遵守第一百零五条第一款之规定。三、不得透过当事人间之协议押后听证，亦不得押后听证多于一次，但须由合议庭参与听证而不可能组成合议庭者除外。四、在第二款 b 项所指之情况下，如法院认为进行听证无严重不便者，则听证时首先调查可立即调查之证据，而该听证在就事实事宜进行辩论前中断；在决定中断时须指定继续进行听证之日期，该日必须系可听取缺席之人陈述或就已提交之文件可作答复者，但属前者情况时中断期间不得超过三十日，属后者情况时则不得超过十日。五、遇有应到场之任何人缺席之情况，须于有关听证中或在随后五日内作出解释，但指定该人之当事人放弃对该人之听证除外。六、已被传召以便试行调解之当事人一方或双方缺席，不构成押后听证之理由，即使其并无委托具有和解之特别权力之律师亦然。

② 澳门《民事诉讼法典》第 378 条（不属一般规则范围之行为及措施）：一、败诉人无须对下列者负担诉讼费用：a）多余之行为及附随事项；对权利之宣告或维护属不必要之行为或附随事项视为多余；b）因任何司法人员之过错而须重新进行之措施及行为，以及应到场之人无理缺席以致法院之行为押后进行而造成之费用。

③ 见本书第 228 页注释①。

此后，听证的程序便会按照第 555 条第 3 款规定之顺序进行。先进行当事人陈述，再展示机械复制品、命令鉴定人作口头解释，接下来询问证人，最后对事实事宜进行辩论。而以上顺序并不是必然的，按照第 555 条第 4 款之规定，主持听证的法官可以变更有关顺序。续后，法官便会对事实事宜作出审判，如果法官认为有需要，则可以再传召该等人士上庭作出陈述，而对事实事宜的裁判也要以合议庭裁判的方式作出。如果有关案件由独任庭审理，则透过批示作出，其中要指出所有获证实的事实及未获证实的事实，并分析有关证据及其价值。合议庭关于事实事宜的裁判以多数票来决定，而合议庭的裁判书是由主持合议庭的法官作出的，其他法官在签署时可对裁判中的投票作出落败声明，在落败声明中指出作出声明的法官与其他法官立场不同。法官宣读合议庭裁判后，各方当事人的律师也可以查阅该裁判书，并以裁判的内容有缺漏、含糊不清等为由提出异议。续后，法官须重新开会对有关异议作出决定，而就异议所作出的决定不得再提出异议。①

第二节　法律事宜的审理

法官对异议作出裁判后，或没有出现异议时，双方当事人也可以协议以口头的方式进行法律方面的审判（即所谓的法律审）。此时，须立即在作出终局裁判的法官面前作出法律辩论，而律师也要在这个时候就已确定的

---

① 澳门《民事诉讼法典》第 556 条（对事实事宜之审判）：一、对事实事宜之辩论终结后，合议庭须开会以便作出裁判；如认为尚有未充分了解之地方，合议庭得听取其欲听取之人陈述或命令采取必需之措施。二、对事实事宜之裁判须以合议庭裁判方式作出，或由独任法官负责审判时，须透过批示作出；所作之裁判中须宣告法院认为获证实之事实及不获证实之事实，并分析有关证据及衡量其价值，以及详细说明构成审判者心证之决定性依据。三、合议庭之裁判以多数票决定，而合议庭裁判书由主持合议庭之法官缮写；主持合议庭之法官以及其他法官均得在签署时指出就裁判中任何一点投票落败，亦得就理由说明部分作出不同立场之声明。四、主持合议庭之法官负责宣读合议庭裁判，随后，每一律师得查阅该裁判书，而查阅之时间为根据案件之复杂程度，对裁判作谨慎之审阅所必需者。五、任何律师得于查阅后，以裁判内容有缺漏、含糊不清或前后矛盾又或欠缺依据为由提出异议；异议提出后，法院须重新开会，以便就异议作出裁判，而对法院就异议所作之裁判不得再行提出异议。六、就异议作出裁判后，或无异议时，当事人得协议案件在法律方面之辩论以口头进行；在此情况下，须立即于负责作出终局判决之法官面前进行辩论，而辩论之程序按上条关于事实事宜之规定进行，且有关律师须尽量就已确定之事实解释及适用有关法律。

事实进行解释并适用相关法律。如果双方当事人不放弃以书面的方式进行法律审理，则适用澳门《民事诉讼法典》第 560 条之规定。[①]

对案件作出裁判的法官，法律对之作出了要求，按照第 557 条之规定，只有曾参与辩论及审判听证的法官，才可以参与事实事宜的裁判，这也是完全参与原则的体现。没有参与过辩论及审判听证的法官是不会让其对事实事宜作出裁判的。如果法官在辩论和审判期间死亡或长期不能参与，则先前作出的行为都要重新作出。如果该名法官只是暂时不能参与，则听证将中断一段时间。例如，在听证期间其中一法官死亡，那么整个诉讼便会重新开始。如果出现法官被调往行政法院、刑事法庭、中级法院的情况，该名法官也应先完成有关审判。有关法官是属于长时间不能参与，即使是基于法官不可移转原则及经济原则，亦会让代任的法官继续完成被代任法官的工作，这是为了避免程序重新作出，而恢复工作的法官即使想参与亦不能。[②]

在诉讼中，大部分证据的证明力由法院自由评价。自由评价与法官的社会经验、知识基础有密切的关系。笔者认为，法官透过自由心证作出的判断，只有在得到同一法区内大部分人在同一条件下的认同时才算成功。然而，法律对一定的法律事实的形式作出规范时，如自认、书证等，则不得免除该手续。[③]

除非属于离婚诉讼、亲子关系、侮辱罪的民事损害赔偿（可于刑事案件中提起民事损害赔偿诉讼）等案件性质与私隐关系密切的案件，否则听证应公开进行。而且听证应该连续进行，即如果今天法院未完成听证，就推到下一个工作日。即如果案件今天未能完结，而要于明天继续，通常会有另一案件记录需于明天审理，则明天要审理的案件需要延后，除非有重大理由显示无须先完成已经开始的听证。[④]

---

① 澳门《民事诉讼法典》第 560 条（案件在法律方面之辩论）：如当事人不放弃以书面进行案件在法律方面之辩论，则就事实事宜之审判一旦终结，办事处须依次让原告之律师及被告之律师各查阅卷宗十日，以作陈述，就已确定之事实解释及适用有关法律。

② 见本书第 229 页注释①。

③ 见本书第 227 页注释⑥。

④ 澳门《民事诉讼法典》第 559 条（听证之公开及连续性）：一、听证是公开的，但法院为维护人之尊严及善良风俗或为确保听证正常进行，以附有理由说明之批示裁定听证不公开者除外。二、听证系连续进行，仅因不可抗力、有绝对需要，或在第五百五十三条第四款、第五百五十四条第四款、第五百五十五条第六款及第五百五十七条第二款所指之情况下，方得中断。三、如听证不能在一日内终结，主持听证之法官须指定于下一个工作日继续进行，即使该日为法院假期亦然；如在该日内听证仍不能终结，则指定于紧接之工作日继续进行，如此类推。四、对于原已指定在继续听证之日进行之审判，应另定日期进行，以便法院先结束已开始之听证，然后再开始另一听证，但有重大理由而无须先结束已开始之听证者除外。

第十一章

判决阶段

第一节　判决的期间

在法律辩论后，卷宗须送交法官，以便其在 20 日内作出法律判决，[①] 即该审级的终局判决。

第二节　审判之顺序

根据澳门《民事诉讼法典》第 562 条，[②] 在判决中，首先要指出当

---

① 澳门《民事诉讼法典》第 561 条（判决之期间）：案件在法律方面之辩论终结后，须将卷宗送交法官，以便其在二十日内作出判决。

② 澳门《民事诉讼法典》第 562 条（判决）：一、判决中首先指出当事人之身分资料及争议之标的，并确定法院须解决之问题。二、随后为理由说明，为此，法官应逐一叙述其视为获证实之事实，并指出、解释及适用相应之法律规定，最后作出终局裁判。三、说明判决之理由时，法官须考虑经协议而承认之事实或未有提出争执之事实、透过文件或透过以书面记录之自认予以证明之事实，以及法院视为获证明之事实，并审查其负责审理之证据及衡量其价值。四、如案件在法律方面之辩论系以口头进行者，得立即以书面作出判决或将判决以口述载于纪录中。

事人的身份资料并确立法院解决的问题；续后，法官需要列出所有获证实的事实并作出具理由的说明，此时，法官须要考虑所有经协议得出的事实或在清理批示中没有提出争执的事实，又或当事人作出自认的事实，并对有关的法律规范作出解释及适用；最后作出判决。如果有关案件的法律审以口头方式进行，应立即以书面作出或以口述将判决载于记录中。

对于审判的顺序，法律也作出了规定。[①] 首先，要审理可能会导致驳回起诉的问题，包括依职权审理的延诉抗辩。其后，要对当事人提交法院的所有其他问题作出审理。除非有审理前的先决问题，需要交给另一法院审理，否则，法官不可以法律没有规定为由而拒绝作出裁判。澳门《民法典》第 7 条[②]也确立了这个规则。

第三节　判处的范围

原则上，法官在判决时不可以判处超过原告请求的事项及数额，但是如果属于请求之合并，只要总额不多于请求合并后总的案件利益值即可。如果在作出判决时没有足够的条件作出判处，也可以留待将来执行时再作结算，也可以先将可以结算到的部分结算，其余部分留待将来有条件时再结算。[③]

---

① 澳门《民事诉讼法典》第 563 条（须予解决之问题及审判之顺序）：一、判决中首先须对可导致驳回起诉之问题，按其逻辑上之先后顺序审理，但不影响第二百三十条第三款规定之适用。二、法官应解决当事人交由其审理之所有问题，但有关问题之裁判受其他问题之解决结果影响而无须解决者除外。三、法官仅审理当事人提出之问题，但法律容许或规定须依职权审理之其他问题除外。

② 澳门《民法典》第 7 条（审判之义务与遵守法律及法院裁判之义务）：一、法院及法官均为独立，且仅受法律拘束。二、法院不得以法律无规定、条文含糊或对争议之事实有不可解决之疑问为借口拒绝审判。三、审判者在作出裁判时，必须考虑所有应作类似处理之案件，以使法律之解释及适用获得统一。四、法院之裁判对任何公共实体及私人实体均具有强制性，且优于任何当局之决定。

③ 澳门《民事诉讼法典》第 564 条（判处范围）：一、判决时所作之判处不得高于所请求之数额或有别于所请求之事项。二、如不具备数据确定判处之内容或应判处之数额，法院得判处于执行判决时方作结算，但不影响立即判处给付已结算之部分。三、如原应声请返还占有但却声请维持占有，或原应声请维持占有但却声请返还占有，则法官须按实际出现之情况审理该请求。

如果当事人在提起诉讼时有关债务仍未到期，法官在诉讼中也可以审理这个债是否存在，只要被告就债的存在提出争辩。而法官也可以作出被告在应作给付的时候履行有关给付的判决。[1]

法官作出判决时，应考虑诉讼后出现的创设权利、变更权利或消灭权利之事实，[2] 尽管会受到当事人提出的事实和证据的影响，但是在选定、解释和适用法律规范方面是不会受到当事人的影响的。即双方当事人提出适用的法律依据不会约束法官，因为最后适用什么法律由法官决定。与事实不同，事实须由双方当事人提出，但第 5 条规定的情况除外。[3]

如果在判决时发现，原来当事人是利用这个诉讼来达到法律禁止的目的，或有虚伪的行为，则有关裁判应防止当事人欲达致之不正当目的实现。[4] 而且当事人也可能被控恶意诉讼，即当事人要被罚款，律师亦要接受纪律程序检查。

第四节　判决的效力

判决作出后，法官对有关事宜的审理权力就终止了。法官只可以更正错误，补正无效，但是除此之外不能再审理事实事宜。[5] 法官可以应当事人

---

① 澳门《民事诉讼法典》第 565 条（未能要求履行之债）：一、在提起诉讼时有关之债属未能要求履行者，并不妨碍法官审理该债是否存在，只要被告就该债之存在提出争辩，亦不妨碍法官判处被告于应作给付之时满足有关给付。二、如就债之存在与否并无争议，且起诉状未被初端驳回，而清理批示中亦未有驳回对被告之起诉者，则即使有关之债在诉讼进行期间到期或于判决后之日期方到期，亦须判处被告满足有关给付，但不影响被告就作出给付有权享有之期间，且判处原告负担诉讼费用及被告律师之服务费。三、如未能要求履行有关之债系因缺乏催告或因未在债务人之住所要求偿还债务而引致，则有关债务视为自传唤时起到期。

② 澳门《民事诉讼法典》第 566 条（考虑嗣后之事实）：一、判决时应考虑于提起诉讼后出现之创设权利、变更权利或消灭权利之事实，使裁判符合辩论终结时之情况，但不影响其他法律规定所设定之限制，尤其是在可使诉因变更之条件方面之限制。二、然而，仅须考虑按照适用之实体法对出现争议之实体关系之存在或内容产生影响之事实。三、在诉讼程序进行中产生或消灭重要法律事实一事，须于判处诉讼费用时予以考虑。

③ 见本书第 207 页注释①。

④ 澳门《民事诉讼法典》第 568 条（不正当利用诉讼）：如当事人之行为或案件之任何情节，使人确信原告及被告利用诉讼，以作出虚伪行为或达致法律禁止之目的，则有关裁判应防止当事人欲达致之不正当目的实现。

⑤ 见本书第 228 页注释③。

要求对判词作出解释。①

关于诉讼费用，法官作出的诉讼费用之裁判通常较为笼统，司法文员，如书记长会计算具体数额。司法费用以外的费用，如预付的开销，有的是法院作出的，有的是当事人作出的。如刊登传唤公告须由原告预先支付，被告败诉就由其补偿给原告。再如申请证人开支的费用，最后会有结算表。

有些罚款需要即时支付，如迟交文件的罚款。如果迟交诉辩书状，也可以请求缴纳罚款，罚款缴纳后，法院就会接纳迟交之诉辩书状。如果迟交书证则结算时才罚款，罚款由迟交者承担。迟交诉讼费用也会被罚款，被告可以不交预付金，诉讼也会继续进行，但是最后无论败诉或胜诉都要缴纳罚款。

有些法官会考虑这些情况。法院诉讼费还有律师的代理费用，有的按法律规定支付，有的按市场价格支付，价格相差甚远。法律规定的钱很少，就算法官是按市场价判处的律师费，也比实际上接手案子时商议的律师费低。有的律师会提交用作交税的 M7 单（实习律师或律师执业时的正式收据，由财政局发出，作申报职业税用），而要求被告交付原告方之律师代理费，但法官不一定会全数判给原告，因为这是原告和律师商议的价钱，法官不一定也认为这个价钱合适。

如果判决中漏写了姓名、误写、误算，或出现任何遗漏或文误导致不正确之处，可以应当事人声请以单纯的事务性之批示更正，法官发现也可以主动更正。但原则上，根据第 569 条 1 款，判决作出后就与法官分离了。如果法官不批准或不能批准（如不能视事，严重疾病，失去权限）更正，那么就只能上诉了。②

上诉时，当事人亦得在卷宗上呈时将更正向上级法院陈述。民事上诉和刑事上诉制度不同，刑事上诉需要即时提交上诉状，刑事上诉应在 20 天内并同时提交上诉状。民事上诉则需要 10 天内表示上诉意愿，原审法官就会决定是否同意上诉，因为我们尊重原审法官。上诉人需在同意批示作出

① 澳门《民事诉讼法典》第 572 条（对判决之解释或纠正）：任何当事人得向作出判决之法院声请：a）就判决中任何含糊或多义之地方作出解释；b）就诉讼费用及罚款纠正判决。
② 澳门《民事诉讼法典》第 570 条（错漏之更正）：一、如判决中遗漏当事人之姓名或在诉讼费用方面有遗漏，又或判决中有误写或误算或任何因其他遗漏或明显文误而导致之不正确地方，得应任何当事人之声请单纯以批示更正之，而法官亦得主动为之。二、遇有上诉情况，仅得在卷宗上呈前作出更正，而当事人得就更正向上级法院陈述其认为有权提出之事宜。三、如无当事人提起上诉，得于任何时刻作出更正，而对作出更正之批示得提起上诉。

后 30 天内提交陈述书，连同卷宗一起上呈至上级法院。

上呈前，原审法官仍可以更正。如没有上诉，也可以在任何时间作出更正，并可以对该更正批示提起上诉。因判决书可作为开展执行程序之依据、登记之对象，所以事后发现之错漏应该都允许原审法官去更正。

如果法官没有在判决中签名（法官需要在判决书的每一页简签，然后最后页再签名），没有详细说明做出判决的事实理由和法律依据（要列明已证事实和待证事实并写明法律依据和倘有之学理依据），所持依据和作出之判决有矛盾（可以是部分或全部），法官就应该审理的部分没有表明立场（如没有审理延诉抗辩）或审理了其不应该审理的问题，法官所作之判决判处的内容超过了原告请求的范围，都会导致判决无效。①

法官可以依职权或依申请对判决作出更正，但是签名需写上更改之日期，而不能写判决作出的日期。例如 2013 年 1 月作出判决，2014 年的 2 月才发现有错漏并更正，这时更正申明中只能签 2014 年 2 月而不能是 2013 年 1 月。如果没有签名则有伪造文件之虞，因为当事人若申请证明书，而证明书与正本有相同的效力，但内容却不一样（没签名），就会出问题。

任何情况均可向作出判决之法院提起该判决无效之争辩，因为没有法官签名判决就无效了。如果不能对判决提出平常上诉，第 571 条第 1 款 b～e 项之无效争辩仅可向作出该判决之法院提出。如果可以提起平常上诉，则可以于上诉时提出。但在澳门《民事诉讼法典》第 583 条第 1 款之情况下，当事人可以提起平常上诉。而澳门《民事诉讼法典》第 1825 条及随后数条规定的轻微民事案件利益值可能会超过法定上诉利益限额，但是不能提起平常上诉。

判决作出后，属于单纯事务性内容的，就不能提起上诉了。而且作出确定裁判后，案件便属于已有确定裁判，只要主体相同、请求相同、诉因相同，就不得再提起诉讼。

---

① 澳门《民事诉讼法典》第 571 条（判决无效之原因）：一、遇有下列情况，判决为无效：a）未经法官签名；b）未有详细说明作为裁判理由之事实依据及法律依据；c）所持依据与所作裁判相矛盾；d）法官未有就其应审理之问题表明立场，或审理其不可审理之问题；e）所作之判处高于所请求之数额或有别于所请求之事项。二、对于上款 a 项所指之遗漏，只要仍可取得作出有关判决之法官签名，得依职权或应任何当事人之声请予以补正，但该法官须在卷宗内声明其签名之日期；在任何情况下，均得向作出判决之法院提出该判决无效之争辩。三、如对判决不得提起平常上诉，则第一款 b 项至 e 项所指无效之争辩仅得向作出该判决之法院提出；如对判决得提起平常上诉，则上诉得以上述任一无效情况作为依据。

第十二章

保全措施

　　保全措施存在的目的，是希望达到请求的效果。

　　在宣告之诉中，从当事人（原告）提起诉讼到法院作出判决期间会存在几个阶段，即清理批示、听证（若没有需要可免除听证）、事实审阶段、双方提交法律意见、法律审阶段，但法律审后作出的判决书只是一份文件，当对方不愿履行时，还需要提起执行程序，而该执行程序可根据澳门《民事诉讼法典》第 677 条，[①] 以判决为依据提起（当然亦存在其他依据）。所以，法律审之后所得到的判决并不代表当事人的请求可以切实得到满足。

　　当事人 ⇨ 清理批示 ⇨ 听证 ⇨ 事实审 ⇨ 法律审 ⇨ 判决 ⇨ 执行程序

　　例如，一人在宣告之诉中被判败诉，需要偿还债务却不履行。对方当事人遂提起执行程序，之后法院发出一份强制令，要对该人的财产进行查封，然后进行司法变卖，最后判给。[②]

　　由于诉讼存在多个步骤及程序，因而需要不少时间才能完成。然而在

---

① 见本书第 57 页注释⑤。

② 拍卖后，当事人并不一定会获得判给，因为当事人的亲属有优先权以同等价钱赎回有关财产。

这段时间中，可能会出现影响案件的不同变化情况。被告知道原告已提起诉讼或准备提起诉讼时，可能会作出一些损害执行判决结果的行为，于是我们需要一些措施以保障执行结果，这就是保全措施了。

以往保全措施是一个独立程序，所以法典或教程中称之为保全程序而非保全措施。但无论如何，现在全是措施，只是名称尚没有作出修改。因现在保全程序已经不是一个独立存在的程序了，必须依附主诉讼。

提起保全措施的目的是使判决不会成为一份无真正效力的文件或纸张，使判决可以产生真正的效力。举个例子，假设 A 与 B 订立了一份预约买卖合同，A 以 100 万元把不动产卖给 B，但 B 只交付了 10 万元订金，然而楼价急速上升至 150 万元，于是 A 想把楼宇转卖给 C 而不卖给 B。届时，即使 B 要求特定执行 A 之不动产，但基于 A 早已把楼宇卖给了 C，所以 B 最后亦只能获双倍定金的赔偿而并不能得到有关物业。此时就可建议 B 声请保全措施——对有关楼宇实施假扣押，阻止 A 把它卖给其他人；或者声请普通的保全措施，禁止 A 出卖。又如，原告请求被告偿还债务，被告虽然很富有，却不想偿还债务，于是想把整份家产都转给亲戚，原告若得到消息，在被告转移财产之前便可声请保全措施。

保全措施分为以下两大类：

（1）特定保全措施：法典有所规定的。澳门《民事诉讼法典》中规范了 7 种特定保全措施，分别是：占有之临时返还，法人决议之中止执行，临时扶养，裁定给予临时弥补，假扣押，新工程之禁制以及制作清单。

（2）普通保全措施：若以上特定措施全都不适用，那么可以使用普通保全措施，基本上可以想到的方法均可以使用，但须为事实上及法律上可能且不违反善良风俗的措施。

澳门曾经出现过一个著名的公开的普通保全措施。在赌权开放之时，澳门旅游娱乐股份有限公司（简称 S. T. D. M.）的员工在过渡成澳门博彩控股有限公司（简称 S. J. M.）的员工时要求公司一次性补偿所有损失，当作解雇费用，因为 S. T. D. M. 长期以来都没有遵守劳动法的规定计算雇员的年假以及假期，员工每天都要工作 8 小时，所以在赌权开放之时，由于有转公司工作的情况，便有了很多争议，包括遣散费 16 万 8 千元。但其中最大的争议是员工一天的工资究竟为多少。当时劳工局及初级法院分别作出了决定和判决，认定员工一天的工资为 300 多元。由于涉及人数太多，金额庞大，S. T. D. M. 不愿意作出赔偿，提出了很多折中方案。有员工接受，亦有人不接受，认为应获更多赔偿，而 S. T. D. M. 却不这么认为。虽然错在他们违反劳动法而应作出赔偿，但日薪并不应该是 300 多元，因为该 300 多元把客人打赏的贴士（小费）也包括在内了。由于 S. T. D. M. 与员工之间对工资的计算方式存在很大的分歧，社会各界人士以及组织都曾尝试调停，但未成功，所以这班员工就穿着公司的制服、戴着工作证出来示威了。频繁的示威游行对社会造成了很大的影响。最后，代表 S. T. D. M. 以及 S. J. M. 的律师就申请了一禁制令，员工可以进行示威游行，但不允许穿着 S. T. D. M. 或 S. J. M. 的制服或佩戴工作证，无论有关员工是上班、下班、休息还是已离职，皆不允许。该禁制令实际上就是一项普通保全措施。由此我们可以得知，只要有关措施没有损害基本权利、违反善良风俗，在法律上以及事实上可能，我们能想出来，就可以作出声请。

除了法律规范的特定保全措施外，还有很多普通保全措施。例如，断水断电，不准许穿申请公司制服游行示威等；不准许穿申请公司制服游行示威，[①] 视不同情况，可以禁止示威人士在门口罢工、禁止在门口示威，这些可能会被批准，因为法律中存在适度原则。如果在一间医院急诊门口游行示威，阻碍救护车出入，当然就可以禁止。如果一班示威人士游行影响到公司声誉，如等判决作出才执行，可能已经对公司造成了难以弥补的损害，所以保全措施声请人可以在提出起诉之前、诉讼待决期间，甚至判决作出之后继续使用保全措施，因为判决作出之后，如果不履行，还需要进行执行程序。如果判决之后，保全措施就失效，对立利害关系人就可以在这段期间卖出物品，声请人的损失就会很大。

第一节　一般保全措施的范围、要件、失效

一般保全措施规范于澳门《民事诉讼法典》326 条，[②] 其中列出了范

---

① 注意，并不是禁止其游行示威，因为游行示威是一项基本权利。

② 澳门《民事诉讼法典》第 326 条（范围）：一、任何人有理由恐防他人对其权利造成严重且难以弥补之侵害，而下一章所规定之任何措施均不适用于有关情况者，得声请采取具体适当之保存或预行措施，以确保受威胁之权利得以实现。二、声请人之利益得以一已存有之权利为依据，或以已提起或将提起之形成之诉中作出之裁判所产生之权利为依据。三、法院得命令采取非为所具体声请采取之措施。四、法院得许可将以不同形式进行程序之措施合并处理，只要各程序间之步骤并非明显不相容，且合并处理各措施有重大利益者；在上述情况下，法院须在有关程序之步骤方面作出调整，以配合许可作出之合并。五、不得于同一案件中再行提出采取已裁定为不合理或已失效之措施。

围、要件和失效的情况。而第 3 款规定：法院得命令采取非为所具体声请采取之措施。即当事人所申请的措施，法院未必会批准，但法院可以命令给予第二种保全措施。例如，当事人申请断水断电，法官可能认为这样会影响被声请人的生活，可以要求不采用断水断电，但要求其给予保证金，在胜诉时可以取保证金作为维修费用。这也构成处分原则的例外，因为根据处分原则，法官只能在当事人的请求和声请范围内作出判决。

在第 326 条第 1 款中使用了"任何人"一词，即使用保全措施的不一定为原告，因为主诉讼可能未提起，不存在原告。"恐防"即尚未造成损失。造成损失的话，如已将诉讼标的之不动产出售，该不动产的所有权已移转予第三人，就不是恐防，因为已造成损失，保全措施亦不能保住该不动产。他人对其权利，在这个诉讼中，不需要真正证明诉讼涉及的权利完全属于原告或当事人，只要有初步迹象证明权利属于原告或当事人所有，就可以申请保全措施。如果待完全证明权利属于原告或当事人才允许采取保全措施，保全措施就会失去其意义，因为很多时候要等待主诉讼的判决作出后，才能决定原告或当事人是否真正拥有权利。

如 A 欠 B 钱未还，B 是否真的拥有债权，很多时候要等待判决作出后才知道，所以并不要求证明权利完全属于 B，只要有初步迹象证明权利属于 B 就足够了。"而下一章所规定之任何措施均不适用于有关情况者"，下一章所规定之任何措施就是特定保全措施。如果特定保全措施不适用于有关情况，则可声请采取具体适当之保存或预行措施，以确保受威胁之权利得以实现。得以实现就是确保在判决作出后能够让当事人执行判决，否则当事人就只能在司法上得到权利满足，而无法在实际上得到利益。例如，法院判 A 还 100 万元给 B，B 胜诉，但 A 已将原有的 1000 万元财产全部花光，B 就不能拿到 100 万元。

按照同条第 2 款的规定，声请人之利益得以已存有之权利为依据，或以已提起或将提起之形成之诉中作出之裁判所产生之权利为依据。权利不一定是实际获得证实的。

第 326 条第 4 款规定：法院得许可将以不同形式进行程序之措施合并处理，只要各程序间之步骤并非明显不相容且合并处理各措施有重大利益者；如果同时存在以不同诉讼形式进行诉讼程序的之措施进行合并时，法院须在有关程序之步骤方面作出调整，以配合许可作出之合并。简单而言，可以将几种不同的保全措施合并处理，只要不会造成很不方便的情况就可以了。这也体现了澳门《民事诉讼法典》第 7 条①规定的形式合适原则，而法官亦可以应当事人声请或自己依职权订定一些有别于常态程序的新规则以进行程序。

如果当事人已经提出了保全措施，但未获法官批准，上诉后亦未获批准，案件就会变成一个裁判已确定的案件（Caso Julgado），就不可以在同一案件中再提出。当然，也有可能原告撤诉后，下次再次提起案件时再提起该保全措施，不过通常不会再获批准。

关于保全措施的失效，法律规定了一些特定情况。根据澳门《民事诉讼法典》第 334 条，② 当事人可以选择在提起主诉讼前声请保全措施。保全措施获批准之后，法律规定声请人须在获通知后 30 日内，或者在没有传唤被针对人的情况下，声请人获通知后 10 日内提起主诉讼。如果没有提出主诉讼，保全措施便会失效。如果提起诉讼后，因为声请保全措施的当事人的过失而使诉讼停顿超过 30 日，或有关的诉讼理由被裁定不成立，又或在提出诉讼时起诉状被初端驳回且原告没有及时补正或提出新诉讼，又或声请人想保全的权利已经消灭，有关措施也会失效。③

由于保全措施的性质是希望保全当事人的权利，而这个权利会受到一个危险的威胁，如果拖延太久的话，会使保全措施失去意义，所以保全措施须获紧急处理。主诉讼涉及的问题可能会进行五年，但保全措施的问题必须于一至两个月之内解决。保全措施的审理在司法假期也会进行。保全程序在任何情况下均具紧急性质，有关之行为较任何非紧急之司法工作优先进行。在司法假期中，也要处理有关紧急工作。④

保全措施有时候不可以被对方知悉，如果被对方知悉，对方会立即作出损害财产或当事人权利的行为，令当事人无法作出保全措施。例如，如果被 A 知道 B 要告 A，A 收到传唤通知应询，立刻把自己的物业转名给 C，保全措施就会变得毫无用处，B 的权利就会受到损害。所以，有时不会让保全措施所针对之人知悉，这个时候，裁判作出的期间就会不同，法官须于

---

① 见本书第 224 页注释①。
② 见本书第 185 页注释②。
③ 见本书第 185 页注释②。
④ 澳门《民事诉讼法典》第 327 条（保全程序之紧急性）：一、保全程序在任何情况下均具紧急性质，有关之行为较任何非紧急之司法工作优先进行。二、对于向具管辖权之法院提出之保全程序，在第一审时应于两个月期间内作出裁判；如无传唤声请保全措施所针对之人，应于十五日期间内作出裁判。

15 日内作出裁判。

保全措施可以在提出主诉讼前或后提出，亦可在提出保全措施时不传唤被声请所针对之人前来听证。

如前所述，在旧的澳门《民事诉讼法典》中，保全措施是一个独立的程序。根据现行的澳门《民事诉讼法典》，保全措施则不是独立的程序，和主诉讼有特别关系。① 附随事项提起即提起主诉讼后，我们就用附随事项的方法作出保全措施。到执行程序时，仍然可以提起保全措施。

如果没有主诉讼，当事人在初级法院声请保全措施后，法院就会分发案件，当然亦有例外情况，不在初级法院提起，即第 9/1999 号法律《司法组织纲要法》第 36 条或第 44 条之情况，否则均会在初级法院提起。案件被判到民事法庭后，再由其分案。如已分案，保全措施就会跟随主诉讼，即已提起之宣告之诉或执行之诉。如案件已分发到第一民事法庭，该保全措施就会跟随第一民事法庭的卷宗，可能会在主诉讼的编号后面加上编号，实体上也会跟随主诉讼。在案件待决期间，案件由哪个法庭审理，保全措施申请就会交到哪个法庭。

保全措施如果在主诉讼提出之前声请，之后再提出主诉讼，法院就会将保全措施并入主诉讼的卷宗中。主诉讼分发后，保全措施就会放入主案中。如果保全措施和主诉讼不在同一个法院审理，就要送到审理主诉讼的法院，由新的法官对保全措施作出判决。

有时候诉讼会上呈给上级法院，例如，主诉讼被初端驳回后，不会妨碍保全措施继续进行。主诉讼上诉到上级法院后，如当事人要求一证人作证，当事人已经病危，随时可能死亡，这属于延迟上诉会令诉讼绝对无用。

---

① 澳门《民事诉讼法典》第 328 条（保全程序与主诉讼间之关系）：一、保全程序须取决于存有以被保全之权利为依据之案件，并得于宣告之诉或执行之诉开始前提起或作为其附随事项提起。二、保全程序按其于提起诉讼前或提起诉讼后声请而定，须向可受理有关诉讼之法院，或正在审理有关诉讼之法院提起。三、保全程序于诉讼提起前声请者，须于有关诉讼提起后立即以附文方式并附于该诉讼之卷宗；如诉讼于其他法院提起或其后于其他法院审理，须将附随之文件移送该法院，且审理有关诉讼之法官具专属权限处理移送后就保全程序须进行之程序。四、保全程序于诉讼进行期间声请者，须以附文方式进行，但有关诉讼之上诉正处待决者除外；在此情况下，仅于保全程序结束后或主诉讼之卷宗下送至第一审法院后方并附于主诉讼之卷宗。五、在保全程序中就事实事宜所作之审判及在该程序中所作之终局裁判，对主诉讼之审判不造成任何影响。六、如依据适用于澳门之国际协约或属司法协助领域之协议之规定，有关保全程序取决于存有已向或应向澳门以外地方之法院提起之诉讼，则声请人应透过提交该法院发出之证明书，证明主诉讼正处待决。

此时应立即上诉，整个卷宗就会立即上呈到上级法院，保全措施的效力仍会维持。当然亦可能出现主诉讼和保全措施分开上呈的情况，分开上呈就会做一个鉴定本放在原审法庭，将原案移送上级法院或将原案放在原审法庭，将鉴定本上呈上级法院。

对于第 328 条第 5 款，实务中出现很多不同的观点。很多法官和律师认为在保全措施内认定的事实在主诉讼中是有效的，但该条文之文义与上述观点相反，即在保全措施内认定的事实不会对主诉讼造成任何影响，因此存在很大争议。如 A 和 B 以口头方式订立一个租约，B 在作出保全措施答辩时没有就该事实作出争执，则在保全措施中就会视 B 承认 A 和 B 订立了租约。在将来主诉讼中是否承认 B 自认，和究竟在保全措施中的自认是否可以延伸到主诉讼，就有很大争议。按照《民法典》第 348 条之规定，自认分为诉讼中的自认和诉讼外的自认。诉讼中的自认为诉讼中或在仲裁时的自认，即使涉及非讼事件（例如，两愿离婚涉及未成年子女的抚养权问题）。上述例子属于诉讼中的自认，根据同条第 3 款，保全程序内的自认可适用到主诉讼中。

在提出保全措施请求时，要扼要指出有关证据，这与主诉讼不同的地方在于并不需要提出充足的证据。[①] 原则上，按照民事诉讼法的辩论原则，法院须于命令采取保全措施前听取声请所针对之人的陈述，但是正如第 330 条[②]第 1 款的但书部分所指，为了使保全措施能够真正发挥效用，则不需要听取他方陈述。

如果命令采取保全措施前须听取被该措施针对的人之意见，而保全措施在主诉讼前提起，法院就会对声请措施所针对之人作出传唤，因为如果

---

① 澳门《民事诉讼法典》第 329 条（程序之进行）：一、提出保全程序之请求时，声请人应提供扼要之证据，证明权利受威胁，以及解释恐防受侵害之理由。二、在任何情况下，均得依民法之规定，订定适当之强迫性金钱处罚，以确保所命令之措施切实执行。三、第二百四十四条至第二百四十六条之规定，补充适用于保全程序。

② 澳门《民事诉讼法典》第 330 条（声请保全程序所针对之人之申辩）：一、法院须于命令采取保全措施前听取声请所针对之人陈述，但听取其陈述可能严重妨碍该措施达致其目的或产生其效力者除外。二、如命令采取保全措施前须听取声请所针对之人陈述，则对其作出传唤，以便其提出申辩；如其已被传唤参与主诉讼，则以通知代替传唤。三、如证实向声请所针对之人本人作传唤为不可行者，则法官不进行听取该人陈述之程序，而不须作公示传唤。四、声请所针对之人已被传唤而不到庭时，产生普通宣告诉讼程序所规定之效果。五、如未经听取声请所针对之人陈述而命令采取保全措施，则在进行该措施后方将命令采取该措施之裁判通知他人；关于传唤之规定，适用于该通知。六、如有关诉讼于传唤被告参与保全程序后提起，则自提交起诉状时起，该起诉对被告产生效力。

仍未提起主诉讼，对方便不知有一个针对自己的诉讼；那么，如果仅对其作出通知，其有可能不知道有一个保全措施。但是，如果保全措施在提起主诉讼以后声请，则不需传唤程序，因为主诉讼已经存在了，意味着对措施所针对的人已作出传唤，所以当事人有义务去接收这些通知。此时，发出通知（寄挂号信后）三天后，就推定该人已收到通知。反之，如果没有听取措施所针对之人的陈述便命令采取保全措施，则要以严谨的方式对其作出通知。

随后，为保全措施而展开的听证会很快进行。根据澳门《民事诉讼法典》第327条，如果有传唤声请保全措施所针对之人的话，将在两个月内作出裁判，如果没有的话，则有15日的时间作出裁判。

如果听证过后，或没有听证的情况下，法官认为有理由采取保全措施，则法官可以命令采用保全措施。如果对保全措施所针对的人造成的损害明显大于声请人想透过该措施避免的损害，法官也可以拒绝当事人声请的措施，而选择采用另一个措施。例如，A 欠 B 10 万元，B 要求法院封存（假扣押）A 价值一亿的别墅或假扣押 A 市值千亿的公司内之数百亿元股份，使其不能行使股东的权利，那么被声请人将要牺牲的利益便明显大于声请人想要保全的利益，有关保全措施将对被声请人造成很大的损害，而且与声请人获得的利益不成比例。此时法官不应批准，根据澳门《民事诉讼法典》第326条第3款,[1] 也可以采取其他措施。例如，法官可以选择要求 A 支付 10 万元保证金。例如，C 假扣押 D 一间房屋，但是 D 只欠其 30 万元，如 D 支付保证金，则可解封该屋以代替假扣押。

法官命令采取一个保全措施后，要区分在采取措施前是否听取了所针对之人的陈述。如果未听取所针对之人的陈述，则在该人收到通知后，可以按照第333条[2]以及第605条之规定，于10日内提出上诉。或陈述一些法院未曾考虑的事实，又或提出使用法院未曾考虑之证据方法以提出申辩。如果其选择提出申辩，法官就要作出裁判，决定维持先前已命令采用的措施还是采用较轻的措施，又或废止先前的保全措施。对于法官作出的决定可以提出上诉。笔者认为，原则上，第330第1款a项和b项是不能同时作

---

① 见本书第 303 页注释②。
② 见本书第 185 页注释②。

出的。因为不能既提起上诉同时又向原审法官提出申辩。而且 a 项指的是事实已初步被证实，但是被声请人认为不应该采用该保全措施。在 b 项中，被声请人则认为有些事实并没有被使用或未被考虑。

第二节　特别保全措施

一　占有之临时返还

根据澳门《民事诉讼法典》第 338 条之规定，[①] 当出现被人暴力占有的情况时，受害人就可以声请占有临时返还这个特别保全措施。只要证明该占有具有暴力性质，且该暴力占有前存在另一个占有，前占有人可以获得法院命令返还该占有物，而不需告知该名暴力占有人，且不需要听取其陈述。在澳门，由于土地大部分为公有，对于公有的土地不可能由他人占有，但是私家地则有这种情况。例如，一位老太太把房子租给 A 住后失踪，过了几年一个自称老太太后人的人出现，把 A 赶出房子，这时候 A 就能声请占有的临时返还。如果不属于暴力占有之情况下被侵占或妨碍行使占有，则可以按照一般规定申请一般保全措施。

二　法人决议之（临时）终止执行

如果一个社团或合伙或公司作出违法或违反章程之决议，社员、合伙人或股东可在 10 日内申请终止执行这个决议，除非有特别规定。这时候，提出终止决议的申请人需要证明其具有社员、合伙人或股东之身份（正当性），且需证明该决议有损其利益，并提交该决议会议记录之副本。如果其没有副本，该法人的行政机关要在接到申请后 24 小时内向申请人提供该副本。如果不是大会通过的决议，则以决议之证明文件代替会议记录副本。在无特别规定的情况下，提出终止执行决议的时间自大会作出决定之日起

---

① 澳门《民事诉讼法典》第 338 条（何时采用）：遇有暴力侵夺之情况，占有人得请求获临时返还其占有；为此，须陈述构成占有、侵夺及暴力之事实。

算。如没有按照规则召集申请人参加大会，则从申请人知悉该决议之日起算。① 原则上如果召集了会议，申请人会知悉的，因为召集须通过亲身通知或挂号信为之。

如果申请人指称未获得第 341 条第 2 款之规定之会议记录副本，那么在传唤被申请人时就会对其作出告诫，指出如不能提供会议记录副本，那么其答辩将不被接纳。即使决议违法或违反章程，终止决议的损失若大于继续执行该决议，法官就应拒绝批准终止该决议之执行，此时法官需要衡量有关利益。如果决议中止执行的声请被接纳，则自传唤起至一审判决前，被申请人不能执行出现争执之决议。②

在这个特别保全措施中，最常用的是第 343 条（分层所有人大会的决议）。③ 因为过往楼价低的时候，许多业主不愿意缴纳管理费，或想把管理公司赶走，因此召开小业主大会，通过决议赶走他。小业主大会的决议通常是针对成立管理机关、聘请管理公司、订定管理费等，而建筑商聘请的管理公司大多不是由小业主大会决议选出的，因此在法律上是无效的（回归前属于无效，在澳门回归后属于无因管理）。这时候管理公司就经常找其中一位小业主提出以上所述的保全措施终止执行小业主大会的决议，让小业主大会在很长一段时间内（诉讼期间很长）没办法将之赶走。

---

① 澳门《民事诉讼法典》第 341 条（前提及手续）：一、如社团、合伙或公司作出违法或违反章程或成立文件之决议，任何社员、合伙人或股东得于十日期间内声请中止执行该等决议，只要在特别规定未另定期间；为此，该等人须证明其作为社员、合伙人或股东之身分，并证明该执行可造成相当之损害。二、社员、合伙人或股东提出声请时，应附具作出有关决议之会议纪录副本；行政管理机关应于声请人要求取得该会议纪录副本后二十四小时内向其提供该副本；如法律免除举行大会会议者，则以决议之证明文件替代会议纪录副本。三、如无特别规定，就提出中止执行决议之声请所定之期间，自大会作出决议之日起算；如未依规则召集声请人参加大会，则自其知悉有关决议之日起算。
② 澳门《民事诉讼法典》第 342 条（答辩及裁判）：一、如声请人指称在上条第二款所定之期间内未获提供会议纪录之副本或有关文件，则传唤被声请人时须作出告诫，指明如不附具所欠缺之副本或文件，则其答辩状将不获接受。二、即使决议违法或违反章程或成立文件，如中止执行决议所造成之损害大于执行该决议可引致之损害，法官得拒绝批准中止该决议之执行。三、自传唤起至就中止请求作出第一审判决时止之期间内，被声请人不得执行出现争执之决议。
③ 澳门《民事诉讼法典》第 343 条（分层所有人大会决议之中止执行）：一、本节之规定，经作出必要配合后，适用于中止执行受分层所有权制度约束之楼宇之分层所有人大会所作之可撤销决议之情况。二、须传唤在撤销之诉中有权在法院代理各分层所有人之人提出答辩。

三 临时抚养

这种保全措施一般会以主请求或从请求之方式提出。作为附属于该诉讼的措施，利害关系人得在确认获得首次抚养金之前，申请以临时抚养的名义收取月金。按照澳门《民法典》第1848条之规定，扶养系指提供衣食住行之必要开支。例如，零用钱。如果申请人不能享受司法援助，就要包括诉讼开支。这种情况要指明诉讼开支的部分和用于抚养的部分。[①]

当法院收到临时抚养的请求后须立即指定听证日期，提醒当事人或获得和解特别授权之受权人到场参与听证。答辩也会在听证中进行，法官需设法让双方协议金额，当调解不成时，法官需要下令调查证据，然后立即口头作出判决。[②] 自判决作出的下一个月的第一天起，要开始支付临时抚养金。如有终止或变更（社会经济环境变化）临时抚养的理由，须在同一程序中提出。[③]

申请人如为恶意，则需要对提出的措施被裁定不成立或该措施失效时引起的损失负责。有关赔偿按照衡平原则定出，不影响澳门《民法典》1848条2款的规定。[④]

---

① 澳门《民事诉讼法典》第344条（依据）：一、在以主请求或从请求之方式要求作出扶养给付之诉讼中，作为附属于该诉讼之一项措施，利害关系人得于获支付首次确定扶养金之前，声请以临时扶养之名义，订定其应收取之月金额。二、订定临时扶养之给付时须考虑声请人在衣、食、住方面确有必要之支出；如声请人不能享有司法援助，则亦须考虑所需之诉讼开支；在此情况下，应分别指明诉讼开支之部分及用于扶养之部分。

② 澳门《民事诉讼法典》第345条（程序）：一、法院收到临时扶养之请求书后，须立即指定审判日期，并须提醒当事人应亲自到场参与听证，或由获赋予作出和解之特别权力之受权人代理其到场参与听证。二、答辩系于听证中提出，且在听证中法官应设法透过双方协议订定扶养金额，并立即以判决认可之。三、任一方当事人缺席或试行调解失败时，法官须命令调查证据，随后以口头作出判决，并简要说明其理由。

③ 澳门《民事诉讼法典》第346条（扶养给付）：一、扶养给付应自提出有关请求之日翌月首日起履行。二、如有理由变更或终止所订定之给付，则于同一诉讼程序中提出请求，并遵守以上数条所规定之程序。

④ 澳门《民事诉讼法典》第347条（声请人须承担责任之特别制度）：临时扶养之声请人之行为属恶意时，方须对提出之措施被裁定理由不成立或该措施失效时所引致之损害负责，而有关赔偿须按衡平原则订定，且不影响《民法典》第一千八百四十八条第二款规定之适用。第1848条（临时扶养）一、在所提供之扶养尚未确定定出时，法院得应待被扶养人之声请，或在待被扶养人为未成年人或禁治产人之情况下，依职权给予待被扶养人获临时扶养之权利，而其内容须按谨慎判断定出。二、在任何情况下，均无须返还已受领之临时扶养。

四 裁定给予临时弥补

与临时抚养的特别保全措施相似，两者均是为了弥补损害，但是前提不同。如被害人已死亡或身体完整性受到侵害，则有权提起损害赔偿的人或被害人于损害赔偿诉讼中可提出声请给予临时弥补。在以死亡或身体受侵害为依据提起之损害赔偿诉讼中，可要求受害人扶养之人，或由受害人因履行自然债务而扶养之人，获得损害赔偿。例如，受害人的邻居，受其照料多年，可以请求加害人每月给付一定金额，以临时弥补有关损害（因为受害人扶养之人或其子女没有收入来维持生活）。①

如果因为损害而给受害人造成困厄，例如，撞车后不能工作，只要受害人能证明损害与所造成的困厄情况有因果关系，且声请所针对之人有迹象需要作出赔偿时，法官也可以批准有关措施。而有关金额是由法院按照衡平原则计算的，有关金额会于将来主诉讼所判处的赔偿金额中扣除，这也是临时弥补与临时扶养的不同之处。

如果被命令作出临时弥补的人不愿支付，由于属于紧急情况，故不适用一般执行程序。按照第349条之规定，可以以特别的执行程序，立即执行。②

五 假扣押

当债权人没有特别担保（例如，担保或质权）时，可以声请假扣押③债务人的财产。此时，便适用关于查封的规定。按照查封之标的，查封可分

---

① 澳门《民事诉讼法典》第348条（依据）：一、在以死亡或身体受侵害为依据提起之损害赔偿诉讼中，作为附属于该诉讼之一项措施，受害人以及拥有《民法典》第四百八十八条第三款所指权利之人，得声请裁定以月定期金方式给予一定金额，以临时弥补有关损害。二、只要出现因所受损害而造成之困厄情况，且有迹象显示声请所针对之人有赔偿义务者，则法官批准所声请之措施。三、临时给付之金额由法院按衡平原则订定，而该金额于计算损害之确定金额时扣除。四、以上各款之规定，亦适用于以有关损害可能对受害人之食或住方面造成严重影响为依据而提出损害赔偿主张之情况。
② 澳门《民事诉讼法典》第349条（程序之进行）：一、关于临时扶养之规定，经作出必要配合后，适用于进行上条所指措施之程序。二、如不自愿支付被裁定须给予之临时弥补金额，则可立即执行有关裁判，并按扶养之特别执行程序为之。
③ 澳门《民事诉讼法典》第351条（依据）：一、如债权人有理由恐防丧失其债权之财产担保，得声请假扣押债务人之财产。二、假扣押为法院对财产之扣押；关于查封之规定，凡与本节之规定不相抵触者，均适用之。

为绝对不可查封、相对不可查封和部分不可查封。例如，根据澳门《民事诉讼法典》第 705 条 e 项，[①]墓地是不可查封的。在声请假扣押时，声请人需要说明为何有债权及对方作出了何种损害。除了澳门《民事诉讼法典》的规定外，澳门《民法典》第 615 条也有相关规定。[②] 在按照澳门《民法典》第 605 条[③]提出债权人之争议时，如果出现债务人把财产转给他人可能有损债权之满足的情况，也可以申请假扣押。如果出现有给付之诉的确定判决，而债权人在该判决确定后两个月内仍未提出执行，又或基于债权人的过错而使执行之诉停止超过 30 日，假扣押便会失效，此时，债务人或第三人可立即出卖该物。[④]

六　新工程之禁制

如果任何人基于一人的新工程、新工作等而对其造成了一定的损失或有造成损失的危机，受损害的人可以在知悉有关事实 30 日内声请立即中止该工程。有关中止不一定要获得法院批准，[⑤] 只要有 2 名证人在场，就可以

---

① 澳门《民事诉讼法典》第 705 条（绝对不可查封之财产）：除按特别规定获免除查封之财产外，下列者亦属绝对不可查封之财产：a）不可转让之物或权利；b）本地区及其他公法人之公产；c）一旦予以扣押将侵犯善良风俗之财产，或因市值低微而经济上不科理由予以扣押之财产；d）专门用作公开进行宗教礼拜之财产；e）坟墓；f）在被执行人之永久居所内、对任何家居生活均属不可缺少之财产，但有关执行旨在支付该财产之取得价金或支付其维修费用者除外；g）对残疾人士属不可缺少之器具以及用作治疗病人之物件。

② 澳门《民法典》第 615 条（要件）：一、有合理原因忧虑本身拥有之债权失去财产担保之债权人，得按诉讼法规定声请就债务人之财产进行假扣押。二、如债权人已透过司法途径就债务人财产之移转提出争议，则有权针对取得人声请将该等财产进行假扣押。

③ 澳门《民法典》第 605 条（一般要件）：在同时符合以下条件时，债权人对可引致削弱债权之财产担保且不具人身性质之行为，得行使争议权：a）债之产生先于上述行为，或后于上述行为，属后一情况者，该行为须系为妨碍满足将来债权人之权利而故意作出；b）因该行为引致债权人之债权不可能获得全部满足或使该可能性更低。

④ 澳门《民事诉讼法典》第 355 条（失效之特别情况）：假扣押不仅在第三百三十四条规定之情况下失效，如履行债务之给付之诉中已有确定判决，而债权未获满足之债权人未于继后之两个月内提出执行，或已提出执行，但该程序因请求执行之人之过失停止进行逾三十日者，则假扣押亦失效。

⑤ 澳门《民事诉讼法典》第 356 条（禁制之依据——非透过法院之禁制）：一、任何人基于新工程、新工作或新劳务对其造成损失或有造成损失之威胁，而认为其个人或共同之所有权、其他用益物权或享益债权受侵害，或其占有受侵犯时，得于知悉有关事实后三十日内声请立即中止该工程、工作或劳务。二、利害关系人得不经法院直接促成禁制；为此，须于两名证人在场下，以口头通知有关工程主，或其不在时，通知该工程之负责人停止工程。三、如未于五日内声请法院追认上款所指之禁制，则该禁制失效。

口头方式通知该工程的工程主或负责人停止工程。当然，如并没有透过法院作出禁制时，需要于中止的通知作出 5 日内声请法院追认上述禁制，否则，该禁制就会失效。法院进行追认，是透过笔录为之。在禁制后，被禁制的工程主也可以声请工程继续进行，只要指出有关工程将来可以拆毁或可以回复到工程继续进行前所处之状况时，法院也可以许可工程继续进行。① 如果工程主被禁止后仍然继续进行工程，则声请人可声请拆掉新建的部分，在法院查明后，须判处被禁制人拆毁该工程，如果不在法院规定期间内拆毁，则于保全程序期间内促成，即可能会命令警察或其他人拆毁。② 然而，如果涉及行政法律关系的工程，比如掘路、铺电缆、铺水管等、均不可以禁止，因为这些全都是公共工程或公共服务的特许工程。③

七 制作清单

如果声请人有合理理由恐防一文件遗失或财产被隐藏或被浪费，其可以声请就该等物品制作清单。④ 通常涉及买卖家具或古董，这是一个附属于诉讼中的措施。在清单中要详细列明财产相关权利的归属。在制作清单的声请中，声请人应简要指出并证明其对清单中列明的物品所拥有的权利以及恐防有关清单中的物品或文件遗失或财产被隐藏或被浪费的事实。⑤

---

① 澳门《民事诉讼法典》第 360 条（许可继续进行工程）：一、工程经禁制后，如认为将来拆毁可使声请禁制之人回复其于工程继续进行前所处之状况，或认为工程停滞所导致之损失远高于继续进行工程所导致之损失者，则经被禁制人声请，得许可工程继续进行。二、必须事先就整项拆毁工作之费用提供担保，方得许可工程继续进行。

② 澳门《民事诉讼法典》第 361 条（不理会禁制继续进行工程）：一、被禁制人已接获禁制之通知，但于禁制生效期间，未经许可继续进行工程者，声请禁制之人得声请拆毁新建之部分。二、不理会禁制继续进行工程经查明属实后，须判处被禁制人拆毁该工程；如不在所定期间内拆毁，则于保全程序之卷宗内促成执行应作出之事实。

③ 澳门《民事诉讼法典》第 358 条（不得禁制之工程）：因争议涉及行政法律关系，以致应透过行政诉讼程序之法例所规定之方法维护受侵害之权利或利益时，不得依据本节之规定禁制本地区、其他公法人及公共工程或服务之被特许实体之工程。

④ 澳门《民事诉讼法典》第 362 条（依据）：一、如有合理理由恐防文件遗失，或财产被隐藏或被浪费者，得声请就其制作清单。二、制作清单为附属于诉讼之一项措施，而在该诉讼中系有需要详细列明财产或证明与清单所列之物有关之权利谁属。

⑤ 澳门《民事诉讼法典》第 363 条（声请）：声请人应以简要方式，证明对应列于清单之物所拥有之权利，以及证明恐防其遗失、被隐藏或被浪费所依据之事实；如对应列于清单之物是否拥有权利取决于已提起或将提起之诉讼，则声请人应提出有助证明在该诉讼中所提出之请求理由可成立之事实。

　　法官作出调查后，如果认为若不采用制作清单这项措施，声请人的利益将可能会受到影响，则命令采用这项措施。而且在有关批示中，须立即指定一受寄人，[①] 这个受寄人一般为法院的司法文员或主任书记，以及立即指定一鉴定人，以便就有关财产进行估价。

　　在制作清单时，要罗列各项财产，并指出鉴定人评估的价值，以及受寄人是谁。笔录中还要载明所有属重要之事件，并由作成笔录之司法人员及受寄人签名。如果在紧急情况下需要制作清单，而法院无法立即进行，法官须在应列于清单的物品所在房屋之门上或该物所在之动产上施加封印，并采取必需措施，保障该物之安全，待指定之日期继续进行有关行为。如果任何人破坏了封印，都会构成犯罪。[②]

----

① 澳门《民事诉讼法典》第 364 条（命令采取措施）：对认为属必需之证据作出调查后，法官确信如不采取制作清单措施，声请人之利益极有可能受影响者，须命令采取该措施；在有关批示中，须立即指定一受寄人，以及立即指定一鉴定人，以便就有关财产进行估价。
② 澳门《刑法典》第 320 条（弄毁记号及封印）：将为认别任何物或使之不受侵犯、又或为证明该物系被假扣押、扣押或受保全措施所拘束，而由有权限之公务员正当施加之记号或封印，全部或部分加以弄开、破开或使之失去效用者，处最高二年徒刑，或科最高二百四十日罚金。

后　记

　　拙作得以面世，首先对《澳门特别行政区法律丛书》编委会主任吴志良博士、刘高龙教授，副主任赵国强教授、骆伟建教授及唐晓晴教授再一次不嫌弃本人的法学知识浅薄，文笔粗糙，仍给予本人撰写《澳门民事诉讼法概论》的机会表示衷心感谢。

　　拙作能够顺利完成，得益于执行民事诉讼法的各法律专业人士的悉心指导，这令写作中很多疑难问题得以解决。为了使内地及澳门读者能够较容易阅读本书，本人邀请在教学过程中认识的勤恳学习的学生李金狮、周婷婷、梁咏欣、陆颖琳和林嘉倩同学负责整理及校对，他们在本书的资料收集及整理过程中付出了辛勤的劳动。

　　除对上述各人致谢外，还要向其他协助拙作完成的朋友们致谢。

　　最后，再一次感谢家人的体谅，本人在写作期间未能于假期陪伴他们左右。

　　因为澳门的立法程序比较完善，时有新的法律生效，而写作及出版需时较长，为此，在适用时，请读者对法律是否生效或变更作出查核。

邱庭彪

2019 年 2 月

图书在版编目（CIP）数据

澳门民事诉讼法概论：宣告之诉 / 邱庭彪著. --

北京：社会科学文献出版社，2019.6

（澳门特别行政区法律丛书）

ISBN 978 - 7 - 5201 - 3388 - 3

Ⅰ.①澳…　Ⅱ.①邱…　Ⅲ.①民事诉讼法 - 概论 - 澳

门　Ⅳ.①D927.659.510.4

中国版本图书馆 CIP 数据核字（2018）第 204951 号

· 澳门特别行政区法律丛书 ·

澳门民事诉讼法概论
——宣告之诉

著　　者 / 邱庭彪

出 版 人 / 谢寿光
责任编辑 / 王晓卿
文稿编辑 / 贾　楠　于占杰

出　　版 / 社会科学文献出版社·当代世界出版分社（010）59367004
　　　　　　地址：北京市北三环中路甲 29 号院华龙大厦　邮编：100029
　　　　　　网址：www.ssap.com.cn
发　　行 / 市场营销中心（010）59367081　59367083
印　　装 / 三河市龙林印务有限公司

规　　格 / 开　本：787mm×1092mm　1/16
　　　　　　印　张：21　字　数：352 千字
版　　次 / 2019 年 6 月第 1 版　2019 年 6 月第 1 次印刷
书　　号 / ISBN 978 - 7 - 5201 - 3388 - 3
定　　价 / 99.00 元